全国高等院校物流专业"十二五"精品规划系列教材

采购与供应链管理

（第2版）

主　编　霍　红　华　蕊

副主编　邱泽国

中国财富出版社

图书在版编目（CIP）数据

采购与供应链管理/霍红，华蕊主编．—2版．—北京：中国财富出版社，2014.5（2020.8重印）

（全国高等院校物流专业“十二五”精品规划系列教材）

ISBN 978-7-5047-5127-0

Ⅰ.①采… Ⅱ.①霍…②华… Ⅲ.①企业管理—采购管理—高等学校—教材②企业管理—供应链管理—高等学校—教材 Ⅳ.①F274

中国版本图书馆CIP数据核字（2014）第030989号

策划编辑 黄正丽　　**责任印制** 梁　凡

责任编辑 颜学静　　**责任校对** 饶莉莉

出版发行 中国财富出版社（原中国物资出版社）

社　　址 北京市丰台区南四环西路188号5区20楼　　**邮政编码** 100070

电　　话 010-52227588转2098（发行部）　　010-52227588转321（总编室）

010-52227588转100（读者服务部）　　010-52227588转305（质检部）

网　　址 http://www.cfpress.com.cn

经　　销 新华书店

印　　刷 天津市仁浩印刷有限公司

书　　号 ISBN 978-7-5047-5127-0/F·2104

开　　本 787mm×1092mm　1/16　　**版　　次** 2014年5月第2版

印　　张 19　　**印　　次** 2020年8月第4次印刷

字　　数 462千字　　**定　　价** 38.00元

前 言

采购管理是企业管理的重要组成部分。在世界范围内，对于一个典型的企业，一般采购成本约占企业总成本的一半，而在中国的工业企业，各种物资的采购成本则要占到2/3。所以加强企业采购管理，对于提高企业竞争能力、增强企业管理水平、降低企业成本有着重要的作用与意义。尤其是在当代，供应链及供应链管理学科的出现，更引起了人们对供应链管理环境下采购管理的研究兴趣。

供应链管理模式实质含“供”与“需”两方面，物流从供方开始沿着各个环节向需方移动。每一个环节都存在“需方”与“供方”的对应关系，形成一条首尾相连的供应链。实际上，供应链就是企业和供应商紧紧地连接在一起而形成的一条纽带，构成的一个双赢系统。而显然，采购是发生在供应链上的上下游企业间必有的活动，所以，加强采购管理，降低供应链上节点企业的成本，对于降低整个供应链管理总成本是极为重要的。因此供应链管理首先就是与采购关联在一起，借助于采购来实现企业的价值，创造供应链体系的价值。

可见采购管理是供应链管理中非常重要的职能领域之一，在目前竞争日益激烈、供应链迅速发展的今天，研究采购的新趋势（在供应链管理环境下）与研究供应链中的采购职能正逐渐趋于一致。

本书由霍红、华蕊任主编，邱泽国任副主编，具体编写为：邱泽国（第二章），张玉斌（第六章），张松涛（第八章），霍红、华蕊（第一章、第三章、第四章、第五章、第七章、第九章、第十章），本书的前期资料收集与后期整理由徐娜、黎双、刘忠刚完成。

本书可供从事采购管理、供应链管理方面的研究工作者和实践工作者使用，同时可作为高等院校相关专业研究生、本科生的教材及学习参考书。

由于供应链管理在我国研究的时间还不长，供应链管理环境下采购管理的研究时间就更为短暂，有许多问题还需要进一步探讨与实践，加之作者水平有限，不妥乃至错漏之处在所难免，恳请读者予以批评指正。

编 者

2014年1月

目 录

第一章　供应链及供应链管理概述

第一节　供应链含义

一、供应链的定义

关于供应链（Supply Chain，SC），许多学者从不同的角度给出了不同的定义。

（一）早期观点

这时期的观点认为供应链的概念是从扩大的生产概念出发的，它将企业的生产活动进行了前伸和后延。比如，日本丰田公司的精益协作方式，将供应商的活动视为生产活动的有机组成部分加以控制和协调，这就是向前延伸。后延是指将生产活动延至产品的销售和服务阶段。因此，供应链就是通过计划、获得、存储、分销、服务等这样一些活动而在顾客和供应商之间形成的一种链接，而使组织能满足内外部顾客的需求。企业从原材料采购开始到将其进行加工，直到送到顾客手中为止的这一过程被看成是一个环环相扣的链条，而其中的主要活动企业被视为链条上的节点。

（二）中期观点

这时期的观点注意了与其他企业的联系，注意了供应链的外部环境，认为供应链应是一个“通过链中不同企业的制造、组装、分销、零售等过程将原材料转换成产品，再到最终用户的转换过程”，这是更大范围、更为系统的概念。例如，美国的史迪文斯（Stevens）认为：“通过增值过程和分销渠道控制从供应商的供应商到用户的用户的流就是供应链，它开始于供应的源点，结束于消费的终点。”

（三）近期观点

到了最近，供应链的概念更加注重围绕核心企业的网链关系，如核心企业与供应商、供应商的供应商甚至于一切前向的关系，与用户、用户的用户及一切后向的关系。此时对供应链的认识形成了一个网链的概念。如哈理森（Harrison）将供应链定义为：“供应链是执行采购原材料、将它们转换为中间产品和成品，并且将成品销售到用户的功能网链。”国家标准《物流术语》（GB/T 18354—2006）对供应链的定义是：生产及流通过程中，涉及将产品或服务提供给最终用户所形成的网链结构。

本书采用马士华教授给出的供应链定义，即：所谓的供应链，它是围绕核心企业，通过对信息流、物流、资金流的控制，从采购原材料开始，到中间产品以及最终产品，最后由分销网络把产品送到消费者手中，全过程涉及的供应商、制造商、分销商、零售商、最终用户连成的一个整体性功能网络结构模式。供应链的组成包括供应商的供应商、供应商、制造商、分销商、分销商的分销商、客户。

二、供应链的结构模型

（一）供应链的结构模型图

按照供应链的定义，供应链的结构模型如图 1－1 所示。

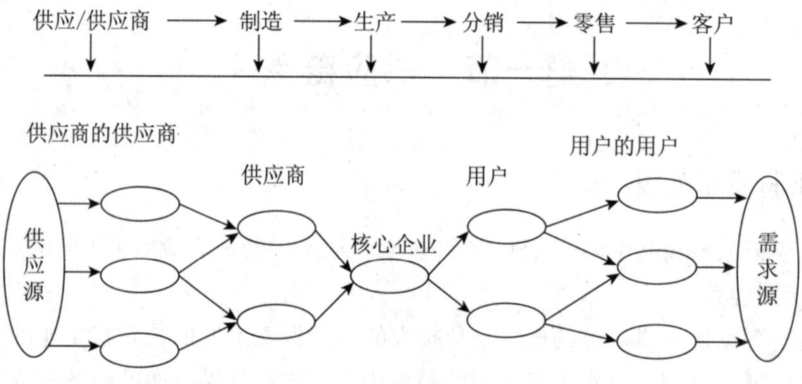

图 1－1　供应链的结构模型

（二）结构模型图的解释

从图 1－1 中可以看出，供应链由所有加盟的节点企业组成，其中有一个核心企业（Core Company）（可以是原料供应企业、产品制造企业，或是大型零售企业），节点企业在需求信息的驱动下，通过供应链的职能分工与合作（生产，分销，零售等），以资金流，物流为媒介实现整个供应链的不断增值。其中：

（1）物流。属于实物形态，单向流通。物料从供方开始，沿着各个环节向需方移动，物流是供应链上显而易见的物资流动。

（2）信息流。信息流分为需求信息和供应信息，这是两个不同流向的信息流。其中需求信息同物料流动方向相反，当需求信息（如客户订单、生产计划、采购合同等）从需方向供方流动时，便引发物流；由需求信息引发的供给信息（如入库单、完工报告单、库存记录、可供销售量、提货发运单等），与物料流动方向一致，同物料一起沿着供应链由供方向需方流动。

（3）资金流。属于货币形态，单向流通。物料是有价值的，物料的流动引发资金的流动，由物料的需方流向供方，与物流方向是相反的。

三、供应链的特征

从供应链的结构模型可以看出，供应链是一个网链结构，由围绕核心企业的供应商、供应商的供应商和用户、用户的用户组成。一个企业就是一个节点，节点企业和节点企业之间是一种需求与供应关系。供应链主要具有以下特征：

（一）复杂性

由于供应链上节点企业组成的跨度（层次）不同，供应链往往由多个、多类型甚至多国企业构成，所以供应链结构比一般单个企业的结构更为复杂。这种复杂性使得供应链这一复杂系统的管理也变得极为复杂。

（二）动态性

供应链管理由于企业战略和适应市场需求变化的需要，其节点企业必须要动态地更新，这就使得供应链具有明显的动态性，因此在施行供应链管理时必须保证这种动态更新的快速有效进行。

（三）面向最终用户需求

供应链的形成、存在、重构，都是基于一定的市场需求而发生，并且在供应链的运作过程中，用户的需求拉动是供应链中信息流、产品物流、资金流运作的驱动源，所以供应链是面向最终用户需求的。

（四）交叉性

一条供应链上的节点企业可以既是这条供应链的成员，同时又是另一条供应链的成员，众多的供应链会形成以共同节点企业为相交点的交叉结构，这必然会增加协调管理的难度。

四、供应链的类型

根据不同的划分标准，我们可以将供应链分为以下几种类型。

（一）稳定的供应链和动态的供应链

根据供应链存在的稳定性划分，可以将供应链分为稳定的供应链和动态的供应链。基于相对稳定、单一的市场需求而组成的供应链稳定性较强，其组成内容与运作模式一般不发生变化；基于相对频繁变化、复杂的需求而组成的供应链动态性较高，在实际管理运作中，需要根据不断变化的需求，动态地相应改变供应链的组成。

（二）平衡的供应链和倾斜的供应链

根据供应链容量与用户需求的关系，可以将供应链划分为平衡的供应链和倾斜的供应链。一个供应链具有一定的、相对稳定的设备容量和生产能力（所有节点企业能力的综合，包括供应商、制造商、运输商、分销商、零售商等），但用户需求处于不断变化的过程中，当供应链的容量能满足用户需求时，供应链处于平衡状态，此时的供应链称为平衡的供应链；当市场变化加剧，造成供应链成本增加、库存增加、浪费增加等现象而不能满足用户需求时，这时的供应链称为倾斜的供应链。显然有效的供应链管理需要将倾斜的供应链不断地调整为平衡的供应链。

（三）有效性供应链和反应性供应链

根据供应链的功能模式（物理功能和市场中介功能）可以把供应链划分为两种：有效性供应链和反应性供应链。有效性供应链主要体现供应链的物理功能，即以最低的成本将原材料转化成零部件、半成品、产品以及在供应链中的运输等；反应性供应链主要体现供应链的市场中介的功能，即把产品分配到满足用户需求的市场，对未预知的需求作出快速反应等。这种划分方法指出了供应链作为市场的供者所具有的特点，从市场供需平衡的角度，自然需要供者与需者相对应，即这样的供应链应该对应具有相同特点的产品用户需求。而这为供应链设计提供了匹配设计思路。

第二节 供应链产生原因

从20世纪90年代开始，原有的独立的企业都开始步入寻找合作者的路途，生产制造商和服务提供商都在寻求与供应商的合作机遇，并将采购和供应管理职能从事务性的角色提升到了企业战略决策中的一部分。同时，经济全球化的浪潮使得市场全球化竞争日益激烈，独立企业之间的竞争开始逐步转变成供应链之间的竞争，企业逐步意识到其自身的成功取决于管理供应链网络的能力。

供应链产生的原因包括三个方面：一是市场环境发生了变化；二是企业原有管理模式的不足日益凸显；三是交易成本的变化。

一、企业面临的市场环境变化

全球经济一体化是近几年国际经济发展的一个主要趋势，这给企业带来了难得的机遇和严峻的挑战。所谓的全球经济一体化是指在全球的范围内，各个国家为了共同的经济目标而结成同盟的形式。由于国家间的合作，使得企业面临的外部市场范围加大，竞争加剧，企业面临着不断急剧变化的市场需求及缩短交货期、提高质量、降低成本和改进服务等压力。而经营环境变化，使得原来各个分散的企业逐渐意识到，要在竞争激烈的市场中生存下来，必须与其他企业建立一种战略上的伙伴关系，实行优势互补，发挥各企业的核心能力，并且在一种跨企业的集成管理模式下，使各个企业能够统一协调起来。这样才能够适应新的环境变化，供应链管理思想就是在这样的背景下产生的。

总之，现代企业面临的市场环境有以下几方面的特征：

（一）信息高速化的压力

由于科学技术不断进步和经济的不断发展，全球化信息网络和全球化市场的形成及技术变革的加速，大量的信息飞速产生和通信技术的发展，使得企业每天都要面临着数量巨大的信息库，这就迫使企业把工作重心从如何迅速获得信息转到如何准确地过滤和有效地利用各种信息上来。

（二）一体化经济的形成

世界贸易组织（WTO）推行的贸易自由化，通过商品、生产要素等的自由流动使全球资源配置不断优化，以求通过区域经济一体化来达到全球经济一体化。诸如北美自由贸易区、欧盟、亚太经济合作组织等统领了区域经济一体化的潮流。在这种一体化浪潮的影响下，企业文化也将随之变化。明显的企业间的合作日益加强，它们之间跨地区甚至跨国合作制造的趋势日益明显，国际上越来越多的制造企业不断将大量常规业务外包出去给发展中国家，而只保留核心的业务。

（三）高新技术的应用

全球高速信息网使所有的信息都极易获得，而更敏捷的教育体系将使越来越多的人能在越来越少的时间内掌握更新的技术。新技术、新产品不断涌现，企业受到压力，同时企业员工也面临巨大的挑战，需要不断学习新技术，否则就会由于掌握的技能过时而被淘汰。

同时这种高新技术也造成面对一个机遇可以参与竞争的企业越来越多，从而大大加剧了国际竞争的激烈性。以计算机及其他高技术为基础的新生产技术在企业中的应用越来越广，包括计算机辅助设计、计算机辅助制造、柔性制造系统、自动存储和拣出系统、自动条码识别系统等。虽然高技术应用的初始投资很高，但它会带来许多竞争上的优势。

（四）市场和劳务竞争全球化

企业在建立全球化市场的同时，也在全球范围内造就了更多的竞争者。尽管发达国家认为发展中国家需要订单和产品，许多发展中国家却坚持他们更需要最新技术，希望也能成为国际市场上的供应商。商品市场国际化的同时也创造了一个国际化的劳动力市场。教育的发展使得原本相对专门的工作技能成为大众化的普通技术，从而使得工人的工资不得不从他们原有的水准上降下来，以维持企业的竞争优势。

（五）产品的研制与开发

越来越多的企业认识到新产品开发对企业创造收益的重要性，因此许多企业不惜工本投入新产品的研制开发，但是资金利用率和投入产出比却往往不尽如人意。主要是因为产品研制开发的难度越来越大。现在新产品在研制中一般都需要各种先进的设计技术、制造技术、质量保证技术等，不仅涉及的学科多，而且大多是多学科交叉的产物，因此如何能成功地解决产品开发问题是摆在企业面前的头等大事。

（六）可持续发展对企业提出要求

人类只有一个地球，维持生态平衡和环境保护的呼声越来越高。在全球制造和国际化经营趋势越来越明显的今天，各国政府将环保问题纳入发展战略，相继制定出各种各样的政策法规，以约束本国及外国企业的经营行为。人类在许多资源方面的消耗都在迅速接近地球的极限，资源的短缺越来越对企业形成大的制约。如何在资源日益短缺的情况下，取得长久的经济效益，是企业必须考虑的要求。

（七）全球性技术支持和售后服务

用户的要求越来越高，现在要想赢得用户信赖，不仅要靠具有吸引力的产品质量、功能、花色、品种及满足个性化的要求等，而且还要靠健全而有效的销售后的技术支持和服务。

（八）用户的要求越来越苛刻

消费者的需求向高层次发展。具体表现在：

(1) 对产品的规格品种、花色品种、需求数量呈现多样化、个性化要求，而且这种多样化要求具有很高的不确定性；

(2) 对产品的功能、质量和可靠性的要求日益提高，而且这种要求提高的标准又是以不同用户的满意程度为尺度的，这就产生了判别标准的不确定性；

(3) 要求在满足个性化需求的同时，产品的价格要像大批量生产的那样低廉。

综上所述，制造商发现，最好的产品不是他们为用户设计的，而是他们和用户一起设计的。全球供应链使得制造商和供货商得以紧密联系在一起来完成一项任务。这一机制也同样可以把用户结合进来，使得生产的产品真正满足用户的需求和期望。

二、企业传统管理模式及其缺陷

企业的管理模式是一种系统化的指导与控制方法，它把企业中的人、财、物和信息等资源，高质量、低成本、快速及时地转换为市场所需要的产品和服务。一般情况下，质量、成本、时间是企业的三项核心活动，企业管理模式也是围绕着这三个方面不断发展的。企业的生存和发展全有赖于对这三个核心活动过程的管理水平，因为质量是企业的立足之本，成本是生存之道，而时间则是发展之源。没有好的质量，就无法得到消费者的认可，企业所提供的产品或服务就无法在市场上立足；没有低的成本，企业就没有实力进行价格竞争，无法获得再生产所需要的资金而难以为继；而企业要适应不断发展的消费需求，就必须能在最短的时间里提供消费者所需要的产品或服务，因此生产周期（包括产品研制和生产时间）就成了能否适应企业发展要求的关键。为了做好这三个方面的工作，企业无时无刻不在寻找最有效的管理方法。

（一）企业传统管理模式的含义

质量、成本和时间一直是企业的三个核心活动，企业的生存和发展全都依赖于这三个核心活动过程的管理水平。从管理模式上看，企业出于对制造资源的占有要求和对生产过程直接控制的需要，传统上采用的模式，即所说的“纵向一体化”管理模式（Vertical Integration）就是企业或扩大自身规模，或参股到供应商企业，与为其提供原材料、半成品或零部件的企业是一种所有关系。比如一家出版社，要拥有一片森林来为自己造纸；一家毛衫厂可能拥有自己的养殖场来提供羊毛原材料。在制造行业，较常见的事实是：许多企业拥有从铸造、毛坯准备、零件加工、装配、包装、运输等一整套设备、设施及组织机构。但其构成比例却又是畸形的，受长期计划经济的影响，其产品开发能力和市场营销能力都非常弱，但拥有庞大的加工体系。在产品开发、加工、市场营销三个基本环节上呈现出中间大、两头小的“腰鼓形”。“腰鼓形”企业适合于计划经济体制，而在市场经济环境下无法快速响应用户需求。

（二）企业传统管理模式的不足

在20世纪40年代至60年代，企业处于相对稳定的市场环境中，当时“纵向一体化”模式是有效的。尤其是我国，长期的计划经济体制导致企业普遍存在着“大而全”“小而全”的传统管理思想。但是在90年代科技迅速发展、知识更新加速、竞争日益激烈、顾客需求不断变化的形势下，“纵向一体化”模式则暴露出种种缺陷。

（1）增加企业投资负担。不管是投资建新的工厂，还是用于其他公司的控股，都需要企业自己筹集必要的资金。由于项目有一个建设周期，在此期间内企业不仅不能安排生产，而且还要近期偿还借款利息，显而易见，用于项目基本建设的时间越长，企业背负的利息负担越重。

（2）承担丧失市场时机的风险。项目有一定的建设周期，往往项目建成之日，也就是项目下马之时，因为市场机会早就在项目建设过程中逝去。因此项目建设周期越长，企业承担的风险越高。

(3) 管理资源分散，竞争对手增多。传统模式将所有的工作看做本企业必不可少的业务工作，许多管理人员去从事辅助性的管理工作，结果是辅助性的管理工作没有抓起来，关键性业务也无法发挥出核心作用，不仅使企业丧失了竞争特色，而且增加了企业的产品成本。比如1996年的一项调查显示：通用汽车公司实行纵向一体化管理，自己生产70%的零部件，而福特公司只有50%，克莱斯勒只有30%。结果通用汽车因为生产汽车零部件而耗去的劳动费用高于其他两家公司，每生产一个动力系统，它比福特公司多付出440美元，而比克莱斯勒公司多660美元，在市场竞争中始终处于劣势。

纵向一体化由于所有业务都要做，就导致它必须在不同业务领域直接与不同的竞争对手进行竞争。比如有的制造商不仅生产产品，还拥有自己的运输公司。这样一来，该企业不仅要与制造业的对手竞争，而且还要与运输业的对手竞争。在企业资源、精力、经验都十分有限的情况下，四面出击的结果是可想而知的。

(4) 增大行业风险。如果整个行业不景气，采用纵向一体化模式的企业不仅会在最终用户市场遭受损失，而且会在各个纵向发展的市场遭受损失。比如某味精厂，为了保证原材料供应，自己建了一个辅料厂，但后来味精市场饱和，该厂生产的味精大部分没有销路。结果不仅味精厂遭受损失，与之配套的辅料厂也举步维艰。

三、交易成本的变化

交易成本理论是现代新制度经济学的一个主要分支，在解释市场与企业等交易组织形式方面具有很强的说服力。

(一) 科斯的交易成本概念提出

西方新古典经济学的一个重要假设就是市场交易本身是没有成本的，即交易成本为零。长期以来在这一假设下，西方经济学家论证了市场机制是最有效的分配社会资源的经济形式。但是在实际上，人们为了交易的达成和顺利执行，是需要付出成本的。直到1937年罗纳德·哈利·科斯（Ronald Harry Coase）发表了《企业的性质》一文，西方经济学界才逐渐开始引入了交易成本（Transaction Costs）的概念，并且迅速地将其应用到各个领域。

科斯在《企业的性质》中开创性地提出了“交易成本”的概念，认为在市场的运行中普遍存在着“交易成本”。科斯在《社会成本问题》一文中说：“为了进行市场交易，有必要发现谁希望进行交易，有必要告诉人们交易的愿望和方式，以及通过讨价还价的谈判缔结契约，督促契约条款的严格履行，等等。这些工作常常是成本很高的，而任何一定比率的成本都足以使许多在无须成本的定价制度中可以进行的交易化为泡影。”显然，在科斯看来，这一概念应该包含两个方面的内容：

1. 信息成本

信息成本即运用价格机制的成本，也就是在交易中发现相对价格的成本。包括获取和处理市场信息的成本，主要是收集有关交易对象和市场价格的确定信息而必须付出的费用。

2. 谈判与履约成本

谈判与履约成本包括讨价还价、订立合同、执行合同以及必要时诉诸法律所需要付出的成本。科斯进一步认为未来不确定性风险引致的费用，以及度量、界定、保护产权的费用也包括在交易成本里面。这些成本既包括财务成本，也包括时间等无形成本。

根据交易费用理论，市场交易由于具有其特定的成本，将交易内部化成了消除这种成本的一种可行的选择，而企业正是实现这种内部化的组织形式。科斯认为，企业在开展某些活动时相对于市场安排具有较低的交易成本，企业是追求利润最大化的，当通过内部管理开展某项活动比通过市场交易更经济时，这项活动就会由企业内部来承担。具体而言，一个生产型企业在原材料购进、组织生产、成品销售等各个阶段需要密切的信息交流替代市场上的搜寻、议价成本，使得各部门之间经常性的沟通成为可能。另外，由于交易成本、非对称信息的普遍存在，不同经济主体之间订立合同、监督合同执行的成本也很高，而企业是一个单一的利益主体，将产供销各个环节内部化也极大地降低了这些成本。因此，企业是替代价格机制的一种组织安排，正是交易成本的存在使得这种安排具有经济合理性。

可是，企业这种形式在消除市场交易成本的同时，也带来了新的成本，也就是组织内部协调的成本。企业的规模越大，企业内部各个部门之间进行管理、协调的难度也越大，需要的成本也就越高。综合考虑这两股作用方向相反的力量，用企业替代市场机制就存在一个平衡点。在这一点，企业替代市场带来的成本降低的边际量与企业规模扩大带来的内部协调成本提高的边际量正好相等，这也是古典经济学的边际成本等于边际收益的基本原则在企业组织形式下的应用，这一平衡点的位置决定了企业的规模。企业规模主要因其所属行业的技术、经济特征以及组织内部管理手段、管理技术的高低而有所不同。这样，交易成本理论对不同行业企业规模的确定给出了一个理论解释。

（二）威廉姆森的完善

奥利弗·威廉姆森（Oliver Williamson）对交易成本理论进行完善，提出了交易成本理论的两个假定前提：

1. 有限理论

有限理论这一概念指的是人的行为只能是“意欲合理，但是只有有限地达到”。交易主体在经济活动中对信息、知识的感知和认识的能力是有限的，人们在收集加工处理大量相关市场信息方面，其能力受到自身很多限制，即在现实经济活动中，由于不确定性的存在和不完全信息的限制，人们的理性往往是有限的。交易的当事人不能在事前完全收集到与契约安排相关的信息，也不能预测未来各种可能发生的变化，因而签订的合约也必然是不完全的。因此就需要建立不同的经济组织，选择不同的合约形式以弥补契约人面对外界不确定性、复杂性时的有限理论。

2. 机会主义

机会主义指的是用各种投机取巧的方法，包括说谎、窃取、蒙骗等方法向交易对手提供歪曲的信息来实现自我的利益。这种以欺诈手段追求自身利益的行为必须要以信息不对称和有限理性为前提，只有在这一前提下，机会主义才有可能并且具有一定的吸引力。机会主义假设的引入使得签约的难度增加，也就是市场交易成本增加，也加大了用组织和管理制度以及相应的契约来约束这种倾向的必要性。

上述两个方面增加了市场交易活动的不确定性和复杂性，增加了交易成本，必须通过某些制度安排或组织设计来加以消除。

威廉姆森认为交易过程可以分解为三个维度：

(1) 资产专用性。当一项耐久性投资被用于支持某些特定交易时，所投入的资产就具有了专用性。此时，假设该资产所指向的交易已经被终止，那么该资产就将全部或者部分地由于无法改作其他用途而发生损失。资产的专用性包括四种类型：场地专用性、物质资产专用性、人力资产专用性以及专项资产。它们的共同特征就是一旦形成很难用作其他用途。这样交易双方之间就具有了很强的依赖性，任何一方的违约都将给另一方造成巨大的损失。

(2) 交易的不确定性。市场环境是复杂多变的，这种市场环境的影响也会给交易双方带来履约的风险。库普曼斯将这种不确定性分为两大类：一种是初级的不确定性，即市场环境的变化和消费者偏好的改变带来的不确定性；另一种是次级的不确定性，即交易双方的信息不对称和相互依赖程度的不对称带来的不确定性。

(3) 交易频率。交易频率与交易成本线性相关，频繁的交易行为意味着反复地签约，因而导致较高的签约成本和交易成本。阿罗在把交易成本视为经济系统运行成本的同时，提出信息费用是信息成本中的重要部分。他认为获取和传递信息都要花费一定的成本，并且由于不同交易主体拥有不同的信息，缔约双方存在着信息的不对称，这将会阻止双方相关合约的签订，导致更高的交易成本。

(三) 诺思的研究

道格拉斯·诺思（Douglass C. North）的一项研究发现，美国国民收入的 45%被用于交易，而且这一比例比 20 世纪以前增加了近 25%。因此，经济活动中用于交易的成本不仅在量上可观，而且还在增加。在某种程度上，很多经济组织之所以存在就是为了节约交易成本。

在企业组织中，传统的方式是通过企业合并和纵向一体化来减少交易成本，但是一方面企业规模的扩大存在一个限度，另一方面西方很多国家已经通过反托拉斯立法来限制企业规模的扩大。而且企业规模扩大带来的“组织失灵”问题也越来越受到重视，很多企业合并后并不能实现预期效益的提高。因此，供应链伙伴关系作为一种新的制度安排，顺应了企业节约交易成本的需要，并且可以规避一体化过程中的很多成本，逐渐成为新的 IT 技术条件下的一种重要的组织形式。

总之，20 世纪 80 年代以来，专业化以及分工使得市场规模不断扩大，市场交易增加，引致了越来越多的交易成本，而技术进步的加速也带来了企业所处外部环境的更大不确定性，这些都促使企业对交易方式和制度安排进行创新，而供应链伙伴关系就是其中的一个必然选择。

第三节　供应链管理

一、供应链管理含义

供应链管理（Supply Chain Management，SCM）作为管理学的一个新概念，已经成为管理哲学中的一个新元素。对供应链管理的定义，也有许多不同的提法。

第一种观点认为供应链管理是对商业活动和组织内部关系、直接采购者的关系、第一级或第二级供应商关系、客户关系和整个供应链关系的管理。

第二种观点认为供应链管理是针对一条连接制造与供应过程中每一个元素的链，包含了从原材料到最终消费者的所有环节。这个供应链管理的广义定义，包含了整个价值链，它描述了从原材料开采到使用结束，整个过程中的采购与供应管理流程。这个定义，描述了贯穿整个价值链的信息流、物流和资金流流动过程。但是，由于广义供应链管理描述的价值链非常复杂，企业无法获得供应链管理提供的全部利益。因而，相对于广义供应链管理定义产生了较狭义的供应链管理定义：在一个组织内集成不同功能领域的物流，加强从直接战略供应商通过生产制造商与分销商到最终消费者的联系，通过利用直接战略供应商的能力与技术，尤其是供应商在产品设计阶段的早期参与，已经成为提高生产制造商效率和竞争力的有效手段。

第三种观点认为出现在研究批发商和零售商中的运输及物流文献中，它强调地理分布与物流集成的重要性。毫无疑问，物流是商业活动中一个重要的功能，而且它已经发展成为供应链管理的一部分。

2006年，我国发布实施的《物流术语》国家标准（GB/T 18354—2006）对供应链的定义是："生产及流通过程中，涉及将产品或服务提供给最终客户所形成的网链结构。"并将供应链管理定义为："对供应链涉及的全部活动进行计划、组织、协调与控制。"

二、供应链管理的范围

供应链管理的范围主要涉及四个主要领域：供应、生产计划、物流、需求。由图1-2可见，供应链管理是以同步化、集成化生产计划为指导，以各种技术为支持，尤其是以Internet/Intranet为依托，围绕供应、生产作业、物流（主要指制造过程）、满足需求来实施的。供应链管理主要包括计划、合作、控制从供应商到用户的物料（零部件和成品等）和信息。供应链管理的目标在于提高用户服务水平和降低总的交易成本，并且寻求两个目标之间的平衡（这两个目标往往有冲突）。

在以上四个领域的基础上，我们可以将供应链管理细分为职能领域和辅助领域。职能领域主要包括产品工程、产品技术保证、采购、生产控制、库存控制、仓储管理、分销管理。而辅助领域主要包括客户服务、制造、设计工程、会计核算、人力资源、市场营销。

通过上面的分析我们可以看到，采购是供应链管理中非常重要的职能领域之一，在目前竞争日益激烈、供应链出现的今天，研究采购的新趋势（在供应链管理环境下）与研究供应链中的采购职能正逐渐趋于一致，其重要性越来越被企业所认可。采购与供应链管理正是本书探讨的主要内容。

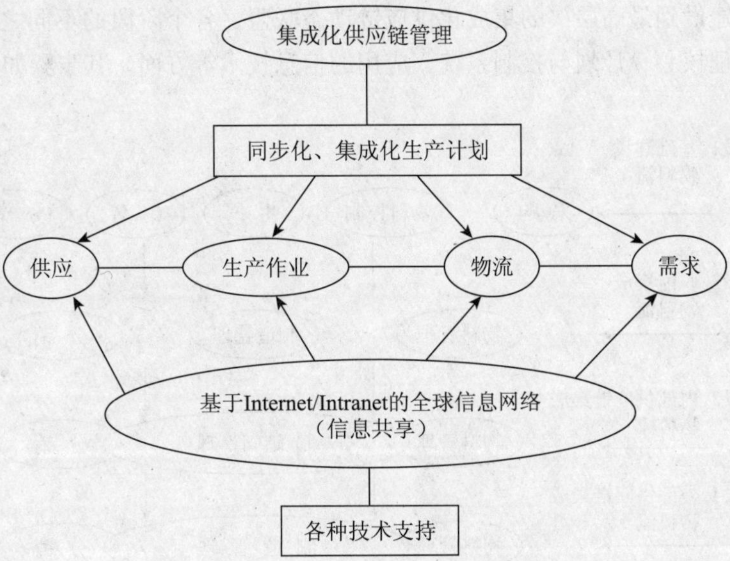

图 1-2 供应链管理涉及的领域

三、供应链管理的集成策略

（一）供应链管理的集成策略含义

目前许多学者提出了供应链管理的集成策略，即把企业内部以及节点企业之间的各种业务看做一个整体功能过程，形成集成化供应链（Integrated Supply Chain，ISC），通过信息、制造和现代管理技术，将企业生产经营过程中有关的人、技术、经营管理三要素有机地集成并优化运行，通过对生产经营过程的物料流、管理过程的信息流和决策过程的决策流进行有效的控制和协调。即将企业内部的供应链与企业外部的供应链有机地集成起来进行管理，达到全局动态最优目标，以适应在新的竞争环境下市场对生产和管理过程提出的高质量、高柔性和低成本的要求，这就是所谓的集成化供应链管理（Integrated Supply Chain Management，ISCM）。

（二）集成化供应链管理策略的目标

集成供应链管理策略的目标，是在整个供应链中创建生产制造与物流功能的无缝连接，使其成为一个有效的竞争武器，并且不会轻易地被竞争对手模仿。一个完善的供应链，涉及生产制造商、供应商和客户之间的物流与信息流之间的协作、契约机制的建立、供应链延迟策略与大规模定制。企业与供应商和客户在供应链更高层次上的集成，能够产生更有效的竞争力。集成的供应链管理，具有柔性、敏捷性和精确性等本质属性，并正在逐步向着多维的方向发展。

四、集成化供应链管理实现的步骤

企业从传统的管理模式转向集成化供应链管理模式，一般要经过五个阶段，包括从最低层次的基础建设到最高层次的集成化供应链动态联盟。各个阶段的不同之处主要体现在组织结构、管理核心、计划与控制系统、应用的信息技术等方面。其步骤如图 1 - 3 所示。

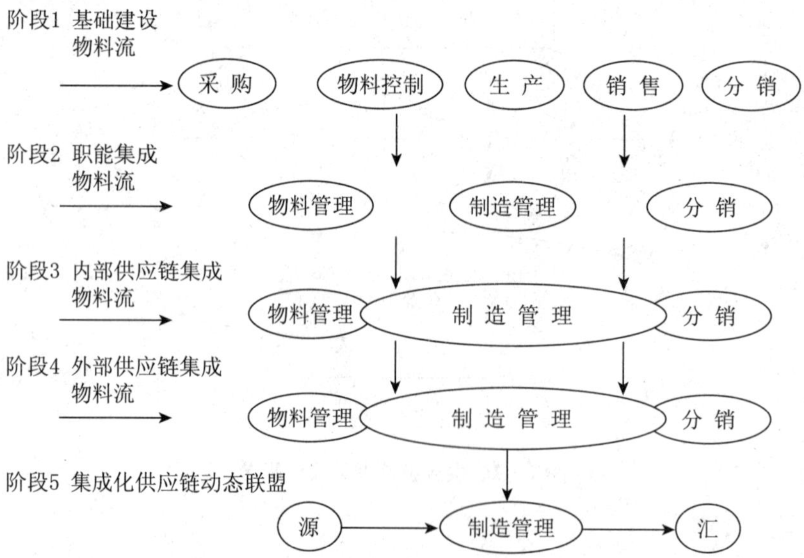

图 1 - 3 集成化供应链管理实施步骤模型

（一）基础建设

这一阶段是在原有企业供应链的基础上分析、总结企业现状，分析企业内部影响供应链管理的阻力和有利之处，同时分析外部市场环境，对市场的特征和不确定性作出分析和评价，最后相应地完善企业的供应链。

在传统型的供应链中，企业职能部门分散、独立地控制供应链中的不同业务。企业组织结构比较松散。处于这一阶段的企业主要采用短期计划，出现困难时需要一个一个地解决，虽然企业强调办公自动化，但这样一种环境往往导致整个供应链的效率低下，同时也增加了企业对供应和需求变化影响的敏感度。

（二）职能集成

职能集成阶段集中于处理企业内部的物流，企业围绕核心职能对物流实施集成化管理，对组织实行业务流程重构，实现职能对部门的优化集成，通常可以建立交叉职能小组，参与计划和执行项目，以提高职能部门之间的合作，克服这一阶段可能存在的不能很好满足用户订单的问题。

职能集成强调满足用户的需求，事实上，用户需求在今天已经成为驱动企业生产的主要动力，而成本则在其次，但这样往往导致第二阶段的生产、运输、库存等成本的增加。在集成化供应链管理的第二阶段一般采用物料需求计划（Material Requirement Planning，

MRP）系统进行计划和控制。因为分销需求得不到准确的预测和控制，分销基础设施也与制造没有有效地联结，即由于用户的需求得不到确切的理解，从而导致计划不准确和业务的失误，所以在第二阶段采用有效的预测技术和工具，对用户的需求作出较为准确的预测计划和控制。

（三）内部供应链集成

这一阶段要实现企业直接控制的领域的集成，要实现企业内部供应链与外部供应链中供应商和用户管理部分的集成，形成内部集成化供应链。集成的输出是集成化的计划和控制系统。为了支持企业内部集成化供应链管理，主要采用供应链计划（Supply Chain Planning，SCP）和企业资源计划（Enterprise Resource Planning，ERP）系统来实施集成化计划控制。这两种信息技术都是基于客户/服务体系在企业内部集成中的应用。有效的SCP集成了企业所有的主要计划和决策业务，包括需求预测、库存计划、资源配置、设备管理、优化路径、基于能力约束的生产计划和作业计划、物料和能力计划、采购计划等。ERP系统集成了企业业务流程中主要的执行职能，包括订单管理、财务管理、库存管理、生产制造管理、采购等职能。SCP和ERP通过基于事件的集成技术联结在一起。

本阶段企业管理的核心是内部集成化供应链管理的效率问题，主要考虑在优化资源、能力的基础上，以最低的成本和最快的速度生产最好的产品，快速地满足用户的需求，以提高企业反应能力和效率。这对于生产多品种或提供多种服务的企业来说意义更大。投资于提高企业的运作柔性也变得越来越重要。在第二阶段需构建新的交叉职能业务流程，逐步取代传统的职能模块。以用户需求和高质量的预测信息驱动整个企业供应链的运作。因满足用户需求而导致的高服务成本是此阶段管理的主要问题。

（四）外部供应链集成

实现集成化供应链管理的关键在于第四阶段。将企业内部供应链与外部的供应商和用户集成起来，形成一个集成化供应网链。与主要供应商和用户建立良好的合作伙伴关系，即所谓的供应链合作关系，是集成化供应链管理的关键之关键。

此阶段企业要特别注重战略伙伴关系管理。管理的重点是要以面向供应商和用户来取代面向产品，增加与主要供应商和用户的联系，增进相互之间的了解（产品、工艺、组织、企业文化等），相互之间保持一定的一致性，实现信息共享等，企业通过为用户提供与竞争者不同的产品/服务或增值的信息而获利。

为了达到与外部供应链的集成，企业必须采用适当的信息技术为企业内部的信息系统提供与外部供应链节点企业的很好的接口，达到信息共享和信息交互，达到相互操作的一致性，这些都需要采用Internet信息技术。

（五）集成化供应链动态联盟

在完成以上四个阶段的集成以后，已经构成了一个网链化的企业结构，我们称为供应链共同体，它的战略核心及发展目标是占据市场的领导地位，为了达到这一目标，随着市场竞争的加剧，供应链共同体必将成为一个动态的网链结构，以适应市场变化柔性、速度、革新、知识等需要，不能适应供应链需求的企业将从供应链联盟中被淘汰，供应链从而成为一个能快速重构的动态组织结构，即集成化供应链动态联盟，企业通过Internet网络商务软件等技术集成在一起以满足用户的需求，一旦用户的需求消失，它也将随之解体，而当另一需求出现时，这样的一个组织结构又由新的企业动态地重新组成，在这样的一个环境中求生存，企业如何成为一个能及时、快速满足用户需求的供应商，是企业生存和发展的关键。

集成化供应链动态联盟是基于一定的市场需求，根据共同的目标而组成的，通过实时信息的共享来实现集成，主要应用的信息技术是 Internet/Intranet 的集成，同步化的、扩展的供应链计划和控制系统是主要的工具，基于 Internet 的电子商务取代传统的商务手段，这是供应链管理发展的必然趋势。

第四节　供应链设计

在供应链管理中，设计和运行一个有效的供应链，对于每一个企业都是至关重要的。因为它可以获得提高用户服务水平，达到成本和服务之间的有效平衡，提高企业竞争力，提高柔性，渗入新的市场，通过降低库存量来得到提高工作效率等利益。而不合适的供应链设计会导致浪费和失败。

供应链的设计是供应链管理中首要并重要的环节。这里涉及供应链设计策略、设计原则及设计步骤等问题。

一、供应链设计及影响因素

（一）供应链设计问题的简要说明

1. 供应链设计与企业流程再造

供应链的设计或重构不是要推翻现有的企业模型，而是要从管理思想革新的角度，以创新的观念武装企业（比如动态联盟与虚拟企业、精细生产），这种基于系统进化的企业再造思想是符合人类演进式的思维逻辑的，尽管“业务流程重组”（Business Process Reengineering，BPR）教父哈默和钱贝一再强调其彻底的、剧变式的企业重构思想，但实践证明，实施业务流程重组的企业最终还是走向改良道路，所谓无源之水、无本之木的企业再造是不存在的。因此在实施供应链的设计与重建时，需要的是新的观念、新的思维和新的手段，这是在实施供应链管理时需要明确的。

2. 考虑环境因素的供应链设计

一个设计精良的供应链在实际运行中并不一定能按照预想的那样，甚至无法达到设想的要求，这是主观设想与实际效果的差距，原因并不一定是设计或构想的不完美，而是环境因素在起作用，因此构建和设计一个供应链，一方面要考虑供应链的运行环境（地区、政治、文化、经济等因素），同时还应考虑未来环境的变化对实施供应链的影响。因此，要用发展的、变化的眼光来设计供应链，无论是信息系统的构建还是物流通道设计都应具有较高的柔性，以提高供应链对环境的适应能力。

3. 供应链设计与物流系统设计

物流系统是供应链的物流通道，是供应链管理的重要内容。物流系统设计是指原材料和外购件所经历的采购入厂—存储—投料—加工制造—装配—包装—运输—分销—零售等一系列物流过程的设计。物流系统设计也称通道设计，是供应链系统设计中最主要的工作之一。设计一个结构合理的物流通道对于降低库存、减少成本、缩短提前期、实施 JIT 生产与供销、提高供应链的整体运作效率都是很重要的。

但供应链设计却不等同于物流系统设计，（集成化）供应链设计是企业模型的设计，它从更广泛的思维空间——企业整体角度去勾画企业蓝图，是扩展的企业模型。它既包括物流系统，还包括信息、组织、价值流和相应的服务体系建设。在供应链的设计（建设）中创新性的管理思维和观念极为重要，要把供应链的整体思维观融入供应链的构思和建设中，企业之间有并行的设计才能在企业之间实现并行的运作模式，这是供应链设计中最为重要的思想。

4. 供应链设计与先进制造模式的关系

供应链设计既是从管理新思维的角度去改造企业，也是先进制造模式的客观要求和推动的结果。如果没有全球制造、虚拟制造这些先进的制造模式的出现，集成化供应链的管理思想是很难得到实现的。正是先进制造模式的资源配置沿着“劳动密集—设备密集—信息密集—知识密集”的方向发展，才使得企业的组织模式和管理模式发生相应的变化，从制造技术的技术集成演变为组织和信息等相关资源的集成，供应链管理适应了这种趋势。

（二）供应链设计前期考虑的因素

1. 定位明确

供应链是由原料供应商、制造商、分销商、零售商、物流与配送商及最终用户组成的。一条具有竞争力的供应链要求组成供应链的各成员都具有较强的竞争力，不管每个成员为整个供应链做什么，都应该是专业化的，而专业化就是优势。在供应链中总会有处于从属地位的企业。任何企业都不可能包揽供应链的所有环节，它必须明确自己在供应链中的定位优势，根据自己的优势来确定自己的位置，制定相关的发展战略，例如对自己的业务活动进行调整和取舍，着重培养自己的业务优势等。

2. 客户优先

客户是供应链中唯一真正的资金流入点，任何供应链都只有唯一的一个收入来源——客户。因此，供应链的设计要考虑客户优先的原则。客户服务由客户开始，也以客户终止，客户最能感受到供应链中复杂的相互影响的全部效应。供应链的设计必须具有高度柔性和快速响应能力，能够满足客户现实需求和潜在需求。

3. 风险防范

由于受到各种因素的影响，供应链的运作实际上也存在着不确定性，存在风险。供应链中的库存控制就是一例。保持库存的道理是显而易见的，为了达到客户服务要求，必须维持一定的库存量（也就是安全库存），这样就可以有效避免因上游供应商供应过程出现问题，而影响到客户服务。因此，在供应链的结构设计中应对各种风险因素进行量化和说明，了解各种不确定性因素对系统所产生的影响，并制定相应的防范措施。

二、供应链设计结构

在介绍供应链结构模型之前，有必要对供应链体系结构中的成员进行介绍。也就是说在设计供应链之前，必须找出谁是供应链的成员。将所有类型的成员包括进来，可能导致整个网络变得高度复杂，增加管理难度。关键在于制定一些基本原则，以决定哪些成员对公司的成功最为重要，从而在管理上给予更多的关注并为其分配资源。

供应链成员包括从原产地到消费地，通过供应商或客户直接或间接地与核心公司相互作用的所有公司和组织。不过，为了使非常复杂的网络更加容易管理，有必要区分主要成员和辅助成员。

供应链的主要成员是指所有那些自主管理的公司或战略业务单位，在为特定的客户或市场产生特定输出的业务流程中，这些公司实际上执行着运营和/或管理活动。供应链的辅助成员是指那些仅仅为供应链主要成员提供资源的公司，例如出租卡车给制造商的代理商，贷款给零售商的银行，提供仓库空间的房屋业主以及供应生产设备、打印营销宣传册或提供临时秘书工作的公司。对核心公司和供应链来说，资源、知识、公共设施或资产的提供者有重要的贡献，但是在为最终用户将输入转变为输出的增值过程中，它们并不直接参与或执行活动。

但在某些情况下，同一家公司可以同时执行主要和辅助的活动，即同一家公司可以执行与一个过程相关的主要活动以及和另一个过程相关的辅助活动。例如，原始设备制造商（Maintenance、Repair and Operations，OEM）从供应商那里购买一些关键和复杂的生产设备。当 OEM 开发新产品时，它和设备供应商紧密合作，因而，该供应商是 OEM 产品开发过程的主要成员。但是，当考察制造商的管理过程时，该供应商是辅助成员而不是主要成员，因为供应设备本身并没有为过程的输入增加价值。

所以，主要成员和辅助成员之间的区别并不是在所有情况下都很明显。不过，这一区别提供了合理的管理简化方法，并且抓住了谁应该被认为是供应链的关键成员这一本质。

了解和掌握供应链的结构模型是有效指导供应链设计的必要工作。从节点企业与节点企业之间关系的角度来考察，供应链网络结构主要包括链状结构和网状结构两种。

（一）链状模型Ⅰ

供应链的各成员企业构成链条结构的各个节点，物流、资金流、信息流构成供应链的连线，如图 1-4 所示。供应链管理通过前馈的信息流（需方向供方流动，如订货合同、加工单、采购单等）和反馈的物流及信息流（供方向需方的物料流及伴随的供给信息流，如提货单、入库单等）将供应商、制造商、分销商、零售商及最终用户连成一个整体，对整个供应链系统进行计划、协调、操作、控制和优化的各种活动。

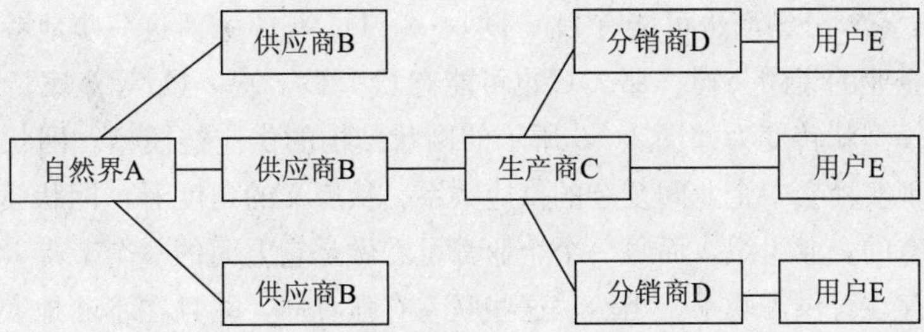

图 1-4 链状结构的供应链模型

（二）链状模型Ⅱ

静态的链状供应链结构模型可以进一步地简化成如图 1-5 所示串行的链状结构的供应链模型。串行的链状结构的供应链模型是链状供应链结构模型的进一步抽象，它把供应链上的一个个企业都抽象成一个个的点，称为节点，并用字母或数字表示，这些节点以一定的方式和次序连接，构成一条供应链。在串行的链状供应链结构模型中，若 C 为制造商——核心企业，则 B 为供应商，D 为分销商；若假定 B 为制造商——核心企业，则 A 为供应商，C 为分销商。在这个模型中，产品的最初来源——自然界，最终去向——用户，以及产品的物质循环过程都被隐含掉了。从供应链研究的一般化角度来讲，把自然界和用户融在供应链模型中通常没有太大的作用。串行的链状结构的供应链模型着重对供应链的中间过程进行研究。

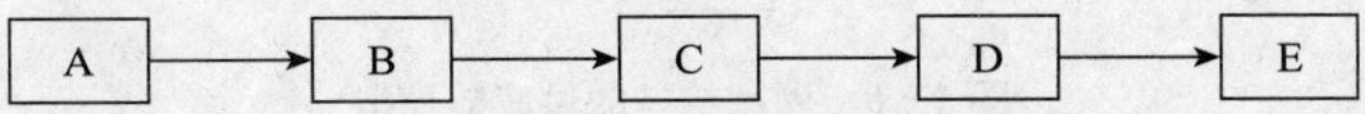

图 1-5 串行的链状结构的供应链模型

(1) 供应链的方向。物流、信息流、资金流、作业流和价值流是供应链上的五类资源流，它们流动的方向可以表示出供应链增值运动的方向。一般来说，物流的方向都是从供应商流向生产制造商，再流向分销商，最后到达消费者的。虽然在特殊情况下，如销售退货、损坏赔偿等物流在供应链上的流向与一般情况下的方向相反，但这类情况属于非正常情况。

(2) 供应链的级。在串行的链状结构的供应链模型中，如果定义 C 为供应链的核心企业——生产制造商，从其上游企业来看，那么就可以相应地认为 B 为一级供应商，A 为二级供应商，依次地可递推定义三级供应商、四级供应商……同样，从核心企业的下游企业来看，可以认为 D 为一级分销商，E 为二级分销商，依次地定义三级分销商、四级分销商……一般来说，一个企业如果要从整体上了解其所在行业供应链的运行状态，应尽可能深入地考虑多级供应商或分销商。

（三）网状模型

如图 1-6 所示的供应链结构模型代表一种特殊抽象的供应链，并不具有代表性。因为在现实社会生活中的供应链上，核心企业 C 的供应商可能不止一家，而是有 B_1，

B_2，…，B_n 等 n 家，分销商也可能有 D_1，D_2，…，D_m 等 m 家。进一步地考虑，如果 C 是一个含有多个企业的集团公司，那么 C 也可能有 C_1，C_2，…，C_k 等 k 家。这样，图 1-5 所示的供应链模型就转变为如图 1-6 所示的网状结构的供应链模型。网状结构的供应链模型更能说明现实社会中企业间复杂的供应关系。从广义的角度看，网状模型理论上可以涵盖世界上所有的企业组织，而每一个企业都可看做是它上面的一个节点，同时可以认为这些节点之间存在着供需联系。当然，这些联系有强有弱，并且在不断地变化着。从狭义的角度来看，通常一个企业仅与有限的企业发生联系，但这丝毫不影响人们对供应链模型的理论设定。网状结构的供应链模型对企业供应关系的描述很直观，适合宏观把握企业间的供应关系。

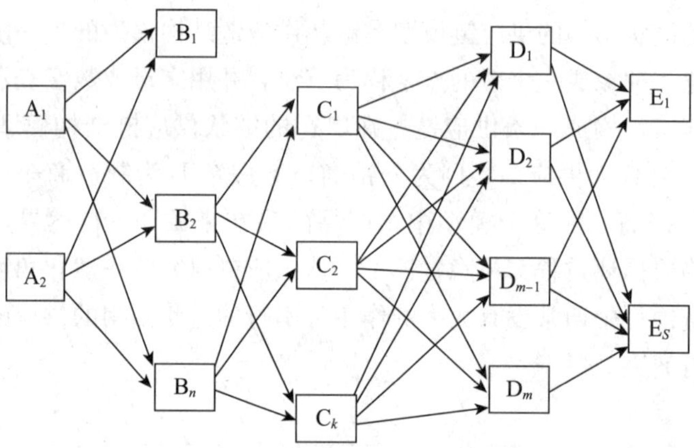

图 1-6 网状结构的供应链模型

（1）入点和出点。在网状结构的供应链模型中，物流的流动具有方向性，它从上游的一个节点企业流向下游另一个节点企业。这些物流补充流入某些节点，分流流出某些节点。物流进入的节点称为入点，而物流流出的节点称为出点。在图 1-6 所示的供应链中，入点相当于矿山、油田、橡胶园、山泉等原始材料提供商，出点相当于用户。

（2）供应链子网。有些集团公司虽然内部结构非常复杂，但与其他企业发生业务往来的只是其中的一些部门或分公司，同时在集团内部有些部门或分公司之间却存在着产品供应关系。显然，这时候用一个节点来表示集团内部这些复杂的关系是不行的，这就需要将表示这个集团的节点分解成很多相互联系的子节点，这些子节点之间存在关联关系，由此构成了一个网，称为子网。

（3）虚拟企业。通过对供应链子网模型概念的扩展，可以把供应链子网上为了实现各自利益和目标、通力合作的这样一些企业形象地看成是一个大的企业，这就是虚拟企业。虚拟企业是市场经济中存在的企业的动态联合体，它们为了共同的利益和目标，在一定的时间内结成相互协作的利益共同体。虚拟企业组建和存在的目的就是为了获取相互协作而产生的效益，一旦这个目的已完成或利益关系不再存在，虚拟企业即不存在，新的动态企业联盟将伴随另一个利益目标产生。

三、供应链的设计策略

一般而言，供应链的设计策略包括：基于产品的供应链设计策略、基于成本的供应链设计策略、基于多代理的供应链设计策略。其中使用较多、较为成熟的就是基于产品的供应链设计策略。

基于产品的供应链设计策略指出设计和运行一个有效的供应链，对于每一个企业都是至关重要的，必须选择合适的设计策略进行供应链设计。它的提出者费舍尔（Marshall L. Fisher）认为供应链的设计要以产品为中心。供应链的设计首先要明白客户对企业产品的需求是什么，是创新型产品？还是功能型产品？然后要明白不同供应链的特性，再设计出与产品特性相一致的供应链。于是就产生了基于产品的供应链设计策略。

（一）产品类型

不同的产品类型对供应链设计有不同的要求，高边际利润、不稳定需求的创新型产品的供应链设计策略就不同于低边际利润、有稳定需求的功能型产品。所以我们首先要了解不同类型产品的需求特性，如表1-1所示。

表1-1　两种不同类型产品在客户需求上的特点比较

需求特征	功能性产品	创新性产品
产品寿命周期	长	短
边际贡献	低	高
产品多样性	低	高
预测的平均缺货率	低	高
预测的平均季节降价率	低	高
按订单生产的提前期	长	短

由表1-1可以看出，功能型产品一般用于满足客户的基本需求，变化很少，具有稳定的、可预测的需求和较长的寿命周期，但它们的边际利润较低；而创新型产品的生产企业，为了避免低边际利润，在式样或技术上进行创新来激发消费者的购买欲望，从而获得高边际利润，这种创新型产品的需求一般不可预测，寿命周期也较短。正因为这两种产品的不同，才需要有不同类型的供应链来满足不同的客户需要。

（二）供应链类型

不同的产品类型应该对应于不相同的供应链。这主要是因为供应链起作用的方式不同：物理功能和市场中介功能。因而，我们可以按照功能将供应链划分为有效型供应链和反应型供应链两种。二者的比较如表1-2所示。

表 1-2　两种类型供应链的特点比较

比较项目	市场反应型供应链	物理有效型供应链
基本目标	尽可能地反应不可预测的需求	以最低的成本供应可预测的需求
制造核心	配置多余的缓冲库存	保持高的平均利润率
库存政策	部署好零部件和成品的缓冲库存	产生高收入而使整个链的库存最小化
提前期	大量投资以缩短提前期	在不增加成本的前提下，尽可能缩短提前期
选择供应商的方法	以速度、柔性和质量为中心	以成本和质量为核心
产品设计策略	用模型设计以尽可能地减少产品差别	最大化绩效和最小化成本

（三）基于产品的供应链设计策略

1. 基于功能型产品的供应链设计

对于功能型产品，如果边际贡献率为10%，平均缺货率为1%，则边际利润损失仅为0.1%。因此，为改善市场反应能力而投入资金是得不偿失的。生产这类产品的企业，主要目标应在于尽量减少成本。企业通常只要制订一个合理的最终产品的产出计划，并借助相应的管理信息系统协调客户订单、生产及采购，使得链上的库存最小化，提高生产效率，缩短提前期，从而增强竞争力。如宝洁公司的许多产品属于功能型产品，公司采取了供应商管理存货和天天低价的策略，使库存维持在较低水平，降低了成本，公司和顾客都从中受益。

2. 基于创新型产品的供应链设计

对于创新型产品，如果边际贡献率为40%，平均缺货率为25%，则边际利润损失为10%。所以，对此类产品就需要有高度灵活的供应链，来对多变的市场作出迅速的反应，投资改善供应链的市场反应能力就成为必要之举。例如，欧美、日本等不少发达国家将基本的功能型产品放在低成本的发展中国家生产，而将一些流行性或短生命周期的产品放在本土生产，虽然有可能增加劳动力成本，但通过对市场的快速反应而获得的利润足以抵消这种不利影响。

3. 策略矩阵

（1）供应链设计与产品类型策略矩阵的含义。根据前面我们了解到的产品和供应链的特性，就可以设计出与产品需求相一致的供应链，设计策略如图1-7所示。

	功能型产品	创新型产品
有效型供应链	匹配	不匹配
反应型供应链	不匹配	匹配

图 1-7　供应链设计与产品类型策略矩阵

策略矩阵的四个元素代表四种可能的产品和供应链的组合，从中可以看出产品和供应链的特性，管理者根据这些特性就可以判断企业的供应链设计是否与产品类型相一致，这就是基于产品的供应链设计策略。

(2) 供应链设计与产品类型策略矩阵的应用。利用该矩阵，企业可以判断其供应链类型与产品类型是否很好地匹配。矩阵的四个方格代表了四种可能的产品与供应链的组合。用市场反应型供应链生产功能型产品，或用实物效率型供应链生产创新型产品，都是不合理的。

右下方代表采取市场反应型供应链提供创新型产品。生产创新型产品的企业，其在市场反应型供应链上的投资回报率要比在效率型供应链上的投资回报率高得多。企业在增强其供应链的市场反应性上，每增加 1 元投资，就会取得大于 1 元的市场调节成本的下降。若企业采用市场反应型供应链来生产功能型产品（左下方），情况就截然不同了。若对其供应链增加投资，减少的损失极为有限，得不偿失。

右上方的情况很常见（企业用物理效率型供应链提供创新型产品），由于创新型产品可观的边际利润，尽管竞争日益激烈，越来越多的企业还是不断从生产功能型产品转向生产创新型产品，但其供应链并未发生改变。如一些个人计算机厂商，在提供新产品时，由于仍采用原来的效率型供应链，过于注重成本，追求库存最小化和较低的采购价格，忽视供货速度和灵活性，担心增加成本而不愿缩短提前期，从而造成交货速度太慢，不能及时响应日益变化的市场需求，缺货损失甚为可观。更糟的是被竞争对手抢先占领了市场，造成无可估量的损失。

四、供应链的设计原则与风险控制

(一) 设计原则

1. 沟通原则

沟通原则就是自顶向下和自底向上相结合的设计原则，供应链系统设计时，往往是先有主管高层作出战略规划与决策，规划与决策的依据来自市场需求和企业发展规划，然后由下层部门实施决策，因此供应链的设计是自顶向下和自底向上的结合。

2. 简洁性原则

为了使供应链具有灵活快速响应市场的能力，供应链的每个节点都应是精简的、具有活力的、能实现业务流程的快速组合。

3. 集优原则

这里的集优有两种情况：一是供应链的各节点企业的选择应遵循强强联合的原则，达到实现资源外用的目的，二是每个企业应只集中精力致力于各自核心的业务过程。

4. 协调性原则

供应链业绩好坏取决于供应链合作伙伴关系（Supply Chain Partnership）是否和谐，因此建立企业战略合作关系是实现供应链最佳效能的保证。

5. 动态性（不确定性）原则

由于不确定性的存在，导致需求信息的扭曲。因此要预见各种不确定因素对供应链运作的影响，减少信息传递过程中的信息延迟和失真。

6. 创新性原则

要敢于打破各种陈旧的思维框框，用新的角度，新的视野审视原有的管理模式和体系，进行大胆地创新设计。进行创新设计，要注意以下几点：一是创新必须在企业总体目标和战略的指导下进行，并与战略目标保持一致；二是要从市场需求的角度出发，综合运用企业的能力和优势；三是发挥企业各类人员的创造性，集思广益，并与其他企业共同协作，发挥供应链整体优势；四是建立科学的供应链和项目评价体系及组织管理系统，进行技术经济分析和可行性论证。

7. 战略性原则

供应链建立应体现供应链发展的长远规划和预见性，供应链的系统结构发展应和企业的战略规划保持一致，并在企业战略指导下进行。

（二）供应链的风险控制

供应链本身的运营，并不是完美无缺的，它也存在着风险。如2000年美国新墨西哥州飞利浦公司的一个芯片厂车间发生了一起大火，飞利浦公司需要几个星期才能使工厂恢复生产。这家工厂是爱立信供应链中的一环，为爱立信公司提供多种重要的零件芯片。这场火灾导致爱立信损失近4亿美元的销售额，市场份额也由一年前的12%降至2001年9%。由此可知产业的供应链是环环相扣的，任何一个环节出现问题，都可能影响供应链的正常运作。因此，我们在进行供应链设计时，就要充分考虑到这些风险并尽量提前规避。

1. 供应链的风险来源

供应链的风险来源既有自然灾害这种不可抗力的因素：如地震、火灾、暴风雨雪等；也有人为因素。主要有以下几个方面：

（1）独家供应商问题。供应链中采取独家供应商政策存在巨大风险，一个环节出现问题，整个链条就会崩溃。

（2）IT技术的缺陷会制约供应链作用的发挥。如网络传输速度，服务器的稳定性和运行速度，软件设计中的缺陷，病毒等。

（3）信息传递方面的问题。当供应链规模日益扩大，结构日趋繁复时，供应链上发生信息错误的机会也随之增多。信息传递延迟会增加供应链的风险。

（4）企业文化方面的问题。不同的企业一般具有自己的企业文化，这就会导致对相同问题的不同看法，从而存在分歧，影响供应链的稳定。

（5）经济波动的风险。经济高速增长容易导致企业原材料供应出现短缺，影响企业的正常生产，而经济萧条，会使产品库存成本上升。另外还有其他不可预见的因素，小的如交通事故、停水停电等，大的如战争等政治因素也都影响着供应链的正常运作。

2. 风险评估体系

（1）经济背景评估。是指企业根据整体经济波动和产业政策来评估。经济波动大、产业政策转型对某些供应链的影响就大，企业可能会出现原材料短缺或产品成本上升，甚至使某些供应链发生中断。而经济波动小、产业政策是长期的，风险一般较容易控制。

（2）经验评估。是指不可预见的因素可以通过以往的数据进行预测评估。比如，企业在正常情况下，由于交通事故导致的供应链问题的大致概率是一个比较稳定的数据，可以根据这些数据评估交通事故导致供应链的风险。

(3) 整体评估。是对供应商的财务状况、主营业务的变化、技术创新能力、企业的行业竞争力作为一个整体进行综合考察。供应商的变化对供应链影响最大，对供应商尤其是与供应材料有关的任何变化应充分重视，建立一套充分评估机制。这种整体评估在实质上就是一种综合信息评估。由于信息主导供应链的运作，可以从供应链管理中的信息手段、信息反馈机制、信息处理能力等多方面进行评估。一般来说，企业上下游之间如果有先进的信息通信方式、及时的反馈机制、规范化的处理流程，则供应链风险就小，反之就大。

3. 供应链风险的防范

根据供应链风险的不同，可以分别运用各种具有针对性的措施进行控制。具体而言，供应链风险的防范可以包括：

(1) 供应渠道多样化。发展多种供应渠道，建立多地域的供应渠道，加强对供应商的情况进行跟踪评估。为确保产品供应稳定，供应链上应发展多个供应渠道，不能单纯依靠某一个供应商，否则一旦该厂商出现问题，势必影响整个供应链的正常运行。同时，在对某些供应材料或产品有依赖性时，还要考虑地域风险。比如，战争会使某些地区原材料供应中断，如果没有其他地区的供应，势必造成危机。除在多地域建立多个供应商外，还须对每个供应商情况进行跟踪。

(2) 综合的建立多种信息传递渠道，以防范信息风险。厂家—消费者—供应商在供应链中起着多种作用，他们之间的互动日益加快，关系也变得越来越复杂。因此，这就要求给予支持的网络基础设施，必须能够确保供应链所要求的数据完整、可靠和安全。

(3) 制定处理突发事件的应急措施预防风险。供应链是多环节、网络化的一种复杂的系统，很容易发生一些突发事件。供应链管理中，对突发事件的发生要有充分的准备。对于一些偶发但破坏性大的事件，可预先制定应变措施，制定应对突发事件的工作流程，建立应变事件的小组。同时，应该充分利用现代物流技术，减少供应链的风险。现代科学技术的应用可以有效地降低信息传输错误，并能够及时对风险进行控制。

五、供应链的理论设计步骤

供应链的设计步骤包括八个环节。如图 1-8 所示。

(一) 分析市场竞争环境

目的在于找到针对哪些产品市场开发供应链才有效，必须知道现在的产品需求是什么，产品的类型和特征是什么。分析市场特征的过程要向卖主、用户和竞争者进行调查，提出“用户想要什么”和“他们在市场中的份额有多大”之类的问题，以确认用户的需求和因卖主、用户、竞争者产生的压力。这一步骤的输出是按需求量排列的产品类型以及每一产品按重要性排列的市场特征。同时对于市场的不确定性要有分析和评价。

(二) 分析企业现状 (现有供应链分析)

主要分析企业供需管理的现状（如果企业已经有供应链，则分析供应链的现状），目的不在于评价供应链设计策略的重要性和合适性，而是着重于研究供应链开发的方向，分析、寻找、总结企业存在的问题及影响供应链设计的阻力等因素。

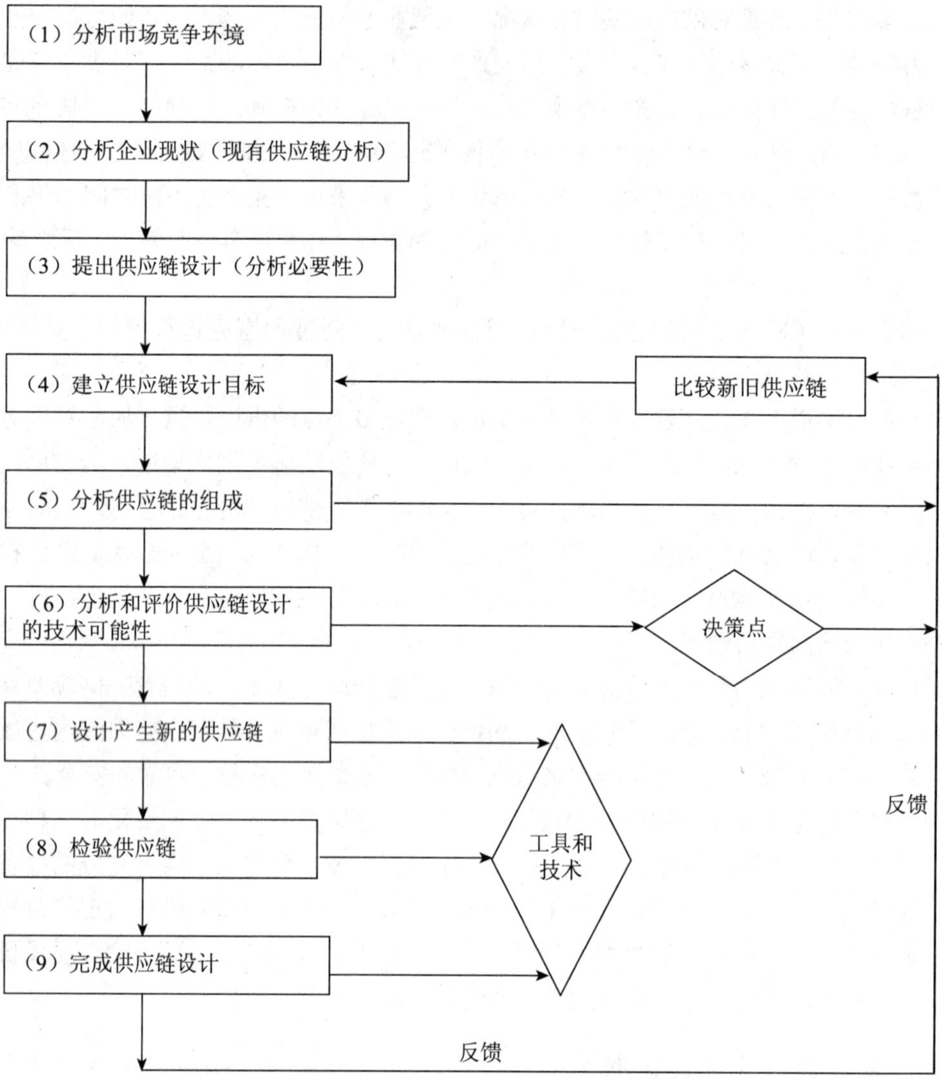

图 1－8　供应链的设计步骤

（三）提出供应链设计（分析必要性）

针对企业管理现状中存在的问题，提出供应链设计这一项目，并确定项目的优先级，分析其必要性。

（四）建立供应链设计目标

主要目标在于获得高用户服务水平和低库存投资、低单位成本两个目标之间的平衡（这两个目标往往有冲突），同时还应包括以下目标：①进入新市场；②开发新产品；③开发新分销渠道；④改善售后服务水平；⑤提高用户满意程度；⑥降低成本；⑦通过降低库存提高工作效率等。

（五）分析供应链的组成

提出供应链组成的基本框架。供应链中的成员组成分析主要包括制造工厂、设备、工艺和供应商、制造商、分销商、零售商及用户的选择及其定位，以及确定选择与评价的标准。

（六）分析和评价供应链设计的技术可能性

这不仅仅是策略或改善技术的推荐清单，而且它是开发和实现供应链管理的第一步，它在可行性分析的基础上，结合本企业的实际情况为开发供应链提出技术选择建议和支持。这也是一个决策的过程，如果认为方案可行，就可进行下面的设计；如果不可行，就要重新设计。

（七）设计产生新的供应链

主要解决以下问题：①供应链的成员组成（供应商、设备、工厂、分销中心的选择与定位、计划与控制）；②原材料的来源（包括供应商、流量、价格、运输等）；③生产设计（需求预测、生产什么产品、生产能力、供应给哪些分销中心、价格、生产计划、生产作业计划和跟踪控制、库存管理等）；④分销任务与能力设计（产品服务于哪些市场、运输、价格等）；⑤信息管理系统设计；⑥物流管理系统设计等。

（八）检验供应链

供应链设计初步完成以后，应通过一定的方法、技术进行测试、检验或试运行，如不可行，需返回（四）进行重新设计。如果不存在什么问题，就可实施供应链管理了。

思考题

1. 什么是供应链？其结构模型如何？
2. 供应链产生的原因有哪些？
3. 供应链的类型与特征是什么？
4. 集成化供应链管理实现的步骤有哪些？
5. 基于产品的供应链设计步骤有哪些？
6. 供应链的设计原则是什么？

第二章　供应链环境下采购管理的价值分析

第一节　采购概述

一、采购的定义

采购（Purchasing），是指单位或个人基于生产、销售、消费等目的，购买商品或劳务的交易行为。在现代社会中，人们所消耗的物品都需要进行采购活动。根据人们取得商品的方式、途径不同，采购可以从狭义和广义两方面来定义。

狭义的采购是指限于以购买的方式，由买方支付对等的代价，向卖方换取物品的行为过程。这种以货币换取物品的方式，就是最普通的采购途径。个人也好，企业机构也好，为了满足其消费或生产的需求，十之八九都是以“购买”的方式来进行的。广义的商品采购是指除了以购买的方式获取物品之外，还可以通过下列途径取得物品的使用权，以达到满足需求的目的。

（1）租赁。租赁是指一方以支付租金的方式取得他人物品的使用权。

（2）借贷。借贷是指一方以无须支付任何代价的方式取得他人的物品的使用权，使用完毕，仅返还原物品。这种无偿借用他人物品的方式，通常是基于借贷双方的情谊与密切关系，特别是借方的信用。

（3）交换。所谓“交换”就是通过以物易物的方式取得物品的所有权及使用权，但是并没有直接支付物品的全部价款。换言之，当双方交换价值相等时，不需要以金钱补偿对方；当交换价值不等时，仅由一方补贴差额给对方。

综合以上的说明，我们可以知道，商品采购就是单位或个人为了满足某种特定的需求，以购买、租赁、借贷、交换等各种途径，取得商品及劳务的使用权或所有权的活动过程。在日常经营活动中，我们所讲的商品采购主要是以购买方式为主的商品采购活动。

二、采购的含义

采购作为一门科学，并不只是简单的购买行为，它有着多层的内涵，只有充分了解采购的含义，才能理解采购作为一门学科的概念。

（一）所有采购都是从资源市场获取资源的过程

无论是生活，还是生产，采购的意义就在于能解决所需要的，但是自己又缺乏的资源问题。这些资源，包括生活资料，也包括生产资料；包括物资资源（如原材料、设备、工具等），也包括非物资资源（如信息、软件、技术、文化用品等）。能够提供这些资源的供应商，形成了一个资源市场。而采购的基本功能，就是帮助人们从资源市场获取他们所需要的各种资源。

（二）采购是商流与物流的集合

采购的基本作用，就是将资源从资源市场的供应者手中转移到用户手中的过程。在这个过程中，一是要实现将资源的所有权从供应者手中转移到用户手中，二是要实现将资源的物质实体从供应者手中转移到用户手中。前者是一个商流过程，主要通过商品交易、等价交换来实现商品所有权的转移。后者是一个物流过程，主要通过运输、储存、包装、装卸、流通加工等手段来实现商品空间位置和时间位置的转移，使物品实实在在地到达用户手中。采购过程，实际上是这两个方面的完整结合，缺一不可。只有这两个方面都完全实现，采购过程才算完成。因此，采购过程实际上是商流过程与物流过程的统一。

（三）采购是经济活动

采购是企业经济活动的主要组成部分。所谓经济活动，就是要遵循经济规律，追求经济效益的活动。在整个采购活动过程中，一方面，通过采购，获取了资源，保证了企业的正常生产的顺利进行，这是采购的效益；另一方面，在采购过程中，也会发生各种费用，这就是采购成本。我们要追求采购经济效益的最大化，就要不断降低采购成本，以最少的成本去获取最大的效益。而要做到这一点，关键就是要努力追求采购的科学化。科学采购是实现企业经济利益最大化的基本利润源泉。

三、采购的范围

采购的范围，是指采购的对象或标的，它涵盖了有形的物品及无形的劳务。所谓有形的物品，就是看得见、摸得着的、有物质实体的物品，包括原料、半成品和零部件、成品、维护和运营部件、生产支持部件等；无形的劳务，是指看不见、摸不着，但可以感受得到的满足人们需要的服务功能项目，如运输、仓储、售后服务等。

（一）有形的物品

1. 原料

原料是指直接使用于生产的原材料，也是构成产品最主要的成分。在产品的制造过程中，即使原料的形体发生物理或化学变化，它依然存在于产品里面，不会消失。原料的特点：

（1）未经加工。任何加工过程都会使原材料变成商品，例如：粗铜经过提纯去除杂质，可以变成商品纯铜。

（2）原材料质量参差不齐。例如：煤的质量可能因硫的含量不同而不同。原材料通常都有一个表示质量的等级，买方可以根据需要决定购买哪个等级的原材料。原材料的质量可能影响企业的生产过程。物料的质量成为影响生产效率一个主要因素，从而也会影响产成品的质量。采购部门必须负责把关，使工厂得到符合质量等级要求的原材料。

（3）原材料的价格和可得性可能受不可抗力的影响。如中东事件，超出了买方的控制范围，就影响了石油的价格和供给。经验丰富的买方会预测影响原材料价格和可得性的长短期变化趋势。买方还须制订短期或长期计划以应付原材料供给中断的情况，包括找到潜在供应源或可替代的物料。即使企业不直接采购原材料，它也必须关注原材料市场的状况。因为如果原材料市场中断，货物供给也会中断，并会沿着整条供应链波及至买方。

2. 半成品和零部件

半成品和零部件包括供应商提供支持企业最终生产过程的所有产品，包括单个件数的部件、子部件、装配件、子系统和系统。如一个汽车生产商要采购的半成品和零部件包括轮胎、座位部件、轮轴轴承以及汽车车身框架等。

管理半成品和零部件的采购工作是采购部门的重要责任，因为零部件会影响产品质量和成本。例如，惠普公司需要购买佳能公司生产的一种激光喷墨打印设备，作为惠普公司最终产品的重要部分。因而该公司必须认真管理这一设备的采购工作，并与供应商密切合作。外包产品不仅指基本部件，还包括复杂组件和系统的外包需求，这增加了采购部门选择合格供应商的压力。

3. 成品

所有企业都从外部供应商那里采购成品，以满足内部使用要求。这一类采购项目也包括购买后不用经过主要的加工工序就可以转售给最终客户的采购项目。企业可以用自己的品牌销售其他制造商生产的产品。为什么公司要购买产品然后转售呢？因为一些公司有很强的设计能力，却缺乏生产能力。购买成品出售还有助于公司形成一条完整的产品线。采购（或工程）部门必须与成品的生产商紧密合作以确定物料的详细标准。即使采购方并不生产最终产品，它也必须确保产品符合中间部门和最终客户的技术和质量要求。

4. 维护、修理和运营部件

维护、修理和运营部件（Maintenance、Repair and Operations ，MRO）包括所有不直接进入企业产品生产的部件，它们是企业正常运转所需的最基本的部件，包括后备机器部件、办公和电脑用品以及清洁用品。整个企业都需要这些产品，使得监控维护修理和运营部件的存货很困难。绝大多数的采购部门能够知道何时需要订购 MRO 的唯一方法，就是使用者提出采购要求，由于所有的企业各部门都会提出采购 MRO 的请求，因此采购部门可能收到数以千计的小批量采购通知单。

5. 生产支持部件

生产支持部件包括包装和运输最终产品所需的材料，如托盘、箱子、集装箱、包装袋、麻袋、包装纸以及其他的包装材料。生产支持部件直接支持企业的生产运转。

通常会有专业人员负责生产支持部件的采购。专业人员必须在确保总成本最低的情况下使用最佳包装以防止损坏。包装还可能对客户产生美的吸引。虽然生产支持部件的采购与其他存货的采购相比显得有些无足轻重，但这一项目是降低存货投资的主要源泉。而且，如果生产支持部件无法保证正常供应的话，一条完整的产品线可能停产。这样就会出现公司大量持有存货以防止短缺的趋势，从而导致存货持有成本快速上升，企业流动资金持有数量减少，造成资金周转困难。

（二）无形的物品

1. 服务

所有公司都要依靠一些外部专业人员来提供一定的活动和服务。例如，企业可能需要草坪来维护厂房附近的绿地，或者是需要取暖和降温专业公司来进行本企业维护人员不能进行的修理工作。其他的服务一般还包括机器维修、道路除雪、数据输入、咨询以及餐厅服务管理等。与MRO项目相似，对服务的采购贯穿于整个公司。以往这些服务的采购成本高得惊人，而且人们对服务采购仅投入有限的关注，并且将对其的管理定位在较低一级的层次。如果能拥有服务采购目录，再加上专业人员的认真工作，就能以最小的总成本得到最好的服务。目前越来越多的企业，已将服务采购看成是一种高成本的采购项目，开始重视服务采购工作，这包括为了降低成本而与服务供应商进行长期的合同谈判。

2. 资本设备

资本设备的采购是对使用期1年以上物品的采购。资本设备的采购有以下几类：第一类包括标准的常用设备，没有特别的设计要求，包括常规用途的物料处理设备、电脑系统以及室内设备等。第二类包括买方要求设计的资本设备，如专业的生产器械、新型制造设备、专业机械工具以及发电设备。这需要买方和卖方在技术方面有紧密的合作。

资本设备采购有几个特征，使其与其他采购项目区别开来。首先，资本设备不是定期采购的，比如生产器械使用年限可能在10～20年，一座新工厂或发电厂可运转30年以上。即使是办公用品也可能持续使用十多年。其次，资本设备投资需要大笔资金，可能从几千至数百万美元不等。大额合同须征得财务和管理部门的同意。在会计上，大多数资本设备在其生命周期内都是可折旧的。最后，资本设备采购对宏观经济环境具有较高的敏感性。

选择合适的资本设备供应商至关重要。买方不太可能在一个大型项目的进程中更换供应商，或者在交货后因不满意而将项目搁置不理。而且，买方和供应商之间的关系可能维持很多年，所以，买方也应该考虑到供应商提供设备服务的能力。选择不合适供应商的不良影响会持续多年，反之，选择高质量的资本设备供应商的好处也会持续多年。所以在采购资本设备时预先计划是非常重要的。

3. 运输

运输是一项重要的专业化服务采购项目。采购要涉及运输采购以及对物料流入流出的管理。现在采购部门通常会像评价和选择产品供应商那样来评价和选择物流供应商。买方还要选择有能力提供联运和能够为整个公司提供物流服务的供应商，这些服务包括仓储、包装和装配。

四、采购的分类

在采购的实践工作中，清楚地知道采购分类是有针对性地、有效地解决特定采购问题的前提，而采购按不同的分类标准，会有多种不同的分类结果。采购的分类标准一般包括采购商品用途、采购主体、采购组织。

（一）按采购商品用途分类

商品采购按采购商品用途不同，可分为工业采购和消费采购。

1. 工业采购

工业采购，通常是指企业为了经营或生产所需产品和服务而按一定代价同外部进行的交易活动。工业采购通常是机关、企业等机构的集体行为。工业采购往往一次采购以后便同供应商建立起长期合作关系，工业采购的动机是理性的，一般是多人参与，是一个程序化的过程，采购数量通常比较大，价格也比较稳定。

2. 消费采购

消费采购，通常是指个人为了经营或生产所需产品和服务而按一定代价同外部进行的交易活动。和工业采购相比较，无论在采购的目的、动机，还是在采购决策和特点方面都有着明显的差别。消费采购的随意性比较大，主要为满足个人消费需求，采购动机带有个人喜好，采购量也比较小。

（二）按采购主体分类

商品采购按采购主体不同，可分为个人采购和集团采购。

1. 个人采购

个人采购，是指个人生活用品的采购。一般是单一品种、单次、单一决策、随机发生的，带有很大的主观性和随意性。即使采购失误，也只影响个人，造成的损失不至太大。

2. 集团采购

集团采购，一般是两个以上的人共同进行的商品采购。一般是多品种、大批量、大金额、多批次甚至持续进行的，直接关系到多个人的集团利益，所以，往往由集团决策。一旦采购决策失误，将对集团造成损失，因而损失较大。集团采购一般要非常慎重、严格和科学，因此也更加受到重视。典型的集团采购，主要是指企业采购、政府采购、事业单位采购、军队采购等。这些不同类型的采购，有一些共同点，但各自又有各自不同的特点。其中企业采购，是关系到国民经济的主体部分，当然是大多数人更加关注的。根据企业类型不同，又分成流通企业采购和生产企业采购，流通企业主要是从事商品流通工作的，包括物资企业、商业企业，他们又分别包括批发企业、零售企业等。生产企业主要是从事商品生产的企业。生产企业和流通企业在采购模式上，有共同点，也有不同点。

（三）按采购组织分类

商品采购按完成采购任务的组织形式不同，可分为集中采购和分散采购。

1. 集中采购

集中采购是指将采购工作集中于一个部门办理，一般情况下，企业其他部门不拥有采购权责。

该种方式的优点是：

（1）价格优惠。集中采购可以使采购数量增加，提高与卖方的谈判力量，比较容易获得价格折让和良好的服务。

（2）管理统一。只有一个部门开展采购，因此采购方针与作业规划比较容易统一实施。

（3）节约成本。采购功能集中，可以精简人力，利于人才培养与训练。推行专业分工，使采购作业成本降低，效率提升。建立各部门共同物料标准规模，除可简化种类、互通有无外，也可节省检验工作。

（4）统筹规划。可以统筹规划供需数量，避免各自为政，产生过多的存货，并且各部门的过剩物资，也可以相互转用。

该种方式的缺点是：

(1) 采购流程过长，延误时效，零星、地域性及紧急采购状况难以适应。

(2) 非共同性物料集中采购，并无数量折扣利益。

(3) 采购与使用单位分离，采购绩效比较差。例如，规格确认、物品转运等费事耗时。

该种方式的适用条件是：

(1) 企业产销规模不大，采购量比较小，全企业只要一个采购单位来办理，即可充分满足各部门对物品或劳务的需求。

(2) 企业各部门及工厂集中在一个地方，采购工作并无因地制宜的必要。或采购部门与需求单位虽然不在同一个地方，但是因为距离并不遥远，通信工具相当便捷，采购工作集中由一个单位办理，尚不至于影响需求实效。

(3) 企业虽然有多个生产机构，但是产品种类大同小异，集中采购可以达到“以量限价”的效果。

2. 分散采购

分散采购是将采购工作分散给各需求部门自行办理。此种采购制度通常适用于规模比较大，分布比较广的企业。如果采用集中制，容易产生迟延，不易应付紧急需要，且采购部门的联系相当困难，采购作业与单据流程显得漫长复杂。若分散各地的工厂，在生产设备、贮藏设施、社区的经济责任等，具有独特的差异性时，也以采用分散制较为适宜。

五、采购的原则

经人们长期的摸索与总结，提出了“5R”原则用以指导采购活动，取得了良好的效果。一般认为，最有效的采购就是在适当的时候以适当的价格从适当的供应商处买回所需数量商品的活动。采购必须要围绕5个适合（5R）来开展工作，就是要“适价”、“适质”、“适时”、“适量”和“适地”。

(一) 适价原则

价格永远是采购活动中的关注焦点，现在的企业老板们对采购最关心的一点就是采购部今年能节省多少采购资金，所以作为一个采购人员不得不把相当多的时间与精力放在跟供应商的“砍价”上。物料的价格与该物料的种类、是否为长期购买、是否为大量购买，与市场当时的供求关系有关，同时与采购者对该物料的市场状况是否熟悉也有关系。如果采购者未能把握市场脉搏，供应商在报价时就有可能“蒙”你，这就要求采购者要时常了解该行业的最新市况，尽可能多地获取相关资料。适价原则即是在保证采购物资同等品质的情况下，价格不高于同类物资的价格。

一个合适的价格往往要经过以下几个环节的努力才能获得：

(1) 多渠道获得报价。这不仅要求现有供应商报价，还应该要求一些新供应商报价。与某些现有供应商的合作可能已达数年之久，但它们的报价未必优惠。获得多渠道的报价后，就会对该物料的市价有一个大体的了解，并可与企业内部事先作出的估价进行比较。

（2）比价。俗话说“货比三家”，一般的家庭主妇在日常购物时都懂得这一点，但是作为一个专业采购人员所要考虑的东西远比家庭主妇在这点上所想的要多，因为专业采购所买的东西可能是一台价值几百万元的设备或年采购金额达千万元的电子零件，这就要求必须谨慎行事。由于供应商的报价单中所包含的条件往往不同，故采购人员必须将不同供应商报价中的条件转化成一致后才能比较，只有这样才能得到真实可信的比较结果。

（3）议价。经过比价环节后，筛选出价格最适当的二至三个报价（注意：是适当价格，不是最低价格），然后进入议价环节。随着进一步的深入沟通，不仅可以将详细的采购要求传达给供应商，而且还可进一步“杀价”，因为供应商的第一次报价往往含有“水分”。但值得注意的是，如果物料为卖方市场，即使是面对面地与供应商议价，最后所取得的实际价格也可能要比预期的低。

（4）定价。经过上述三个环节后，双方均可接受的价格便作为日后的正式采购价，一般需保持两至三个供应商的报价。这两三个供应商的价格可能相同，也可能不同。

（二）适质原则

一个不重视品质的企业在今天激烈的市场竞争中根本无法立足，一个优秀的采购人员不仅要做一个精明的商人，同时也要在一定程度上扮演品质管理人员的角色。在日常的采购作业中要安排部分时间去推动供应商完善品质体系及改善、稳定物料品质。来料品质达不到使用要求的严重后果是显而易见的：

（1）来料品质不良，往往导致企业内部相关人员花费大量的时间与精力去处理，会增加大量的管理费用；

（2）来料品质不良，往往在重检、挑选上需花费额外的时间与精力，造成检验费用增加；

（3）来料品质不良，导致生产线返工增多，降低生产效率；

（4）因来料品质不良而导致生产计划推迟进行，有可能引起不能按承诺的时间向客户交货，会降低客户对企业的信任度；

（5）若因来料品质不良引起客户退货，有可能令企业蒙受严重损失，如从市场上召回产品、报废库存品等，严重的还会丢失客户。

（三）适时原则

企业已安排好的生产计划若因原材料未能如期到达往往会引起企业内部混乱，即会产生“停工待料”，产品不能按计划出货会引起客户强烈不满。若原材料提前太多时间买回来放在仓库里“等”着生产，又会造成库存过多，大量积压采购资金，这是企业很忌讳的事情，故采购人员要扮演协调者与监督者的角色去促使供应商按预定时间交货。若企业实施 JIT 采购（准时化采购），交货时机就更显重要。

（四）适量原则

采购量多，价格就便宜，但不是采购越多越好，资金的周转率、仓库储存的成本都直接影响采购成本，应根据资金的周转率、储存成本、物料需求计划等综合计算出最经济的采购量（Economic Order Quantity，EOQ）。采购量的大小决定生产与销售的顺畅与资金的调度。物料采购量过大会造成过高的存货储备成本与资金积压；物料采购量过小，则采购次数增多，采购成本提高，因此控制适当的采购量（即适量）是非常必要的。

（五）适地原则

天时不如地利，企业往往容易在与距离较近的供应商合作中取得主动权，企业在选择JIT试点供应商时亦必须选择近距离供应商来实施。供应商离企业越近，所需运输费用就越低，机动性就越高，协调沟通就越方便，成本自然也就越低了，同时也有助于紧急订购时的时间安排。

越来越多的企业在选择供应商时甚至在建厂之初就考虑到“群聚效应”（Critical Mass），即在周边地区能否找到企业所需的大部分供应商，这对企业长期的发展有着不可估量的作用。综览全国，至少有两个地区已形成明显的“群聚”优势，一个是珠三角地区，包括广州、东尧、深圳、中山、惠州、顺德等市；另一个是上海及江浙地区，特别是后者在进入21世纪后更显出了勃勃生机。

做过采购的人员都有这样的体会，就是在实际的采购作业中很难将上述“5R”面面俱到，往往只能侧重其中最为关心的一两个方面。上述的几个方面有时还会存在“效益悖反”（Trade Off）的情况，就是过分强调“5R”中的一方面时，就要牺牲其他方面来作为补偿。例如，若过分强调品质，供应商就不能以市场最低价供货，因为供应商在品质控制上投入了很多精力，它必然会把这方面的部分成本转嫁到客户身上。这就要求采购人员必须综观全局，准确地把握企业对所购物料各方面的要求，以便在与供应商谈判时提出合理要求，从而争取有更多机会获得供应商合理报价。总之，采购者要在长期的实际操作中积累经验，综合全面地考虑才能实现最佳采购。

第二节 采购管理概述

一、采购管理的定义

采购管理（Procurement Management），就是指为保障企业物资供应而对企业采购进货活动进行计划、组织、指挥、协调和控制的管理活动。

企业在市场上经营运作的一般流程是供应—生产—销售。显然，采购是处在企业经营运作的前端，是为企业生产和生活创造物质条件的工作，它是企业进行生产和日常运行的前提条件。没有采购，企业的生产和生活就不可能进行。而对采购工作进行有效地管理，从而保证以最小的采购成本，创造最大的采购效益正是所有企业追求的目标。

二、采购管理的目标

采购管理有四个基本目标：一是适时适量保证供应，二是保证原材料质量，三是费用最省，四是管理协调供应商、管理供应链。

（一）适时适量保证供应

适时适量很重要。物资采购供应不是把货物进得越多越好，也不是进得越早越好。货物进少了不行，生产需要的时候，没有货物供应，产生缺货，影响生产；但是货物进得过多，不但占用了较多的资金，而且还要增加仓储，增加保管费用，造成了浪费，使成本升高。货物进迟了不行，也会造成缺货；但是进早了也不行，进早了，就等于增加了存储时间，相当于增加了仓储、增加了保管费用，同样会升高成本。因此要求采购适时适量，就是要求采购做到既保证供应，又使成本最小。

（二）保证原材料质量

保证质量，就是要保证采购的货物要能够达到企业生产所需要的质量标准，保证企业用之生产出来的产品都是质量合格的产品。保证质量，也要做到适度。质量太低，当然不行；但是质量太高，一是没有必要，二是必然价格高、增加购买费用，也是不合算的。所以要求物资采购要在保证质量的前提下，尽量采购价格低廉的物品。

（三）费用最省

费用最省是物资采购始终贯穿于方方面面的准绳。在物资采购中每个环节、每个方面都要发生各种各样的费用。包括购买费用、进货费用、检验费用、入库费用、搬运费用、装卸费用、保管费用等。因此在物资采购的全过程中，要运用各种各样的采购策略，使总的采购费用最小。

（四）管理协调供应商、管理供应链

物资采购要实现企业和资源市场的纽带作用，就是要建立与资源市场的友好和有效的关系，协调供应商、管理好供应链。

三、采购管理的职能

作为企业功能的代表，每个部门都要承担一定的职责，我们称为部门职能。采购部门为了保证上述采购目标的实现，就要担负起企业决策者授予的管理职能，即采购管理职能。其具体职能如下：

（一）评价与选择供应商

采购部门的重要职责之一就是正确的评价与选择供应商。一般来说，完成这方面职责的具体工作由采购人员来完成，采购部门执行这一职责时，必须要具有一定的经验和专业化技能，同时要注意避免“后门”买卖。当然，这一职责的完成并不一定要求采购部门在鉴定或评价潜在供应商时不寻求帮助。例如：工程师可以通过评价供应商产品和供货方式的执行能力来帮助选择供应商。有权力评价与选择供应商也不意味着销售代理商不能与非采购人员交流。但显然非采购人员不能与销售商接触或签订合同。影响采购部门选择供应商权力的一个趋势是使用团队来作出采购决定，这种团队仍然是由具有采购经验的人员组成，但这样的选择决定将变为更具有一致性的过程。

（二）审查规格质量

审查物料规格质量也是采购的管理范围之一，尽管工程师有时会突破这一权力。采购人员应努力增加一系列物料的知识与经验，该知识必须对公司的利益有益。询问审查权力允许采购部门在需要的地方审查所进货物的规格。例如：采购部门也许会提供一种更低成本的物料，与工程部门讨论它们是否可满足产品的各项指标。显然将物料的规格质量与采购要求相结合，能使得采购部门在保证质量的前提下，取得较低的总成本。

（三）与供应商进行初步接触

采购部门长期存在的一项政策就是供应商只能与采购人员接触，但一些公司已逐渐放松了这项政策。现在，许多公司已经认识到，与供应商接洽是采购部门的主要任务，但在需要时其他部门也应该能与供应商直接接触。例如可以允许公司的工程师与供应商工程师在审定采购合同时直接接触，这会使得两个技术群体能互相交流，以及“使用他们自己的技术语言”。这一方式会使得买卖双方之间的交流过程变得更有效率，同时也更为精确。

（四）审查决定采购合同的方式

根据这一方针，采购部门被授予审查决定采购合同的权力。采购部门审定一个合同是基于竞标、洽谈还是这两种方式的混合？如果采用竞标这一方式，采购部门要决定需要有多少竞标参与者。如果采用洽谈方式，采购部门应该在洽谈中起主导或协调作用，但这并不意味着采购部门不能让其他部门的人员加入到洽谈过程中来。采购部门保留管理所有流程的权力，可以作为企业的代理商签订正式合同，并商谈采购价格。

四、采购管理的内容

为了实现上述的基本职能，采购管理需要有一系列的业务内容和业务模式，采购管理的基本内容如图 2－1 所示。

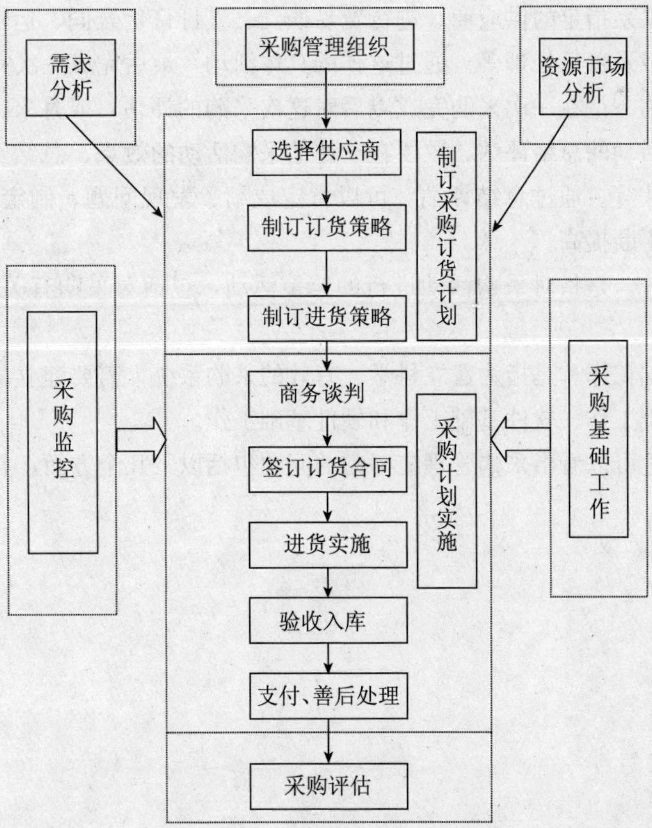

图 2－1　采购管理的基本内容

从图 2－1 中可以看出，一个完整的采购管理过程基本上包含八个方面：采购管理组织、需求分析、资源市场分析、制订采购订货计划、采购计划实施、采购评估、采购监控、采购基础工作。

（1）采购管理组织。是采购管理最基本的组成部分，为了搞好企业复杂的采购管理工作，需要有一个合理的管理机制和一个精干的管理组织机构，要有一些能干的管理人员和操作人员。

（2）需求分析。是要弄清楚企业需要采购一些什么品种、需要采购多少，什么时候需要什么品种、需要多少等问题。作为全企业的物资采购供应部门，应当掌握全企业的物资需求情况，制订物料需求计划，从而为制定出科学合理的采购订货计划做准备。

（3）资源市场分析。是根据企业所需求的物资品种，分析资源市场的情况，包括资源分布情况、供应商情况、品种质量、价格情况、交通运输情况等。资源市场分析的重点是供应商分析和品种分析。分析的目的，就是为制订采购订货计划做准备。

（4）制订采购订货计划。是根据需求品种情况和供应商的情况，制定出切实可行的采购订货计划，包括选定供应商、供应品种、具体的订货策略、运输进货策略以及具体的实施进度计划等，具体地解决什么时候订货、订购什么、订多少、向谁订、怎样订、怎样进货、怎样支付等这样一些具体的计划问题，为整个采购订货进货规划一个蓝图。

（5）采购计划实施。是把上面制订的采购订货计划分配落实到人，根据既定的进度实施。具体包括去联系指定的供应商、进行贸易谈判、签订订货合同、运输进货、到货验收入库、支付货款以及善后处理等。通过这样的具体活动，最后完成一次完整的采购活动。

（6）采购评估。是在一次采购完成以后对这次采购的评估，或月末、季末、年末对一定时期内的采购活动的总结评估。主要在于评估采购活动的效果、总结经验教训、找出问题、提出改进方法等。通过总结评估，可以肯定成绩、发现问题、制定措施、改进工作，使采购管理水平不断提高。

（7）采购监控。是指对采购活动进行的监控活动，包括对采购有关人员、采购资金、采购活动的监控。

（8）采购基础工作。是指为建立科学、有效的采购系统，需要建立的一些基础建设工作，包括管理基础工作、软件基础工作和硬件基础工作。

从以上的讨论可以看出采购管理应考虑的问题包括以下几个方面，如图 2－2 所示。

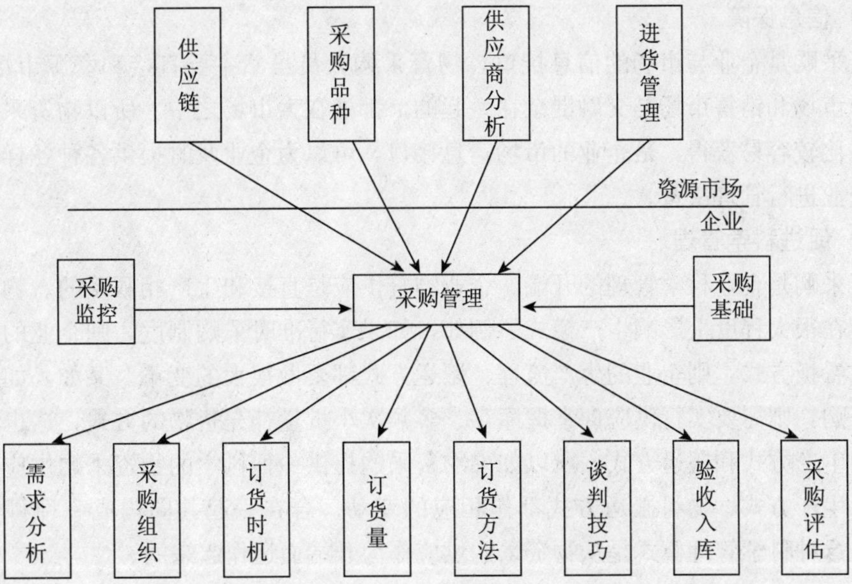

图 2－2　采购管理应考虑的问题

五、采购管理的重要性

采购管理是采购走向科学化、合理化、成本最低化的保障。企业掌握采购管理，就能控制好经营运作流程的采购环节，所以采购管理对企业的重要性毋庸置疑。采购管理的重要性主要表现在以下几个方面：

（一）保障供应

保障供应，保障企业正常生产，降低缺货风险。很显然，物资供应是生产的前提条件，生产所需要的原材料、设备和工具都要由物资采购来提供，没有采购就没有生产的前提条件，没有物资供应就不可能进行生产。

（二）质量保障

物资采购供应的物资质量好坏直接决定了企业生产的产品质量好坏。能不能生产出合格的产品，取决于物资采购所提供的原材料以及设备工具的质量好坏。

（三）降低成本

物资采购的成本构成了生产成本的主体部分，其中包括采购费用、购买费用、进货费用、仓储费用、流动资金占用费用以及管理费用等。物资采购的成本太高，将会大大降低产品生产的经济效益，甚至亏损，致使生产成为没有意义的事情。

（四）联系资源市场

物资采购是企业和资源市场的关系接口，是企业外部供应链的操作点。只有通过物资采购部门人员与供应商的接触和业务交流，才能把企业与供应商们连接起来，形成一种相互支持、相互配合的关系。在条件成熟以后，可以组织成一种供应链关系，那样就会使企业在管理方面、效益方面都登上一个崭新的台阶。

（五）信息保障

物资采购是企业与市场的信息接口。物资采购人员虽然主要直接和资源市场打交道，但是资源市场和销售市场是交融混杂在一起的，都处在大市场之中。所以物资采购人员对市场信息比较容易获得，是企业的市场信息接口，可以为企业及时提供各种各样的市场信息，供企业进行管理决策。

（六）促进科学管理

物资采购是企业科学管理的开端。企业物资供应是直接和生产相联系的。物资供应模式往往会在很大程度上影响生产模式。例如，如果实行准时采购制度，则企业的生产方式就会改成看板方式，则企业的生产流程、搬运方式都要做很大的变革。又如，如果要实行供应链采购，则需要实行供应商掌握库存、多频次小批量补充货物的方式，这也将大大改变企业的生产方式和搬运方式。所以如果物资采购提供一种科学的物资采购供应模式，必然会要求生产方式、物料搬运方式都作相应的变动，合在一起共同构成一种科学管理模式，而且这种科学管理模式是从物资采购供应作为开端而运作起来的。

六、供应链中采购管理的价值

在全球范围内，工业企业的产品成本构成中，采购的原材料及零部件成本随行业不同而不同，大体在30%～90%，平均水平在60%以上。从世界范围来说，对于一个典型的企业，一般采购成本（包括原材料、零部件）要占60%。而在中国的工业企业，各种物资的采购成本要占到企业销售成本的70%。显然采购成本是企业管理中的主体和核心部分，采购是企业管理中“最有价值”的部分。而现实中，许多企业在控制成本时都将大量的时间和精力，放在不到40%的企业管理上，而忽视采购成本。事实上，在产品成本中，材料部分每年都存在着5%～20%的潜在降价空间。而材料价格降低2%，在其他条件不变的前提下，净资产回报率可增加15%。此外采购中每1元钱的节省都会转成1元钱的利润。而在其他条件不变的情况下，若公司的利润率为5%的话，要想依靠增加销售来获得同样的利润。需要多销售20元的产品。可见，重视采购的价值地位，比起改进销售要容易得多。

我们知道，供应链管理模式实质含“供”与“需”两方面，物流从供方开始沿着各个环节向需方移动。每一个环节都存在“需方”与“供方”的对应关系，形成一条首尾相连的供应链。实际上，供应链作为一条纽带将企业和供应商紧紧地连接在一起，构成了一个双赢（Win - Win）系统。而采购处于供应链的上游，它要求能在任何时候、任何地点、以最低价格和最快速度获得产品。为了满足这一需求，企业必须调整好客户驱动的物流运营流程，实施与业务合作伙伴（如供应商和客户等）协同作业的供应链管理。因此供应链管理首先就是与采购关联在一起的，借助于采购实现企业的价值，创造供应链体系的价值，挖掘采购环节的价值。

因此企业要想在今天激烈的市场竞争中获胜，就要求企业必须关注供应链管理和采购管理的价值，必须做到：

（1）将采购战略和企业及业务部门的战略紧密结合；

（2）与关键供应商建立战略性的合作伙伴关系；

（3）将采购重点从降低成本转向提高收入。

目前已施行供应链管理的企业已经深深地体会到，它们将管理重点放在采购和供应链管理上后，可带来如下的益处：

（1）成本降低或改进；

（2）改善物料的传递方式；

（3）更短的循环时间，包括产品的开发周期时间；

（4）完善产品与流程技术通道；

（5）质量的改进。

思考题

1. 采购应遵循哪些原则？
2. 根据采购权利的掌握主体不同，采购组织有哪些类型及特点？
3. 在供应链环境下，采购应注意哪些相关问题？
4. 现代环境下，采购的含义是什么？
5. 采购管理的内容是什么？
6. 为什么说在供应链环境下，研究采购管理具有重大的价值？

第三章　供应链采购的流程管理

第一节　采购作业流程概述

作业流程（Operation Process），是详细阐述部门职责或任务的运营指南，作业流程手册是真正的“指导”手册。企业的经营运作的不同环节有其相对应的作业流程，在这里我们只讨论与采购相关的采购作业流程及其作业流程手册。

一、采购作业流程的含义与意义

（一）采购作业流程的含义

采购作业流程（Operation Process of Procurement），就是详细阐述采购部门职责或任务的运营指南，是采购管理中最重要的部分之一，是采购活动具体执行的标准。

采购作业流程通常包括一些重要信息，这些信息有助于成功开展采购活动。有时采购作业流程没有标准或确定的形式，但基本上都有相同类型的信息。首先，采购部门为每个作业流程确定一个编码，标明有效日期和主题，并提出采购的具体目标。作业流程的第一部分往往是介绍性的，同时，如果作业流程较长，而且包括很多部分，那么就需要一个关于具体内容的表格或索引。在第一部分通常对一些重要的专用术语作出定义。第二部分一般总结和该作业流程相关的公司或者部门策略，由于与策略相比，作业流程的层次较低，很多作业流程在具体执行时体现了公司或者部门策略。第三部分指出了作业流程中的各职位、部门或者领域。例如：有时，外部供应商会使用公司的设备，这时，作业流程的这一部分就会说明具体负责这一工作的采购人员。最后一部分常常描述执行作业流程的实际过程。这往往是作业流程中最长和最详细的部分，它是文件的具体部分。它描述了员工执行任务时必须遵循的指令、指示和活动。

这些关于采购作业流程的全部信息，都会体现在采购作业流程手册中，这是从事采购工作人员的必备手册。

（二）采购作业流程手册的意义

采购作业流程手册（Operation Process of Procurement Guides），具有很重要的意义。首先手册是采购员工的参考指南，而且它对新员工尤为有价值，新员工需要得到如何完成不同活动或者任务的指示。其次手册说明了完成一项任务所需的步骤和活动，从而能够使任务更具一致性和流畅性。一份良好的流程手册往往比策略手册的内容更加广泛和详细，因此会使运营更为有效。

二、采购作业流程的内容

采购作业流程，会因采购来源、采购方式、采购对象的不同而存在若干差异，但基本的流程内容则大同小异。

一般采购作业流程均涉及采购计划、采购认证、采购订单、进货管理、管理评价五个环节，每个环节有其对应的具体的采购活动。

（1）采购计划：发现需求、对需求进行描述。

（2）采购认证：选择可能的供应来源、适宜价格的决定。

（3）采购订单：订单安排、订单追踪与稽核。

（4）进货管理：进货方式选择、接收并检验收到的货物、结清发票并支付货款。

（5）管理评价：维护与档案记录、管理供应商绩效。

下面通过采购输入输出流程图（见图 3 - 1）、采购流程简图（见图 3 - 2）、计划流程全图（见图 3 - 3）来描述采购流程体系。

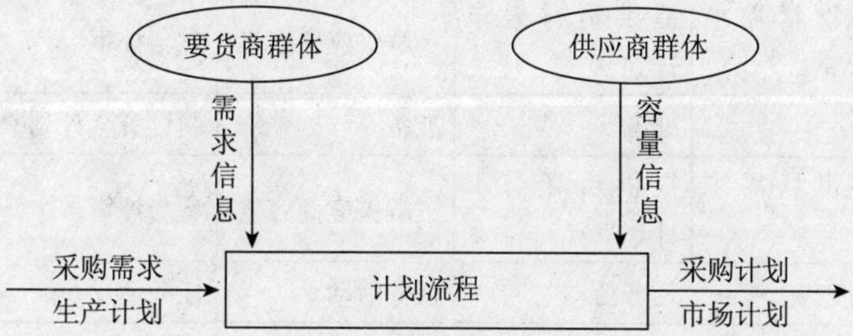

图 3 - 1 采购输入输出流程图

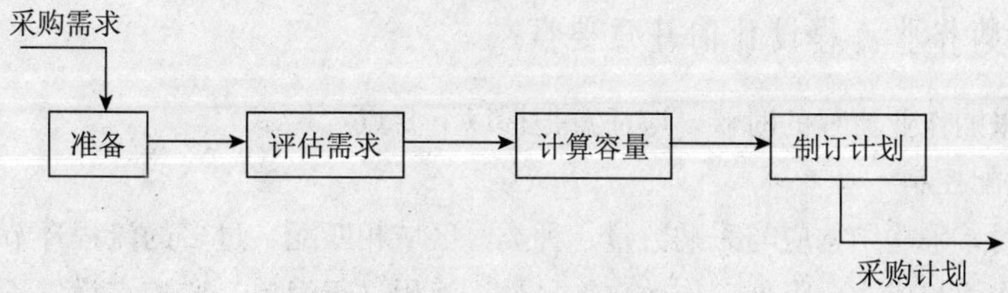

图 3 - 2 采购流程简图

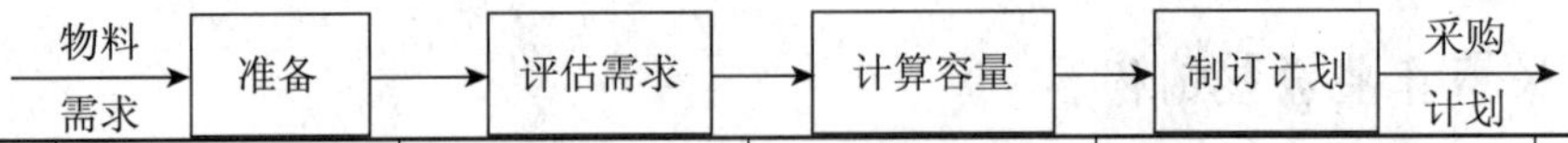

供应商	寻求需求源	需求确定	提供供应能力数据	参与决策、接受物料需求预测、进行准备	
设计开发	提供技术支持	提供技术支持	提供技术支持	参与评审	
中试工艺	提供技术支持	提供技术支持	提供技术支持	参与评审	
采购计划	准备计划说明书	确定采购需求	计算供应商容量	制订采购计划、含认证计划和订单计划，向供应商提供需求预测	
采购认证	提供技术支持	提供技术支持	工作配合	参与评审	
采购订单	提供技术支持	提供技术支持	工作配合	参与评审	
采购管理	提供管理支持	提供管理支持	工作配合	审批	
检验部	准备	准备	准备	制订检验计划	
生产存储部	提供物料需求计划	提供物料需求计划	了解供应商容量	参与评审	
财务部	准备	准备	准备	制订资金计划	
市场部	提供市场需求计划	提供市场需求计划	了解供应商容量	参与评审	
组织角色	任务活动	任务活动	任务活动	任务活动	备注

图3-3　计划流程全图

三、采购作业流程设计的注意要点

在设计采购作业流程的时候，应注意把握以下要点：

（一）匹配控制

在设计时，采购结构应与采购数量、种类、区域相匹配。过多的流程环节会增加组织流程运作的作业与成本，降低工作效率。另外，流程过于简单，监控点设置不够等，将导致采购过程操作失去控制，产生物资质量、供应、价格等问题。

（二）顺序及时效控制

在设计时，应注意采购作业流程的流畅性与一致性，并考虑作业流程所需的时限。例如，避免同一主管对同一采购文件，做数次的签核；避免同一采购文件，在不同部门有不同的作业方式；避免一个采购文件会签部门太多，影响作业时效。

（三）关键点控制

在设计采购作业流程时，为使各项在处理中的采购作业，在各阶段均能被追踪管理，应设置关键点的管理要领或办理时限。例如，国外采购，询价、报价、申请输入许可证、出具信用证、装船、报关、提货等均有管理要领或办理时限。

（四）权责控制

采购作业流程中的各项作业手续及查核责任，应有明确权责规定及查核办法。比如，请购、采购、验收、付款等权责应予区分，并确定主管单位。

（五）应急控制

采购作业流程中要避免作业过程中发生摩擦、重复与混乱，注意变化性或弹性范围以及偶然事件的处理规则，例如，“紧急采购”及“外部授权”。

（六）决策控制

采购流程应反映集体决策的思想，由计划、设计、工艺、认证、订单、质量等人员一起来决定供应商的选择。处理程序应合时宜。应注意采购程序的及时改进，早期设计的处理程序或流程，经过若干时日后，应加以检查，不断改进与完善，以适应组织的变更，或作业上的实际需要。

（七）及时控制

在采购业务中，要配合作业方式的改善，例如将手工的作业方式改变为计算机管理系统辅助作业后，其流程与表格需作相应的调整或重新设计。

第二节　采购作业流程中的采购需求预测环节

一、需求预测的含义

需求预测（Demand Forecasting），是对于未来一段时期需求大小的估计。采购需求预测的主要目标是预测独立需求库存。预测过程如图 3－4 所示。

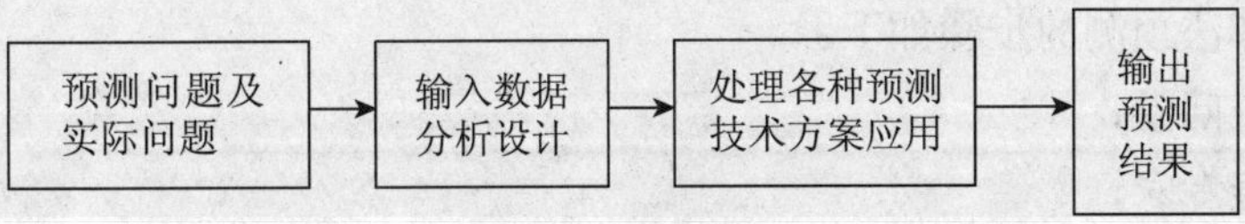

图 3－4　预测过程

需求预测有利于企业把有限资源集中于能获得最大收益和最有发展前景的方向，是企业进行运营计划和控制的基础，也是企业制订生产、资金、物资、采购、人力和销售计划等决策的基础。需求预测是对企业产品（包括产品系列和规格品种）的市场未来需求量的预测，采购需求预测通常是以地区、产品、细分市场、订货量/销售量等为基础。通常大部分以产品销售为主导的行业和企业均需要进行经常性的需求分析与预测，典型的行业有制造业和快速消费品行业。

二、采购需求的预测方法

需求预测方法可分为两类：定性预测（Subjective or Qualitative）和定量预测（Quantitative or Statistical Approach）。

（一）定性预测方法

1. 德尔菲法

德尔菲法（Delphi Method）是一种专家调查法，由美国兰德公司于 1964 年首创并使用。它以预先选定的专家作为征询意见的对象，预测小组以匿名的方式给各位专家发放调查问卷，函询征求专家的意见，然后将收集到的专家意见汇总整理，在参考反馈意见的基础上，预测小组重新设计出新的调查问卷，再对每个专家进行调查，专家可以根据多次反馈的信息作出判断。待多次反复进行后，专家的意见渐渐一致了，就得出了预测结果。

（1）德尔菲法的特点

①匿名性：由于专家是背靠背提出各自的意见，因而可以避免专家之间的相互影响。

②反馈性：预测结果一般是在多次调查、不断反馈、反复综合整理、归纳和修正基础上形成，给专家提供了充分反馈意见的机会。

③统计性：对各位专家的估计或预测数值进行统计处理得到预测结果。

（2）德尔菲法的原则

①问题要集中，如预测某产品需求，不能一次给出好几种产品的情况要求专家预测。

②不能将调查小组的意见强加于专家，防止诱导。

③避免组合事件。

④考虑可能的偏差。在预测中，应考虑各个方面的偏差使预测结果更准确。

德尔菲法适用于长期趋势和对新产品的预测，通常用于采集数据成本太高或不便于进行技术分析时采用。德尔菲法的主要优点是预测速度较快，预测成本较低；不存在如群体压力或出现某些主导性个体对预测结果产生影响；同时在预测过程中，不断反复调查，使专家意见逐渐趋于一致，这对于专家而言也是一个学习过程。其缺点是专家的选择没有明确的标准，预测责任分散，对于分地区的顾客群或产品的预测不可靠。

（3）德尔菲法预测的步骤如下：

①设计调查问卷；

②选择调查专家；

③征询专家意见；

④综合归纳分析结果；

⑤再反复进行调查；

⑥提出预测结论。

2. 用户调查法

用户调查法（Users’ Expectation）通过信函、电话或访问的方式对现实的或潜在的顾客购买意图进行调查，得到需求的预测结果。

用户调查法的优点是：

（1）预测直接来源于顾客购买意图，较好地反映了市场需求情况。

（2）可以获得丰富的信息，有利于企业改善产品，有利于开发新产品和有针对性地开展促销活动。

用户调查法的缺点是：

(1) 在调查中顾客有时不配合调查，影响调查结果的准确性。

(2) 顾客购买意图容易随着一些新的情况出现而发生变化。

(3) 调查时需耗费较多的人力和时间。

3. 部门主管讨论法

部门主管讨论法（Jury of Executives）是一些高层管理人员聚集在一起进行集体讨论，对产品需求作出预测的方法。

部门主管讨论法的优点是：

(1) 不需要准备和统计历史资料。

(2) 预测简单、经济易行。

(3) 汇集了各主管的丰富经验与聪明才智。

(4) 如果市场情况发生变化，可以立即进行修正。

这种方法的不足之处是：

(1) 个别人的观点可能左右其他人发表意见。

(2) 这种方法预测的责任分散。常用于制定长期规划以及开发新产品预测。

这种方法应用的前提是参与预测的部门主管具有较高的知识水平、较丰富的经验以及对市场的洞察能力和分析能力。

4. 销售人员集中法

销售人员集中法（Field Sales Force）是根据每个销售人员对需求预测的情况进行综合，得出预测结果。进行预测时，先让每个销售人员对自己负责的销售区域的产品销售额和总的市场需求量作出估计，然后把各销售区域人员的估计销售额汇总，就可得出企业产品的销售额和市场需求的预测结果。

销售人员集中法的主要优点是：由于企业的市场销售人员可以直接接触经销商和客户，一般知道消费者的购买计划，在进行产品销售预测时，用此方法往往能得出比较符合实际的预测结果。这种方法的主要缺点是：容易受个人偏见的影响。因此为了更好地应用销售人员预测的方法，在应用这种方法时可以给销售人员提供一些帮助或鼓励。

(二) 定量预测方法

1. 回归预测

回归预测（Regression Analysis Prediction Method）的方法是回归分析。在经济发展过程中，经济变量之间存在着相互依存的关系，而且这种相关关系经常表现的不确定。研究两个变量之间的这种非确定的关系称为一元回归，研究两个以上变量之间的这种关系则称为多元回归。在分析时，选择一个因素作为因变量，其余视为自变量，确定自变量与因变量之间的关系形式。如果因变量在表达式中表现为自变量的一次函数，称为线性回归方程，否则称为非线性回归方程。回归预测可以考虑多种可能对因变量产生影响的因素。这类预测方法在数据量足够多的情况下，常可获得较好的精度，并提供变量变化原因方面的信息。这种方法的缺点是自变量、因变量指标未来值的选择，本身就带有预测性，影响预测的准确程度。

(1) 一元线性回归预测模型（Unary Linear Regression Model）

一元线性回归方法也叫最小二乘法（Ordinary Least Squares，OLS），这种方法是用来处理两个变量之间具有线性关系时的一种方法。

这种方法的应用步骤为：

①根据 x、y 现有的实际数据和统计资料，把 x、y 作为已知数，寻找合适的 a、b 回归系数。

②根据回归系数来确定回归方程。

③利用已求出的回归方程得出一条趋势变动直线，并使此直线上的各点到实际资料数据的对应点距离最小。从而使这条直线最能代表实际数据的变动，作为预测的依据。

如对于自变量 x、因变量 y 的 n 组原始数据（x_i，y_i）（$i=1$，2，…，n），其回归预测方程式为 $\hat{y}=a+bx$；设用回归方程计算出的因变量 y 的预测值 $\hat{y}_i$ 与实际值 y_i 的误差为 e_i，则 $e_i= y_i-\hat{y}_i$。

根据最小二乘法原理，需求出满足使总方差 $\sum_{i=1}^{n} e_i^2$ 为最小的 a，b 值。

令：$Q(a, b) = \sum_{i=1}^{n} e_i^2 = \sum_{i=1}^{n} (y_i - \hat{y}_i)^2$

将 $\hat{y}_i =a+bx_i$ 代入上式后，根据微分学中求极值的方法，分别求二元函数 $Q(a, b)$ 对 a，b 的偏导数并令其为零，从而解出要求的 a，b 估计值如下：

$$\hat{a} = \overline{Y} - \hat{b}\overline{X} \tag{3-1}$$

$$\hat{b} = \frac{n\sum_{i=1}^{n} x_i y_i - \left(\sum_{i=1}^{n} x_i \sum_{i=1}^{n} y_i\right)}{n\sum_{i=1}^{n} x_i^2 - \left(\sum_{i=1}^{n} x_i\right)} = \frac{\sum_{i=1}^{n}\left(x_i - \frac{1}{n}\sum_{i=1}^{n} x_i\right)\left(y_i - \frac{1}{n}\sum_{i=1}^{n} y_i\right)}{\sum_{i=1}^{n}\left(x_i - \frac{1}{n}\sum_{i=1}^{n} x_i\right)^2} \tag{3-2}$$

在这一求解过程中，我们做如下假设：

①变量 x、y 之间为线性关系。

②回归余项线性独立。

③回归余项服从正态分布。预测模型与实际情况在多大程度上吻合，还需对模型进行检验。这包括：回归系数的显著性检验，回归方程的显著性检验，回归余项是否线性独立的 D—W 检验，回归标准差检验以及预测方程的拟合度检验。

在建立了一元回归预测方程之后，一般至少要进行拟合度检验，检验自变量与因变量之间这种因果关系存在的程度，公式为：

$$r = \frac{n\sum xy - \sum x \sum y}{\sqrt{\left[n\sum x^2 - \left(\sum x\right)^2\right]\left[n\sum y^2 - \left(\sum y\right)^2\right]}} \tag{3-3}$$

式中，$\overline{x} = \frac{\sum x_i}{n}$，$\overline{y} = \frac{\sum y_i}{n}$。

r 称为相关系数。相关系数说明了因变量中总体误差在多大程度上被自变量或趋势线解释。

一元线性回归适用于自变量与因变量两个变量之间存在着线性关系，需求的短期、中期预测。在回归预测中要注意外推的范围，因为因变量与自变量之间存在相关关系是有一定范围的。为了准确预测需求，在应用回归预测时需要准确收集两个变量的历史数据，这也是预测中最费时间的事情。

(2) 多元回归预测模型（Multiple Linear Regression Model）

当影响需求因素有多个时，需要采用多元回归模型进行预测。模型的基本形式为：

$$\hat{y} = b_0 + b_1x_1 + b_2x_2 + \cdots + b_nx_n \tag{3-4}$$

式中，$x_j(j = 1,2\cdots,n)$——n 个变量；

b_0——常数；

$\hat{y}$——预测值；

$b_j(j = 1,2\cdots,n)$——y 对 x 的偏回归系数。

预测值与实际值之间偏差为：

$$e_i = y_i - \hat{y}_i(i = 1,2,\cdots,n)$$

对于多元回归预测模型检验与一元回归预测模型检验相同，不再赘述。

2. 时间序列预测

时间序列（Time Series Forecasting Method）就是按一定的时间间隔，将某种观测变量的历史数据，按时间先后顺序排列起来的数列。库存需求就是一个时间序列。时间序列预测就是基于事件随时间发生的历史预测未来。它是以时间为独立变量，利用过去需求随时间变化的关系来估计未来的需求。它假定过去的数据和未来相关。常用的时间序列预测方法有：指数平滑法、移动平均法、马尔柯夫预测以及鲍克斯-詹金斯模型等。

(1) 指数平滑法

指数平滑法（Single Exponential Smoothing）是通过对加权移动平均的权数加以改进，能提供良好的短期预测精度。根据平滑次数不同，指数平滑法分为：一次指数平滑法、二次指数平滑法和三次指数平滑法等。不管是一次、二次还是三次，它们的基本思想都是：预测值是以前观测值的加权和，且对不同的数据给予不同的权数，新数据给较大的权数，旧数据给较小的权数。

以不同时刻的观测值 y_1，y_2，…，y_t 为时间序列，一次指数平滑公式为：

$$S_t^{(1)} = ay_t + (1-a)S_{t-1}^{(1)} \tag{3-5}$$

式中，$S_t^{(1)}$——第 t 周期的一次指数平滑值；

a——加权系数(或平滑系数)，$0 < a < 1$。

用上述平滑值进行预测，就是一次指数平滑法。其预测模型为：

$$\hat{y}_{t-1} = S_t^{(1)} = ay_t + (1-a)S_{t-1}^{(1)} \tag{3-6}$$

即以第 t 周期的一次指数平滑值作为第 $t+1$ 周期的预测值。

在进行预测时，令 $S_t^{(1)} = y_1$（时间序列的首数），平滑系数 a 介于 1 与 0 之间。当其取值较大时，适用于变化较大或趋势性较强的时间序列；当其取值较小时，适宜于变化较小或接近平稳的时间序列。实际运用该模型进行预测时，可以确定多个 a 值进行计算，然后分别计算其平均绝对误差 MAD 或均方差 MSE，以 MAD 或 MSE 最小值为最好的 a 值。当时间序列的变动出现直线趋势时，用一次指数平滑法来预测仍存在着明显的滞后偏差，需要进行二次指数平滑，利用滞后偏差的规律找出曲线的发展方向和发展趋势，然后建立直线趋势预测模型。故称为二次指数平滑法。同样，根据需要可以采取三次指数平滑进行预测。

（2）移动平均法

移动平均法（Simple Moving Average）是在对时间序列数据进行分段的基础上，按数据点的顺序逐步推移计算其平均数，并据此作出预测。当产品需求既不快速增长也不快速下降，且不存在季节变动影响时，移动平均可以有效地消除预测中的随机变动。对时间序列的原始数据进行移动平均数运算获得的移动平均数列称为一次移动平均数。

现有时间序列 $y_1, y_2, \cdots, y_t$，其一次移动平均为：

$$M_t^{(1)} = M_t^{(1)} + \frac{y_t - y_{t-N}}{N} \tag{3-7}$$

式中，y_t—— 第 t 时期的时间序列值；

$M_t^{(1)}$—— 第 t 时期的时序数据的一次移动平均数；

N—— 移动平均的项数。

预测公式为：

$$\hat{y}_{t+1} = M_t^{(1)}$$

即以第 t 周期的一次移动平均数作为第 $t+1$ 周期的预测值。

在实际应用移动平均法时，移动平均项数 N 的选择是至关重要的，它取决于预测目标和实际数据的变化规律。当时间序列没有明显的趋势变动时，使用一次移动平均就能够准确地反映实际情况，直接用第 t 周期的一次移动平均数就可预测第 $t+1$ 周期之值。但当时间序列出现线性变动趋势时，用一次移动平均数来预测就会出现滞后偏差。因此，需要进行修正，修正的方法是在一次移动平均的基础上再做二次移动平均。在一次移动平均中，将被平均的各周期数值的作用同等看待，若考虑近期的数值往往影响大，远离预测期的数值作用会小些，可采用加权移动平均法预测，即对不同时期给予不同的权数进行预测，但要选择合适的权数是很不容易的。

3. 马尔柯夫预测

马尔柯夫预测（Markov Forecasting Model）是以俄国数学家 A. A. Markov 名字命名，是利用状态之间的转移概率矩阵预测事件发生的状态及其发展变化趋势，也是一种随机时间序列分析法。它基于马尔柯夫链，根据事件的目前状况预测其将来各个时刻（或时期）变动状况。

（1）马尔柯夫链。状态是指某一事件在某个时刻（或时期）出现的某种结果。事件的发展，从一种状态转变为另一种状态，称为状态转移。在事件的发展过程中，若每次状态的转移都仅与前一时刻的状态有关，而与过去的状态无关，或者说状态转移过程是无后效性的，则这样的状态转移过程就称为马尔柯夫过程。马尔柯夫链是参数 t 只取离散值的马尔柯夫过程。

（2）状态转移概率矩阵。在事件的发展变化过程中，从某一种状态出发，下一时刻转移到其他状态的可能性，称为状态转移概率，是用统计特性描述随机过程的状态转移。由状态 E_i 转为状态 E_j 的状态转移概率记作：

$$P(E_i \to E_j) = P(E_j/E_i) = P_{ij}$$

若事物有 n 种状态，则从某一状态开始相应就有 n 个状态转移概率，即 $p_{i,1}, p_{i,2}, \cdots, p_{i,j}, \cdots, p_{i,n}$。

将事物 n 个状态的转移概率依次排列，可以得到一个 n 行 n 列的矩阵：

$$\boldsymbol{P} = \begin{bmatrix} p_{11} & \cdots & p_{1j} & \cdots & p_{1n} \\ p_{21} & \cdots & p_{2j} & \cdots & p_{2n} \\ p_{i1} & \cdots & p_{ij} & \cdots & p_{3n} \\ \vdots & \ddots & \vdots & \ddots & \vdots \\ p_{n1} & \cdots & p_{nj} & \cdots & p_{nn} \end{bmatrix}$$

(3) 马尔柯夫预测模型。一次转移概率的预测方程为：

$$S(K) = S(0) \times P \tag{3-8}$$

式中，K—— 第 K 个时刻；

$S(K)$—— 第 K 个时刻的状态预测；

$S(0)$—— 对象的初始状态；

P—— 一步转移概率矩阵。

在应用马尔柯夫预测法时，其一个基本要求是状态转移概率矩阵必须具有一定的稳定性。

4. 鲍克斯—詹金斯法

鲍克斯—詹金斯法（Box - Jenkins）是美国学者鲍克斯和英国统计学家詹金斯，于1976年提出的 AR - MA/ARIMA 模型，是一种自回归分析方法。它将预测对象随时间变化形成的序列看做是一个随机序列，当时间数列内的数值在某一固定间隔期具有较高的相关性时，通过分析时间数列的不同自相关系数来选择适当的预测模型。鲍克斯-詹金斯法是一种精确度较高的短期预测方法，但计算复杂，一般需要借助计算机解决。

将 P 阶自回归 q 阶移动平均混合模型，记为 $ARMA(p,q)$ 模型，对于时间序列 $y_1, y_2, \cdots, y_t$，模型描述为：

$$Y_t = \phi_1 Y_{t-1} + \phi_2 Y_{t-2} + \cdots + \phi_p Y_{t-p} + e_t - \cdots - \theta_q e_{t-1} \tag{3-9}$$

用 B^k 表示是 k 步后移算子，即：

$$B^k Y_T = Y_{T-k}, B^k e_T = e_{T-k}, B^k C = C_k$$

并令

$$\phi = 1 - \phi_1 B - \phi_2 B^2 - \cdots - \phi_p B^p$$

$$\theta(B) = 1 - \theta_1 B - \theta_2 B^2 - \cdots - \theta_p B^q$$

ARMA 简写形式为：

$$\phi(B) Y_t = \theta(B) e_t \tag{3-10}$$

这是鲍克斯—詹金斯法的基本模型。等式左边是模型的自回归部分，非负整数 p 称为自回归阶数，实参数 $(\phi_1, \phi_2, \cdots, \phi_p)$ 称为自回归系数。等式右边是模型的移动平均部分，非负整数 q 称为移动平均阶数，实参数 $\theta_1, \theta_2, \cdots, \theta_q$ 称为移动平均系数。当 $p=0$，模型是纯移动平均模型，记为 MA（q）或 ARMA（0，q）；当 $q=0$，模型是纯自回归模型，记为

AR（p）或 ARMA（p，0）。

在应用 ARMA 模型时，要求序列 Y_t 是平稳序列，对于非平稳序列，需要经过某种处理后才可以使用。

5. 组合预测

为了有效地利用各种模型的优点，1969 年，贝茨和兰杰首次提出了组合预测（Combination Forecasting）的理论和方法，将不同的预测方法进行组合，以求产生较好的预测效果。组合定理指出，即使一个很差的预测方法，如果它含有系统的独立信息，当它与一个较好的预测方法进行组合后，同样可以提高预测性能。组合预测是对同一预测对象采用多种预测方法，并对预测结果分别赋予一定的权重 W_i ，计算综合预测值的预测方法。

$$Y = \sum W_i \times Y_i \tag{3-11}$$

式中，Y—— 综合预测值，即经组合处理后的最终预测值；

Y_i—— 第 i 种预测方法获得的预测值；

W_i—— 第 i 种预测方法赋予的权重系数，$\sum W_i = 1$ 。

组合预测模型综合利用了多种可行预测模型的结果，并可通过权重系数的不同选择方式，充分利用其中预测结果好的模型优点权重。权重选择的方式有算术平均、调和平均以及运用模糊数学的方法确定等。

6. 协同预测

协同预测（Synergy Forecasting）是指供应链网络上的各企业在共同的交互平台上信息共享，共同预测，如图 3-5 所示。

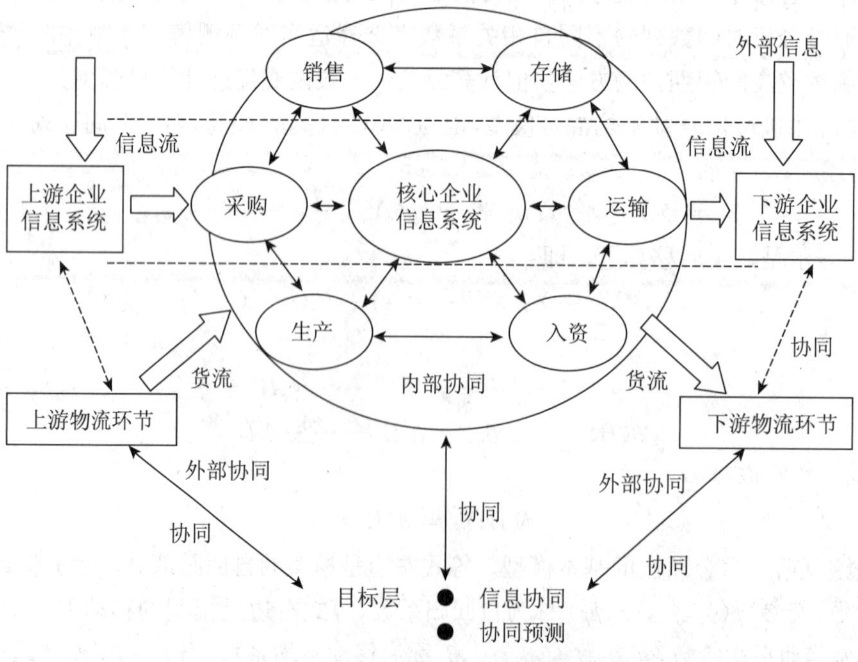

图 3-5 供应链企业协同预测模型

第三节 采购作业流程中的采购计划编制环节

计划（Plan），是指对未来所要做的一些事情所做的安排，在现实工作中我们常常要制订各种各样的计划。而制订采购计划的目的就是要根据市场的需求、企业的生产能力和采购环境容量等因素，来制订采购清单和采购日程表。

一、编制采购计划的目的

企业如何获取足够数量的原料、物料是采购计划的重点所在。因此，采购计划是为维持正常的产销活动，在某一特定的期间内，对于应在何时购入何种材料及多少数量的估计作业。一份可行的、有效的采购计划应能实现以下目标：

①确定合适时间，使采购部门做好事先准备，选择有利时机购入材料。所谓合适时间是指在保证供应，不影响产销活动的前提下获得采购成本最低的时机；

②确定合适数量，避免因数量过少而使供应不足，同时还要避免材料储存过多，积压资金及占用过多的空间；

③配合公司生产计划与资金调度；

④确立材料耗用标准，以便管制材料购用数量及成本。

二、影响采购计划制订的因素分析

影响商品采购计划制订的因素，包括以下几个方面：

1. 供应计划

供应计划应依据销售计划来制订。若销售计划过于保守，将使供应不足，难以满足顾客所需，丧失创造利润的机会；反之，销售计划过于乐观，将使供应变成存货，造成零售企业自身的财务负担加重。因此，销售计划会随着时间的推移而不断修改，这使得供应计划也应随之发生改变，否则，企业的供需将长期处于失衡状态。

2. 年度销售计划

除非市场出现供不应求的状况，否则零售企业年度的经营计划多以销售计划为起点，而销售计划的拟订，又会受到销售预测的影响。

3. 库存管理卡

因为企业在进行采购时所要购买的数量是扣除库存后的数量，所以商品库存管理卡的记载是否正确，将是影响商品采购计划的因素之一。其中包括货账是否一致，以及商品存量是否全为良品。若账上数量与仓库里的数量不符或存量中并非全数皆为规格正确的商品，这将使仓储的数量低于实际上的可取用数量，故采购计划中的应购数量将会偏低。

4. 销售效率

销售效率的高低将直接影响采购计划的制订，它会使实际的供应量与预计的商品需求量产生误差。如果商品的销售效率降低，会导致采购的商品的数量大于实际需求的数量，过低的销售率，亦会导致采购作业的经常修改。所以，当销售效率有降低趋势时，商品采购计划必须将此额外的供应量减去，才不会发生商品积压现象。

5. 设定商品标准成本

在制订商品采购预算时，很难对将来拟购商品的价格进行预测，因此，经常采用标准成本代表实际采购成本。若此标准成本的设定，缺乏过去的采购资料为依据，亦无相关人员严密精确地计算其原料、人工及制造费用等组合或生产的总成本，则其正确性不无疑问。因此，标准成本与实际购入价格的差额是采购预算准确性的评估指标。

标准成本的制定通常需要考虑：①供应商的生产规模。供应商生产规模越大，生产成本越低，针对其制定的采购价格可以低一些；②供应商所处的地理位置，如果供应商所处的位置比较偏僻，这样会给运输带来很大不便，采购时可以适当地降低定价以抵消部分因运输而带来的成本增加；③采购商品的敏感度。如果公司采购的商品属于敏感的商品，消费者对该商品的需求量会因价格的变动而产生很大变化，那么采购时就应该尽量降低采购价格，以保证当市场需求下降时可以进行降价销售；④公司毛利策略。公司根据自身发展方向、策略、费用、成本、以往销售状况分析和对自身销售预测等方式制定出综合毛利率要求，并分配到各个不同采购分类，作为各采购分类的定价依据和目标任务。

6. 价格预期

在制定商品采购计划时，应对市场景气与否、商品价格涨跌幅度乃至汇率变动等多加预测，甚至将它们列为调整预算的因素。不过，由于个人主观的判定与实际情况常有差距，也可能会造成采购预算的偏差。

在实践中，采购计划是需要经常进行调整的，这主要是因为影响商品采购计划制订的因素很多，所以采购计划与预算制订之后，必须与销售部门保持经常性联系，并针对现实的状况做必要的调整与修订，才能维持零售企业正常的销售目标，并协助财务部门妥善规划采购资金的来源。

采购计划环节显然是采购作业流程的首要环节，在这一环节需要完成两个方面的工作。首先是采购计划制订前的准备工作，即确定需求与需求描述，其次是采购计划的制订，即采购认证计划的制订和采购订单计划的制订。这两部分必须做到充分的综合平衡，以便保证物料及时供应，同时降低库存成本、减少应急单的发生、降低采购风险率。

三、采购计划制订前的准备工作

（一）发现需求

任何采购都产生于企业中某个部门的确切需求。负责具体业务活动的人应该清楚地知道本部门独特的需求，即需要什么、需要多少、何时需要。这样采购部门会收到由这个部门发出的物料需求单。有时，这类需求也可以由其他部门的富余物料来加以满足。当然，或迟或早企业必然要进行新的物料采购。有些采购申请来自生产或使用部门。对于各种各样办公设备的采购要求由办公室的负责人或企业主管提出。有些采购申请来自销售或广告部门，或是由实验室提出。

通常采购需求的表现方式有很多，包括内部客户的采购通知单（请购单）、返回采购通知单、客户预测订单、重复订购点系统、存货盘点以及采购卡。

1. 采购通知单

通常最常用的传达采购需求的方法就是使用采购通知单（请购单），这是由需求客户填写的，用以说明对特定物料需求的一种内部文件。图 3-6 就是一张典型的请购单。标准的采购通知单多用于常规的、非复杂部件的采购。对非复杂部件的需求被越来越多地通过连接客户与采购部门的在线调拨系统来进行配送。在线调拨系统是一种内部系统，通过有效的内部交流和对物料需求进行追查而节省了时间。客户只有在有采购需求的时候才可以使用该系统。客户也可能通过其他的系统直接向供应商采购所需的商品，比如通过公司的采购卡，这时就没有必要提交采购需求了。

请　购　单

申请部分＿＿＿＿＿＿＿＿　编号＿＿＿＿＿＿

预算额＿＿＿＿＿＿＿＿　日期＿＿＿＿＿＿

需要数量	单　位	描　述

需要日期＿＿＿＿＿＿＿＿＿＿

遇有问题时通知＿＿＿＿＿＿＿＿＿＿

特殊发送说明＿＿＿＿＿＿＿＿＿＿

＿＿＿＿＿＿＿＿

申请书

说明：一式两份，原件送采购部门，申请者保存文件副本。

图 3-6　请购单

不同的企业在电子采购通知系统的使用质量上有很大差别。一个只向客户提供采购需求服务的电子采购通知系统和电子邮件差不多，除了缩短发出采购需求和进行采购之间的时间，这种系统不提供其他附加价值。相反地，如果一个系统过于复杂，令客户望而生畏，它们就不会在线提交采购需求服务，而是使用电话或邮件等其他途径。

2. 巡回采购通知单

物料需求的传递可以通过巡回采购通知单，这里的巡回采购通知单是由商品说明卡片组成的表格，包括了一个由人工操作的系统内所有商品的信息。这种方法主要适用于尚未实现自动化采购及存货管理的小公司。卡片上的信息可能包括：①产品说明；②已通过审核的供应商名单及地址；③支付给供应商的最终价格；④重复订购点；⑤使用记录。

巡回采购通知单可以在重复订购常规物料和供应物品时节省时间。当存货水平下降到特定的重复订购点时，员工就会发出巡回采购通知单，维持存货水平的稳定。这种通知单还能说明目前的存货水平和理想的交货日期。巡回采购通知单提供了买方开立订单所需的信息，从而使买方不用再进行信息搜索。该系统因为在卡片上提供了买方需要查询的信息条款而节省了时间。例如：巡回采购通知单上包括供应商的名单、价格表、使用和订货记录，以及前置时间。以往的订购信息根据过去一段时间的记录直接显示。随着存货系统计算机化的进一步发展，巡回采购通知单使用的频率在下降。有了自动化系统，员工们只需简单地输入订购要求即可，系统会自动生成采购申请或者自动处理订单。

3. 客户预测订单

客户订单可能引起对物料的需求，尤其是当订购的产品变化时也会产生对新元件的需求。客户订单也表明了对现有物料的需求量。随着企业越来越多地推出个性化的产品来满足客户需要，采购部门必须做好准备，以应对新的物料需求。市场预测有助于表明物料的需要量。比如预测产品需求将上升，意味着对现有或新的物料的需求也上升。如果已经选择了一个供应商来提供这些物料，那么，一个像物料需求计划（MRP）这样的自动订购系统就会自动向供应商发出物料的采购指令。

4. 重复订购点系统

重复订购点系统是发现采购需求的常用方法之一。这种系统使用的独特信息包括：订购数量、需求预测以及存货项目的零部件号码。计算机化的重复订购点系统中的每个项目都有一个预先确定的订购点和订购数目。当存货减少到给定水平时，这个系统就通知物料控制部门向供应商发出一个补充存货的通知，这个通知的信号可能是屏幕上闪烁的灯、送往物料控制部门的电子邮件或者一份电脑报告。大多数重复订购点系统自动应用预先设定的订货参数（如保证库存和订购成本所需的最少订单数目）。基于计算机的系统能同时计算订购记录参数。参数系统还能计算存货维持成本、订购成本和需求预测要求并作出权衡。重复订购点系统可被用于产品或者非产品项目。

自动化的重复订购点系统可以有效识别采购要求。这种系统能够提供当前存货水平和成千上万个零部件需求的日常数据，因而是目前处理常规物料订购信息的最常用的方法，尤其是在那些仍然拥有零部件分销中心的企业。

5. 存货盘点

存货盘点是对库存进行实体核查以确定系统记录（案头记录）与手头的实际存货水平是否相符合。因此，也称为手头记录（POH）。如果某个项目的实体存货低于系统记录数目，对这个项目上记录的调整就会引起追加存货的重复订购。为什么实体存货有可能低于计算机系统记录的数目呢？其原因是多方面的：比如物料放置到错误的地方，或者有损坏、被盗而没有记录，或是未注意到的供应商“少装”。

依赖于标准化、易获得零部件的较小的企业，经常使用存货盘点来决定物料订购需求。在这种情况下，存货盘点包括实地考察一个存放点来决定是否有满足客户需求的足够多的存货。如果有足够多的存货，就不必重复订购了。

6. 采购卡

所谓的采购卡是作为采购方的企业发给其内部顾客（即使用者）的一种信用卡。使用采购卡主要是针对那些小额物品、间接材料（非生产性的）、物资和服务等方面的交易，这样做可以减少管理成本和缩短采购周期。持卡人都有可支配金额限制。采购部门和供应商进行价格和其他条款谈判之后，会把这些优先选择的供应商的名单交给持卡人。采购卡使采购系统的许多环节可以自动地进行，这样消除了采购订单和单独的发票，并能保证在两三天之内向供应商及时进行支付，而正常采购程序则需要三十多天。由于把交易活动交给使用部门来处理，采购周期得以缩短，而且处理交易的成本也降低了。采购员也可以从日常的小额采购的交易中解脱出来，专注于大额采购和供应管理等问题。

(1) 使用采购卡可能的风险：①失去对采购活动的控制；②业内供应商只有有限的一些被接受；③跟踪和汇报工作不力。管理层希望确保使用采购卡的是被授权的人员，而且使用也是为了向公司推荐的供应商进行必需的采购。

(2) 发卡者应采取的控制措施：①在采购点判断它是否已达到了每张卡所设的金额上限；②限制每天进行的交易数；③限制每笔交易的金额；④判断供应商是否经过了公司的认证。

尽管在零售方面，采购卡在全世界都有广泛的应用，但工业品供应商采用这一手段的还不多。不过，由于采购卡能保证支付尽快进行，而且可能预示着销售量的增加，所以工业品供应商接受它的也越来越多。

(二) 对所需产品或服务加以准确描述

如果不了解使用部门到底需要什么，采购部门就不可能进行采购。出于这个目的，就必然要对所申请采购的需求品、物品、商品和服务有一个准确的描述。准确地描述所需的物品和服务是采购部门和使用者，或是跨职能采购团队共同的责任。

用来描述所需物品或服务的字眼应该统一。为了避免误解应制定合适的名词手册，这项工作是很重要的。确保词汇统一性的最有效方法是在采购部门保留一份文件，列出经常购买的物品名称。企业一般同时保管这类文件的总目录和库存目录，总目录列出所有使用的项目，而库存目录则包括所有在库的物品。这些目录可以做成活页或是制成卡片，或者在计算机中建立数据库。这类目录如果能被完善地规划并得到精心的维护，会极大地保证企业中物品描述的一致性。这也有助于减少采购申请中出现的异乎寻常尺寸或等级要求，并且它还能方便会计和仓储部门的工作。不过，如果这类目录不能被周到地规划、维护并投入实际使用，它们只能带来混乱和金钱的浪费，而不会有任何作用。

在实际工作中，准确地描述通常由以下几个工作环节所组成：

1. 采购申请的传递

在实际当中，采购申请最少要有两份：原件和附件。原件送往供应部门而附件留在发出申请的部门。按惯例，一份采购申请中只能出现一项要求，对于标准化的项目而言尤其如此。对于一些特殊的项目，如果需要同时发运，就可以把几项采购要求填在同一张采购申请单上。由于通常特殊项目是由不同供应商提供的，发运日期各不相同，并需要单独的采购订单和处理，所以，采取这样的措施可以简化记录工作。在使用计算机化的 MRP 系统的企业中，各项需求可由计算机自动地汇总。

采购部门确认谁有权提出采购申请是一件重要的工作。如果采购申请的提出人不是被特别指定的，采购部门绝对不能接受其提出的申请。同样重要的是，供应商的销售人员也要明白，申请并不是订单。

在采取任何其他行动之前，必须将采购申请仔细地核实一遍。请购数量应该基于预期的需求，而且要考虑经济订货批量。要求的发货日期应该足以进行必要的报价确定和样品检查、发出采购订单和收货等工作。如果所给时间不充足，或是需求日期将造成成本增加，这些都应及时提醒申请者加以注意。

2. 移动采购申请的使用

为了削减业务费用，有些使用手工采购系统的公司发现，对于物料和标准件提出的重复需求，使用移动采购申请比较好。移动采购申请是某个部门重复采购某一项目时的申请表。这张移动申请表包括了对所需项目的详尽描述。当使用者需要这一物品的再次供应时，他们填上数量和需要的时间，采购部门填好采购订单，然后在移动申请表上填上供应商、价格和采购订单编号等数据，并将其返还给申请方。申请方将移动申请表保存在案，以备下次使用。一张移动申请卡可以完成多达34～36次采购，同时，它还可以减少文书工作和所需时间。而且，这一做法在同一张表内提供了完整的、累计的采购情况和使用记录。

当移动采购申请表所涉及的部件和物料被订购时，库存控制员在这张表上要填上日期、物料需要日期、提出申请的部门名称、申请数量以及授权人签名，然后把它交给采购部门。如果使用的是计算机库存控制系统，那么库存管理员的绝大部分工作都可以由计算机自动地完成。选择好供应商之后，采购员填上供应商数字代码、需求数量、需求日期、单价以及名字和日期，并将这张卡片返还给使用部门或库存控制部门，在那里，这张卡片被归档以备下次使用。

3. 使用物料请购单

能准确描述产品的另一种形式就是利用物料单。使用这一方法的企业一般是在相对较长的时期内制造某一标准物品。对这些公司而言，这是通知采购部门生产需求的一个快捷的方法。生产计划部门仅仅需要通知采购部门其下个月安排的这种型号产品的生产计划为某某台数。接着采购部门的工作就是通过把物料单上的数量乘以产品的某某生产台数，来确定为满足下个月的生产计划最终需要的物料总数量（通常由计算机来处理）。然后将这一数量和库存数量进行对比，采购部门就知道需要采购的数量。在一家已经开发出综合计算机物料管理系统的公司内，包括供应商和价格信息的长期协议被保存在数据库中，对于必须满足的进货限额的数量，计算机会自动地打出订单。在常常需要大量成套物品的公司内，使用物料请购单系统可以简化采购申请过程。

4. 总括或开口订单

在实际情况允许下，使用总括的或开口订单，则会使得企业发出和处理采购订单的成本得到削减。总括订单一般包括许多项目。开口订单则允许增加采购项目或对时间进行延期。适用这一方法采购的产品通常包括：维护、修理和辅助物料以及在几个月内都大量使用并频繁采购的生产需求。

估计出在一段时期内需要采购的数量条件，以便在协商后将这一数量条件包括到原始订单中去。然后就根据这个约好的特定的数量发出订单。有时可以将订单的准备工作和生产计划过程合并起来进行，然后将它送往采购部门以便发给供应商。有时，订单也可以直接从生产计划部门发给供应商。一张开口订单正常使用期为一年，当遇到设计或物料规格发生了改变，或是出现了一些影响价格或发货的情况，需要双方进行新的谈判时，该开口订单才可能终止或被修改。

5. 无库存采购或系统合同

系统合同或无库存采购是比总括合同更高级的一种将订货和库存职能加以合并的形式。它具有如下特点：系统合同依靠定期支付程序有效运行；允许非采购人员发出订单；采用特殊的目录；需要供应商持最低的库存水平，但通常也不具体指出采购方必须购买的合同项目的数量；它的实施有利于提高存货周转率。

在供应链管理环境下，这一技术最常用于采购文具和办公用品、易耗品、MRO 物品等。MRO 物品包括许多不同的物品，它们共同的特点是相对价值较小，但是工厂和设备的运转发生中断时又不可缺少，这一技术建立在总括型合同的基础上。这一合同详细列出了在某一特定时期大约所需的物料数量、价格、调整价格的条件、每天收集采购申请并在短时间（通常是 24 小时）内发货所必须遵循的程序，以及合同所涵盖的所有项目清单。

通常，这个合同所涉及的物料项目的库存由供应商进行保管，这样可以减少采购方在库存方面的投资和仓库空间。对这一合同内项目的采购申请直接发给供应商而不必经过采购部门处理。采购单被供应商用于提货、包装、开发票，并用作发运单。这种一体化的程序减少了采购方和供应商两方的文书处理成本，并有助于解决小额订单问题。

有些公司使用电子系统来处理系统合同，这就需要有一个数据交换终端。采购员或是申请提出人只需指出每一物料项目所需的数量，这些信息就可以通过电子数据方式传递到供应商的计算机中。

如果采购方向某个供应商进行大批量的采购，供应商会把物料存放在客户的工厂中，尽管这些库存归供应商所有。采购方通过调制解调器与供应商进行联系。这一系统的工作程序如下：

（1）采购方针对一系列物料项目，以确定的价格向供应商发出总括订单；

（2）供应商将预先确定的货物量发往设在采购方厂内的仓库中，这些物料仍归供应商所有；

（3）当物料送到后，采购方进行检验；

（4）在计算机控制下，物料被存放在指定的箱子里或货架上；

（5）采购方通过计算机终端发出采购单，并接收供应商的库存记录；

（6）计算机自动准备提货单，采购方将物料从供应商的仓库中移走；

（7）供应商就一个月内提出的物料出一张发票；

（8）采购方的会计部门就一个月内使用的物料进行一次支付；

（9）在预定的时间间隔内，计算机会准备一份汇总报告，表明物料使用的种类和数量，以便购买方和供应商进行分析、计划和补充库存。

四、采购计划的制订

在做好前述准备工作的基础上，就可以完成采购计划的制订，它的完成可以指导采购人员有条不紊地去执行好采购计划、完成采购任务。采购计划制订分两个方面：一是认证计划的制订；二是采购订单的制订。

（一）认证计划的制订

1. 准备认证计划

在认证计划制订的问题上，企业首先就要考察企业面临的采购环境，为采购认证计划的制订提供基础信息，其具体工作步骤如下：

（1）接收由开发部门提交的开发批量计划。开发批量认证需求是启动整个供应程序流动的牵引项，要想制订较为准确的认证计划，首先必须熟知开发需求计划。开发批量物料需求通常有两种情况：一是在目前采购环境中可以找到的物料供应；另一是新物料，这种新物料是采购环境无法提供的，需要寻找新的供应商，或与供应者一起研究新物料提供或试制的可行性。

（2）接收余量需求计划。随着市场需求的增加，采购环境容量不足以支持物料需求，或者随着采购环境呈下降趋势，该物料的采购环境容量在缩小，满足不了需求。以上两种情况均会产生余量需求，从而要求对采购环境进行扩容。采购环境容量的信息可以由认证人员和订单人员提供。

（3）熟悉并准备供应商群体认证环境信息资料。采购环境的内容包括：认证环境和订单环境两个部分。有些供应商认证容量较大，订单容量较小，有些供应商则正好相反。这是因为，认证过程是供应商样件及小批量试制过程，需要有强大的技术力量支持，有时需要与供应商一起开发；而订单过程是供应商的规模化生产过程，突出表现是自动化机器流水作业及稳定的生产，技术工艺已经固化在生产流程中，所以它的技术支持难度较前者为小。

（4）拟制认证计划说明书。也就是准备好认证计划所需要的资料，主要内容包括：认证计划说明书（物料项目名称、需求数量、认证周期等），并附有开发需求计划、余量需求计划、认证环境资料等。

2. 认证需求

准备好认证计划的所需资料后，企业就要认真地确定认证需求，即要分析开发批量计划、分析并确定生产需求的余量、确定认证需求量。

（1）分析开发批量计划。这不仅要分析量上的需求，而且要掌握物料的技术特征等信息。开发批量需求是各式各样的，可按不同方面分类：

①按照需求环节分：开发认证需求和生产批量物料认证需求；

②按照采购环境分：环境内物料需求和环境外物料需求；

③按照供应情况分：可直接供应物料需求和需要定做物料需求；

④按照国界分：国内供应物料和国外供应物料。

计划人员应对开发物料需求做详细分析，必要时与开发人员、认证人员一起研究开发物料的技术特征，按照已有的采购环境及认证计划经验进行分类。从这可以看出，认证计划人员需要兼备计划知识、开发知识、认证知识等，具有从战略高度分析问题的能力。

(2) 分析并确定生产需求的余量。对余量需求进行分类，在上个部分中已说明余量认证的产生来源：一是市场销售量的扩大，另一是采购环境订单容量的萎缩；这两种情况都导致了目前采购环境的订单容量难以满足用户的需求，因此需要增加采购环境容量。对于第一种因市场需求的原因造成的，可以通过市场及生产需求计划得以了解各种物料的需求量及时间；而对于第二种因供应商萎缩原因造成的，可以通过分析现实采购环境的总体订单容量与原定容量之间差别得到。两种情况的余量相加即可得到总需求余量。

(3) 确定认证需求量。根据开发批量需求及余量需求的分析结果，确定认证需求。认证需求是指通过认证手段，获得具有一定订单量的采购环境。

3. 计算认证容量

(1) 分析项目认证资料。分析项目认证资料是计划人员的一项重要事务，不同认证项目其过程及周期千差万别。机械、电子、软件、设备、生活日用品等物料项目，它们的加工过程各式各样，非常复杂。作为从事某行业的实体来说，需要认证的物料项目可能是千万物料的某几种，熟练分析几种物料认证资料是可能的，但对规模大的企业，几千种乃至上万种物料的分析难度则大得多。

(2) 计算供应商群体总体认证容量。在采购环境中，供应商订单容量与认证容量是两个概念，有时可以互相借用，但不是等量的。一般在认证供应商时，要求供应商提供一定的资源用于支持认证操作，或者一些供应商只做认证项目，百分之百的认证容量分配比例，总之在供应商认证合同中，应说明认证容量与订单容量比例，防止供应商只做批量订单，不愿意做样件认证。采购环境的总体认证容量方法是把采购环境中所有供应商的认证容量叠加即可，对有些供应商的认证容量需要乘以适当系数。

(3) 确定社会供应群体的可利用认证容量。供应商承认认证量等于当前供应商正在履行的认证的合同量：认证容量计算也是一个复杂的过程，各种物料项目认证周期不同，一般是计算要求的某一时间段的承接认证量。最恰当最及时的处理方法是借助计算机系统，模拟显示供应商已承接认证量，以便认证计划决策使用。

(4) 确定总剩余认证容量。某一物料所有供应商群体的剩余认证容量的总和，称为该物料的“认证容量”。物料认证容量——物料供应商群体总体认证容量——承接认证量。这种计算过程也可以被计算机化，一般 MRP 系统不支持这种算法，可单独开发该系统。认证容量是一近似值，仅作参考，认证计划人员对此不可过高估计，但它能指导认证过程的操作。采购环境中的认证容量不仅是采购环境的指标，而且也是企业不断创新，维持发展的动力源。源源不断的新产品的问世是基于认证容量价值的体现，也由此能产出各式各样的产品新部件。

4. 认证计划

(1) 对比认证需求量与认证容量。认证需求与供应商对应认证容量之间一般都会存在差异，如果需求小于容量，则无须进行综合平衡，直接按照认证需求制订认证计划；如果供应商容量小于认证需求量，则进行认证综合平衡，对于剩余认证需求需要制订采购环境之外的认证计划。

（2）综合平衡。从全局出发，综合考虑市场、生产、认证容量、物料生命周期等要素，判断认证需求的可行性，通过调节认证计划尽可能地满足认证需求，并计算认证容量不能满足的剩余认证需求，这部分剩余认证需求需要到企业采购环境的社会供应群体中寻找。

（3）确定认证余量认证计划。对于采购环境不能满足的剩余认证需求，应提交采购认证人员分析并提出对策，与之一起确认采购环境之外的供应商认证计划。采购环境之外的社会供应群体如没有与公司签订合同，那么制作认证计划时要特别留心，并由具有丰富的认证计划人员和认证人员联合操作。

（4）制订认证计划。下面给出认证物料数量及开始认证时间的确定方法。

认证物料数量＝开发样件需求数量＋检验测试需求数量＋样品数量＋机动数量

开始认证时间＝要求认证结束时间－认证周期

（二）采购订单的制订

1. 准备订单计划

（1）接收由市场部门提交的要货计划。市场需求是启动生产供应程序流动的牵引项，要想制订较为准确的订单计划，必须熟知市场需求计划，或者销售计划。要对市场需求进一步分解以便得到生产需求计划。企业的年度销售计划在上一年末制订，并报送至各个相关部门、下发至销售部门、计划部门、采购部门，以便指导全年的供应链运作，同时要根据年度计划制订季度、月度的市场销售需求计划。

（2）接收由生产部门提交的生产需求计划。生产需求对采购来说可以称为生产物料需求，生产物料需求的时间是根据生产计划而产生，通常生产物料需求是订单计划的主要来源处，为了利于理解生产物料需求，采购计划人员需要熟知生产计划及工艺常识。在信息系统中，物料需求计划是主生产计划的细化，它来源于主生产计划，独立需求的预测、物料清单文件、库存文件。编制物料需求计划的主要步骤为：①决定毛需求；②决定净需求；③对订单下达日期及订单数量进行计划。

（3）熟悉准备供应商群体供应信息资料。在订单物料的认证计划执行完毕之后，便形成该项物料的采购环境（也可称为订单环境），订单环境资料包括：①订单物料的供应商信息。②修正订单比例（对有多家供应商的物料来说，每个供应商分摊下单比例，该比例由认证人员产生并给予维护）信息。③最小包装信息。④订单周期（从下单到交货的时间间隔，以天为单位）。⑤订单环境一般使用信息系统管理起来，订单人员根据生产需求的物料项目，从信息系统中查询了解该物料的采购环境参数及描述。⑥拟制订单计划说明书。也就是准备好订单计划所需要的资料，主要内容包括：订单计划说明书（物料名称、需求数量，到货日期等）。附有：市场需求计划、生产需求计划、订单环境资料等。

2. 评估订单需求

（1）分析市场需求。订单计划不仅仅来源于生产计划，因为订单计划除了考虑生产需求之外，还要兼顾市场战略、潜在的需求，这是其一；其二，我们要分析市场订货计划的可信度，仔细分析市场合同签订数量、合同剩余量（包括延时交货合同）的各种数据，研究其变化趋势，全面考虑要货计划的规范性和严谨性，参照相关历史要货数据，找出问题，总之要对市场需求有一个全面的了解，远期发展与近期实际需求相结合。

（2）分析生产需求。分析过程一般是：由生产计划大纲，检查零部件清单，直到得出第一级组成部件的毛需求量。如某底板在第一周，现有库存量 80 减去毛需求量 40，剩下的现有库存量为 40。第三周预计入库 110 件，加上库存 40，减去毛需求量 50，得到新的现有库存 100 件，在第八周时，现有库存值为负数，则需要下达生产任务。由生产制造提前期和订货批量确定在第四周应下达一批某底板的订货，数量为 90。所分析生产需求，应首先分析生产需求的产生过程，其次是分析需求量和要货时间。

（3）确定订单需求量。根据市场、生产需求的分析结果，确定订单需求。订单需求的内容是：通过订单操作手段，在未来指定的时间里，将指定数量的合格物料采购入库。

3. 计算订单容量

（1）分析物料供应资料。物料是整个采购的操作对象。在目前已有的采购环境中，物料的供应商信息是一项重要的信息资料，无论是生产需求，还是紧急的市场需求，没有供应商供应物料则一切无从谈起。

（2）计算总体订单容量。在采购环境中，要关注供应商的总体订单容量。订单容量的含义包括两个方面：一个是可供给的物料数；另一个是可供给的到货时间。

（3）计算已承接订单容量。物料供应商在指定时间内的已经签下的订单量，称为承接订单量。

（4）确定总体剩余订单容量。某物料所有供应商群体的剩余订单容量的总和，称为物料的剩余订单容量。

物料剩余订单容量＝物料供应商群体总体订单容量－已承接订单量

4. 制订订单计划

（1）对比订单需求量与订单容量。需求小于容量情况下，则依据物料需求制订订单计划；供应商容量小于物料需求量情况下，要求物料平衡环节，对于剩余物料需求需要制订认证计划。

（2）综合平衡。综合考虑市场、生产、订单容量等要素，分析物料订单需求的可行性，必要时调整订单计划，计算容量不能满足的剩余订单需求。

（3）确定订单余量认证计划。对于剩余需求，要提交认证计划制订者处理，并确认能否按照物料需求规定的时间及数量交货，为了保证物料及时供应，此时可走简化认证程序，并由具有丰富经验的认证计划人员操作。

（4）制订订单计划。

下单数量＝生产需求量－计划入库量－现有库存量＋安全库存量

下单时间＝要求到货时间－认证周期－下单周期缓冲时间

采购计划的制订是一项复杂的工作，需要具有丰富采购计划经验、采购经验、开发经验、生产经验等复合型知识人才，并且要和认证订单等部门协作进行。

第四节　采购作业流程中的采购认证环节

认证的目的是实施认证计划，建立和维护企业的采购环境、为企业提供物料项目的供应商群体，满足采购对象的质量、成本、供应、服务等方面的要求。对于一些需要长期、批量供应的认证物料项目，其认证过程要严格，一般要进行以下六个过程：

一、认证准备

（一）熟悉需要认证的物料项目

认证人员首先应熟悉认证项目，包括所涉专业知识范围、认证难度、目前国内外的供应状况等。认证项目涉及专业知识范围广，有机械方面的、有电子方面的、有软件方面的、有设备方面的，有生活用品、有工业用品、有民用品、有军工用品等。项目认证难度从简单的一颗螺钉，到复杂的大型设备。有些在国内或者就近就可以找到货源，有些需要到国外去采购。

（二）价格预算

作为认证人员，首先应该熟知物料项目的成本价格，这可以通过对物料项目进行价格核算得到，也可以通过市场调查、行业比较得到。

（三）研究项目质量需求标准

物料项目的质量要求可以通过阅读物料项目资料得到，认证人员应熟练掌握认证项目的专业知识，同时具备采购经验，以便对质量标准透彻了解。

（四）了解项目的需求量

这是认证输入参数之一，目的是在选择等同供应容量的供应商时作参考。有些项目的需求量比较容易得到，计划部门提供的认证计划就包含项目的需求量预测。

（五）准备好物料认证所需的资料

也就是准备好物料所需的资料，主要内容有认证说明书（项目名称、价格预算、关键质量条款、需求预测、售后服务要求、项目难度等），并附有图纸、技术规范、检验标准等。

二、初选供应商

（一）确定社会供应群体范围

从社会供应群体中划定参与本物料项目供应的供应商。一般来说，每一个成熟的企业都有自己的供应商群体，如果不能满足项目要求，则到社会行业供应商群体中寻找。但对一个新企业来说，供应群体的确定较为困难，较妥善的解决办法是招聘有丰富行业采购经验的认证人员。

（二）研究供应商提供的资料，并向相关供应群体发调查问卷

任何想成为企业供应商的社会供应者，都应提供介绍资料，以便成为下一步程序选中的意向供应商。而这种介绍资料包括采购企业从相关供应群体处回收的调查问卷。

（三）实地考察供应商

如有可能应实地考察供应商，一方面是防止供应链增加不必要的中间环节，另一方面是更好地了解供应商的实力，以便企业作出最真实、最准确的判断。

（四）与供应商进行谈判

与供应商进行正面接触是必不可少的环节，经验丰富的认证人员通过此环节基本上可以弄清供应商群体的实力。

（五）发放认证说明书

经过以上四个环节，基本上确定了参与本次采购项目竞标的供应群体，然后向他们发放认证说明书，包括：图纸、技术规范、检验指导书。

（六）供应商提供改善报告

意向供应商接到认证说明书及相关资料后，根据自己的情况拟制《供应报告》，主要内容为：供应价格、品质报告、可供数量、售后服务情况等。

（七）供应商参与竞标

一般重要物料的供应，要求进行竞标，中标者才可入选。

（八）选定三个以上初选供应商

通过以上过程，认证人员整理资料，认证人员集体作出决定：初选供应商的名额。

三、试制认证

（一）签订试制合同

与初选供应商签订试制合同，目的是使初选供应商在规定的时期内提供符合要求的样品。合同中应包含保密内容，即供应商应该无条件遵守企业的保密规定。试制认证的目的是验证系统设计方案的可行性，同时达成在企业与供应商之间的技术折中方案。

（二）向初选供应商提供项目试制资料

认证项目更为详尽的资料在此期间提供，其中可能包括企业的一些机密材料。

（三）供应商准备样品

准备样品需要一个周期，不同认证项目其周期不同，电子件、机械件的准备周期相对较短，组合设备的准备周期较长。

（四）过程协调监控

对于一些准备周期较长的认证项目，认证人员应对过程进行监控、协调，遇到突发事件应及时提出对策。

（五）调整技术方案

可能需要在企业与供应商之间进行技术方案的调整，设计人员提供的设计方案在实际加工过程中需要调整的情况是常见的，认证人员不能因此判断供应商的能力状况，有时经过调整后，设计方案会更加完善。

（六）供应商提供样品

供应商把准备好的样品送到认证部门，小体积的样品可以随身携带，大的样品可能要运输车托运。

（七）样品评估

由认证人员组织对样品进行综合评估。样品的评估内容包括性能、质量、外观等。认证人员应该协调相关部门制定认证项目的评估标准。参加人员包括设计人员、工艺人员、质管人员、认证人员、订单人员、计划人员等。

（八）确定本物料项目样品供应商（三家以上）

通过以上活动，集体决策，确定样品供应商，并报主管批准。

四、中试认证

（一）签订中试合同

与样品供应商签订中试合同，使样品供应商在规定的时期内提供符合中试要求的小批件，中试认证的目的是使系统设计方案具有批量生产的可能性，同时寻求成本与质量的折中解决方案。

（二）向样品供应商提供项目中试资料

项目中试资料是经过试制期间修改的改制技术资料，如经过修改的机械图纸、电子器件参数、软件方案等。

（三）供应商准备小批件

准备小批样品需要一个周期，一般来说，小批件的准备周期应比样品的周期短，因为供应商经过试制过程之后，在技术、生产工艺、设备、原材料等方面都有一些积累和经验。

（四）过程协调监控

中试过程仍需要跟踪，认证人员应该和供应商一起研究任何提高质量并且降低成本的方法，并具有批量生产的可能性。

（五）调整技术方案

有时需要经过若干次的试验才能确定性价比方案如元器件的性价比、加工装配的性价比等。

（六）供应商提供小批件

供应商把准备好的小批件送交到生产或认证部门，有时小批件需要送到生产组装现场。

（七）中试评估

由认证人员组织，对小批件进行综合评估。小批件的评估内容包括质量、成本、外观、供应情况等。认证人员应该协调相关部门制订认证项目的评估标准。参加人员包括设计人员、工艺人员、质管人员、认证人员、订单人员、计划人员等。另外，要确定本物料项目中试供应商，一般至少三家。

五、批量认证

（一）签订批量合同

与中试供应商签订批量合同，使中试供应商在规定的时期内提供符合批量认证要求的批量件。批量认证的目的是使系统设计方案具有大规模生产的可能性，同时寻求产品生产的稳定、可靠的解决方案。

(二) 向中试供应商提供项目批量生产资料

项目批量生产资料是经过中试期间修改的技术资料，如可以大规模投放生产的机械图样、电子器件参数、软件方案等。

(三) 供应商准备批量件

准备批量件需要一定的时间，供应商要想供应批量件就要提高自动化水平，配备相应的批量生产机械，如机械行业的冲床、专业机械，电子行业的自动化设备，软件行业的大型拷贝机等。

(四) 过程协调监控

批量过程也需要跟踪，认证人员和订单人员应该跟踪生产中可能出现的异常情况。

(五) 调整技术方案

必要时可以根据供应商的意见，修改批量生产资料中的技术方案。

(六) 供应商提供批量件

供应商把准备好的批量件送到生产部门，有时批量件需要送到生产组装现场。

(七) 批量评估

认证人员应该协调相关部门制订认证项目的批量评估标准。批量物料的检验环节由检验部门负责。评估内容包括质量、成本、供应、售后服务等。由认证人员组织，对批量件进行综合评估。参加人员包括设计人员、工艺人员、质管人员、认证人员、订单人员、计划人员等。

(八) 确定本物料项目批量供应商 (两家以上)

本次活动确认物料批量生产供应商属于批量物料合格供应商。

六、认证供应评估

(1) 制订供应评估计划。首先要制订一个物料供应评估计划，内容包括物料名称、负责团队、负责人、供应商、评估重点、措施、频度、要求。

(2) 采购部门绩效评估，包括计划、认证、订单。

(3) 采购角色绩效评估。采购角色绩效评估包括计划人员、认证人员、订单人员。

(4) 供应商绩效评估。供应商绩效评估包括质量、成本、供应、服务性。

(5) 调整采购环境。根据以上供应商的认证结果建立采购环境的内容，建立新的供应计划；拓展供应商群体；确定供应环境战略伙伴。调整采购环境内容有调整供应商比例、确定战略伙伴、调整供应商群体、清理供应商群体、清理绩效较差的供应商。

第五节 采购作业流程中的采购订单确定环节

采购订单（Purchase Order）伴随着订单和物料的流动贯穿了整个采购过程。订单的目的是实施订单计划，从采购环境中购买物料项目，为生产过程输送合格的原材料和配件，同时对供应商群体绩效表现进行评价反馈。

一、采购订单操作步骤

在认证环节为企业准备好了采购的环境之后，订单人员便可进行批量物料的采购，订单操作一般包括以下八个过程：

（一）订单准备

1. 熟悉需要订单操作的物料项目

订单人员首先应熟悉订单计划，订单的种类很多，有时可能是从来没有采购过的物料项目，其采购环境不一定熟知，需要采购人员花时间去了解物料项目的技术资料等。订单的难易程度也有差异，有时可能要到国外去采购，值得注意的是，直接从国外采购可能获得较好的品质和较低的价格（对认证人员来说），但却会大大增加订单环节的操作难度，手续复杂，货期长，监控操作困难。

2. 价格确认

由于采购环境的变化，作为订单人员应对采购最终的价格负责，不能认为价格的确定完全是认证人员的责任，订单人员有权利向采购环节（供应商群体）价格最低的供应商下达订单合同，以维护采购的最大利益。

3. 确认项目质量需求标准

订单人员日常与供应商的接触通常会大大多于认证人员，由于供应商实力的变化，前面订单的质量标准是否需要调整，订单操作作为认证环节的一个监督部门应发挥应有的作用。

4. 确认项目的需求量

订单计划的需求量应与采购环境订单容量相匹配，或者小于采购环境订单容量，如果大于采购环境订单容量则提醒认证人员扩展采购环节容量；另外，对计划人员的错误操作，订单人员应及时提出来。

5. 制订订单说明书

订单说明书是订单准备环节的输出，主要内容有订单说明书 ，它包括：项目名称、确定的价格、确定的质量标准、确定的需求量、是否需要扩展采购环境容量等方面。另附有必要的图纸、技术规范、检验标准等。

（二）选择供应商

1. 查看采购环境

认证环节结束后，会形成公司物料项目的采购环境，用于订单操作，对小规模的采购，采购环境可能记录在认证报告文档上，对于大规模的采购，采购环境则使用信息系统来管理。订单人员在完成订单准备之后，要查询采购环境信息系统，以寻找适应本次物料供应的供应商群体。一般来说，一项物料应有三家以上的供应商。特殊情况下也会出现一家供应商，即独家供应商。

2. 分析供应商现实供应情况

如果向一个容量已经饱和的供应商下单，那么通常订单会难以被正常执行，最后导致订单操作的失败。经验最为丰富的订单人员，首先应计算采购环境中供应商的容量，哪些是饱和的，哪些有空余容量。如果全部饱和，请立即通知相关认证人员，并进行紧急对策的商议。

3. 供应商确认

从主观上对供应商的了解需要得到供应商的确认，供应商组织结构的调整、设备的变化、厂房的扩建等都影响供应商的订单容量；尤其是对谎报订单容量的供应商，需要进行实地考察。经过以上活动，订单人员权衡利弊（即既要考虑原定的订单分配比例，又要考虑现实容量情况）后可以初步确定意向供应商，目的是确定本次订单计划由哪一家供应商供应，这是订单操作实质性进展的一步。

4. 发放订单说明书

既然是意向，就应该向供应商发放相关技术资料，一般来说采购环境中的供应商具备已通过认证的物料生产工艺文件，如果是这样，订单说明书就不包括额外的技术资料。供应商在接到技术资料并分析后，即向订单人员作出“接单”还是“不接单”的答复。

5. 确定物料供应商

通过以上过程，订单人员决定在本次订单计划所投向的供应商，必要时可上报主管审批，供应商可以是一家，也可以是若干家。

（三）签订订单（合同）

1. 采购订单（合同）制作

一般的企业都有固定标准的订单（合同）格式，而且这种格式是供应商认可的，订单人员只需在标准合同中填写相关参数（包括物料名称代码、单位、数量、单价、总价、货期等）及一些特殊说明后即完成制作合同操作。值得说明的是，合同中一定要包括价格及质量标准。拥有采购信息系统的企业，订单人员可以直接在信息系统中生产订单。在其他情况下，需要手工打印。

2. 订单（合同）提交审批

订单（合同）审批是订单操作的重要环节，一般由管理办专职人员负责，主要审查事项为合同与采购环境物料描述的符合性、订单（合同）与订单计划的符合性。审核的主要目的，是为限制订单人员必须依照订单计划在采购环境操作，不可选择采购环境以外的社会供应商，价格是制定的价格，货期在一定范围内，并符合订单计划的物料数量、到货日期要求。

3. 与供应商签订订单（合同）

经过审批的订单（合同），即可传至供应商确定并盖章签字。签订订单（合同）的方式有四种：①与供应商面对面签订订单（合同），买卖双方现场盖章签字；②订单人员使用传真将打印好的订单（合同）传至供应商，并且供应商以同样方式传回；③使用E-mail进行合同的签订，买方向供应商发订单（合同）E-mail，则表示接受订单（合同）并完成签字；④建立专用的订单（合同）信息管理系统，完成订单（合同）信息在买卖双方之间的传递。

在完成订单（合同）签订之后，即转入订单（合同）的执行时期。对加工型供应商要进行备料、加工、组装、调试等过程；对存货型供应商，只需从库房中调集相关产品并进行适当处理，即可送往买家。

（四）订单（合同）跟踪

1. 跟踪供应商工艺文件的准备

工艺文件是进行加工生产的第一步，对任何外协件（需要供应商加工的物料）的采购，订单人员都应对供应商的工艺文件进行跟踪，如果发现供应商没有相关工艺文件，或者工艺文件有质量、货期问题，应及时提醒供应商修改，并提醒供应商如果不能保质、保量、准时到货，则要按照合同条款进行赔偿。

2. 确认原材料的准备

备齐原材料是供应商执行工艺流程的第一步，有经验的订单人员经常发现，供应商有时说谎，如有可能必须实地考察。

3. 跟踪加工过程进展状态

不同物料的加工过程不同，为了保证货期、质量，订单人员需要对加工进行监控。有些物料采购，其加工过程的监工小组要有订单人员参加，典型的例子是一次性、大开支的项目采购、设备采购和建筑采购。

4. 跟踪组装调试检测过程进展状态

组装总测是产品生产的重要环节，这一环节的完成表明订单人员对货期有一个结论性答案。订单人员需要有较好的专业背景和行业工作经验，否则，即使跟踪也难达到效果。

5. 确认包装入库

此环节是整个跟踪环节的结束点，订单人员可以向供应商了解物料最终完成的包装入库信息。如果有可能，最好去供应商处现场考察。

（五）物料检验

1. 确定检验日期

一些物料如机械、设备、大型电子装置，往往需要到供应商处现场检验；有些物料如轻小型物品可以由供应商送过来检验，检验日期及地点按照惯例进行。

2. 通知检验人员

检验信息传送至质检部门之后，要根据物料的轻重缓急，统一安排。

3. 物料检验

对一般物料，走正常检验程序；对重要物料，或者供应商在此物料供应上质量稳定性差的，则要严格检验；对不重要物料，或者供应商在此物料供应上质量稳定性持续表现较佳，则可放宽检验。

4. 处理检验问题

对于致命及严重缺陷的物料要求供应商换货。对于轻微缺陷物料，应与认证人员、质量人员、设计人员协商，同时考虑生产的紧急情况，确定是否可以代用。对于偶然性的质量问题，可由检验部门或订单部门通过供应商处理；多次存在的质量问题，由认证人员正式向供应商发出质量改正通知单，限期供应商改正质量问题；对于重大问题或经常有问题的，则由认证部门组织专题会议，讨论质量问题的对策，确定是因为设计方案的问题还是供应商的问题，前者要修改方案，后者要对供应商进行处理，包括罚款、质量整改、降级使用、取消供应商资格等。

（六）物料接收

1. 与供应商确认物料检验日期

供应商的送货时间需要在订单人员与供应商的沟通协调过程中确定，如果在没有得到许可的情况下供应商把货送过来，则会导致订单操作过程的混乱；如果订单人员在没有和供应商协调的情况下，通知供应商立即送货，则可能导致“物料不能按期到货”。

2. 与仓储部协调送货事务

仓储部每天接收大量的物料项目，其过程有卸货、验收、入库信息操作、搬运、库房空间调配等。要防止库房没有接收计划而临时拒收，供应商需等待较长时间。

3. 通知供应商送货

经过上两项就可通知供应商送货，在特殊情况下，已不需要的物料要及时通知停止送货，并给予供应商一定的赔偿。

4. 库房接收及物料入库

库房接收及物料入库过程包括检查预到货清单信息是否完整（包括物料的合同、型号、数量等）；接收数量；检查送货单据及装箱单据；检查包装与外观；合同对应检查；卸货；清点物料；搬运入库；填写“物料入库单据”；将物料入库信息录入存储信息系统中。当然，只有检验合格的物料才可入库。

5. 检验问题处理

由于供应商或者订单人员方面的原因，物料接收环节可能出现以下问题：物料型号与合同中不一样、未按照合同中指定的物料数量送货、交货日期不对、物料的包装质量不符合要求等。对检验出的问题要作适当处理。

（七）付款操作

1. 查看物料检验入库信息

对于国内的供应商付款操作，一般是在物料检验通过并且完成入库操作之后进行，所以订单人员（或者专职付款人员）要查询物料入库信息，仅对已经入库的物料办理付款手续。对于国外供应商，付款手续比较复杂。

2. 准备付款单

对国内供应商付款，拟制付款申请单，并且附合同、物料检验单据、物料入库单据、发票。作为付款人员要注意：五份单据（指付申请单、合同、物料检验单、物料入库单、发票）中的合同编号、物料名称、数量、单价、总价、供应商必须相互一致。

3. 主管审批

由管理办或者财务部专职人员审核，内容包括单据的匹配性，即上述五份单据在六个方面（指合同编号、物料名称、数量、单价、总价、供应商）的一致性及正确性；单据的规范性，特别是发票（单据的真实性，发票的真假鉴别，检验、入库等单据的真假），其次是付款申请单，要求格式标准、统一、描述清楚。

4. 资金平衡

如果企业拥有足够的资金，那么本环节可以省略。但大多数情况下，企业需要合理利用资金，特别是在资金紧张的情况下，要综合考虑物料的重要性、供应商付款周期等因素，以确定首先向谁付款，对于不能及时付款的物料，要充分与供应商进行沟通，征得供应商的谅解和同意。

5. 向供应商付款

企业财务出纳部门，接到付款申请单及通知后，即可向供应商付款，并提醒其注意收款。

6. 供应商收款

企业之间的交易付款活动一般通过银行进行，有时因为付款账号疏漏，可能导致供应商收不到款。对于大资金的付款活动，企业有必要在付款活动之后向供应商作出收款提醒。

（八）供应评估

1. 制订供应评估计划

全面评估订单运作情况是必要的，但每次操作要抓住重点。评估的目的是为认证人员管理供应商提供实际操作表现数据，使得订单操作更加畅通。评估时首先要制订一个评估计划。

2. 订单部门绩效评估

订单部门绩效评估内容包括供应及时状况、紧急订单的完成情况、组织效率。

3. 订单角色绩效评估

订单人员的绩效来源于部门绩效的分解，订单人员的能力及责任心决定其绩效的大小，对绩效突出的要加薪奖励，对绩效持续末位的要考虑降职降薪。

4. 供应商供应绩效评估

供应商评价包括质量、成本、供应、服务性等。

5. 建议调整采购分配比例

在一段时间订单运作之后，要进行供应绩效评估，评估的目的是调整采购环境，其内容包括：根据订单表现调整供应商比例、确认并调整战略伙伴群体、调整供应商群体级别、清理供应绩效较差的供应商等。

一个物料项目的订单过程究竟需要多少个步骤，要看具体物料订单情况来定，订单环境、订单人员经验等方面的因素都会对订单操作产生影响。

二、采购中经常涉及的采购单证

以往采购单证的准备和管理是一个很费时间的过程。在目前，大多数企业为了减少每一次采购的书面工作和单证处理数量而简化了单证流动过程。公司将单证流动进行计算机化的方式有两种，分别为单证生成过程自动化和向供应商传送电子采购单证。其好处包括：

（1）实质上消除了书面工作和书面单证处理。

(2) 缩短了从发现需求到发送需求再到接收订单之间的时间。

(3) 改进了公司内部及同供应商之间的交流。

(4) 减少误差。

(5) 降低了采购方面的日常开支。

但无论是采购传统的单证管理手段，还是现代的电子化单证管理手段，在采购订单环节中均会涉及以下的采购单证。

(一) 采购通知单

物料采购需求通知的一般方法是通过采购通知单。图 3-7 就是一份采购通知单。客户也可通过电话、口头或基于计算机的方法来传递他们的要求。采购通知单的形式有很多，但每一份都必须包括：待购物料或服务的说明、数量和期限、估算的单位成本、应支付账款、发出通知单的日期、通知单有效期和负责人签名。

这份文件由需要物料的各部门以人工或电子的方式向采购部门传送。客户可以建议使用哪一个供应商，但采购部门有最后的决定权。对于常规的现货商品，采购通知单可能包括采购部门所需的所有信息。但对技术复杂或非标准的商品进行采购时，除采购通知单外还需要额外的信息或详细说明。如物料等级、制造方法以及具体的标准和承压度等。采购部门通常会以向需求者发出确认单的形式确认收到采购通知单。确认单可以是一份独立的表格，通知客户采购通知单已收到，正在办理采购，还可以采用采购通知的复印件。这种确认形式对客户物料需求的细节进行了确认。

(二) 征求建议书

如果采购通知单所要求的采购项目还没有供货人，采购部门就会从潜在供应商那里获取报价。采购部门向供应商发出征求建议书，要求它们就采购项目进行报价。图 3-8 就是一份征求建议书。表格中留有空间，以便供应商填写所需的详细报价信息，包括产品说明、所需数量、日期、交货地点以及买方是否会考虑替代品等。买方也可以指明供应商的报价必须达到的日期。供应商填妥报价单，包括名称、联系人、单价、净重以及必需的付款条件等，然后送达买方，买方会对不同的报价单进行比较。通常买方至少要获取三份报价，采购部门对这些报价进行评价，挑选出最佳的供应商。

如果待购项目是复杂的，或者是新的未经检验的生产过程，采购部门可以通过附加信息或附件向供应商提供帮助，比如详细的设计图、样品或者工艺图等。另外，买方还可通过征求建议书初步决定潜在供应商是否有能力生产新的或技术复杂的商品。买方在作出详细的竞争性报价要求前必须确定卖方是否有所需的生产能力。然后卖方就可以进一步的报价，买方据此作出评价，决定最佳供应商。

公司名称

致：采购部门，请提供以下内容　　　　申请编号

			我方订单编号	No. 12001
客户代码			订货方	卖方编号
日期	要求送达日期	离岸价格	部门或位置	条款
用途			预计成本	批准
			所需批准	
建议供应商		发货指示		
			☐付税 ☐免税	

项目编号	数量	零部件号码	货名	价格

送达事项			核查事项	
确认订单	至	日期	由	方式
采购订单副本至			确认副本　采购方确认相应发票	

授予原因

☐低出价	☐综合订单	☐优先来源
☐唯一出价	☐唯一通过检验的来源	☐来自采购部门外的委托
☐唯一可得来源	☐紧急	☐低出价未被接受（原因附后）
☐国家账户/契约供应商	☐小批量采购量	☐其他或额外的评价

公司管理形式

图 3－7　采购通知单

对卖方 1 和 3，仅使用 3 条线对卖方 2 仅使用 4 条线注意使用小数字 1、2、3。

公司管理形式

将第 2 联与第 3 联分开，保留第 1 联和第 2 联，并以完好的碳素形式以备报关，将 3、4、5 联送至卖方处，将第 6 联送至询价方

询　价

非采购订单

日期

公司名称

询价编号

询价概要

	数量	No. 1	No. 2	No. 3
No. 1 ▲				
No. 2 ▲				
No. 3 ▲	传送日期			
	离岸价格			
	运费			
	项目			

请按以下项目报价：　　我们将□　　我们将不□　　考虑替代品

3 运送至	运送方	回复需经
离岸价格	条款	回复地址

项目编号	数量	货名	单位成本	折扣	净量
1 2 3					
公司名称	采购部门		经		

如同意上述条款，请在下面签字表明接受报价或其一部分，则上述货品将按上述报价在指定时间送达指定地点。

报价日期＿＿＿＿＿＿＿＿　企业名＿＿＿＿＿＿＿＿　经＿＿＿＿＿＿＿＿

报价单须按上述形式提交　　　　采购部门复制

图 3－8　征求建议书

（三）采购订单

1. 采购订单的定义

采购订单有时也称为采购合同，一般在选择供应商后订立采购订单。采购部门拟定采购合同时必须特别注意用词，因为它是具有法律效力的文件。几乎所有的采购订单都包括与违约相关的标准法律条款。采购订单描述了采购所需的重要细节信息：数量、物料规格、质量要求、价格、交货日期、交货方式、送达地址。这些信息位于订单的正面。图3－9就是一份订单样本。

公司管理形式

<table>
<tr><td>账户代码号/费用核定单号</td><td>订货方</td><td>订货编号</td><td>卖方编号</td></tr>
<tr><td colspan="2" rowspan="5">公司名称</td><td colspan="2">采购订单</td></tr>
<tr><td colspan="2">编号</td></tr>
<tr><td colspan="2">采购订单编号必须显示在所有的文件、确认通知、运输单据、装货单、包装单、发票和来往信函上。</td></tr>
<tr><td colspan="2">一式三份发票
注意：应付账款</td></tr>
</table>

签订日期	要求送达的日期	离岸价格	部门或位置	条款

<table>
<tr><td>至
此订单以背面条款为准</td><td>发货指示
□付税　□免税</td></tr>
</table>

项目编号	数量	货品	价格

重要说明：

如不能在规定日期前运送物料或提供服务，请立即通知我们。

注意：

此合同中涉及的所有设备物料及服务必须服从国家政府关于选址及雇佣的安全法规，包括职业安全及卫生条例。

公司名称

____

采购代理

□ 中介方　□ 买方

图3－9　采购订单

2. 采购订单（合同）的格式

采购订单（合同）就其样式和在公司内的传递路线而言各不相同。不过，任何实用的采购订单所必备的要素均包括：采购订单的头部、正文和尾部。具体如下：

(1) 订单头部。订单名称、订单编号、采供双方的企业名称、签订地点、签订时间。

(2) 订单正文。物料名称与规格、物料的数量条款、物料的质量条款、物料的包装条款、价格条款、运输方式、支付条款、交料地点、检验条款、保险条款、违约责任条款、仲裁条款、不可抗力条款等。

(3) 订单尾部。订单份数及生效日期、签订人的签名、采供双方公司的公章。

我们经常会提出要注意采购订单的主要条款的签订，这里的采购订单的主要条款其实就是采购订单正文的内容。下面详细探讨订单正文的内容：

(1) 质量条款。质量是指物料所具有的内在质量与外观形态的综合，包括各种性能指标和外观质量。条款的主要内容有：技术规范、质量标准、规格、品牌名。

在采购作业中，须以最明确的方式去界定物料可接受的质量标准。一般有三种方式来表达物料的质量，第一种是用图纸或技术文件来界定物料的质量标准；第二种是用国际标准、国家标准或行业标准来界定物料的质量标准；第三种是用样品来界定物料的质量标准，当用文字或图形难以表达时，常用样品来表示，同时样品也可作为物料的辅助性规格，与图纸或技术文件结合使用。

(2) 价格条款。价格是指交易物料每一计量单位的货币数值。价格条款的主要内容有价格术语的选用、结算币种、单价、总价等。具体为：计量单位的价格金额、货币类型、交料地点、国际贸易术语、物料定价方式等。

(3) 数量条款。数量是指采用一定的度量制度对物料进行量化，以表示出物料的重量、个数、长度、面积、容积等。数量条款的主要内容是：交料数量、单位、计量方式。必要时还应清楚说明误差范围。

(4) 包装条款。包装是为了有效地保护物料在运输存放过程中的质量和数量要求，并利于分拣和环保，把物料装进适当容器的操作。

包装条款的主要内容有包装材料、包装方式、包装费用和运输标志等。具体为：标志、包装方式、材料要求、环保要求、规格、成本、分拣运输标志等。

(5) 装运条款。装运是指把物料装上运载工具并运送到交料地点。装运条款的主要内容有：运输方式、装运时间、装运地与目的地、装运方式（分批、转运）、装运通知等。

在 FOB、CIF 和 CFR 合同中，供应商只要按合同规定把物料装上船或其他运载工具，并取得提单就算履行了合同中的交料义务。提单签发的时间和地点即为交料时间和地点。

(6) 检验条款。在一般的买卖交易过程中，物品的检验是指按照合同条件对交货进行检查并验收，涉及质量、数量、包装等条款。主要包括检验时间、检验机构、检验工具、检验标准及方法等。

(7) 支付条款。支付是指采用一定的手段，在指定的时间、地点，使用确定的方式支付货款。这里首先要说明支付手段，可以有货币或汇票，一般是汇票。其次要说明付款方式，可以是银行提供信用方式（如信用证）、银行不提供信用但可作为代理（如直接付款和托收）方式。第三要说明支付时间，包括预付款、即期付款、延期付款。第四要说明支付地点，一般是付款人或指定银行所在地。

（8）保险条款。保险是企业向保险公司投保，并交纳保险费的过程。物料在运输过程受到损失时，保险公司会依据投保单向企业提供经济上的补偿。保险条款的主要内容包括：确定保险类别及其保险金额，指明投保人并支付保险费。依据国际惯例，凡是按 CIF 和 CIP 条件成交的出口物料，一般由供应商投保；按 FOB、CFR 和 CPT 条件成交的进口物料由采购方办理保险。

（9）不可抗力条款。不可抗力是指在合同执行过程中发生的，不能预见的，人力难以控制的意外事故，如战争、洪水、台风、地震等，致使合同执行过程被迫中断。遭遇不可抗力的一方可因此免除合同责任。不可抗力条款的主要内容包括：不可抗力的含义、适用范围、法律后果、双方的权利义务等。

（10）仲裁条款。仲裁条款以仲裁协议为具体体现，是指买卖双方自愿将其争议事项提交第三方仲裁机构进行裁决。仲裁协议的主要内容有：仲裁机构、适用的仲裁程序、适用地点、裁决效力等。

3. 采购订单的使用

对于尚未使用电脑系统的公司，一份订单通常有 7～9 份副本。而在计算机化的条件下，将一份采购订单的副本送到每个部门的电子邮箱就可以了。供应商在原件上签字后将其送回买方，这表明供应商已收到订单并同意订单的内容。用法律术语讲，发送订单的采购部门构成了合同提供者，而确认订单的供应商构成合同接受者，提交和接受是具有法律约束力的合同的两个重要组成部分。

采购部门将一份订单副本送达会计部门（例如应支付账款），提出需求的部门接收并进行交易（电子或人工）。采购部门通常保留有几份订单的副本及相关收据。其他部门应对采购订单和收款收据有很高的可见度：

（1）会计部门能够得知未来的支付条件，它还持有一份订单副本，以便在物料到达时对付款收据进行核对。

（2）采购订单有订单编号以便相关部门备案。

（3）接收部门持有与物料收据相匹配的订单副本。该部门还可使用特殊的采购订单帮助预测进货的作业量。

（4）提出需求者在需要查询一份订单状况时可参考采购订单数字。

（5）运输部门明了交货要求，针对每一次交货安排承运人或使用公司内部运输。

（6）采购部门使用订单副本来进行后续调查和监控开放式订单。

（7）订单将在所有的部门长期有效，直到买方公司确认货物收到且符合数量及质量要求为止。

在人工采购系统下的书面传输和文件处理成本高，且只能给企业带来最小的（如果有的话）附加值。而目前越来越多的企业正在使用计算机数据库进行操作，它们正在朝“无纸化”办公的方向发展。

4. 综合采购订单

如果要重复地从一个供应商那里订购一种或一组商品，采购部门就可以发出综合采购订单。这是一种开放式订单，有效期为一年，包括了重复采购的一种或一组商品。如图3-10所示。综合订单方便了客户，使其不必一有需求就发出采购订单。在买方同供应商订立了综合订单之后，采购一种商品只需发送常规订单就可以了。买卖双方已经议定了采购合同的条件。综合订单使物料发送成为买卖双方之间的常规事件。

综合订单更有效率并且更容易与客户保持友好关系。买方通常在初次采购或一次性采购时使用采购订单，采购专业人员称其为一次性购买。综合采购订单在定期采购产品或面对常规供应商时被广泛使用。例如一个维修用品分销商的综合订单可能包括数百种商品。买卖双方也会约定新的价格、数量折扣，或者增减产品项目，对综合订单作出修改。

综合订单与采购订单在主要内容上相似，它的副本也被送交到与接收采购订单副本相同的部门。它们之间的不同主要在于交货日期和收货部门不一样。综合订单的信息一直处于开放性状态，不同的综合订单所含的信息通常也不同。

当议定综合采购订单的时候，买卖双方会对一件或一组待购产品项目的长期需求预测作出评估。双方就合同条款达成一致，包括数量折扣、质量水平、交货前置期以及其他重要条件或情况。综合采购订单在合同规定的时期内生效，有效期是不固定的，但通常是6个月到1年。而长达几年的长期合同在先进企业中已越来越普遍了。大多数买主保留随时取消综合订单的权利，尤其是在供应商绩效很差的情况下。还可以要求合同中包括“逃逸条款”，允许买方在供应商质量、交货等方面表现连续欠佳的情况下中止合同。

公司管理形式

账户代码号/费用核定单号	订货方	订单编号	卖方编号
常规综合订单	李金	20659	02867

公司名称
采购公司
街道地址
城市、县、邮编
电话

送发票至 注意：应付账款	采购订单编号必须显示在所有文件、确认书、运输单据、装货单、包装单、发票和来往信函上

签订日期	要求送达的日期	离岸价格	变动或位置	条款
2001/01/08	按要求	我们的工厂	变动范围	2% 10，净量 30

至：
米勒铅管供应公司
南京大道 160 号
城市、县、150001

发货指示
☑ 注意：供应室
☐
☑ 付税 ☑ 免税

项目编号	数量	说明	价格
		综合采购订单 该综合采购订单是在你方 2000 年 12 月 11 日报价基础上签订的，从 2001 年 1 月 3 日至 2001 年 6 月 1 日，我方将从你方采购的阀门、管子及配件的清单。 在你方授权人签名的形式为＃GP－3809 的我方标准综合订单生效前，这份订单不是对任何物料的委托书。 所有发货、送运、提货均需有相应的交会单或装货单。 所有的包装卡、交付单、发票及其他与订单有关的文件需参考此综合采购订单编号及相应的综合采购发货单。 我方保留有随时取消未列在此订单上的订货，而不负担成本或责任的权利。 使该综合采购订单生效的授权人签名：	

重要说明　　公司名称
如不能在指定日期前交付货物或服务
请立即通知我们　　采购代理　　中介方　　买方
这一订单适用于背面所列情况

注意：此合同中涉及的所有设备、物料及服务必须服从国家政府关于选址和雇佣的安全法规，包括职业安全与卫生条例

图 3－10　综合采购订单

第六节 采购作业流程中的进货管理与管理评价环节

进货作业（Receive and Inspect Goods）是将采购订货成交的物资由供应商仓库运输转移到采购者仓库中的过程，进货过程关系到采购成果价值的最终实现，关系企业的经营成本和采购物资的质量好坏，因此进货管理是采购管理中非常重要的一环。

同时对供应商进行评价和管理，即管理评价（Management Assessment），也是采购管理中的一个关键环节。只有连续评价和管理供应商绩效，才能确定改进机会或是发现供应商绩效的不佳方面。

一、进货方式

采购进货方式包括三种：一是自提进货；二是供应商送货；三是委托运输。三种进货方式不一样，管理环节也不同。

（一）自提进货

自提进货，就是在供应商的仓库里交货，交货以后的进货过程全部由采购者负责管理。其工作步骤如下：

1. 货物清点环节管理

自提进货的工作中，首先是货物清点。即对货物的品种、规格、数量和质量进行检验。检验的工作量很大，一旦疏忽，没有当面查清，事后供应商可以不负任何责任，造成的损失全部由采购者承担，所以，进行此项工作时一定要谨慎、认真。

2. 包装、装卸、搬运上车管理

自提进货的工作中，其次是包装、装卸、搬运上车。这一个环节的质量好坏，不仅直接影响货品安全和货品损坏的程度，还直接影响下一个运输环节的安全和运输质量。

这里的包装材料和包装方式的选择要综合考虑以下几个方面的因素：

（1）货品的物理、化学性质。包括物理状态、重量、体积、硬度、挥发性、防震性、防雨防潮性等。

（2）装卸搬运方式要求。包装材料、包装方式的选择要适合装卸搬运形式：如果是人工搬运，则应该采用小包装，单件重量不应超过人力所能够搬运的重量。如果是用叉车搬运，则包装单元应该留有插槽孔；如果是吊车搬运，则包装箱除用结实材料之外，包装箱还应有起吊环或缆索固定装置等。

（3）运输方式要求。包装箱的尺寸要合乎车厢的尺寸，装运的车辆要满足包装箱的强度、防震性等要求。

（4）储存保管方式要求。货物运达目的地需要入库储存堆码，堆码时包装箱的强度、尺寸都要适合于堆码的要求。

装卸搬运要选用合适的装卸搬运方式，要提高搬运活性指数、减轻搬运劳动强度等。要注意装卸搬运安全，保证货品不受损坏等。

包装、装卸搬运通常是选择外包给第三方来承担的，这时要注意选择外包的对象。选择外包通常要选择专业性强、有实力、有技术的公司承担，可以保证外包的质量、降低成本。

3. 运输环节管理

运输环节的管理，要做好以下几个方面：

（1）运输方式选择。运输方式按交通工具设施分有公路、铁路、水路、航空、管道、联运等方式。运输方式的选择要注意满足运输时间和运输安全的要求。

（2）中转方式。自提最好选择门到门的直达运输，避免中转。

（3）运输路径。要注意选择最短路径，节省运费、节约时间。

（4）运输时间。运输方式的选择要满足运输时间的要求，在运输途中，要注意控制时间。

（5）运输安全。安全是运输环节选择要考虑的首要问题，并始终贯穿在整个运输过程。

4. 中转环节的管理

中转包括不同运输方式之间的转接、不同运输路段的转接。中转环节要注意的问题很多，例如货物清点、装卸搬运方式选择、装卸搬运安全等。中转环节增加了很多物流工作量、时间和费用，容易造成货物安全风险，所以应尽量不中转或少中转。

5. 验收入库环节的管理

验收入库是进货环节的结束和保管环节的开始，存在采购的工作和做仓库保管环节之间的交接和责任划分的问题。所以要认真搞好验收入库环节。

验收入库是货品更严格的数量清点和质量检验。因此双方应当很好配合，实行一条龙作业、一次落地处理。把装卸、搬运、计量、检验、入库、堆码，顺序联合处理，一次落地到位。这样可以大大减少物流工作量、减少货物损坏、节省时间、提高效率。

验收入库结束，本次进货过程也就结束。

（二）供应商送货

供应商送货对采购商来说，是一种最简单轻松的采购进货管理方式。它基本上省去了整个进货管理环节，把整个进货管理的任务以及进货途中的风险都转移给了供应商，只剩下一个入库验收环节。而入库验收也主要是供应商和保管员之间的交接，进货员最多只提供一个简单的协助而已。

（三）委托外包进货

委托外包，就是把进货管理的任务和进货途中的风险都转移给第三方物流公司。它有利于发挥第三方物流公司的自主处理、联合处理和系统化处理能力，提高了物流运作效率、降低了物流运作成本。

这种进货方式的管理主要要抓好两次三方的交接管理和合同签订管理控制工作。第一次交接是供应商和第三方物流公司的交接，第二次交接是第三方物流公司与采购商保管员之间的交接。交接工作主要是货物的清点检验，要保证货物数量质量无误。合同签订主要包括三方相互之间的合同，要分清权利、义务和责任。合同条款要详细、清楚，凭合同来规范、控制各方的行为。

交接过程，要检查各方履行合同的程度，根据合同来处理有关的事情或纠纷。

二、进货管理的基本原则

进货环节是一项多环节、涉及面宽、环境复杂、进货途中风险大的工作。但是进货管理又是一项关系重大、非常重要的工作。所以既要管好，又要减轻负担、减小风险。这就需要认真研究进货管理的方法和途径。这些方法和途径可以从以下几个原则上去考虑：

（一）进货方式选择原则

进货方式的选择是要根据进货难度和风险大小的具体情况，选择合适的进货方式。

1. 对于进货难度和风险大的进货任务

首选是委托第三方物流公司进货方式，次选是供应商送货方式，一般最好不选用户自提进货方式。委托第三方物流公司进货，可以充分利用第三方物流公司的专业化优势、资源优势、技术优势，来提高进货效率、提高进货质量、降低进货成本，又可以减轻供应商和进货上的工作量和进货风险，这对各方都有利。

2. 对于进货难度小和风险小的进货任务

首选是供应商送货进货方式。例如同城进货、短距离进货，均可以发挥这种方式具有的环节最少、效率最高、最节省采购商工作量、最大地降低采购商进货风险的长处，是一种最好的进货方式。当然也可以选择采购商自提进货方式，这种方式也效率高、费用省，但是这个时候进货途中的运输风险就落到了采购商的身上。

（二）安全第一原则

进货管理中，始终要把安全问题贯穿始终。货物安全、运输安全、人身安全是进货管理第一个应该考虑的因素。要落实到包装、装卸、运输、储存各个具体环节中去，制定措施，严格管理监督，保证整个进货过程不出现安全事故。

（三）成本效益统一原则

进货管理中，也是要追求成本和效益统一的原则。这个效益包括运输的经济效益，也包括社会效益，还包括运输安全。其中社会效益，就是要维护社会生态平衡、减少污染、减少道路交通紧张的压力等。不要片面地只追求成本低而盲目超载、为了追求路程短而违反交通规则。

（四）总成本最低的原则

进货管理中，客观上存在多个环节、多个利益主体。因此在各个环节中都会发生相应的成本费用。由于进货方案的变动，可能会导致某个环节费用的节省，却有可能导致另一个环节费用的增加。考虑成本，不能够只孤立地考虑某一个环节、某一个利益主体，而是要综合考虑各个环节、各个利益主体的成本之和，也就是总成本。所以，进货方案的好坏，进货管理效果的好坏，也应当用总成本最小作为评价的标准。

三、管理评价

确定最佳供应商的一个办法，就是在订立合同之后追查供应商的绩效。对供应商进行评价和管理是采购周期的一个关键环节。买方不应把接收采购项目或选择出供应商作为采购周期的结束，而是有必要对供应商进行评价，以确定改进机会或是发现供应商绩效的不佳方面。关于这方面的内容，我们将在后面的第五章中详细地介绍。在这里，我们只归纳一下采购管理中这一阶段的关键点。

（1）绩效评价的理想结果是供应商绩效得到了改进。如果未进行正式的评价，买方对卖方的长期绩效缺乏深入了解，就不可能发现供应商的努力所带来的绩效的提高，而没有衡量和评价系统，买方在进行未来的采购决策时，就会缺少相应的数量数据。

（2）评价供应商绩效的一个主要问题是评价和反馈的频率。例如：买方应按日、周，还是季度来接收供应商的质量评价报告呢？虽然大多数公司都意识到一出问题就应立即通知供应商，但在对供应商进行常规或定期的绩效评价的频率这一问题上几乎没有共识。对许多公司而言，这种全面评价一年内可能只有一两次。

第七节　采购流程的优化

大多数公司都在采购管理上浪费了太多的时间和资源，尤其是在低附加值的商品上面。有些采购部门用 80%的时间来管理占采购总额 20%的货物。例如：一项调查表明，有些公司可能平均要为 50 美元的项目花去 150 美元的交易费用。还有美国的一家政府机构，它在 1 年时间里进行的交易量为 110 万美元，而每笔交易的成本估计为 300 美元。当企业要为商品花费大于其本身价值的处理时间时，怎么才能通过采购流程创造价值呢？显然，我们需要进行流程优化（Processes Optimization）工作。

有研究认为可以通过缩减在低价值的产品和服务上所花费的时间和精力来提高采购流程的效率。该项研究涉及 169 家随机选择的公司，其中 77 家为工业企业，92 家为非工业企业或组织。

一、从客户到采购部门的在线通知系统

在线通知系统是指通过高效和迅速的信息传递来节约时间的一种内部系统。客户在需要通过采购部门来满足物料和服务需求的时候，就使用这些系统。如果客户不需要采购部门的介入，它就应转向其他廉价系统。

先进企业的情况更可能是这个样子：当低价值的采购需求要通过采购部门来满足时，客户就会通过内部的电子系统来发送采购请求。在低价值项目采购方面进展缓慢的通常是那些通过邮件或电话接收采购要求的公司。在需要通过采购部门时，客户应该通过高效的采购通知单来传递采购要求。当前的一个远期目标是开发一种新的系统或流程使客户直接从供应商那里获取低价值的商品而不需要采购部门参与。

二、向客户发放采购卡

采购卡是大多数企业都认可的一种改进采购流程的工具或系统，它是一种面向内部客户的信用卡。当客户要采购低价值项目时，它只要联系供应商并使用采购卡即可。采购卡对于未定供应商或未被其他一些采购系统所囊括的采购项目非常有用。客户作出采购决策

（来自部门预算）后，可完全跨过采购部门。面向采购卡的商品项目的价值相对而言比较低，如要通过采购部门进行大范围的供应商的搜索，成本很可能会超过商品本身的价值。

例如：在 20 世纪 90 年代，迪士尼（Disney）公司取得了极大发展，公司意识到有必要将采购流程流水线化。迅速地扩大使公司的采购能力难以满足客户需求。公司经理层想把采购重点从进行采购交易转到供应商的管理方面。为实现这一转变，公司决定推行采购卡，这是一个强调提升整个公司绩效优化的项目。迪士尼通过税收信息和内部审核来选择可以列在卡片上的供应商，它们必须满足迪士尼的报告和税收信息需求。在选定供应商后，采购部门就会进行具体的分析以确定早期的大额客户和具体的供应商。采购部门直接与供应商联络以取得它们的支持。如今，这一项目不仅在采购和会计部门节约了费用，它还节省了处理小额订单的时间。现在迪士尼公司 70%的交易都是通过使用采购卡进行的。这一项目的成功使得推广采购卡成为迪士尼公司里最具优先权的事情。

研究表明用采购卡来进行交易，使每笔交易的平均成本从 80 多美元降至 30 美元以下，用采购卡交易能够更迅速地响应需求、减少交易成本以及节省整个交易的时间。在大多数企业里，采购部门负责采购卡的引进和管理工作。

三、基于互联网的电子采购商务

基于互联网的电子采购商务包括了一系列广泛而多样的活动。虽然在未来的几年里买方对商业互联网的使用将会急剧增加，但目前通过互联网进行采购业务还并不广泛。电子采购商务潜在增长率最高的领域包括：

（1）向供应商传递采购订单；

（2）追踪订单状态；

（3）向供应商询盘；

（4）向供应商下订单；

（5）电子支付；

（6）电子数据交换。

四、长期采购合同

长期采购合同通常年限为 1～5 年，并可在供应商绩效达到要求的情况下续约。这种合同不用每年更新，从而节省了与低价值项目和采购相联系的交易成本。而且，一旦采购部门和供应商达成协议，物料管理的责任就归于客户。比较理想的情况是即使是低价值的项目，物料管理也通过电子而不是人工进行。

从概念上看，用于常规项目采购的综合采购订单与长期采购合同很相似，但它们还是有所不同。二者的相同之处在于，都是通过订立合同达成协议来确定具体的采购项目或服务；均可延期；都是法律文件；都是管理低价值项目采购的重要方法。但综合采购订单与长期采购合同相比，更多地用于低价值项目的采购，长期合同比综合订单更加详细。

在开发管理低价值项目采购所需的特定的系统和方法时，企业通常以长期合同为基础。例如：同分销商订立了一个包括数百种甚至数千种商品的系统合同时，通常会有一个长期合同来强调常规或标准的采购订单没有说明的问题，包括售后服务水平、供应商的定点支持人员、过期存货收回条款、持续的成本缩减要求以及取代书面作业的条形码技术及电子链接的使用等。

五、在线订购系统

在一个在线系统中，买方与卖方通过调制解调器或其他网络工具来建立直接的电子联系。在线订购系统的一个主要特征就是采购部门常常要开发与客户计算机系统相链接的软件。一旦企业同供应商订立了综合或长期合同，在线订购就成为常规的采购方式。资源获取流程的重要组成部分包括供应商的确认、评价及选择。在线订购系统使得采购部门或客户直接进入供应商的订购系统。在线订购系统的优点包括：

（1）可立刻获知延期交货项目；

（2）更短的订单输入时间，从而缩短了订单周期的时间；

（3）减少误差；

（4）订单跟踪能力；

（5）较快得到供应商发出的附装运说明的订单通知；

（6）可在一个在线订单中满足多个客户对不同产品的需求；

（7）更短的订单周期时间。

供应商建立在线订购系统可方便客户登录其订货系统。该系统在供应商与公司间建立起紧密的联系。

六、采购流程的重新设计

大多数公司都意识到采购流程的再设计通常能推进低价值采购系统的发展，它们的发展常常是再设计努力的成果。适当地进行再设计可加快周转次数，简化交易流程，从而节约交易成本。

采购流程由许多子流程组成。这意味着它可以通过流程图和再设计得到改进。低价值采购流程会影响成百上千位员工，这些员工遍布于整个公司的各个部门、办公室、工厂及车间，同时这一流程还会影响到会计部门、接收和处理部门、采购部门以及系统和供应商。任何对低价值商品有需求的员工都是低价值采购流程的一个部分。

七、电子数据交换

电子数据交换（Electronic Data Interchange，EDI）系统包括一套信息交流标准，可支持企业间常用的商业单证和信息的电子交换。EDI通过简化信息交流过程使买卖双方的联系更有效率。当买卖双方使用EDI时，它可消除传统信息流中的一些环节，节省时间和成本。

20世纪90年代通过EDI进行交易的企业数量在不断增长，但这一时期实际EDI交易量与预测的EDI交易量并不相符。如1993年采购专业人员预计60%的供应商、70%的采购总量，以及65%的采购交易都将通过EDI进行。实际上1997年的上述比例分别为

28%、38%和32%。造成这种下降的部分原因是自动传真技术的引进。对于许多企业，尤其是略小的企业，自动传真是一种更迅捷和更廉价地与供应商传递信息的方式。自动传真系统在买方获知采购需求后，会自动向供应商传真该需求。互联网也可取代第三方EDI供应商进行电子信息传递。

八、通过电子目录在线订购

越来越多的买方将这种方法与其他低价值采购系统联合起来使用。例如：一家企业可允许其客户通过互联网来确认供应源，然后通过采购卡订货。使用电子目录的主要好处是其搜索成本极低，而且，如果客户越过采购部门直接订货，这一方式就能节省整个周期时间和订货成本。在线订货的最大障碍是只有有限的供应商提供电子目录以及电子订货的安全和控制问题。

九、允许客户向供应商直接订货

这是一种常用方法，包括许多种类的低价值系统。采购卡技术允许客户与其供应商直接建立联系。在线订购系统也可以做到这一点。例如联邦快递的电话接听系统可使客户与供应商直接联系，这一系统成为该公司最方便的订货系统。

允许客户与供应商直接建立联系的方法是将交易责任从采购方转移至客户。即使是尚没有确定供应商的商品，采购部门也仍然可以有限介入或者不介入，除非采购需求达到预先确定的金额。如果一项商品要单独采购，采购部门就必须决定是否将这种商品纳入综合订单。综合订单通常允许客户在有物料需求时直接与供应商联系。

思考题

1. 采购作业流程包括哪些内容？
2. 采购流程设计过程中，哪些因素是关键点？
3. 在实践中，采购订单的处理步骤包括哪些？
4. 采购作业流程优化的方法有哪些？
5. 采购的计划流程环节包括哪些工作内容？
6. 采购的认证流程环节包括哪些工作内容？
7. 在进货管理中，应该遵循哪些原则？

第四章　供应链采购管理的目标、组织与风险

第一节　采购管理的目标

一、采购管理的总目标

采购管理（Procurement Management）的总目标可用一句话表述：以最低的总成本为企业提供满足其需要的物料和服务。总目标的实现不仅仅是采购部门的事情，更需要整个企业的共同努力。但在某一时期，企业可能只专注于某一个具体的目标。

二、采购管理的传统细分目标

在传统的采购管理中，包含着多种具体的细分目标。了解它们，将有助于我们理解采购部门设置的原因及采购管理实施的最终目的何在。

（一）为企业提供所需的物料和服务

这是采购管理最基本的目标。最初，采购部门就是为此目标而设的。提供不间断的物料和服务，以便使整个组织正常运转，这是采购部门的第一要务。原材料和零部件的缺货，由于必须支出的固定成本而带来的运营成本的增加，以及无法向顾客兑现作出的交货承诺，这都将对企业造成极大的损失。例如，没有外购的轮胎，汽车制造商不可能制造出完整的汽车；没有外购的燃料，航空企业不可能保证其航班按航运时刻表飞行；没有外购的手术器械，医院也不可能进行手术。可见，采购部门首先必须保证企业所需物料和服务的提供。

（二）力争最低的成本

在一家典型的企业中，比照其他职能部门而言，企业采购部门的活动消耗的资金最大。除此之外，企业采购活动的经济杠杆效用也非常明显。尽管“价格购买者”这个词由于意味着其在采购时所关注的唯一因素是价格，而一般被人理解为贬义词，但是当确保质量、发送和服务方面的要求得到满足时，采购部门还是应该全力以赴地以最低的价格获得所需物料和服务。

（三）使存货和损失降到最低限度

保证物料供应不间断的一个方法是保持大量的库存。而保持库存必然占用资金，这些资金再不能用于其他方面。保持库存的成本一般每年要占库存商品价值的20%～50%，如果采购部门可以用价值1000万元的库存（而不是原来的2000万元）来保证企业的正常运作，那么1000万元库存的减少不仅意味着多了1000万元的流动资本，而且也意味着节省

了 200 万～500 万元的存货费用。

（四）保持并提高自己的产品或服务质量

为了生产产品或提供服务，每一种物料的投入都要达到一定的质量要求，否则最终产品或服务将达不到期望的要求，或是其生产成本远远超过可以接受的程度。纠正低质量物料投入生产的内部成本的数额可能是巨大的。例如，一个质量较低的弹簧安装到车辆的刹车系统上，其成本仅仅是几美元。但是，如果在这台车辆的使用过程中，这个有缺陷的弹簧出了毛病，那么必须进行拆卸来重装弹簧，如果再考虑到车辆再订货方面的损失，总成本可能会达到上万美元。

三、供应链中采购管理的细分目标

在认同采购管理传统细分目标的基础上，供应链管理环境中，企业的采购管理被赋予了更多和更新的细分目标。

（一）支持运营需求

采购部门必须执行一系列的活动以满足内部客户需求，这正是传统角色。通常，采购通过购买原材料、配件、维修及服务等来满足所有的运作需求。采购还可以通过向配送中心的仓储、补货及成品配送等功能提供服务来满足配送中心的需要。采购部门同时也能帮助工程和技术团队，特别是在产品开发阶段。

过去，许多企业采用垂直整合作为管理资源供应的方式。垂直整合意味着一个组织控制（拥有）支持供应链的输入系统。对垂直整合企业的供应商而言，它们相当于供应链的内部供应者而不是外部供应商。例如：随着流水线技术的发展，亨利·福特在物料流水似的输入工厂时面临着不确定性，他依靠垂直整合来缓冲需求与价格的不确定性。遗憾的是，通过超负荷的扩大来对价值链加以控制使其难于管理。例如采矿，福特的整合努力从长远来看并不成功。亨利·福特将如此多的资源加入垂直整合过程中，使得他难以开发新的汽车模型。

现在，许多工厂已从垂直整合转为越来越多地依靠外部供应商。采购部门必须通过满足内部客户所需的不间断的高质量货物流和服务来支持这一转变。支持这种转变需要采购部门具有如下的工作目标：①以合适的价位购买。②找到适宜的来源。③有所需的规格。④有足够的数量。⑤在适当的时间配送。⑥送至正确的内部客户。

采购部门必须对其内部客户的物料和需求援助保持敏感度。

（二）使采购流程有效率和有效果

采购必须使它的内部管理运作有效率及有效果，包括：①确定职员水平。②确定及坚持中心预算。③提供职业培训并为雇员增加机会。④采用能改进生产率和提供更好抉择的采购系统。

采购管理限制了在采购流程中要素的可利用性，因而需不断工作以改进对这些要素的利用程度。有限要素包括一个部门中的职员、预算资金、时间和知识。采购部门因而需要不断寻求具有所需技术的人员，来处理采购工作中面临的复杂任务。

（三）选择、发展与保证供应源

采购部门的重要目标之一就是对供应商的选择、开发和保证，这正是战略供应的全部内容。采购必须选择一个包含各供应商的供应库，以形成在产品成本、质量、配送或新产品开发等方面的绩效优势。通过与其供应商在共享产品时间表和预测上更为紧密的合作，与供应商一起减少进程中的无价值时间，帮助供应商改进配送时间安排等一系列行为，惠普企业改进了及时配送系统，缩短了运营周期。这促使供应商不得不改进它们的时间进程，缩短策划时间，减少错误的命令输入，改变设备布局，并完全可以改善它们配送绩效的一切事务。

供应库管理需要采购部门寻求与其外部供应商的更好的联系，并发展可靠的、高质量的供应来源。这项目标还需要采购部门直接与外部供应商合作，以改进现有能力继而发展新能力。供应的有效维护和新源泉的开发，经常需要采购部门首先确定，哪些供应商有潜力达到杰出绩效，然后与这些供应商联系以实现发展更紧密关系的目标。

（四）与其他工作团队进行紧密的联系

在20世纪90年代，企业要加强各部门之间联系的要求已经变得十分明确。采购部门应与作为采购内部客户的其他部门进行更为密切的交流。如果制造部门的人员抱怨从某一供应商处收到的零部件有问题，那么采购部门就应与该供应商更密切地联系以改进质量。为了达到这个目标，采购部门必须与诸如市场、制造、机械、工程和财务等部门之间发展一种恰当的联系并与之密切接触，即横向的在企业内部的联系。

（五）支持总体的目标与目的

也许采购最为重要的一个目标就是支持企业的目标与目的。虽然听起来简单，但采购部门的实际目标并不一定与企业的目标相一致。实际上这里涉及单个成本与总成本的关系，即采购的单独绩效最好，并不代表企业总体的绩效最好，因为这里存在着采购与仓储成本的二律悖反的关系。采购批量大，必会批次少，则采购成本低，可是这么做的结果是仓储环节批量大，成本特别高。而企业的总成本中必然包括采购成本与仓储成本之和。这一目标说明了采购部门能直接影响（正面或负面）企业总绩效，同时采购部门需要从整体组织的角度来看待自己。

例如：假设一个企业确立了减少其供应链中存货数量的目标，采购部门就应与供应商一起多批次的配送小数量货物，从而实现降低库存的目标。这类方针将作为改进绩效的方法出现在企业的平衡表和收入报告中。然而，支持整体组织目标的能力需要行政管理层在如何看待采购部门这一点上有重大转变。采购不仅仅是一个辅助部门，而应被看做是能够在市场上提供有力的竞争优势的战略资源。为了使其能够实现，采购部门必须做到及时配送，从而为实现总体目标和目的作出贡献。

（六）发展能支持企业总体目标的完整采购战略

有时采购部门规划的战略和计划并不能支持总体的战略，或与其他部门的计划相违背。这也是为什么采购部门有时不能将它的计划和企业计划融为一体的部分原因。首先，采购人员的培训和选择历史性地决定了所要求的绩效，结果采购人员不能参与最高层次的合作计划。其次，行政管理层经常需要较长时间才能认识到一个有进取性的采购部门所提供的利益。因此，采购部门在一个企业总体的战略计划中只发挥有限的影响。只有这两个原因变得不那么重要时，战略计划中采购融合度的增长才能得以实现。合作计划进程中包含采购部门能实现的以下功能：①监控供应市场及其趋势并解释这些趋势对企业目标的影响；②确定对企业战略的关键绩效方面有重要影响的原材料与服务，特别是在新产品开发上；③制订使供应具有选择性和偶然性的计划以支持企业计划。

第二节　采购管理部门的设置

为了有效地达成采购的目标，合理的设置采购管理部门就成为采购管理中重要的一个内容。采购管理部门实质上是采购管理的组织。具体地说，就是采购组织内部的部门化，也就是将采购部门应负责的各项功能组织起来，并以分工方式建立不同的部门来加以执行。它负责完成采购及采购管理的相关活动，达成低成本，高效率的采购总目标。合理的采购管理部门设置，可以为企业完成总目标起到积极的促进作用，反之则会带来工作效率低下，采购成本居高不下、采购质量恶劣等严重的后果，最终将导致企业的产品质量不过关、响应市场缓慢，丧失市场竞争力及份额，企业将被淘汰出局。

一、影响采购管理部门设置的因素

影响采购部门设置的最主要的因素是管理层对采购工作的重视程度。如果管理层仅把采购看做一项普通的企业运作活动，那么采购部门自然在企业中处于地位相对较低的从属地位，采购的管理控制肯定就是低水平的；如果管理层认为采购是企业竞争取胜的重要因素，对企业的发展具有战略意义，则采购部门很可能具备强有力的构架并直接向最高领导汇报。而管理层对采购的认识又受以下因素的影响：①管理层自身的知识及认识水平。②企业产品成本中原材料所占的比重。③企业的财务状况及采购对企业的贡献。④企业对原材料供应市场的依赖程度，通常供应市场越集中越容易引起管理层注意。

二、采购管理部门的设置原则

在设置采购管理部门时，企业需要遵循一定的设置原则，以保证采购管理部门的设置与实际需要相符合，不多设，不少设，在保证工作效率的前提下，达成设置成本最低。

（一）部门设置应同企业的性质和规模相适应

采购机构的设置同企业的性质、产品、规模等有直接的关系。比如石油企业的原材料一般需要一些专业人员采购，并往往直接向最高领导汇报。小企业可能仅仅设置一个简单的供应部门负责原材料的采购，而大型企业或跨国企业则常设有集团采购部或中央采购中心负责采购。

（二）部门设置应同企业采购目标、方针相适应

比如说企业产品质量不好，而影响产品质量的因素主要是原材料，则改进供应商原材料质量的责任主要在采购部门，那么采购部门就应该配备相应的品质工程师，或者赋予采购部门以相应的职责以使其指挥相关部门的人员参与原材料质量的改进。

（三）部门设置应同企业的管理水平相适应

如果企业导入了 MRP 或 JIT 系统，那么采购的需求计划、订单开立、收货跟单均可通过计算机 MRP 或 JIT 系统操作控制，其采购机构的设置显然有别于手工作坊式的企业。

三、采购管理部门设置的方法

根据部门设置的具体标准不同，采购管理部门的设置有不同的方法。企业要根据自身的实际需要，选择合适的设置标准，并根据相应的设置方法类别进行有针对性的选择。

（一）按采购地区设置

按物料的采购来源分设不同单位，譬如国内采购部、国外采购部。这种采购部门的划分方式，主要是基于国内、国外采购的手续及交易对象有显著的差异，因而对采购人员的工作要求也不尽相同，所以应分别设立部门加以管理；采购管理人员只需就相同物料比较国内、国外采购的优劣，判定物料应该划归哪一部门办理。具体例子可参见图 4－1。

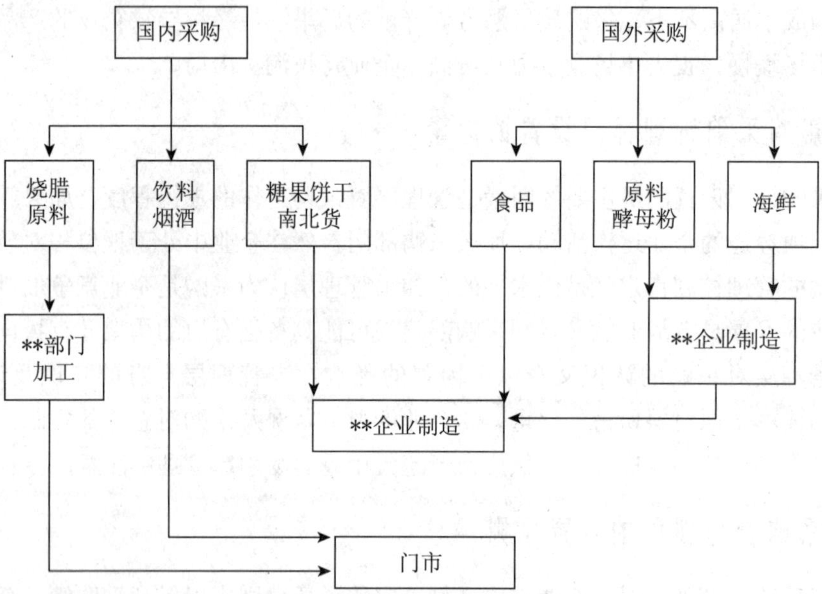

图 4－1　按采购地区设置采购部门

（二）按物品类别设置

按主原料、一般物料、机器设备、零部件、工程发包、维护与保养等类别，将采购工作分由不同单位的人员办理。此种组织方式的优点，可使采购人员对其经办的物料项目相当精通，比较能够发挥采购人员熟能生巧及触类旁通的效果。这也是最常见的采购部门设计方式，对于物料种类繁多的企业特别适用。具体例子见图 4－2。

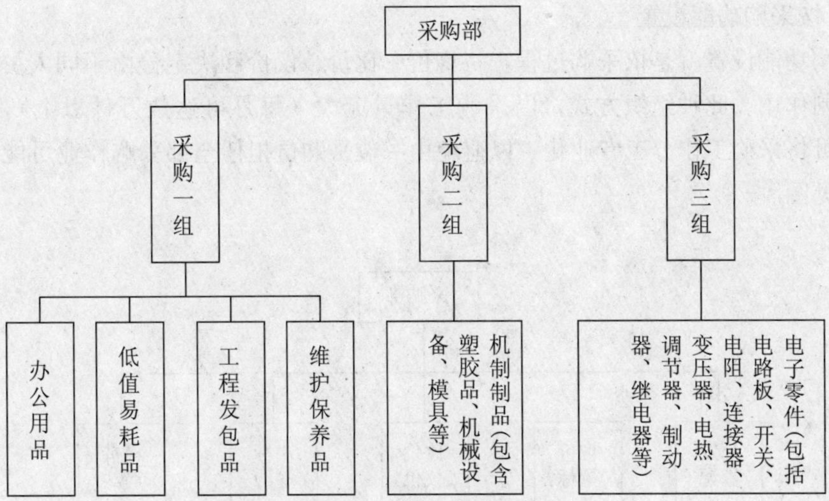

图 4-2　按物品类别设置采购部门

(三) 按采购物料价值或重要性设置

对采购次数少但价值高的商品采购，由采购管理人员负责；而采购次数多但价值低的商品采购，则授予基层采购人员负责。这种建立采购部门的方式，可以保证采购管理人员能够对重大的采购项目倾力处理，达到重点控制的目的；并可让采购管理人员有多余的时间，对采购部门与工作绩效加以管理。具体分类参见表 4-1。

表 4-1　按物料价值分工的采购组织设计

物品	价值	次数	承办人员
A	70%	10%	经理
B	20%	30%	主管
C	10%	60%	职员

另外，可将利润影响程度高，供应风险高的策略性项目的决定权，交予最高阶层，例如采购总监；将利润影响程度低，供应风险高的瓶颈项目的决定权交予较高阶层，例如采购经理；将利润影响程度高，供应风险低的杠杆项目交予中阶层，例如采购人员；将利润影响程度低，供应风险低的非紧要项目交予较低阶层，例如采购职员。参见表 4-2。

表 4-2　按采购物品重要性分工的采购组织设计

	利润影响程度	供应风险程度	采购承办人
策略性项目	高	高	总监
瓶颈项目	低	高	经理
杠杆项目	高	低	主管
非紧要项目	低	低	职员

（四）按采购功能设置

按采购功能设置就是依采购过程，将询价、比价、议价和决定分由不同人员负责，产生内部牵制作用。此种组织方式，以采购工作量庞大（每月可达数万件以上）的企业为宜。借此可将采购工作分工专业化，以避免由一位采购员担任全部采购作业可能造成的不利情况（见图4-3）。

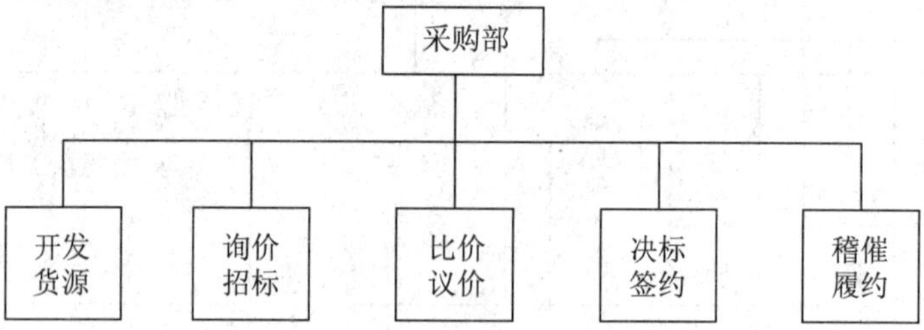

图4-3 按采购功能设置采购部门

（五）混合式设置

混合设置就是综合运用上面各种采购管理部门的设置方法，如图4-4所示。

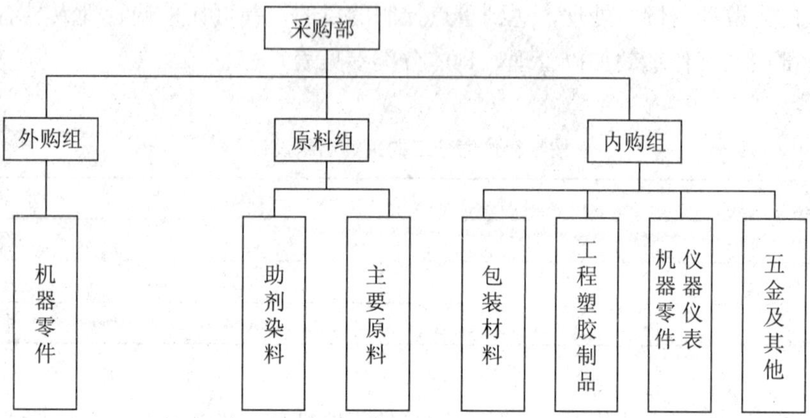

图4-4 混合式设置采购部门

四、采购参谋部门的设置

上面所述执行采购功能的部门是属采购组织的直线部门。但一般对于规模较大，采购业务庞杂的企业，多会增加设置参谋部门协助各级作业人员工作。例如有些企业设置了管理科，或在经理室中配置许多采购的参谋人员，如采购专员等。甚至设立“委员会”，作为采购决策的咨询商议部门。通常，在设计采购参谋部门时，应考虑参谋部门的下列各项功能：①拟订采购计划与预算；②采购工作进度的追踪与管理；③替代品的研究；④价格与供给预测；⑤举办员工教育训练；⑥采购人员绩效评估；⑦采购文书及档案管理；⑧供应商绩效评估；⑨采购作业系统的改善及电脑化；⑩市场调查。

五、采购管理部门人员设置

采购部门设置完成，伴随着就要对采购管理部门的人员进行岗位安置。采购管理部门内部岗位责任的设置一般有三种方式：根据采购物料设置人员方式、根据采购流程设置人员方式、综合采购物料和采购流程设置人员方式。

（一）根据采购物料设置人员方式

根据不同的采购物料配备不同的采购人员。这适合原材料需求种类多、专业性强的企业，如大型的汽车厂、石化厂。在这些企业中，几乎每一种原材料都有自己物理或化学方面的要求，如果没有专业的知识和技能，不可能完成采购任务，因此不同的原材料采购需要配备不同的采购人员。如图 4-5 所示。

图 4-5　某石化厂的采购部门人员设置

（二）根据采购流程设置人员方式

根据采购的不同环节设置不同的采购人员。这样便于采购人员更好地熟悉业务，精通例如招标、谈判等技能，同时，有利于各个环节之间相互监督，避免浪费和腐败现象，减少内部审计成本，还有利于培养大家的团队合作精神。但这要求内部更好地协调和合作，否则会造成采购效率低下，管理混乱。如图 4-6 所示。

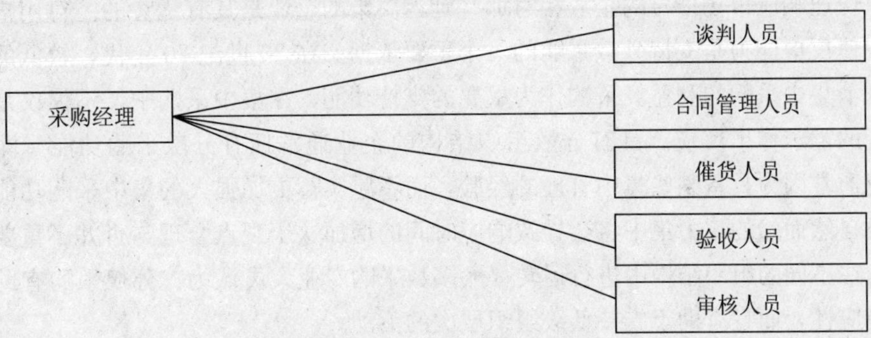

图 4-6　按采购流程设置采购人员

（三）综合采购物料和采购流程设置人员方式

这种方式主要适合一些大企业。在这些大企业中，原材料需求多、数量大、专业性强，采购组织也相应复杂得多。如图 4-7 所示。

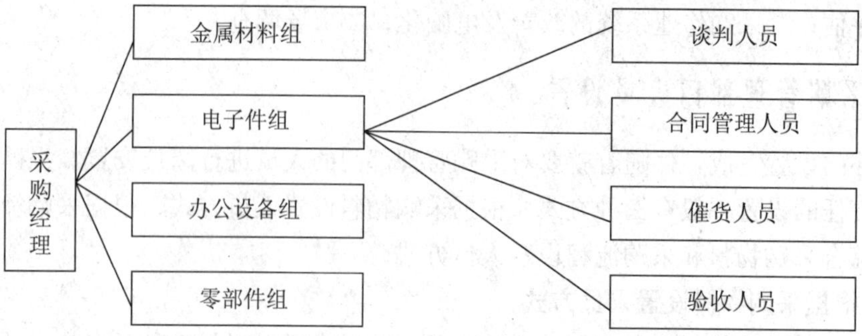

图 4-7 按综合采购物料和采购流程设置采购人员

六、采购管理部门的组织类型

基本的采购管理部门组织类型包括分散型采购组织、集中型采购组织、混合型采购组织。

（一）分散型采购组织

这种组织形式就是将采购工作分散给各需用部门分别办理。它适用于企业规模较大，工厂较分散。这类企业，若采用集中采购，则容易产生采购上的迟延，且不易应付紧急需要，而购用部门的联系相当困难，采购作业与单据流程显得漫长复杂。

1. 分散型采购组织的结构

分散型采购组织结构示意图如图 4-8 所示。

2. 分散型采购组织形式可能给企业带来的潜在利益

分散型采购组织施行的是分散采购（即控制采购的权力是分散的），它能给企业带来如下的好处：

（1）速度和响应性。在最高管理决策制定层之下的其他层次的决策延误不利于企业发展。可以快速响应市场信号的企业相对那些延迟决策的企业是具有优势的。对用户和消费者需求快速反应能力是支持分散采购的一个重要依据。在 20 世纪 70 年代，较低的响应性往往会抵消集中采购的利益。采购作为重要的支持功能，在集中采购中，不仅仅是对其内部消费者的需求作出反应。具有分散组织结构的企业通常拥有分散采购功能。即使在现在，企业通常因为具备某些集中管理的经验，而不愿实行更加强大的集中采购功能。一些企业担心自然而然的权力集中将会导致响应时间的增加这个观点合理与否并不重要——因为各企业在不同的组织结构中进行运转。大多数采购专业人员认为：分权采购有助于建立良好的响应性，而且有助于支持低级组织层次的活动。

（2）理解独特的运营条件。分散组织结构下的采购人员应该对本部门的运营条件有很好的理解和正确的评价。这些员工逐渐熟悉产品、流程、业务惯例、该部门或该工厂的客户。这种熟悉程度的与日俱增，使他们在与当地供应商建立稳定合作关系的同时，能够预测它所支持的部门的需求。这对于像高露洁这样工厂遍布全球的全球性企业尤为重要。

（3）产品开发支持。大多数的新产品开发出现在部门层次或者业务单位层次，因此分散采购有助于对初阶段的新产品开发予以支持。分散采购通过以下途径对新产品开发提供支持：使供应商较早地参与产品的设计过程、评估物料产品的长期需求、制订战略计划、确定替代品的可得性、预测产品需求和选择最佳供应商。

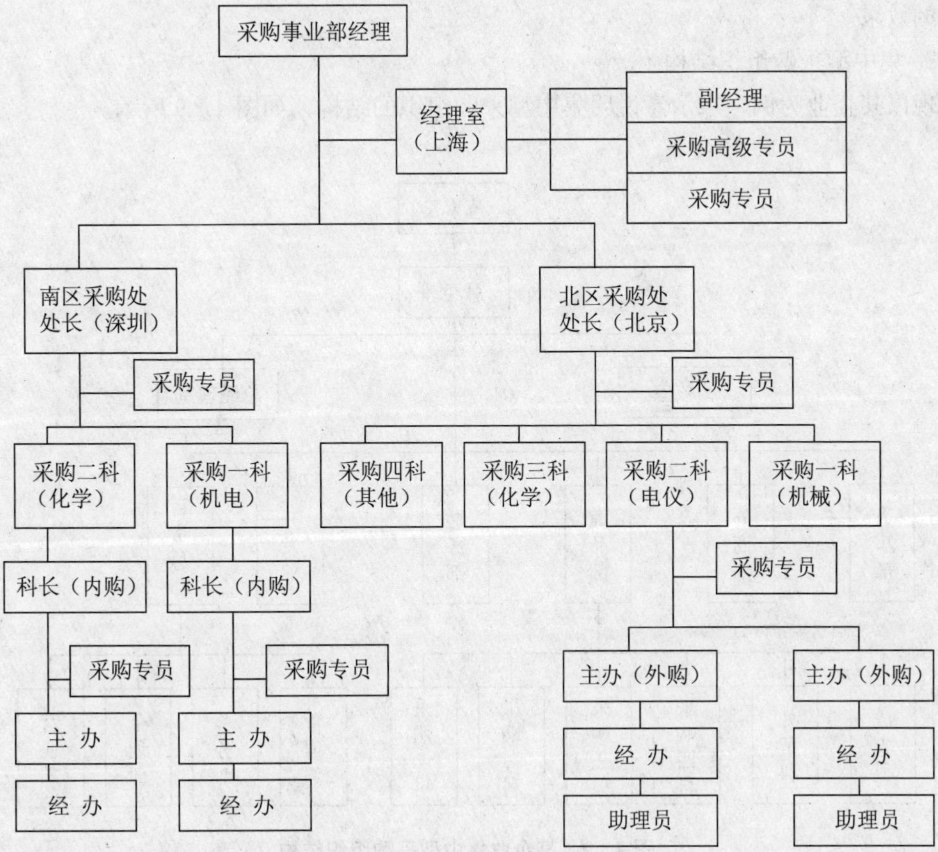

图 4－8　某企业分散型采购组织结构

（4）所有权。由于“所有权”这种无形的原因，企业经常倾向于采用分散采购。实质上，“所有权”也就是这样一个假设：本部门员工理解且支持业务单位或部门的目标，而集中采购人员则不能理解这些目标。本部门员工感到对一项具体操作负有个人义务。“所有权”意味着每个人在相同团队、讲着同样的语言、为实现共同的目标而工作、为本部门的问题分担责任。

（二）集中型采购组织

这种组织形式是指将采购工作集中于一个部门办理，做到极点时，总企业各部门、分企业及各工厂均无采购权。

1. 建立集中型采购组织的适用条件

（1）企业产销规模大，采购量值大，迫切需要一个采购单位来办理，即可充分满足各部门对物料的需求。

（2）企业各部门及工厂集中于一个地理区域，采购工作并无因地制宜的必要。或采购部门与需用部门虽非同处一地，但因距离亦非遥远，通信工具相当便捷，采购工作集中由一个单位办理，尚不至于影响需求时效。

（3）企业虽有数个生产机构，但是产品种类大同小异，集中采购可以达到“以量制价”的效果。

2. 集中型采购组织结构

现以某企业为例，来示意说明集中型采购组织的结构，如图 4－9 所示。

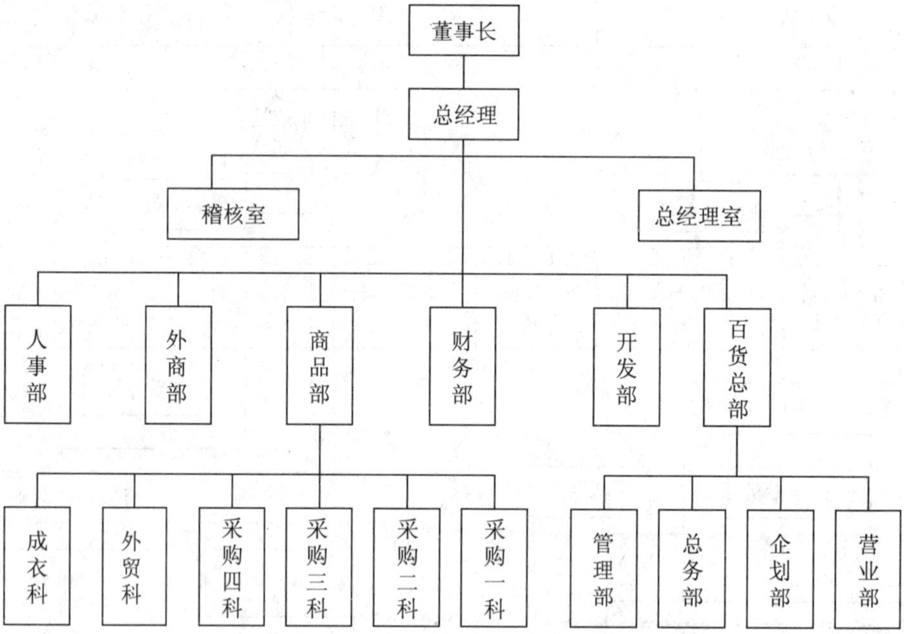

图 4－9　某企业集中型采购组织结构

3. 集中型采购组织可能给企业带来的益处

集中型采购组织施行的采购是集中采购（控制采购的权力是集中的），它能给企业带来如下的好处：

（1）协调采购数量。从历史的观点上说，集中采购的主要优势就是实现由累积数量所带来的有利价格。遗憾的是，当企业追求集中采购的时候，不仅仅集中向供应商购买零部件，而且集中实际供货过程。这使人们普遍认为：集中采购会使得对内部客户需求的响应性降低。很多人认为集中化无非就是在经营决策制定过程中增加了另一个浪费时间的步骤。然而，由于存在着系统技术，从而使企业可以在分企业或业务部门之间集中确定统一购买共同采购的物品。为了促进这个过程，下级部门采购人员仍然可以保持直接向供应商下订单的权力。总企业在汇总各分企业或车间采购员要求的同时，可以通过合并采购数量来达到物料成本的降低。实际上，随着电子数据交换和电子商务的普遍应用，运营要求目前经常由用户直接发出，经企业或者高层采购部门少量的日常干预就可送达供应商手中。

企业还可以通过累加服务以取得服务更好的采购合同。几乎所有企业都依赖于运输服务来支持它们供应链的入库和出库部分。今天，企业经常使用集中控制的运输合同，不仅仅是为了实现成本降低，而且是为了在所有地点取得统一致的绩效标准。

(2) 减少重复的采购活动。集中控制采购的另一个原因是要减少重复的采购活动。假定某企业的10个分厂位于不同地点，企业采用完全分散的采购结构，即每个地点都要负责制定它们自己的采购政策、程序和系统。这些分散的采购活动可能会存在一些潜在的重复：①10种物料发放表格；②10种供应商质量标准；③10种改进供应商质量控制的方法；④10种供应商绩效评价系统；⑤10种不同的采购培训手册；⑥10种制定战略的方法；⑦10种与供应商交换电子数据的标准。

很明显，重复的活动会增加成本，但是在价值增加方面却贡献很少。它提高了成本，降低了效率，使得各个运营单位之间缺乏一致性。采购人员应该在增值任务上花费时间，而不是花时间在不同运营单位间制定多余的或者独立的政策。标准化原则甚至可以跨行业使用。

(3) 开发和协调采购策略的能力。对未设立集权采购组织的企业而言，开发和协调企业采购策略是一项挑战。一个问题是开发一个企业采购战略是否有利。在很多产业中，答案是肯定的。一项好的企业采购战略首先会提出运营指南，然后才提出稀缺资源的采购计划。它也能很好地协调资源利用和调配时间之间的关系，为各级经理提供了操作指南，并为企业适应动态环境提供了弹性。

当今正在出现以下几个战略发展趋势：①采购的战术功能正在减少，更多的是战略功能；②企业正在将企业运营和采购战略计划连接成一个完整的竞争战略计划。这些趋势需要设一个集中控制的小组来负责在组织的最高层制定采购战略。没有这个小组，一个企业无法协调它的采购战略。

(4) 协调和管理企业采购系统的能力。企业对先进采购系统的需求日益增加。复杂采购系统的设计和协调不应该是个别单位的职责。如果每个分企业或者部门都负责制订自己的采购方案或者建立自己的编码方式，最终结果将是不协调的系统的混合。集中协调方式将支持系统设计并与所有部门都能很好地协调。

(5) 采购技术的发展。采购人员不可能在采购的各个环节都成为专家，尤其是当采购部门变得更加错综复杂时。发展专业采购知识的能力和支持单独采购单位的能力是集中采购小组的另一优势。下面列出了一些领域，在这些领域中集中采购小组发展专业技术，为分企业或者业务单位的采购人员提供培训和支持：采购谈判、国际采购、采购的法律事务、培训和发展计划、供应商质量标准、预算和测量系统、采购研究，包括宏观经济趋势分析、价值分析技术、企业商品管理、所有权的总成本、团队建设技巧、全面质量管理、计算机和信息系统技术。

(6) 其他优势。集中采购可对大量资金支出拥有更大的控制权。存货数字减少是当今大多数企业的一个目标，这对有权监视每个运营单位活动的部门也是方便的。从企业高层的观点，集中采购应把控制总购买量增长作为主要目标。

（三）混合型采购组织

有关工业企业的大量研究表明：大部分企业采用混合的“集中—分散”采购组织类型。

图 4－10 表明，在一组样本中使用各种采购结构的企业所占的比例。

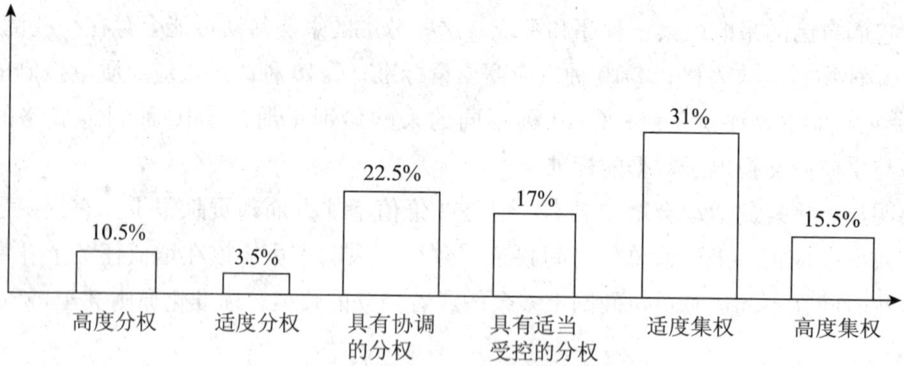

图 4－10　采购权力的分布调查结果

经验表明实行严格集中采购的企业所占比例不足 1/3，实行纯分散采购的企业所占比例更低。大型组织趋向于联合使用集中采购和分散采购，而小型企业所选用的采购形式很可能介于集中和集中—分散之间。大型组织常常拥有更多的运营单位或者部门，而且这些单位和部门往往处于分散的地理位置。正因如此，大型组织的一些采购权力必须分散。同时，这些大型企业对一些采购流程仍保持集中控制，尤其是对多个部门全球采购的高价值商品。对于任何规模的企业而言，纯分散采购都是不受欢迎的采购结构。

大多数组织应该采用这样一种混合结构：这种结构既保留了集中采购的好处和专有技术，同时又能够快速地响应车间和部门的采购要求。如图 4－11 所示。

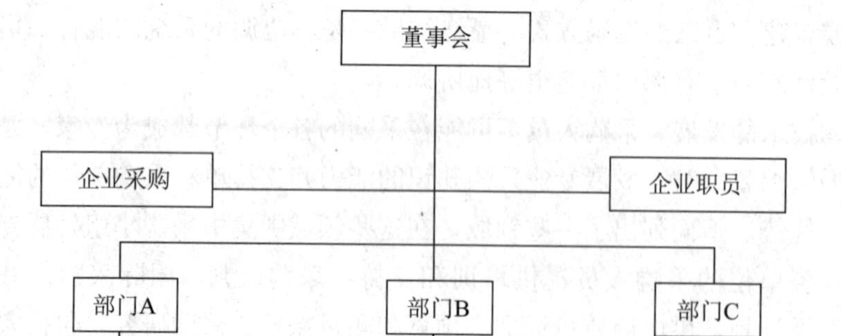

图 4－11　混合型采购组织结构

第三节　采购管理部门的职责

采购管理部门是完成采购任务的主要负责部门，在工作中有自己的工作职责与任务范围。

一、采购的主要职责

当今采购部门的活动远远超出传统的物料、零部件和服务购买方式，采购的作用正在增强。以下的职责（见表4-3）是目前采购部门所履行的最基本的任务，但并非所有部门都执行每项活动。

表4-3　**采购部门的职责**

活动项目	内　容
购买	1. 向外部供应商采购物料、零部件、产成品或服务 2. 详细过程包括供应商选择、评价、洽谈、订约和签订合同
快递和存货控制	1. 联系供应商以确定没有按时交货的情况，如果可能，增加订单的优先权 2. 在每个使用地点，对采购和在制存货的日常管理予以监控
运输	1. 采购入库运输服务 2. 托运商选择 3. 运输成本分析
管理对等贸易协定	管理对等贸易合同，包括以物易物的国际或者国内贸易
自制/外包分析	1. 分析一个企业是生产还是外购计划中的或现存的物品 2. 常常包括对核心竞争力、总成本和垂直整合数量所进行的战略分析
价值分析	1. 对与价值和成本相关的物品功能进行有组织的研究 2. 团队研究包括在不降低质量的同时降低成本、在不增加成本的同时增强功能，或者是超越成本提供更多的功能
采购研究/物料预测	1. 预测物料和供应市场的短期和长期变化 2. 为重要商品制订详细的采购战略计划
战略供应链管理	1. 管理供应库的优化途径 2. 制定任务说明和计划，增加跨功能内容、供应商质量保证、供应商合作关系和供应商开发
其他职责	可以包括：收货和存储、旅程安排、生产计划和控制、期货交易、国际物料管理、经济预测和分包

（一）购买

依据一般定义，采购部门的主要职能是购买，它描述了向供应商购买原材料、零部件、产成品或者服务，这些供应商中有一些可能是企业内的其他运营单位。采购可以是一次性订购或者是依照确定的采购时间表发放物料。购买流程包括供应商评价、洽谈和选择。

（二）快递和存货控制

快递是直接与供应商联系以确定进货情况的过程。在小型企业中，快递经常是采购功能的一部分。在大型企业中，快递通常向一个独立的物料管理部门汇报。实际的快递过程很少在采购过程中实现新价值。遗憾的是，快递在某些企业中被列入企业一般管理费用。有些先进的企业认为：对快递的需求表明供应商并不能按要求完成任务，或是供应商没有收到现实或稳定的物料配送时间表。购买部门经常改变需求计划也可能导致购买快递服务。为了防止这种情况发生，更多的企业正通过制定现实的物料配送时间表，同能够满足物料配送计划的供应商合作来减少它们对快递的使用。

采购对快递和存货控制所负的责任正在逐渐减少。随着复杂的采购信息系统和存货控制系统的应用，很多传统的快递和存货控制决策现在由用户掌握。由于企业开始更加有效地追踪成本，部门往往可以用更低的成本独立地对存货和物料需求进行更好的管理。每个部门都“拥有”它所购入的存货，因此用户常常对于它们订购多少和使用多少十分小心。所有权的概念常常导致把快递改造成为主动的采购途径，经理们更多地注意监控配送和防止延迟，而并非是对它们作出事后的应对。

在每个使用地点，存货控制部门都会按程序监控购入存货并对在制存货进行日常管理。该活动常常依赖于复杂的计算公式或者运算法则来确定每个运营地点的需求数量。在大企业中，负责采购某种物品的员工并不负责采购需求的调整或者日常配送。

（三）运输

采购部门在对运输服务和托运人的评价、洽谈、最终选择中发挥着积极作用。运输是一种具有自身特定的需求条件的高度专业化的活动。

（四）管理对等贸易协定

采购可以负责管理对等贸易——以物易物的国际或者国内贸易，尽管在一些企业中这是独立于采购之外的一种专业化活动。这包括完全的物物交换活动，也包括以一部分现金支付的业务。由于对等贸易包括对国外货物的采购，采购可能不得不对国际贸易的这种专业化形式予以管理。

（五）自制/外包

对于一项新的或现存的采购需求是由内部供应商还是外部供应商提出的，采购常会对此进行分析。某种物品或服务，例如标准件或者日常维护和供应品，不需要进行自制或购买的评价。然而，对于其他物品，自制或购买分析比简单的成本比较拥有更高的重要性。自制或购买决策指出，在哪里管理人员愿意提供维持企业生产能力所需的资源，而且它也指出一个企业愿意进行的垂直整合的数量。

采购在自制或购买分析中是非常重要的一个角色。关于外包，采购部门必须识别市场中是否存在合格供应商。进一步的需求分析包括访问潜在供应商、洽谈外包合同和监控供应商绩效，进行自制/外包的过程。

（六）价值分析

在20世纪40年代晚期，劳伦斯·戴罗斯·麦尔斯（Lawrence D. Miles）在通用电气企业提出了价值分析（Value Analysis，VA）的概念。即：

价值＝物品的功能/物品的成本

价值分析的目标是通过以下三种途径之一来加强物品或服务的价值的：

（1）在不损害质量的同时降低物品的成本；

（2）在不增加成本的同时增强功能；

（3）超出成本来为用户提供更多功能。

其中任何一种活动都会使价值分析等式的分母与分子之比更大。通过对物料、规格和供应商的研究，采购正积极地参与价值分析。

（七）采购调研/物料预测

采购部门应该负责预测物料和供应市场的短期和长期变化。对于任何需要物料或部件的组织，研究和预测都是重要的。受制于技术、经济或者政治变化的物品特别需要详细的短期或长期性战略采购计划。开发这些计划包括核定那些对采购能力产生影响的指标，以便能使企业以适当的成本获得合适的物品或服务。表4－4强调了采购研究计划经常涉及的一些主题。

表4－4　采购研究计划中所涉及的主题

主　题	内　容
物品的当前状态	1. 描述和使用 2. 这些物品如何采购 3. 当前价格、条件和年度支出 4. 当前合约和失效日期 5. 物品的战略重要性
采购目标	1. 短期 2. 长期
需求预测	1. 过去的和当前的使用 2. 未来需求 3. 预测信息的来源 4. 前置时间
市场状况	1. 地理方面的考虑 2. 市场力量的分析：政治的、技术的、替代品的可得性、预期的供应和需求 3. 对供应所面临的潜在威胁进行评估

续 表

主 题	内 容
成本/价格评价	1. 生产商生产成本 2. 成本/价格的历史 3. 物料价格预测 4. 替代物料的价格
供应商评价	1. 每个生产商的强势和弱势 2. 潜在供应商 3. 采购员/销售员的关系 4. 制造或购买分析
采购战略	1. 推荐的短期战略 2. 推荐的长期战略 3. 偶然采购供应计划 4. 价值分析时机

（八）战略供应链管理

供应链管理是管理供应库采用的一种先进方式，它不同于传统的与销售者之间的疏远或敌对方式。这需要采购专业人员直接与能够提供世界级绩效的主要供应商合作。战略供应链管理的含义是指：

（1）它包括采购、工程、供应商质量保证等以及与供应商合作以共同发挥作用，从早期开始并朝向进一步的共同目标。

（2）它是企业与特别选择的供应商之间的长期双赢关系，一个供应商实际上是客户企业的延伸。

（3）它是一种流程。这个流程是以对供应商具体、及时和频繁的帮助来换取动态、连续的绩效提高，包括稳定的价格下降。

（4）它是运营的新方法，包括内部运营、外部供应商（一层）和子供应商链（二层）和子—子供应商（三层），从而在产品开发、缩短周期时间和整体质量控制方面取得进步。

战略供应链管理的一部分需要明确战略职责，该职责可以被定义为对长期绩效具有重要影响的活动。该定义不包括常规的、简单的或日常的、具有较小或者短期影响的决策。供应品的常规订货和追踪并不属于战略职责。战略供应管理的概念已经成为了采购部门职责的一部分。战略职责的例子包括制订物料供应计划和物品需求预测，就重要物品和服务与供应商磋商长期合同，开发供应商能力，在新产品开发阶段管理早期的供应商事务。

（九）其他职责

采购也承担其他多种职责，例如接货和仓储、企业旅行管理、生产计划的安排和控制、期货交易、国际物料管理、经济预测和配送。

二、采购管理部门的基本任务

要想发挥采购的集中管理优势，首先要坚持采购职能的中心化。“中心化”意味着采购部是企业对供应商的唯一窗口，同时采购也是能对企业客户产生极大作用的组织，是连接企业客户和供应商的纽带。主要职能表现为以下几个方面：

（一）供应商选择与评价

这一任务包括供应商的筛选、鉴别、评价、认证、培养、审核、考察、评审、资料备案等具体工作。它是采购工作的起点和重点，没有对供应商的了解和管理，没有对行业的专业性的了解，供应商的产品和服务就很难满足企业的需要。对供应商做的工作越多，采购工作就会越有效率，管理问题就会少一些。

（二）保证企业在采购价格上的优势

采购部门应对市场（国际/国内）的行情有及时的了解，保证企业在采购价格上的优势，在市场状况发生明显变化时能够妥善利用供应商的资源，采取适当战略降低风险和取得竞争优势。价格的高低是始终困扰企业的大问题，采购员经常觉得只要买的是价格低的物料，不出问题就没问题，财务人员和审计人员也以为控制了价格就没问题了。但是，价格是市场供求关系变化的结果，是动态的而非一成不变的。

财务人员派驻物价管理员的做法其实不能达到控制价格的目的。企业采购员的责任是在市场价格下降时，重新与供应商谈判，保持价格的走势跟上市场的变化；在市场价格上升时，保证自己的价格上升幅度小于市场整体的上升幅度甚至不升反降，这样一来就达到了“价格竞争优势”。同时，采购部门应该能够站在全球供应链的角度，及时根据市场的价格变动趋势，调整自己的供应战略，使整体的供应成本有效地得到控制。

（三）制定采购制度和设计合理的采购流程

采购部门应制定符合本企业规章制度同时满足质量控制和财务制度的采购控制流程，确保企业的采购活动能够满足来自生产部门、市场部门、企业内部的各种采购要求。

采购活动是企业中资金占用最多的活动，它的合理运作依靠企业每个部门的每个员工的大力支持。采购活动的整个流程反映了企业的各个方面的规定，如财务制度、人力资源管理制度、生产管理、工具管理、设备管理、仓库管理、维修管理、IT 技术管理、信息管理等诸多方面。管理完善的企业，资金的使用效率和效益都远好于一般企业。值得注意的是，很多企业都有流程，但是，一方面，流程不合理、冗长，签字烦琐且流于形式；另一方面，流程没有真正发挥效力，违反流程的事一再发生，却被领导们“下不为例”轻松放过了，流程就成了表面文章。树立流程的威信，坚守流程是采购地位能够充分发挥的关键。

（四）提高采购效率

采购部门应通过不懈的努力，降低采购运作的成本，提高采购效率，提高内部/外部的客户满意度。

（五）控制采购风险

采购部门应通过人员培训和组织调整，控制采购的合同风险和法律风险，杜绝来自企业内外的对采购流程的侵犯，提高采购部门的纯洁性。

第四节 采购人员

采购工作正在日益显示着它对企业的重要性，如果采用适当的知识、技术及能力来将观念转化为实践，那么其发达的采购职能将会带来竞争优势。采购员则是企业执行工，他们的工作对企业获得竞争优势起着关键的作用。

一、采购人员的准备

人是决定事情成败的关键因素，在采购工作上尤其如工作的成功与否在很大程度上取决于采购人员的情况。因此，人员的开发工作十分必要和重要。

（一）采购人员的状况

在实际工作中，采购工作对采购人员的需求不是静态的，是随着采购工作的级别程度动态变化的。只有了解了这种动态变化的基本内容，才能使得不同级别的采购工作由适合的人选来承担，以保证采购工作的顺利进行。表 4－5 介绍了不同级别的采购对采购人员的基本要求。

表 4－5　　采购人员的分级状况

采购级别	采购人员的状况		
	采购员的资历	采购员的工作特征	占总体的比例
开始	无须特别的资历	订货登记员等	80％以上属于办事员的工作范畴
初级	无须特别的资历	基本的采购：如常规订货	60％～80％属于办事员的工作范畴
发展	需正规学校毕业	参与谈判、了解采购及日常采购的职能	40％～60％属于办事员的工作范畴
中级	需具备商务资历	专业商品采购人员，可能还要具备其他职能领域的知识，全面参与新产品的开发，主要工作是谈判及供应商开发/降低成本	20％～30％属于办事员的工作范畴
高级	需专业或研究生资历	参与更具战略性的工作，更多关注总购置成本、供应基础管理等	20％以下属于办事员的工作范畴

很显然，采购发展的阶段越高，对采购人员知识和技能的要求就越多，相应地就需要给予采购人员更多的报酬。

（二）采购人员的培养

影响人的行为的因素很多，一群人究竟会成功还是失败，一个关键因素是他们的士气，正如一个公司成败的关键因素是职业道德与企业文化。如果某个组织的组织结构不鼓励创业的魄力，采购人员就不会敢于承担风险，这种环境中的员工所具有的技术和能力就会与工作中顾虑较少的人员相差较远。

在另外一些组织中，允许部分采购人员全面参与战略性计划的讨论，参与新产品的开发。同样，这些人也会与那些只是关注所谓供应采购的人大不相同。他们对自己的职能的认识，以及他们的同事对他们的认识也会不同。明显地，他们会有更深刻的、更广泛的对本职工作的认识。

对人的管理、命令及奖励、惩罚方式将影响他们的行为。有效的沟通、信任、信心、机会及培训的程度都会对组织的成功产生影响。如果没有那些有很好才能、受过良好培训而且积极性被调动起来的人，再好的方案或策略都会落空。有人说，拥有一个并不完善但为其成员所理解，并且其成员都愿意为之效力的机制，远比拥有一个复杂但得不到理解与支持的机制要好得多。

如何激励人们更好地工作，是管理者面临的难题。许多理论显示了一个共同的要素——要对工作感兴趣。如果一个管理者能够认可和证明其员工的贡献与其组织的健康发展是息息相关的，那么，这对激励个人以及整个团队都大有益处。管理者应当认识到自己工作的关键就是为员工创造一个良好的环境，使其才能可以充分调动起来。这做起来并不容易，尤其是当员工们对工作持有不应有的态度时。

（三）采购人员需具备的优势

要做好采购工作，就必须要有合适的采购人员。因此，一开始就要招募优秀的采购人员。那么采购经理应选择怎样的人呢？不同的商业环境中会有不同的要求，但是，有一些指导方针是在大多数情况下都适用的。

（1）更积极的自我形象。高效的采购员与低效的采购员比起来，往往会拥有一个“更积极的自我形象”。即采购人员必须与自己的组织或其他组织中的高层人员打交道。采购员还需要接触很多行业和技术，必须对技术与商业因素持有平衡的观点。另外，为了更高效、保质保量地完成工作，他还必须能够将他所做的业务当做一个完整的整体。显然能力不强，没有魄力的人，是不可能在这样要求很高的环境下有效地完成工作的。

（2）极高的交际能力。即高效的采购员应该具有与人交往的较高能力，具有交际的亲和力，容易让人沟通并产生信任感，有较强的部门协调能力、谈判能力。这不但要求要有好的形象，还要有高素质的举止、广博的知识面、积极的应变能力与良好的心理素质。

（3）更注重在专业发展。即高效的采购员应能关注自己的业务工作，并把它当做一项个人长久发展的专业来做。时刻关注自己的专业发展，不断地汲取与专业发展相关的理论与实践知识，因此普遍来讲，高效的采购员一般接受正规教育的程度也往往更高些。

二、采购人员的工作内容

在一个采购组织中，可以把角色分为三类：直接采购人员、评论员及其他。其中直接采购人员的工作内容包括：所有的一般性合同；在一个以上地点主要原料的采购；大宗不动产采购；在采购方面与其他国家的子公司进行合作。评论员的工作内容包括：采购管理审计；招聘及选拔建议；特定情况下的招聘和选拔；员工培训及培养；人员需求建议；采购咨询建议。其他人员的工作内容包括：市场研究；经济预测；货币管理；法律建议；采购政策；集团采购信息管理系统开发；社会政治预测。下面重点介绍直接采购人员的具体工作内容。

（一）搜集信息

即从供方市场搜集、整理与采购有关的所有信息。包括：充分了解请购材料的品名、规格；调查市场行情；搜集有关供应商的资料；搜集有关替代品的资料；搜集有关品质及其他方面的资料；核定采购资金预算。

（二）询价

即调查、询问相关采购物资的市场价格。其包括：选择询价对象；询问价格；整理报价资料；选择议价对象。

（三）比价与议价

即将询价所得到的价格信息，互相进行比较，并挑选适宜的价格，与价格提供者进行讨价还价。其包括：经成本分析后，拟定底价，设定议价目标；决定采购条件，包括向供应商详细说明品名、规格、品质要求、数量、扣款规定、交货期、地点、付款方法等；了解其他供应商价格是否较低；考虑价格上涨下跌因素；估算运费、保险费及关税；核对付款条件；比较交货期限。

（四）评估

即对拟定价格结果进行反复衡量。其包括；同规格产品应找几家供应商询价、比价、议价；供应商是否为信誉良好的生产厂家；供应商是否有必要办理售后服务；供应商的供应能力是否能按期交货和品质是否有保障；是否需要开发其他供应商或外购。

（五）索样与决定索样

就是在给定价格下，向供应商索要所需产品的样品。这里的样本一定要能代表供应商将供所有产品的性质。如果可以的话，可以要求供应商提供经过权威部门确认的样本，以保证最终取货一旦与样本不一致时，有法律可以遵循。索样的工作包括：向多家有意供应商要求取得样品；整理样本的检验结果并进行比较。决定是对前面工作的一个结论。也就是当包括索样在内的所有工作结束时，采购人员对各家供应商已经在价格、产品质量、供应商绩效等方面有了全方位的了解，可以通过一定的技术方法，如专家意见法、评分法、成本比较法等，来作出选择供应商的最后决定，同时与选好的供应商进行直接接触，进行采购谈判，就采购的具体事宜商讨细节，最终形成具有法律意义的采购合同。因此决定的工作内容包括：选择适当的供应商；签订采购合约。

（六）请购与订购

请购是指填写请购单。请购单上应详细注明分批交货时间。订购是正式向供应商订购货物。包括：订购单函寄或传真至供应商、向供应商确定价格、品质要求、交货日期等。

（七）协调与沟通

即在等待到货过程中，要保持与供应商的联系。包括：对能否达到交货日期，供应商要及时回复；不能达到者要及时联络协调，以确定一个合适的交货日期。协调与沟通对于保证货物如期、如质地到达采购方，是极为重要的。

(八) 催交

即当交货出现问题时，要及时地督促供应商提交货物。包括：无法于约定日期交货时，要联络请购部门，并进行交易异常控制；逾期未交货者应加紧催交；督促收货单；控制长期合同的交货。

(九) 进货验收与整理付款

采购的结尾工作就是对到货进行检验并进行货款的结算。包括：进货的品质验收；进货的数量验收；核对各种手续是否完备；发票抬头与内容是否相符：发票金额与请购单价是否相同；是否有预付款或暂借款；是否需要扣款。

三、采购人员的岗位职责

在这里，我们从采购负责人员与采购业务人员两方面来讨论采购人员的岗位职责。

(一) 采购负责人员的岗位职责

(1) 直接向高级项目经理报告并与其他项目经理联系。

(2) 向高级项目经理报告全面的采购服务情况，包括分包、订购仪器及原料、催货、检查及运货。

(3) 代表高级项目经理同他或她所负责的采购工作的客户会谈。

(4) 制定项目的采购程序，与高级项目经理达成共识，将采购管理与客户相结合并保证他们相辅相成。

(5) 直接监督主要分包采购员、主采购员、高级项目协调员及高级项目检查员。

(6) 定期与高级项目经理及公司采购管理层讨论，协商项目中所需的劳动力。

(7) 与公司采购管理层就各项采购活动保持密切联系。

(8) 监督以下工作的准备工作：承包及分包情况；供应商、分包商名单；详细的检查流程；货运单据及其他与该项目采购有关的文件。

(9) 进行密封招标时，与客户协商邀标及开标的公司的名单。

(10) 监督、检查采购工作的进程，提交每月采购状况报告，参加每月举行的关于采购订单和分包的整体情况以及合同时间表的会议，并在会议上做报告。

(11) 签署投标概况，然后提交给客户、公司采购管理层及高级项目经理，并且保证遵照既定的程序执行。

(12) 监督所有采购合约的执行情况，包括意向书、采购订单、合同单或其他方式。

(13) 保证采购订单、信件及其他任何相关文件的复印件已交给高级项目经理、客户及既定程序中规定的其他人。

(14) 从供应商及分包商处取得与项目安排相协调的工作表。

(15) 确保任何与订单及分包相关的谈判的顺利进行，如出现差错，个人将承担责任。

(16) 保证由发票检查部门发出的发票问询已由采购人员迅速处理。

(二) 采购业务人员的岗位职责

采购业务人员的岗位职责是完成采购部门的采购任务。具体如下：

1. 了解采购部门的职责权限

（1）审查请购单的内容，包括是否有采购的必要以及请购物料的规格与数量等是否恰当。

（2）与技术、品质管制等部门人员共同参与合格供应商的甄选。

（3）执行采购功能，包括询价、比价、议价及订购。

（4）交货的稽催与协调。

（5）物料的退货与索赔。

（6）物料来源的开发与价格调查。

（7）采购计划与预算的编制。

（8）国外采购的进口许可申请、结汇、公证、保险、运输及报关等事务的处理。

（9）供应商的管理。

（10）采购制度、流程、表单等的设计与改善。

2. 熟悉采购核准权限

采购员采购的物品可分为物料、财产及总务用品三类。这些物品的核准权限如下：

（1）物料。请购金额预估在10000元以上者，由采购主管核准；请购金额预估在10000～50000元者，由采购经理核准：请购金额预估在50000元以上者，由总经理核准。

（2）财产。请购金额预估在2000元以下者，由采购主管核准：请购金额预估在2000～20000元者，由采购经理核准；请购金额预估在20000元以上者，由总经理核准。

（3）总务用品。请购金额预估在1000元以下者，由采购主管核准；请购金额预估在1000～10000元者，由采购经理核准；请购金额预估在10000元以上者，由总经理核准。

3. 采购人员的职责

（1）经办一般性物料采购。

（2）查访供应商。

（3）与供应商谈判价格、付款方式、交货日期等。

（4）要求供应商执行价值工程的工作。

（5）确认交货日期。

（6）一般索赔的处理。

（7）处理退货。

（8）收集价格信息及替代品资料。

（9）请购单、验收单的登记。

（10）订购单与合约的初步拟订。

（11）交货记录及跟催。

（12）供应商来访的安排与接待。

（13）采购费用的申请与报销。

（14）进出口文件及手续的申请。

（15）电脑作业与档案管理

（16）承办货物保险及公证事宜。

四、采购人员的素质要求

作为一名合格的采购员，必须是德才兼备，能更好地履行采购作业。因为在采购的工作岗位上角色是会动态变化的，有时采购人员必须和工程技术人员沟通，有时还要有处理危急型公关事务的能力，有时还要是一名法律通。因此，采购工作要求采购人员必须具备多方面的能力，以应付变化多端的采购工作。

(一) 工作能力

采购是一项相当复杂，而且要求很高的工作，工作能力要求也相当多样化。采购人员必须具备较高的分析能力、预测能力、表达能力和专业知识水平。

(1) 分析能力。由于采购人员常常面临许多不同策略的选择和制定，因此，采购员应具备使用分析工具的技巧，并能针对分析结果制定有效的决策。

首先，采购支出是构成企业制造成本的主要部分，因此采购员必须具有成本意识，精打细算，锱铢必争，不可“大而化之”。其次，必须具有“成本效益”观念，所谓“一分钱一分货”，不可花一分冤枉钱，买品质不好或不具有使用价值的物品。随时将投入（成本）与回报（使用状况、时效、损耗率、维修次数等）加以比较。此外，对报价单的内容，应有分析的技巧，不可以“总价”比较，必须在相同的基础上，逐项（包括原料、人工、工具、税费、利润、交货时间、付款条件等）加以分析判断。

(2) 预测能力。在现代动态经济环境下，物料的采购价格与供应数量是经常调整变动的。采购员应能依据各种产销资料，判断货源是否充裕；通过与供应商的接触，从其“销售”的态度，推测物料可能的供应情况；从物料价格的涨跌，推断采购成本受影响的幅度有多大。总之，采购员必须开阔视野，具备“察言观色”的能力，对物料将来供应的趋势能预谋对策。

(3) 语言表达能力。采购员无论是用语言还是用文字与供应商沟通，表达采购的各种条件，例如规格、数量、价格，应避免语意含混，滋生误解。面对忙碌的采购工作具备“长话短说，言简意赅”的表达能力，以及“动之以情”来争取采购条件，更是采购人员必须具备的能力，同时采购人员至少应具备专科以上的学历，因为接受过正规教育的人员，其所具备的专业知识与技巧较能符合采购工作的需要。采购员最好具有商学知识，如企业管理、流通业管理、流行商品或营销等知识。

(4) 产品知识。无论是采购哪一种物料，都必须要对欲采购的“标的物”有基本的认识。跨专业的采购会使得采购人员感觉力不从心。采购人员必须不断补充各种产品的知识。补充的途径包括自学、参加短期培训班等。一些采购人员认为，这么做是在浪费时间，因为采购人员并不是搞研究开发的，而且采购时往往有本企业工程技术人员及商品管理人员的协助，因此自身并不需要掌握太多的专业知识，持有这种观点的采购人员不在少数。但是这种观点持有者必须要认识到，那些可以支持你工作的工程人员及管理人员并不是时时刻刻都在你的左右，况且有时他们因各种原因未必能帮你。尤其是零售企业的采购人员，对商品的了解更要比其他行业的采购人员还要深入，因为他必须担负起销售业绩的相关责任。如家电用品的采购人员，必须了解产品的功能、技术层次、原料、制作过程、保修期限等。

（5）客观理智。采购人员在选择商品或商品组合时绝对不能凭自我的感觉，必须要利用科学的方法针对消费者需求与市场流行趋势进行合理的分析，并将分析结果客观地呈现出来，选择最有利益的商品，不因主观的偏见而左右了采购策略的拟定。

（6）专注投入。对于采购人员来说，对采购工作倾注足够的精力，专注投入相当重要。

（二）道德准则

采购人员在其工作中必须体现出诚实、公正、可依赖、专业能力和清楚的道德责任感。采购人员的道德准则在我国尚无明确的规定，以下介绍英国采购和供应学会公布的道德准则。

1. 道德规范

采购人员不允许利用他们的权利或部门谋取私利，并且为了保持和提高采购和供应行业以及学会的地位，应该做到：

（1）在他们采购工作的组织内外，为人处世要做到诚实、正直，保持无可指责的状态；

（2）在他们负责的雇员中形成尽可能高的专业能力标准；

（3）优化他们所负责的资源，为雇用他们的组织创造最大的利益；

（4）遵守法律法规，既要从字面上，又要从法理精神上领会他们所在国的法律、学会不定期公布的有关行业的指导、合同义务。

（5）拒绝接受任何可能被认为是不正当的商业行为。

2. 保障规范的措施

为了保障采购人员在实际工作中能遵守上述的道德规范，采购管理部门有必要在以下几个方面对采购人员进行即时的工作道德规范指导。

（1）收益申报。任何与他的职责相关的有悖于或者可能被他们认为有悖于会员公正的个人收益，都应该予以申报。

（2）信息的保密性和精确性。在工作中接触到的信息的保密性应该得到尊重，并且不应将这些信息用于谋取个人利益；工作中提供的信息应该真实、公正，并且绝不应该蓄意带有误导作用。

（3）竞争。在记住与一个供应商保持长久关系给采购组织带来的种种好处的同时，应回避一切以长远眼光看来可能会阻碍公平竞争的行为。

（4）商业礼物。商业礼物，除本身价值非常小的物品，其他的都不应该接受。

（5）热情的招待。适当的热情招待是商业关系中可以接受的礼节。

然而，受接待者不应让自己陷入这样一个境地，即他在作出商业决定时，可能会受到或者可能被他人认为已经受到这一接待的影响；招待的次数和规模不应明显地多于受招待者的雇主可能提供的回报。

（6）当很难判断礼物或接待是否应该接受时，应征求采购人员上司的意见。

（三）业务原则

我国在采购人员的业务原则方面也没有明确的规定。下面介绍美国采购管理协会在美国公布的采购业务原则和标准。

（1）首先在所有的交易中，采购人员都要考虑自己公司的利益，并且贯彻和信奉已确定的各项政策。

（2）接受同事提出的合理建议，并且在不损害部门的尊严和职责的情况下，以这些建议为指导。

（3）无偏见地购买，以求从所花费的每一美元中获得最大的最终价值。

（4）持之以恒地努力学习原料和制造过程的知识，并为部门的运作提出可行的办法。

（5）在买卖中恪守诚信原则并揭发各种形式的商业贿赂现象。

（6）在条件允许的情况下，对任何提出合理商业任务的人给予及时、礼貌的接待。

（7）在符合商业惯例的情况下，尊重其他职责，并且要求采购人员以及相关的职责得到尊重。

（8）避免态度生硬的行为。

（9）在条件允许的情况下，在职责的履行上给予伙伴采购公司以建议和帮助。

（10）加强个人合作，共同促进采购发展、提高采购的地位。

第五节　优秀采购团队的组建

采购活动是一种有组织的团队工作，为了达成采购与采购管理的全部目标，必须有一支优秀的采购团队，而且这个团队在供应链管理环境下，有了新的意义。

一、优秀采购团队的概念及特点

（一）优秀采购团队的概念

在供应链管理环境下运作的，能适合供应链管理新环境的采购团队（采购部门）就应该是优秀的采购团队，而目前认为最适合供应链管理新环境的采购团队是跨部门采购团队。跨部门采购团队是指由来自不同部门的人员组成的，这些人员为完成采购的任务而组织在一起。

（二）优秀采购团队的特点

一个企业运用跨部门采购团队对供应链的采购进行管理，那么一般而言，这个企业的跨部门团队中往往会存在兼职人员。采购团队职责常常是附加于正常工作职责之外的。这将使跨部门采购团队和团队成员所属的职能部门之间产生冲突。一个团队的领导者或者执行发起人将不得不就团队成员的工作时间进行磋商。

由于团队鼓励跨部门的团体相互联系，因而在团队方式得到正确执行的时候，它可以改进绩效和组织性决策的制定。由于团队将问题和工作作为整体而对其承担责任，因此团队能够更加迅速地解决问题。

这种团队方式也可以打破部门之间的限制性沟通障碍。当组织寻求竞争的更佳方式时，跨部门团队代表了一种新型的结构。目前，跨部门团队在采购方面的主要应用是被用来评估和选择主要物品的供应商。跨部门团队利用多种绩效标准来评估潜在的供应商。该团队评估供应商的质量、财政稳定性、产品和加工技术、配送和管理实力。与每个部门专家单独发挥作用相比，由部门专家组成的团队应该能够作出更好的决策。

二、跨部门采购团队的组建

跨部门采购团队的组建是一个充满挑战的工作。团队的组建必须要符合我们通俗所讲的“天时、地利、人和”。要注意选择团队组建的时机，更要注意团队组建时的采购内、外部关系连接、买卖双方的关系等。

（一）跨部门采购团队的组建时机

所有的企业都面临着资源约束问题，这将影响跨部门团队的数量，其中包括资源团队能否建立起来。很明显，企业并不能对每项业务决策都使用团队方法，而且某些业务决策也不能简单地要求使用团队的方法。只有当需要进行的任务满足一定特征时，才能使用团队方法。

面对复杂的或者大规模的业务决策时，企业应当考虑跨部门团队的方法。包括：新产品开发、新生产设备的安装地点、商品/采购战略的制定或者开发新的业务领域等。这些任务如此之大和复杂以至于独立的个人或企业不能有效地完成这些任务。当团队决策比单个人员或部门独立作出的决策要好时，企业也会采用团队方法作出决策。例如：采购部门能够对供应商进行评价与选择，但是具有各方面经验的团队能够从多个角度对供应商进行评价，采购部门也会因此受益匪浅。工程部门能够提供技术说明书，营销部门能够提供所要求产品的特征的详细情况，会计部门能提供物料和人工成本数据的估算等。在这种情况下，当团队成员可以获得并分析更高质量的信息时，针对现有状况选择更好的供应商是完全有可能的。

（二）跨部门采购团队组建内容

采购部门要与其他内部团体及供应商结成紧密和合作关系，才能形成跨部门采购团队，以达成供应链管理环境下的低成本、高质量、快速响应市场的采购目标。一般来讲，跨部门采购团队的组建分为两个方面：采购连接和买卖双方的关系。

1. 采购的连接

采购部门必须与企业内部和外部相互连接以保持一定数量的信息流。图 4－12 展示了采购部门与其他关键团队之间的双向连接。沿着这些连接将在这些团队间发生大量的信息交流。随着采购工作的不断演进，采购部门与其他团队之间的连接将变得更加紧密和重要。

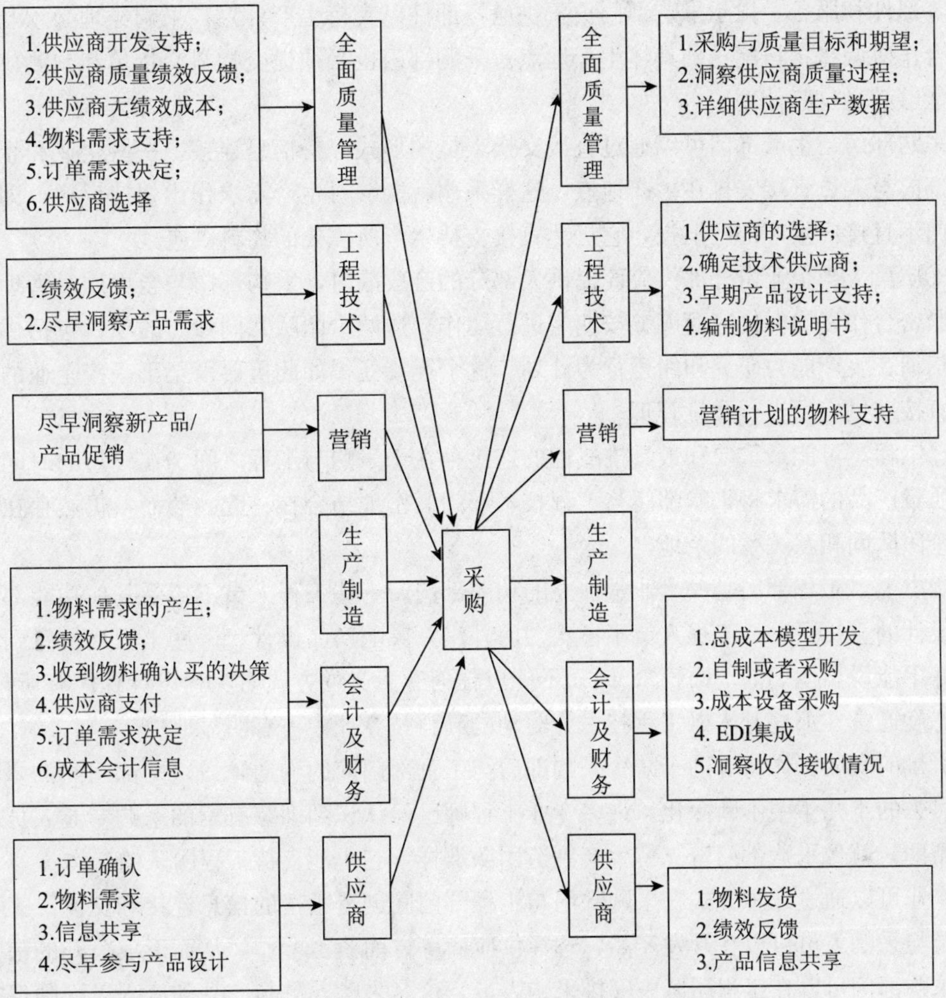

图 4－12　采购的信息和连接

（1）采购的内部连接

采购部门的基本使命就是在了解其他团队和内部客户，尤其是生产部门需要的基础上，会成为这些部门的支持力量。相应地，其他功能部门必须认识到采购部门对信息的需求及采购运营所受的约束。为了便于信息交流，在采购与其他部门之间将形成一定数量的关键信息连接界面或交流界面。

①生产。采购部门一直是生产团队的主要支持者。由于生产与采购之间的关系如此紧密，采购部门直接向生产部门汇报情况是自然而然的。直至今日，在许多企业，采购部门仍然向生产部门汇报情况，尤其是在小型企业。这种结构同样存在于那些采购物料的成本相对低于其他零部件成本的企业。

生产部门与采购部门的主要连接是在制定生产战略中形成的。由于采购部门直接支持制造与生产工作，所以采购部门必须能够洞察生产战略与计划。采购战略与计划必须与生产计划紧密结合。例如：当计划组装产品和配送服务时，采购部门必须意识到企业生产所需的零部件和服务。由于采购部门负责供应零部件以支持生产计划，采购经理必须与计划人员合作协调将物料配送到具体生产地点。采购部门也必须提交物料交货单和预测供应商是否能够满足这些计划。

采购部门与生产部门可以通过直接交换人员的形式保持信息连接。一些企业和企业将采购部门与人员直接安排在生产地点，这样采购就能够对生产需求作出快速反应。即使采购部门不直接向生产部门汇报，它仍然直接支持生产所需要的物料供应。

②质量。当企业由外部供应商提供大部分的产成品时，采购部门与全面质量管理部门必须紧密合作以确保供应商能够按期望进行运作。这两个团队共同参与的项目包括供应商质量培训、生产能力研究和纠正行为计划。这个连接变得如此重要以至于一些企业的采购部门直接对供应商进行质量管理。

③工程。可能最重要和最具挑战性的连接存在于采购与工程之间。在较短的时间内开发高质量产品的需求将采购部门与工程技术部门紧密地结合在一起。然而，仍然存在改善这两个团队间相互关系的余地。

历史上，工程部门是一个非常独立的功能部门。一些工程人员不接受其他功能部门对产品设计的直接帮助。工程人员不喜欢“门外汉”影响产品设计。一些工程人员感到采购人员并不能说出他们的“语言”，因而不能以任何有意义的方式对工程设计程序有所帮助。这些态度通常在那些基本以工程技术为驱动的高科技企业中占有明显地位。

大量的团队工作将有助于减少采购部门与工程部门间的沟通障碍。两部门间的协作程度在过去的十几年中不断深化。许多专业工程师已经认识到训练有素的采购专业人员能够提供帮助，就像采购部门曾支持生产制造团队那样，它也能支持工程团队的工作。

企业可以通过几种方式在采购部门与工程部门间创造紧密的信息连接和交流。工程技术人员与采购人员可以在开发产品、选择供应商等方面紧密合作，从而形成公开的信息沟通。采购部门可以在工程团队中安排采购人员。这名采购人员与产品和流程工程师保持直接联系以便能对他们的需求作出快速反应。企业同样可以找到一名联络员，让其协调部门间的交流并确保任何一个团队都考虑到其他相关团队的活动。两个团队定期举办会议，讨论共同关心的问题。最后，许多采购团队正在招募具有很深技术背景的商业经理，从而能够与他们的工程伙伴以专业术语的方式进行沟通。采购与工程部门关系的成功关键在于“开诚布公的沟通”，这将导致团队合作与信任的增加。

工程部门希望采购部门能够执行支持工程部门工作的任务。例如：工程部门希望采购部门能为某项物品识别最具技术和财务能力的供应商，并确保每一个供应商都能满足工程质量和配送目标。另外，工程部门希望采购部门能够评价供应商的生产能力，积极地让供应商及早介入产品开发程序，形成能鼓励供应商提出革新思想的关系。工程部门同时也希望采购部门能够发现集成到新产品开发和服务中的新技术来源。

④会计及财务。采购部门同时也与会计及财务部门保持密切连接。这些关系并不像采购部门与生产、工程、质量控制等部门的连接那么紧密。实际上，当今采购部门与会计部门的许多连接都已实现电子化。例如：当采购部门向供应商发出物料发货单的同时也向会计部门提交有关物料入库需求的信息。接到订购的物料之后，物料控制系统将采购文件由

订购状态或交易状态更新为已接收状态。然后会计部门将收到物料入库的信息并对接收数量与订购支付数量进行比较。

采购部门可能会需要会计系统的成本数据。例如：采购部门必须知道因业绩低劣的供应商所造成的重复劳动的成本。有时某一独立活动会增加总成本，但采购部门通常不保留这一成本数据。采购绩效评价系统依靠会计部门的成本数据帮助计算已购商品的总成本，这对制造或购买决策来说是非常重要的。在做资金决策时，采购部门也必须与财务会计部门紧密合作。

⑤营销/销售。采购部门与营销部门的连接是间接的。采购部门需要予以支持的许多新产品开发构想都源于代表企业最终客户要求的营销人员。营销部门将编制销售预测，而这将进一步转化为生产计划。采购部门必须选择供应商和订购物料以支持营销计划和生产计划。

⑥法律。采购部门经常要与法律部门进行讨论以征求有关合同具体条款的咨询意见。这包括新产品开发中的商标所有权条款、知识产权、产品职责声明、垄断、包含逃逸条款的长期合同等问题及其他可能发生的法律问题。电子商务所带来的许多法律问题同样需要采购部门向法律部门咨询相关意见。

⑦环境管理、健康和安全。采购部门同样必须向环境、健康及安全部门的人员进行咨询以确保供应商采用安全运输方式和遵守国家、地方的安全规定。

（2）采购的外部连接

采购部门同样与企业外部团体保持着广泛的连接，这些连接在某些方面比采购的内部连接更重要。采购部门承担着与外部环境进行联络的联络员角色，这将涉及包括物料、新技术、信息和服务在内的诸多问题。采购部门及营销部门代表企业的外部形象。采购部门与供应商之间的关系将直接影响供应商对采购部门所在企业的看法。

①供应商。采购部门的外部连接主要是与供应商的联系。采购部门的职责就是与供应商保持公开交流并选择业务合作的供应商。采购部门应与供应商就主要信息进行联系，但这并不意味着非采购部门不能与供应商就具体项目及问题交换意见、进行交流。采购部门应促进企业间更多的交流合作。

采购部门的职责就是选择供应商并与供应商保持重要的商业关系，这包括与采购协定和其他重大议题相关的任何问题。非采购部门不应该自己选择供应商并独自与其开展合作或直接与潜在的供应商就某个商品达成协议，这些应是采购部门负责的活动。

②政府部门。采购部门需要与不同层次和区域的政府部门保持信息连接。例如：采购在国际双边贸易中扮演着积极角色，当达成双边贸易协定时，采购部门经常要与外国政府部门签订协议。同时采购部门需要就各种各样的问题向政府机关进行咨询，包括环保部门、国防部门、外交部门及其他有权力通过公共政策对某些问题进行管理的机构。

③当地社会团体。采购部门可能要与当地的社会团体及其领导者保持密切联系。采购部门控制着大量的预算，有能力对企业的社会目标产生一定的影响。这些目标包括由当地供应商供应所需商品，对优秀的供应商奖励一定的业务份额。

2. 买方与卖方关系

买方与卖方关系的传统方式就是由大量供应商供应大多数所购物品，这一方法对大多数行业来说可以追溯到 20 世纪 20 年代。采购人员可以采用多次投标的方法，让供应商相互竞争从而以最低价格采购所需物资。同时，这种方法的主要特征是使用短期合同，采购人员不愿意在未来长时间地受制于某一家供应商。这种方法有时也能鼓励供应商不断展开竞争，提高长期生产率和改善质量，但这种激励作用较为有限。短期合同鼓励尽快实现利润最大化。采购者与销售者之间基本上没有相互承诺与信任可言，这将会进一步限制合作创新和绩效改善。虽然在采购某些物料时仍然采用这种方法，但它通常不适用于高价值的商品和服务。这一方法无法体现紧密关系所创造的价值，所以我们认为，在供应链管理环境下，买方与卖方之间应形成一种紧密的关系。

（1）紧密买方—卖方关系的益处

一家企业与供应商形成紧密关系可以得到以下利益。

①相互信任。这是形成其他所有紧密关系的基础。信任是指相信对方的性格、能力、力量或者真实性。例如：信任可能使供应商与买方企业分享成本数据，通过共享双方想法的方式共同努力以削减供应商的成本。信任同样可以使供应商与采购人员共同合作，及早介入新产品的开发。

②有机会评价哪家供应商有资格签订长期合同，买卖双方均能从长期合同中受益。长期合同将鼓励供应商投资建设新的工厂和购买新的机器设备。这种投资将使得供应商的效率更高，从而以更低的成本向买方供货。长期合同也将促使双方共同开发新技术、风险共担和增强供应商能力。

③例如，某企业的采购经理描述了与供应商紧密合作所能带来的益处：客户因产品质量问题找到我们，经过仔细研究分析，最后我们将问题出现的根源追溯到供应商那里。供应商的产品有问题，并且我们认识到问题的发生主要是由于他们经常变换生产流程所致。最初，我们就质量问题起诉供应商并与他们对簿公堂。供应商拒绝承认这是他们的失误并声称是由于我们使用物料不当所致。我们产品团队的领导者发现很难与供应商进行沟通，因而要求从供应商的工厂抽调人员与我们合作。通过多次电话会谈以及在他们的工厂开会，检查他们的流程，供应商团队参观我们的工厂，用电子邮件和传真多次交换说明书等方式，问题最终得以解决。供应商认识到其流程中存在的问题，从那以后他们运行良好。传统关系的转变明显存在一个学习过程，但问题的解决清晰地表明应加强合作以增强我们的关系。

很明显，除非两家企业形成良好的合作关系，否则像这样的质量问题不可能得到解决。

（2）组建协调合作的买方—卖方间的关系

组建协调的买卖双方间的关系，就是组建买卖双方间的合作关系，可以从以下几个方面入手。

从敌对关系向协作关系转变。向协作关系转变是大多数企业的演变方向。买方与卖方从敌对的短期关系向相互信任和承诺的关系转变的过程如下：

供应管理的传统方法。即每一方都对对方不够信任或尊敬。关系经常是公开反对对方，甚至是敌对的。多个供应源进行竞争性报价和短期合同是这一阶段采购战略的特征。采购人员将快速更换那些不能提供价格降低的供应商。这种关系被描述为敌对性的。

仅仅是怀疑而不是完全的不相信。即仍然存在多家供应商，以保证供应的稳定，由于采购人员努力寻求有能力提供最大程度的成本削减的供应商，频繁更换供应商的行为仍将时常发生。虽然短期关系仍然存在，但目标开始朝着合作关系靠拢。这种关系被描述为竞争性的或者对抗性的。

紧密购买者与销售者关系，将其作为双方共同努力的方向。即采购人员逐步认识到采用较好的衡量、设计和质量系统维持少量供应商数目带来的好处。采购人员鼓励供应商提出削减成本的想法。在这一阶段，集中缩短前置时间的战略变得很受欢迎。例如：采购人员开始认识到供应商介入产品设计所能带来的好处，这种关系被描述为合作性的。

采购人员与供应商之间完全信任。双方都承诺共同合作并制定能支持世界级绩效水平的战略，采购部门负责管理能支持企业绩效目标的最佳供应商。双方都对总成本的构成要素予以关注，从而实现共同的成本削减，信任和信息共享变得很普通。卖方企业已成为买方企业的拓展。这种关系被描述为协调性的。

（3）战略联盟是一种特殊类型的协作关系。采购人员并不要求与所有供应商建立协调一致或战略性的伙伴关系。一些供应商提供随处可以买到的标准产品。对这些供应商而言，采购人员只需与其建立并维持稳定的业务关系。企业应与提供技术含量高、复杂的、高价值的商品和服务的供应商建立战略合作关系。

在协调一致关系形成的初期阶段，企业通常不选择那些明显不适合的供应商，但原因各异：供应商没有能力为企业服务，它们距离企业太远，它们不能与企业很好地合作或者对发展合作关系不感兴趣。经过深思熟虑剔除这些供应商后，企业可以遇到愿意付出时间和努力来形成紧密关系的供应商。在这种情况下，企业可能考虑发展一种特殊的供应链关系，实现机密信息共享，投资共同项目，以追求利益明显的共同改善。这种强合作关系有时被称为战略联盟。

战略联盟的具体定义表述为：战略性供应商联盟是指为加强双方企业的战略能力和运营能力，取得双方共同的持久利益而形成的长期合作关系。只有能够为双方带来明显的价值改善时，这种战略联盟关系才能维持下去。成功的联盟要求极高水平的合作、信任、信息共享、创造性，要求高级管理层充分利用合作的机遇。这种关系主要包括：协调双方目标，削减总成本，改善质量和缩短时间周期，增强整体竞争优势。这将得到其他传统关系所不能得到的利益。

为了成功，参与战略联盟的双方必须变更基本业务活动以减少重复劳动和浪费，从而实现绩效改善的目的。战略联盟通过减少供应链中的浪费和重复劳动使得企业的效率和效益得以改善。但是，战略联盟的形成过程将需要花费大量时间。一般而言战略联盟包括以下四个阶段：

①联盟概念的形成。企业认为协作方式具有吸引力并为现有方式提供一个潜在的替代方式。这一阶段是形成重要的合作计划以决定究竟“理想战略联盟”是什么，然后决定哪

种类型的联盟可能更现实。

②联盟决策的完成。联盟决策已经完成。企业形成选择联盟伙伴的战略层面和运营层面的构想。

③联盟确认。这里的重点是有关战略伙伴的选择和确认。管理人员通过与联盟伙伴举办合作会议，确定战略和管理目标，并使这种关系不断强化。

④联盟的维持与完善。为了不断地管理和评价绩效以决定是否应维持、修改或终止联盟，必须形成反馈机制。如果发生争端，企业需要不同类型的争端解决机制。

供应商联盟的下述特征对其成功非常重要：信任和合作、相互依存、高质量的信息、积极参与、信息共享、共同解决问题、避免使用严厉的争端解决策略和存在正式的供应商/商品联盟选择程序。有人将战略关系比喻为婚姻关系。在达成这样的共识之前，双方需要确认它们能够相当好地理解和懂得对方。每一方都需要建立一系列的对未来的期望，这些期望通常用绩效目标的形式表述，界定采购部门对供应商的期望，以及供应商对买方企业的期望。

三、跨部门采购团队组建要考虑的问题

在组建跨部门采购团队的过程中，会遇到许多实际的困难，这要求组建者必须是经验丰富的管理者，要能够充分理解“横向联合”的概念，并能在实践中注意如下几方面的问题：

（一）跨部门团队的计划问题

在要求团队完成某一任务前，对团队的成功使用要求制订非常详尽的计划。在组建团队期间，忽略这些问题或者团队成员的需要，将增加团队失败的风险。下面列出几个制订团队计划时需要加以注意的问题。

（1）选择任务。企业应有选择性地使用团队的原因在于有限的资源供给。团队应当围绕着对企业成功非常重要的任务开展。一件有意义的任务要求成员使用各种高水平的现代科学技术，定期反馈绩效，形成对企业内部及外部的其他企业产生重大影响的最终成果，并且拥有开展工作的自主决策权。一旦企业明确了需要资源团队完成的任务，那么完成此项任务所需的功能团队及其规模就会变得清楚明确。当企业选择了一定的任务时，团队的广泛绩效目标也将同时形成。

（2）选择团队成员及领导。合格团队成员应该是：①理解团队的任务，成员具有完成任务所需的经验和知识；②有时间完成团队任务；③有能力与团队的其他成员合作；④能够承担整体的而非严格部门角度的任务。

（3）培训要求。团队的相互作用要求不同于传统工作所要求的一系列技巧和方法。企业必须认真考虑对资源团队成员的培训要求。成员可能会在项目管理、解决争端、制定一致决策、解决团队问题、设定目标、有效交流和聆听技巧等方面进行培训。

（4）支持要素。跨部门团队所拥有的要素类型将对团队工作绩效产生重大影响。就平均水平而言，与团队的有效性相关程度较高的要素有：供应商的参与、从其他部门那里得到的服务和帮助、时间许可和预算支持。预算支持对于那些其成员必须来自不同地区的团

队或者对那些在任务完成期间必须拜访供应商的团队来说尤为关键。

（二）控制资源供应团队的问题

这是指管理层要对跨部门资源团队实施灵活控制的意愿。这个过程并不意味着管理层要对团队活动进行统辖或者指导。相反，管理层的灵活控制将增加团队成功的可能性。管理层可以通过以下几种方式对资源团队实施灵活控制：

（1）授权资源团队进行创造性的活动。

（2）选择团队完成任务。

（3）建立广泛的目标（后面团队将设定具体的绩效目标或目的）。

（4）选择团队领导和成员。

（5）要求定期或在关键变革时更新绩效（团队不能向部门管理层汇报它们并未有任何改善）。

（6）评估以往绩效，保证团队对绩效成果负责。

虽然管理层并不参与团队的日常活动，但管理层必须关注自身是否在推动资源团队向前发展。

（三）认识并奖励有贡献团队成员的问题

在奖励与团队成员的努力之间，以及奖励与团队的绩效之间存在着直接关系。然而许多企业仍然没有认识到资源团队成员应承诺对团队工作付出时间与努力，尤其是兼职的团队成员。缺少这种认识经常使团队成员将其时间用于从事非团队工作的活动。

对这一问题，企业应从以下两方面入手解决：

（1）团队成员对团队的贡献应被作为个人对企业贡献的一部分。这发出了一个信息：个体参与团队工作如同参与其他工作一样是有价值的和被企业认可的。

（2）当评价整个团队的绩效时，管理层必须考虑评价每个成员个体对团队的贡献。这将有助于确保非团队成员能公平地从团队成员的努力中获利。

一般，组织给予团队的奖励或认可可以划分为 4 大类：

——货币奖励和其他一次性现金奖励。

——行政部门的认可，包括授予纪念币或在企业简报中被提及。

——非货币奖励。包括宴会、运动会或者戏剧的入场券。

——在对团队成员每年的评价中，对成员予以提拔。

奖励能增强企业所期望具有的活力和行为。这是对“按劳分配”的深刻理解。如果团队成员积极工作能实现更高水平的绩效，他们将会付出更多的努力。再有，如果成员能够得到及时奖励，他们将会比在奖励延期的情况下，付出更多的努力。如果积极工作从来没有被认可或者得到奖励，那么员工就会消极怠工。

（四）选择正确团队领导者的问题

研究表明，团队领导者的效率是团队成功最主要的影响因素。一般的团队都拥有正式的重要领导者，他们通常由管理层选定。大多数企业对团队领导者有如下的看法：

（1）大多数企业认为应当给予它们的团队领导者更多地关注、培训和支持。

（2）在担任领导职务的岁月中，团队领导者通常会认识到他需要一套新的技巧。

（3）即使成员间共享权力是团队的目标之一时，团队作为一个整体仍然要向某些具备高超团队领导技巧的人士汇报。

（4）将自身看做“具有高级职务的少数官员”的过度自负的领导者，将极大增加团队失败的概率。

通过上面的分析我们可以看到：选择和培训一名精明的团队领导者对团队的成功是至关重要的。作为一名精明团队领导者意味着在满足一系列必需的基本运作责任和要求的同时仍然要促进团队创造力，提高领导能力，增强团队成员间的凝聚力。但可惜，只有相当少数的人具备这样的素质、经验，或者经培训才可承担那些需要领导的岗位的责任。

（五）有效地设定绩效目标的问题

团队的最重要活动之一，就是团队要设定与最终结果相关的定量目标。

设定资源团队的目标之所以重要主要是基于几个方面的原因。

（1）设定目标的团队经常用这些目标作为标准来衡量团队运作的好坏。这些目标为评价流程提供了标准以及反馈信息，能够根据团队的努力与最终结果，对成果予以奖励。一般而言，团队都会设定具有挑战性的目标。

（2）企业的外部压力也要求设定的目标更具挑战性。一般情况下，具有目标的团队将要比那些被动的仅仅执行其任务而没有明确最终目标的团队绩效要好得多。

（3）设定目标是对跨部门团队的关键要求之一。

（六）选定关键供应商进入团队的问题

大多数企业都能很好地理解密切买方与卖方关系的潜在好处。跨部门团队是促进跨企业合作的理想方法。研究表明，一般情况下，有供应商参与的团队（当团队任务允许供应商参与时）与那些没有供应商参与的团队相比有许多明显区别。

1. 有供应商参与的好处

（1）有供应商参与的团队更具效率；

（2）为完成团队任务将投入更大努力；

（3）对团队与供应商之间的关键信息的交换质量更加满意；

（4）更为依赖直接支持团队目的的供应商，从而将供应商视为一种资源；

（5）团队和关键供应商间出现的问题更少；

（6）在许多绩效领域得到供应商更大的支持，其中包括削减成本与提高质量的想法，流程改善的建议和物料订购与配送周期的缩短。

2. 如何让供应商参与进来

显然，供应商参与团队的好处是很多的，但是事实上让供应商参与并不是很容易做到的事情。主要的原因是团队在和外部企业的合作过程中存在一些挑战，主要包括：

（1）决定谁负责供应商参与的过程；

（2）应选择哪家供应商参与团队，特别是假如有不止一家供应商能够提供商品和服务时；

（3）决定供应商参与是否应继续或者是否按照所需要的进行；

（4）对团队项目期间应如何风险共担和利益共享达成协定；

（5）鼓励供应商积极主动热情地参与；

（6）对不同的企业文化和商业实践进行管理。

供应链管理的整合应从发现作为采购团队一部分的关键供应商开始。有供应商参与的资源团队能够协调客户需求以便让其融入资源战略与实践。

四、跨部门采购团队带来的好处

企业必须保证投入组建团队所需的资源，能实现具体的绩效改善，同时跨部门团队实现既定的绩效目标时，所得收益将远远超出团队所耗费的成本。下面介绍跨部门采购团队能为企业所带来的各种利益。

（一）缩短完成任务所需时间

团队通常会缩短解决问题或完成指定任务所需要的时间。完成企业任务的传统方法往往会使团队进行重复劳动，不同功能团队独自完成任务将耗费大量无效的劳动和时间。而团队方法可使各成员共同完成任务，并能减少重复劳动和缩短执行决策所需的时间。

（二）不断创新

企业希望团队能开发出创新性的产品和流程以保持竞争优势。创新对长期成功至关重要。研究表明，较少的正式规则和程序加上非常规的组织结构将支持创新的不断优化升级，团队方法要求更少的正式规则和更简单的组织结构。团队将成为其成员不断交流沟通的一种方式方法。

（三）决策的共同所有权

团队方式要求各成员具有决策的共同所有权。通过团队相互作用，成员开始了解彼此的需求或局限性，形成能得到不同部门支持的解决方案。团队相互作用的最大好处可能是一旦团队作出某项决策，由于所有各方都参与决策的制定，其贯彻执行将会变得更容易。当有关变动或决策的跨部门协定和所有权已经建立时，股东对决策的执行会更有效果且有效率。

（四）加强部门与整体的交流

在一个部门分立的系统中工作的人们都知道，不同部门间的相互交流是多么的困难和低效。当各方试图在整个系统中进行交流时，问题将更加严重。跨部门团队方法能帮助减少交流障碍，原因是各成员能够直接联络（或者面对面交流或者电子式交流）。例如：在编制产品说明书时，团队的紧密合作将会有助于减少产品开发阶段的设计变动或物料变更。就产品设计而言，这种跨部门的团队合作方法，会鼓励成员间进行公开及时的信息交换。

（五）通过个体及部门的组合实现综合效用

使用团队方法的基本目标就是将具有不同看法和不同技术的个人结合到一起，从而实现比单个部门或个人单独完成任务更好的效果。团队相互作用的综合效用能够使成员以新的角度看待问题或使用创造性的方法完成任务。理想的情况是，团队共同合作解决个人不能很好解决的问题，创造完成日常任务的新方法（虽然耗费时间）和形成只有多样性团队才能形成的观点。

（六）更好地认识和解决问题

具有不同知识和技术背景的人员组成的团队有机会快速识别影响团队或企业效率低下的原因所在，及早认识问题并加以改正，减少甚至防止问题的发生。其次，团队应当共同承担出现问题以及改正问题的责任，这将有助于防止部门间更为激烈的相互抱怨。

第六节　采购风险的控制

一、采购风险的概念

在市场经济条件下，企业客观存在着采购风险。在全球经济一体化的背景下，企业采购所面对的供应市场范围进一步扩大，不确定因素增多，采购风险不断增大，企业迫切需要加强采购风险管理，采取有效措施防范和处理采购风险，确保采购安全。企业采购风险管理由采购风险分析和采购风险防范两部分组成。其中，采购风险分析是基础，采购风险防范是核心。

采购风险是指损失发生的不确定性，是人们因对未来行为决策及客观条件认知的不确定性而可能引起的后果与预定目标发生多种偏离的结果。简单地说，风险就是造成损失的可能性。风险可表示为事件发生的概率及其后果的函数：$R = F(P,C)$，式中 R 为风险；P 为事件发生的概率；C 为事件发生的后果。

企业采购风险是指在采购过程中因采购人员工作失误、采购单位管理失控、供应商进行商业欺诈等违规、违法行为，造成企业采购政策不合理、采购程序不规范、评标过程不公正、采购成本过大、合同执行中超支、延期交货、所购入物品及接受的劳务非企业所需要、规格不适当、质次价高、履约纠纷等。采购风险是客观存在的，贯穿于采购的全过程，只能控制并尽可能将其可能发生的损害降低到最低的限度。研究采购风险的目的在于预防、控制和转移采购风险。

二、采购风险的分类

采购风险可能来自很多方面，但是按照来源的不同主要可以划分为以下几个方面。

（一）采购人员造成的风险

企业采购是一项政策性强，涉及面广的工作，需要采购人员掌握社会科学方面的知识和自然科学方面的知识。采购工作涉及产业政策和贸易政策，要求采购管理人员不仅要了解产业和贸易方面的知识，也要掌握招投标、合同、谈判、市场调查及物品、工程和服务等方面的有关知识。知识欠缺会导致采购人员在采购过程中不可避免地存在一定的风险，通常可以归纳为这样几个方面：

（1）技术资源风险。采购人员即使在工作中并无行为上的过错，但仍有可能承受由技术、资源而带来的工作上的风险。例如，购入的汽车等物品在验收时可能无法发现其存在的质量问题，甚至在相当长的一段时间内都无法发现其质量隐患。另外，由于人力、财力和技术资源的限制，无法对购入物品进行细致全面的检查，由此会造成错过向供应商索赔的机会。

（2）工作技能风险。采购人员是运用专业技能提供技术服务的，因此，有时尽管履行了自身的职责，但由于其本身掌握专业技能不够全面的限制，就带来给企业造成损失的风险。例如对财务结算不精通，付款失误造成的损失。

（3）职业道德风险。一些采购人员不遵守职业道德，自私自利，在采购中暗箱操作、以权谋私、弄虚作假、舍贱求贵、收受回扣，损害企业利益，必然会因此面对相应的风险。

（4）行为责任风险。采购人员违反了规定的职责义务，超出了工作范围，并造成直接经济损失，就可能因此承担相应的责任。一方面是由于未能正确地履行义务和规定的职责，在工作中发生失职行为。另一方面是由于主观上的无意行为，未能严格履行自身的职责，并因此而造成直接经济损失。

（二）供应商造成的风险

供应商是为企业生产经营提供原材料、设备、工具及其他资源的企业。供应商有一个显著的特点，就是他们都是与采购企业独立的利益主体，是追求利益最大化目的的利益主体。供应商和采购企业是利益互相冲突的矛盾对立体，供应商希望从采购者手中赚取更多的利益。为此，供应商会想尽办法讨价还价和提高价格，从而造成物品价格波动。这种价格波动带来的风险会随着市场竞争的加剧、供应商讨价还价能力的提高而加大。有些供应商盲目追求利润，在物品的质量、数量上做文章，以劣充优、降低质量标准、减少数量，甚至制造假冒伪劣商品坑害采购企业。企业在某些短缺资源的采购或从降低成本的短期利益考虑，为获得交易成本低，供货比较稳定，采取独家供应商的制度。而供应商从保护自己的利益，打击竞争对手的立场出发，也会使用各种手段，要求采购部门建立独家供应商制度。但是独家供应商制度存在巨大风险，供应商出现货源不足或意外等问题，企业采购就会非常被动，就可能会影响到企业的生产经营。

（三）采购过程中操作不当的风险

很多不确定的因素存在于企业的采购过程中，因此会存在很多风险，具体表现在：

（1）招投标过程风险。招投标的每一步都会存在风险，比如招投标信息不够公开，招标方式选择不合理，招标文件中存在缺陷，资格预审把关不严格致使不合格供应商中标，投标人与招标人串通投标，出现损害企业利益或者他人的合法权益的风险等。

（2）评标、定标风险。与投标人有利害关系的人进入采购项目的评标委员会没有回避，评标委员会成员的名单在中标结果确定前已透露给供应商，因此有时评标委员会成员没有客观、公正地履行职务，违反职业道德，在评标过程中不能客观公正地履行职责，评标委员会成员私下接触投标人，收受投标人的财物或者其他好处，评标委员会成员或者参加评标的有关工作人员，向他人透露对投标文件的评审和比较、中标候选人的推荐以及与评标有关的其他情况，招标人不将评标小组确定的排名第一的中标候选人确定为中标人，从而出现损害企业利益的风险。

（3）合同签订过程中的风险。在合同签订的过程中，合同文件前后矛盾和用词不严谨，导致双方对合同条款的不同理解，形成相互扯皮或遗漏一些重要条款而导致的风险等。签订合同时务必要注意签字盖章与签约单位及其负责人（或授权人）是否相符，在现实的合同签订中，常常会因为一字之差而使合同无效，从而导致风险发生。

（四）采购管理失控的风险

采购管理失控的风险来源于对采购市场行情动态调查了解不够，利用互联网采购时碰到运行进度慢、网络病毒影响、信息不畅；对所购物料的价格、性能、规格等要素纵横比较不全面，导致以较高的价格采购的风险。采购项目论证不充分、不科学的风险，这主要表现为以下几点：

（1）企业管理部门审核计划时考虑资金不够，压缩关键技术参数，忽视专家和供应商合理建议。

（2）企业选购物品的各项技术参数是临时和随意让非专业人员制定，其中不乏和供应商有默契，指定品牌和配置，造成采购物品过时或不适合企业需要。

（3）对采购项目的技术先进性未加论证，没有进行综合长远评估，造成采购项目还没有完工，就已经过时。

（4）采购时盲目攀比、超前消费、购买商品要最好的、最高档的、配置要齐全的，一味追求高、精、尖、时尚性、品牌性，而不从企业的利益出发，造成采购支出超过计划的风险。

（五）法律风险

采购在我国国民经济发展中处于非常重要的地位，国家在不断加强对采购方面的监管。制定了包括《政府采购法》《国有企业物资采购管理的暂行条例》《招标投标法》等大量的法律、法规和规章。这些法律、法规和规章的公布与实施，对于加强对采购活动的监督管理，规范采购行为，促进和保障采购的健康发展，具有重要意义。它要求企业必须依法采购，如果企业在采购过程中，违规操作，将会受到严厉的处罚。企业采购主要采取公开招标、邀请招标、竞争性谈判、询价等方式进行，供应商认为采购单位和中介组织在采购方式的应用、招标文件的发布、招标程序的操作等方面违反法律规定，导致其利益受损，采购单位就可能会承担法律的风险。采购人员违法犯罪，触犯刑法的罪有：滥用职权罪、玩忽职守罪；签订、履行合同失职罪；贪污罪；受贿罪。

（六）政治变动和自然灾害给采购带来的风险

政治变动和自然灾害会给企业采购带来意想不到的风险。政治变动是指由国际、国内政治环境变化而带来的不确定性影响企业采购的风险，如战争、政变、一国领导的换届、外交破裂、恐怖事件等。自然灾害如台风、地震、洪水、火灾、山体滑坡、病毒影响等来自大自然的破坏，也时刻威胁着企业的采购。自然灾害造成交通系统瘫痪，致使物品难以运输，不能够及时送达；或者破坏生产，使企业生产线无法正常运转，制造不出需要的物品；或者影响采购环境。

（七）全球采购带来的风险

全球供应链下的采购作为企业与外部环境的接口，风险主要来自于这样几个方面：采购提前期风险、原材料价格波动风险、采购合同风险等。

1. 原材料价格波动

随着世界经济一体化进程加速，任何企业都不能脱离国际市场，国际市场由于受地区战争、金融危机等诸多因素的影响，价格波动十分激烈，如石油价格。这种价格波动对企业的经营造成了极大的影响，如果处理不当，将会造成巨大的损失。另一方面，随着新技术的广泛采用，使得某些原料或设备的更新换代速度加快，价格也迅速下跌，如电脑价格。

2. 采购提前期风险

全球采购活动涉及的范围较广，关系到跨国运输、海关滞留、检查审核和中途转运等环节，运作过程比较复杂，采购批量也较大，因而采购提前期相对较长，一般为 3～4 个月。在这样一段较长的提前期内，会产生诸多不确定的因素，导致采购提前期风险的发生。

通常我们认为采购提前期是指从发出采购订单起到收到货物时止的这段时间，历经了采购订单准备期、确定发货期、实际发货期和货物收到期。相对而言，其中每个时间段的波动情况不大一致，尤其是实际发货期与货物收到期这一时间段，受海关检查、运输方式和天气环境的影响较大，时间短在一周左右，长则多达一个多月，变化很不稳定。这种不稳定的因素，将会给采购方的生产运营带来极大的不便，甚至导致严重的情况发生，如生产设备停工，生产效率降低；不能按照正常计划进行生产，影响其他生产计划的运作，造成不必要的加班运作；无法在规定的期限内满足顾客的需求，导致顾客满意度下降，潜在需求减少等。

3. 全球采购合同风险

与一般采购合同相比，全球采购合同无论在合同内容上，还是在合同形式上都存在很大的不同。主要表现在两个方面：一是，各国国情不尽相同，语言沟通也有一定的障碍，即便是同一个国际采购合同，双方对合同内容中有关条款的理解也可能存在偏差。二是，采购合同中规定的支付货币的选择和支付期限也是容易产生歧义的地方，因而需要认真加以审核。在大多数情况下，往往都是由于轻率签订合同而产生了日后的合同纠纷。

签订全球采购合同时，在采购合同上需要详细地列明所采购产品的技术性能、供货时间、采购数量、产品价格等合同要素，同时，还必须考虑另外一些边界的因素，如大宗的贸易采购额，是否会引起涉及相关产品的配套引进问题；各国税务政策的相互衔接和匹配；运输保险的保护性条款设计；采购设备在调试保用期内的条款安排；对履约保证的约束设定、延期违约赔偿金的惩罚；支付货币的选择和汇率变化的处理；不可抗力与合同争端的解决等，忽视以上任何一项条款都有可能会引发采购合同风险，从而导致采购的失败。

三、采购风险的防范与规避

在分析企业采购风险的基础上，必须进行采购风险的处理与防范，采取相应的措施或方法使风险减少到最低或者避免风险。通常有如下几种方法用来防范采购风险。

（一）增强采购人员和管理人员的风险防范意识

企业采购人员是采购项目的责任人，要在增强职业素质、提高工作技能、加强职业道德约束等方面控制风险。主要有这样三个方面：

(1) 建立健全采购岗位责任制。监督采购人员履行岗位职责和义务，遵守有关的法律、法规。加强内部控制管理，让风险意识和质量意识植根到每位员工的脑海中，贯彻落实到日常的每一项工作中。做好采购人员的选拔、聘用，培养和造就一批技术水平高的采购人员，从人力资源上为降低质量风险提供保障。

(2) 加强职业道德约束。实施采购人员职业道德教育工程，通过多种形式的舆论宣传教育，创造良好的工作氛围，让采购人员时刻意识到，高尚的职业操守是采购人员生存的基本原则。另外，创建浓郁而积极的企业文化，在潜移默化中增强采购人员职业道德情操，减少采购风险。

(3) 定期实行采购人员轮岗制度。对采购工作各个岗位进行分析评估，明确各个岗位职责，制定量化考核指标。对采购人员的技能素质、心理素质和潜质等进行分析。建立内部劳动力市场，通过轮岗制度，实现采购人员和岗位的最佳配置。从而实现既有利于发掘个人潜能，拓宽知识面，找到自己最适合的岗位，又有利于创造性发挥，进一步降低采购人员的采购风险。

（二）建立健全采购组织

企业采购活动的主体是企业采购机构，企业采购机构直接决定企业采购的效益。健全的采购管理组织是企业对采购实行统一领导，分级管理，防范风险的基础。企业要从组织建设上加强采购工作的领导，成立由总经理和各部门负责人组成的“采购工作委员会”，直接领导采购部门的工作。企业采购机构在运作过程中，要力求规范运作。法制化管理是企业采购最主要的、最高级的管理方式。用法制化管理确保企业采购贯彻公开、公平、公正的原则，实现企业采购“物有所值”和“廉洁高效”的目标。对采购工作实行统一管理，职能分离。将企业的采购工作纳入购销比价系统，由“采购工作委员会”实行统一管理，将采购人员的权力按职能分配，形成相互制约的监督机制。对采购环节中的主要业务：确定物品的需要量、寻找合适的供应商和合适的价格、审批供应商以及价格、与供应商签订合同、检验收到的物品、储存物品、登记明细账、核准付款等，都要设专人负责，严格把关。审批人不能同时办理寻找供应商和索赔业务，物品的采购人员不能同时担任物品的验收工作；审核付款人不能同时是付款人。

（三）建立健全供应商选择和管理制度

供应商的选择和管理是企业采购防范风险的基础工作。一批适合于企业的供应商是企业的宝贵资源，它们不仅能使企业物品采购稳定可靠、质优价廉、成本降低，而且可以做到双方关系融洽、互相支持、共同协调，降低采购风险。企业要建立供应商准入制度，科学确定供应商标准。在对供应商调查了解的基础上，挑选一批生产能力强、技术水平高、管理科学、服务周到的供应商作为企业正式的供应商，并为这些供应商建立档案。具体记录供应商的联系方式、地址、注册资金、营业执照号、供应物品的质量、规格、付款条件、交货条款、交货期限、银行账号等。开展主要物品采购价格的调查，在了解本企业物品采购价格水平、本地区同行业物品采购价格水平、国内同行业物品采购价格水平的基础上，建立主要物品采购的价格档案。在实施采购时，对每一批主要物品采购的报价，都与档案的物品价格进行比较，分析价格差异产生的原因。如出现采购物品价格高过档案价格，要加以说明，并提请企业采购工作委员会讨论，进行价格评价后才付诸实施。发展多供应商、多地域的供应渠道，防止独家供应商带来的商务风险，

（四）建立健全采购作业标准和请示制度

实行采购作业标准化首先要明确规定采购人员的权限范围。采购人员在外面独立工作，应当具有一定范围的决策权、主动权。这样有利于调动采购人员的积极性，提高工作效率。但是，采购人员的权限也应当限制，避免滥用职权，给企业造成较大的损失。采购人员在处理超出权限范围的业务时，应请示有关主管人员，避免自作主张。例如，签订合同、改变原有作业程序、作业指标等，要向采购部门主管人员请示汇报。采购人员能够自主支配的资金的数额、住宿、送礼、请客的标准等，也应作出具体的规定。为了操作方便，企业也可以实行采购费用包干、凭票报账的方式。

其次要制定标准化采购操作流程，编制详细的采购作业手册。把采购作业过程分成若干步骤，每个步骤应该怎么做，达到什么要求，应该做什么记录。每个操作步骤又分成各种不同情况，在每种情况下应当怎样处理，达到什么要求，都分别作出具体的规定。这个操作手册，既是采购作业操作手册，也是采购作业控制监督的标准。为了监控的需要，在各个步骤设立采购作业控制点，如时间、地点、作业指标、证明人等。设置流程记录，如原始单据、合同、采购人员工作记录、书面汇报材料等。

最后应建立采购评价制度，评定采购工作业绩，总结经验，纠正缺点、改进工作，同时也发挥监督作用，促使采购人员努力工作，降低采购风险。

（五）建立供应链的采购体系，运用先进的采购技术

供应链是围绕核心企业，将供应商、制造商、分销商、零售商，直到最终用户连成一个整体的功能网链结构模式。在参加供应链的企业之间建立起一个齐心协力、统筹兼顾、责任共担、利益共享的战略伙伴关系是供应链管理的基础。在供应链管理中，企业要引进MRP或ERP技术，计算确定企业的物料需求计划，解决物品需求数量、需求时间和地点等问题，通过网络与供应商共享供需信息，由供应商来管理企业的库存。这种模式有两个优点：一是可以降低企业采购风险，减少企业库存；二是供应商可以根据需求变动情况，适时地调整生产计划和送货计划。在供应链采购中，企业通常是小批量采购，即需要多少采购多少，什么时候需要就什么时候采购。供应商自己的责任与利润相连，所以自我约束力强，保证送货质量，从而减少企业采购风险。

（六）招投标过程的风险防范

企业要加强法律、法规的学习和普及，认真检查采购业务操作的规范性和合理性，建立健全企业采购内部监督管理制度，规避法律风险。采购活动的决策和执行程序应当明确，并相互监督、相互制约。经办采购的人员与负责采购合同审核、验收人员的职责权限应当明确，并相互分离。采购项目的每步操作需有两个经办人员参与。对“下达采购计划”“安排采购计划”“制定采购文件”“发布采购信息”到“签订采购合同”“合同履行”

“业务资料归档”等环节的工作程序都作出明确的规定，有效地避免采购风险。建立质量体系认证制度，以完善采购工作的程序性和标准化，通过认证制度进一步规范采购业务操作程序，建立、健全相互制约的内部监督机制，提高采购工作的质量和效率。

（七）建立健全资金使用，运输进货控制制度

企业要建立健全采购资金使用的管理制度，具体规定资金的领取、审批、使用的权限范围、审批制度、书面证据制度等。货款的支付，应根据对方信用程度、具体的风险情况进行稳妥处理。一般货款的支付，要等到货物收到并验收合格以后，再付全部货款。运输进货是采购过程中的重要环节，随机因素多、风险大，要加强对这个环节的控制。注意降低进货风险。在签订运输合同时，把进货风险责任人明确规定下来，把风险赔付方法写清楚。可以采取让供应商或者运输部门来承担责任的方法以监督控制供应商。如果是自提物品或自运物品，则必须要由承办人承担风险。承办人在每一步都要认真操作，防止发生风险。有些贵重货物，最好办理运输保险业务，把风险损失降低到最小。为应对突发的采购风险，企业要在调查经营需要物品的基础上，根据历史同期物品消耗情况与企业近期需要，编制库存规划，做到以需定存，保证库存结构合理和控制库存规模，避免自然灾害等发生造成的采购风险。合理库存数量的确定，要从企业实际出发，根据保障任务的特点选择科学计算方法。

（八）签订合同和履行合同过程中的风险防范

一般来说，企业在订立采购合同之前要了解供应商资格、信用状况，注意供应商的营业执照是否进行年检、是否有经营场所、是否濒临破产或经营境况日益恶化、是否违法经营、是否有高额回扣引诱等。采购人员应到供应商经营场所察看，不要轻信电话、传真。订立采购合同时，要确认供应商的身份和资格以及相关的书面证明，核实对方身份证、授权委托书；了解对方是否有恶意串通的嫌疑，切忌急于求成或因小恩小惠勉强签订合同。注意关键条款是否讲清楚，合同条款的商榷、取舍应当取得双方单位的同意。要对合同进行公证或律师见证，由其他机构来共同承担代理风险。公证机关和律师事务所对合同进行公证和见证时，一般都要求合同当事人出具相关的证明文书，进行“第二次审查”。合同经公证或鉴证后，公证机关或鉴证机关要对其行为负责任，合同的有效性会进一步增强。

设备安装或工程施工等承包合同，要监督合同的履行。如果合同时间长、情况复杂，对合同外的风险要有足够的认识，发现问题及时处理。如设计变更，工作量增大，或其他因招标人的问题出现增加工程量、延误工期时，要及时鉴证。对原材料供应、设备供应、货物运输等都要与供应商规范地签订合同，并监督执行，在遇有意外因素需要索赔时，要及时索赔，防止风险。

（九）全球采购风险规避策略

1. 对待全球采购风险的态度和措施

对待采购风险通常有三种态度：

（1）无动于衷的态度。

（2）被动消极的态度，即采购方在与供应商的谈判过程中，没有一套完整的风险规避思路和相关的应对策略。

（3）主动积极的态度，指采购方根据对未来风险大小的认识和把握，预先主动采取一些保护性条款，咨询一些专业机构，做到能够尽量避免或减少由风险所带来的损失。同时根据有利的数据信息，通过资本市场的运营，为已方争取较多的利益。对采购方而言，显然，应当采取主动积极的态度来对待采购风险，但采取怎样的风险规避策略，则需要根据采购方对供应链合作联盟的了解和与供应商的关系来确定。

有三种途径能够用来解决全球采购风险，即抵消策略、柔性策略、冒险策略。

抵消策略，又称为保守策略，即在进行采购风险规避时做到：任意一部分的损失能够被其他部分的盈余所弥补。在这种策略下，采购方能够有效地避免风险所带来的损失，但不能获得额外的风险收益。

柔性策略，是指采购方采取一种能够适用于未来可能发生的各种情况的策略，并能够充分利用不同情况下的有利因素，规避采购风险，同时为已方获得更多的收益。一般而言，采购方采取柔性策略必须具备灵活的供应链体系、雄厚的财力和快速准确的信息获取能力。对采购方而言，选择何种策略主要是根据自身的特点和偏好来决定。因而，以下我们针对全球采购过程中的三类风险，结合有关的定量分析模型，分别提出具体的应对风险和进行规避的措施，以保证全球采购工作的顺利进行。

冒险策略，是指采购方采取的风险规避策略成功与否仅以某一假设条件的发生为基础，如果该假设条件在现实中难以实现，则所采取的风险规避策略将彻底失败，反之，不仅能够成功地进行规避风险，甚至能够获得额外的收益。

2. 原材料价格全球采购风险规避策略

风险价值模型（Value at Risk，VaR）方法十分适合对原材料价格风险这类风险进行量化分析，它是一种能够有效测定风险的计量方法。

（1）VaR 方法介绍

VaR 是指在某一特定的概率下，在某一特定的时期内，预期能够发生的最大亏损值。在具体使用 VaR 方法时，可以将风险定义为概率分布的标准差，这种处理方法既简单又便于理解。在多数情况下，用正态分布来表示采购原材料的价格波动情况。

将 VaR 方法应用到企业的采购风险评估，可以看做是在某一概率下，某一特定的期限内，由于采购原材料的价格波动而导致的、预期可能发生的最大亏损值。它同时反映了在市场假设条件下的亏损程度和发生这些亏损的概率大小，不同的损失概率对应不同的最大亏损值，即5%的损失概率对应的 VaR 值与6%的损失概率对应的 VaR 值是不同的，如图 4－13 所示。因而 VaR 在很大程度上体现了决策者对风险损失和风险概率的态度，期望风险损失越小，则就选择相对较为保守的风险概率。

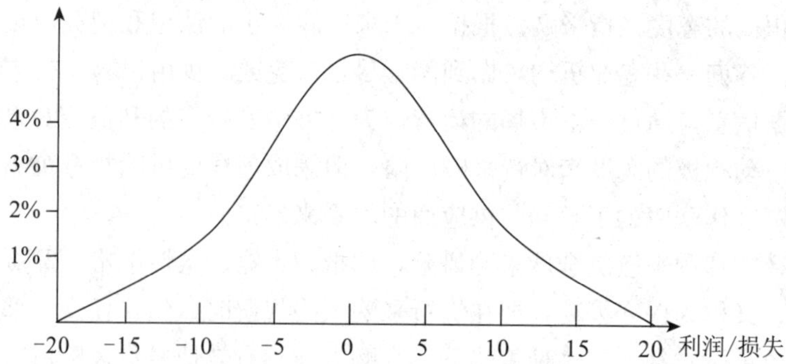

图 4-13　风险价值 VaR 的图形表示

（2）VaR 计算

假设用 x 代表采购原材料的市场价格，$P(t_0, x_0)$ 代表在 t_0 阶段时采购原材料的市场值，在 t 时期的预测估计值是 $P(t, x_t)$，价格变化所引起的利润或损失函数可表示为 $P(t, x_t) - P(t_0, x_0)$，从而对于一定的置信水平 α，经过时间 $t - t_0$，VaR 即是组合价值损失的单边置信区间的临界值，即：

$$p_r\left[\frac{p(t, x_t) - p(t_0, x_0)}{\sigma} \leqslant \frac{-VaR}{\sigma}\right] = \alpha$$

VaR 的度量取决于两个重要的参数，一定的置信水平 α 和时间的长短 t，前者取决于决策者对风险的态度，一般的取值范围在［95%，99%］；后者取决于采购方时间的考虑。由于在不同的时期内，风险分布的概率不尽相同，导致对 VaR 值的计算存在一定的困难。一般情况下，假设采购原材料的价格波动情况符合正态分布 $N(0, \sigma^2)$，该分布的方差即是代表采购原料价格可能发生的风险程度，从而由上式可以得出：

$$VaR = -Z(\alpha)\sigma$$

其中：$Z(\alpha)$ 代表置信度为 α 所对应的置信下界区间，可由表查得。

故在一定的置信水平下，在一定的时期内采购一定金额（设为 M）的原材料时，当采购原材料的价格变化符合标准正态分布时，能够发生的最大损失是：

$$VaR = -MZ(\alpha)\sigma$$

在实际操作过程中，企业一般会统计分析采购原材料的价格变动情况，获取采购原料的价格波动的概率分布，从而得出该概率分布的标准方差，然后在一定的置信度下，求取可能发生的最大亏损额。

3. 全球采购提前期风险规避策略

现代企业越来越注重对客户的快速反应，提高整条供应链的反应速度，制造型企业更多地采用准时化生产系统或柔性生产系统，借助计算机辅助决策系统，大量运用技术成熟的 ERP 管理软件和 MRPⅡ管理软件，严格按照顾客的订单需求进行生产，缩短采购提前期，进一步减小预测误差，达到准时化采购、准时化生产和准时化销售的目的。

4. 全球采购合同风险规避策略

采购方进行全球采购时，需要仔细推敲和审核采购合同条款，采取适当的采购合同风险规避策略。主要要求做到这样几点：

（1）规范采购合同范本。进行全球采购和采购谈判的厂商，由于缺乏对各国具体国情和法律法规的了解，有时一些合理的、简单的要求也会遭到对方的拒绝，因而应当依据一些全球通行的采购合同文本和规则条款，尽量避免不必要的麻烦和纠缠。在大多数情况下，采购方应当对供应商所在国家或地区有关采购合同方面的规制有适当的了解，结合采购方所在国对采购合同具有哪些法律和要求，从而寻求制订一种双方满意、不会引起歧义的采购合同标准和格式。

（2）设定合同保护性条款。设定采购合同的保护性条款，有利于双方妥善解决未来发生的各种情况，而不会发生分歧。尤其对于那些期限较长的采购合同，需要分期支付款项或将来一次性支付款项，这条策略显得非常重要。保护性条款主要有基本的保护性支付条款，主要包括支付方式、支付程序、支付办法、分阶段的付款和滞留金的安排等。对于阶段性支付货款和滞留金的安排，对采购方而言，能够对合同风险起到两方面的规避作用。不但可以预防对方可能出现的违约现象，使对方能够切实履行合同义务，而且对于大型采购项目，由于金额巨大，货币的时间价值和机会成本明显，阶段性地合理控制滞留金的比例，能够避免利息损失或兑换损失。

（3）针对某些特殊情况，相关商业票据的规范和适用需要在采购合同中加以说明。如在某项合同中规定，由人民币支付的商业发票和增值税发票应由国家税务部门统一印制，但国外厂商仅在所提供的电脑制单的商业发票上列明货款，未同时提供专用的增值税发票，从而导致采购方无法支付这部分增值税，进而可能成为偷逃增值税的替罪羊。在某些情况下，供应商对于商业发票的货款发生项名称，没有加以规范化，就有可能导致采购方无法根据国家的某些政策，获得国外采购关税的减免。

思考题

1. 在现代采购管理中包括哪些细化目标？
2. 设置采购管理的部门时，应从哪些方面予以考虑？
3. 采购管理部门的职责都包括什么？
4. 如何加强对采购人员的管理？
5. 跨部门采购团队的组建包括哪些工作？
6. 结合自身的团队，简述优秀的采购团队应具备哪些特点？

第五章　供应链采购的供应商管理

供应商是指可以为企业生产提供原材料、设备、工具及其他资源的企业。供应商可以是生产企业，也可以是流通企业。企业要维持正常的生产，就必须要有一批可靠的供应商为企业提供各种各样的物资供应。因此，供应商对企业的物资供应起着非常重要的作用，采购就是直接和供应商打交道而从供应商那里获得各种物资。因此，采购管理的一个重要工作，就是要做好供应商管理工作。

第一节　供应商管理概述

一、供应商管理定义

供应商管理（Supplier Management），是对供应商了解、选择、开发、使用和控制等综合性管理工作的总称。其中，了解是基础，选择、开发、控制是手段，使用是目的。供应商管理的目的，就是要建立起一个稳定可靠的供应商队伍，为企业生产提供可靠的物资供应。

二、供应商管理的意义

供应商管理的重要意义可以从两个层面来考虑，即技术层面和战略层面。

（一）技术层面意义分析

（1）供应商管理有利于降低商品采购成本。美国先进制造企业的研究报告表明，采购成本在企业总成本中占据着相当大的比重，对美国制造企业而言，原材料采购成本一般占产品单位成本的40%～60%，大型汽车制造企业更高。研究报告指出，采购成本所占比例将随着核心能力的集中和业务外包比例的增加而增加，因此，供应商作为供应链中的结盟企业直接关系着产品的最终成本。美国采购经理们预测，未来五年，竞争压力将迫使制造商们每年降低5%～8%的产品成本（除去通货膨胀因素）。但这仅仅依靠制造商是无法实现的，制造商必须与供应链另一生产型企业——供应商联合才能实现产品成本的降低。

（2）有利于提高产品质量。有研究表明，30%的质量问题是由供应商引起的。因此提高原材料、零配件的质量是改进产品质量的有效手段。

（3）从降低库存的角度分析。减少库存的压力使制造商将前端库存转嫁于供应商身上，将后端库存转嫁于销售商身上，不利于合作伙伴关系的建立，供应商管理可以进行协调库存管理。

（4）从缩短交货期的角度分析。据统计，80%的产品交货期延长是由供应商引起的，缩短产品交货期应从源头做起。

(5) 从制造资源集成的角度分析。信息技术和计算机网络技术，尤其是全球性网络 Internet 的迅速发展为现代制造企业跨地域、跨行业，实现信息和技术的实时传递与交换，提供了必要条件。制造业面临的是全球性的市场、资源、技术和人员的竞争，制造资源市场已成为一个开放型的大市场。制造资源应被集成起来发挥作用早已是人们在制造生产中得到的共识。

(二) 战略层面意义分析

(1) 从集成供应链的角度分析。即将供应商放在供应链网络结构模型中考虑，供应链是由节点企业组成，节点企业在需求信息的驱动下，通过职能分工与合作实现供应链的价值增值过程。从系统论的角度来看，制造资源是整个制造系统的输入，而供应商的行为和要素市场的规范与制造资源的质、量密切相关，所以供应商管理问题是制造的出发点，也是制造成败的关键之一。

(2) 从提升核心能力的角度分析。随着企业越来越注重于核心能力的培养和核心业务的开拓，从外部获取资源，通过供应商介入进行新产品开发以提升自身的核心能力的情况也逐渐增多。

(3) 从新产品开发的角度分析。据美国采购经理们预测，未来五年，新产品上市时间将缩短 40%～60%，仅仅依靠制造商或核心企业的能力是远远不行的，与供应商合作在新产品开发方面提升自己的核心能力已势在必行。

三、供应商管理的目标

(1) 获得符合企业质量和数量要求的产品或服务。

(2) 以最低的成本获得产品或服务。

(3) 确保供应商提供最优的服务和及时的送货。

(4) 发展和维持良好的供应商关系。

(5) 开发潜在的供应商。

四、供应商管理的基本环节

(一) 供应库的建立

所谓的供应库是指能够满足企业物资需要的供应商群体。这是采购活动得以完成的基础。而供应库的建立包括供应商的调查、潜在供应商的确定、供应库的优化等内容。

(二) 供应商的关系管理

在供应商管理的工作上，企业面临一个很重要的前提问题，就是要与供应商建立何种关系，这种关系如何保证绩效。所以企业要首先关注供应商的关系管理问题。

(三) 供应商的评价与选择

在供应库已经建立完成，供应商关系方向已经确定的基础上，企业要根据不同时期的物资需要，按科学合理的步骤，进行供应商的评价与选择工作。

（四）供应商的绩效评估

在采购的全过程中，要不间断地对供应商的绩效进行评估，并不断补充进质量好的供应商，淘汰不合格的供应商，以保证采购工作的顺利进行。

（五）供应商的控制与激励

在采购活动的进行过程中，还要关注供应商的控制与激励问题，这是保证采购活动持续、稳定进行的必要工作。

第二节　供应库的建立

进行供应库的建立，主要工作就是要完成供应商的调查工作，利用调查得来的供应商信息，来组建企业的供应商选择范围，即供应库的范围。同时要不断利用科学的方法，时刻监督供应库的情况，保证供应库的供应源作用，不断地将好的供应商补充入库，将不合格的供应商淘汰出库。

一、供应商的调查

供应商的调查，就是指买方通过适当的渠道、采用适当的方法，了解有关供应商的信息以便建立供应库的过程。调查工作的范围是全体可能提供相关物资的供应商全体。供应商的调查是供应库建立的第一步。买方对供应商了解越多，就越有利于供应商的选择、供应库的建立，从而才能越有利于采购工作的顺利进行。

（一）供应商调查的资料来源

买方在对供应商进行调查时，资料的来源包括第一手资料和第二手资料。这里的第一手资料是指为当前的某种特定目的而收集的原始资料，而第二手资料是已经存在的，并且是以前为某种目的而收集起来的信息。

第一手资料是为了解供应商情况这一特定目的而收集的，因此具有针对性强、及时性强、信息准确等优点，但同时也要消耗较大的人、财、物和时间。第二手资料是一些已经出版或发表的文章、期刊、内部资料等信息，收集起来省时、省力，但由于这些资料当初记录时，并不一定是为进行供应商调查这一目的而展开的，所以会显现信息的针对性不强、逻辑性不强、时效性也不强等特点。

买方由于时间和精力的问题，通常会从第二手资料开始他们的调查工作，并据以判断所要了解的供应商问题是否已部分或全部地解决，以免再去收集昂贵的第一手资料。第二手资料为买方提供了一个起点，并具有成本较低，得之迅速的优点。

这里值得一提的是，随着互联网时代的到来，网站已经成为买方了解供应商信息的关键工具。这些由网站提供的资料信息的获得，在市场调研中是付费极低的，甚至是免费的。所以买方要充分利用好网络这一廉价、快速的信息平台，但同时也要注意辨别网络上的垃圾信息、虚假信息，要做好供应商信息筛选工作。

下面详细列举供应商调查的主要信息来源：

（1）国内外采购指南。

（2）国内外产品发布会。

（3）国内外新闻传播媒体（如报纸、刊物、广播电台、电视、网络）。

（4）国内外产品展销会。

（5）政府组织的各种商品订货会。

（6）国内外行业协会——会员名录、产业公报。

（7）国内外企业协会。

（8）国内外各种厂商联谊会或同业工会。

（9）国内外政府相关统计调查报告或刊物。

（10）其他种类出版物的厂商名录。

（11）整体性的媒体招商广告。

（12）同行试调，买方的采购人员可到竞争对手店内试调，可发现优良商品供应商的信息来源。

一般通过下列方式来得到相关的供应商：

①包装上的制造商或进口代理公司的电话联络。

②如果没有电话，可利用包括上述制造商或进口代理公司的名称进行电话查询，再行联络。

（13）厂商介绍。想要引进的商品向同行厂商询问，同行厂商可提供相关信息。

（14）供应商自行找上门。等相关供应商的业务自行找上门。

（二）供应商调查的内容

供应商调查的内容包括材料供应、专业技能、品质控制、人员水平、设备情况、财务状况、管理制度等几个方面。下面列出这些调查方面的具体内容：

1. 材料供应状况

（1）产品所用原材料的供应来源；

（2）材料的供应渠道是否畅通；

（3）原材料的品质是否稳定；

（4）供应商原料来源发生困难时，其应变能力的高低。

2. 专业技术能力

（1）技术人员素质的高低；

（2）技术人员的研发能力；

（3）各种专业技术能力的高低。

3. 品质控制能力

（1）品质管理组织是否健全；

（2）品质管理人员素质的高低；

（3）品质管理制度是否完善；

（4）检验仪器是否精密及维护是否良好；

（5）原材料的选择及进料检验的严格程度；

（6）操作方法及制造程序管制标准是否规范；

（7）成品规格及成品检验标准是否规范；

（8）品质异常的追溯是否程序化；

（9）统计技术是否科学以及统计资料是否翔实。

4．管理人员水平

（1）管理人员素质的高低；

（2）管理人员工作经验是否丰富；

（3）管理人员工作能力的高低。

5．机器设备情况

（1）机器设备的名称、规格、制造厂、使用年限及生产能力；

（2）机器设备的新旧、性能及维护状况等。

6．财务及信用状况

（1）每月的产值、销售额；

（2）来往的客户；

（3）经营的业绩及发展前景。

7．管理规范制度

（1）管理制度是否系统化、科学化；

（2）工作指导规范是否完备；

（3）执行的状况是否严格。

（三）供应商调查的方法

对供应商的调查可以采取发放问卷、面谈、要求供应商提供相关资料、对供应商工厂进行实地考察等方式，在实际操作中，往往把这些方法结合起来使用。

1．问卷调查法

问卷调查是对供应商调查的主要方式之一，它是使用调查表来对供应商调查的。调查表是用于调查的最普遍的工具。一般来说，一份调查表是由向被调查者提问并请他（她）回答的一组问题所组成。调查表是非常灵活的，它有许多提问的方法。调查表需要认真仔细地设计、测试和调整，然后才可大规模使用。调查问卷所表现出来的信息可以被用来作为供应商评价前的参考；可以作为印证供应商提供信息的真实性；可以用来了解供应商的实力及潜能；还可以作为制定企业采购政策的参考。

在问卷调查方法的实施过程中，最关键也是最难的一点，就是要设计合理的调查问卷，即要合理地、科学地设计调查问卷上的问题。企业必须精心地挑选要问的问题的内容、问题的形式、问题的用词和问题的次序。对问卷设计方面有以下的具体要求：

（1）依企业本身需要设计内容及格式；

（2）能确实掌握了解供应商的信息；

（3）考虑供应商填写的方便性及容易度；

（4）考虑企业对此资料应容易整理、分析与运用；

（5）易于将填写的资料加以系统化，便于电脑化作业及管理；

（6）问卷内容应具体易懂。

2. 实地调查

企业在对供应商进行实地调查时，需要收集和观察的信息具体如下：

(1) 设施和关键设备的使用年限；

(2) 研究和开发的设施；

(3) 主要员工的士气和经验；

(4) 技术流程与控制；

(5) 客户订货的主要流程；

(6) 电子订货和开发票的信息系统和兼容性；

(7) 全面质量管理原则的贯彻；

(8) 进度安排和优先排序系统的自动化程度；

(9) 工厂作业管理优异的证据；

(10) 大客户名单；

(11) 工会历史和合同到期日；

(12) 保持原材料库存的行为；

(13) 设施规模；

(14) 让供应商早期参与的能力；

(15) 处理电子交易的技术；

(16) 订单处理、流程和进度的关键人员责任；

(17) 环保程序和设施；

(18) ISO 9000 认证；

(19) 监督和检查人员的能力；

(20) 预警维护程序；

(21) 检测设备的定期鉴定和检查；

(22) 影响进度的主要系统，如 ERP、MRP、DRP；

(23) 工程和设计能力；

(24) 持续改进成本和流程方案；

(25) 健康和安全保证；

(26) 频繁配送小规模订单的能力；

(27) 采购技能和实践。

在此，供应商调查的结果是确定一个可以接受的供应商资源清单。这些供应商有能力满足采购需求，企业也愿意向其订货。大多数企业都把这称为“认可的供应商清单”。如果绩效卓越，清单上的供应商将可能成为非常有价值的合作伙伴。

(四) 供应商调查的步骤

供应商的调查一般分三步走：明确需求、编制供应商调查进度表、寻找新供应商资料。

1. 明确需求

这里所说的需求主要包含以下几方面：

（1）要求何时开发成功；

（2）需要何种原材料或零部件；

（3）年均需求量为多少；

（4）欲开发什么性质的企业作为供应商；

（5）要求供应商有什么样的生产能力、品质水平；

（6）要求是本地供应商还是远近皆可。

弄清楚上述问题后，在寻找供应商时就会目标明确得多，从而少做无用功。

2. 编制供应商调查进度表

最好按调查供应商的步骤编制一份时间进度表，这样不仅可使开发新供应商的具体工作明确化，而且也可尽量减少计划日期被拖延的可能性。表 5-1 是一份“供应商开发进度表”样本。

表 5-1　　供应商开发进度表

项目负责人：　　日期：

序号	开发步骤	进度日期											
		1	2	3	4	5	6	7	8	9	10	11	12
1	寻找新供应商资料	→											
2	取得联系并实施会谈		→										
3	初步访厂			→									
4	报价			→									
5	工厂审核及整改				→	→							
6	制作样品						→	→					
7	评估样品								→				
8	小批量试产									→	→		
9	中批量试产											→	→

3. 寻找新供应商资料

明确对新供应商的需求后，便可依照编制的进度表进行开发的具体工作，寻找新供应商的资料或信息是第一步。

获得所需信息的方式有很多，如访问国际互联网、查找电话簿、参加各种展览会、通过别人介绍等。可参阅上述供应商调查的相关内容。

一般来说，通过各种方式获得的供应商会有好几家，可根据企业对欲开发的新供应商的各方面要求进行初步筛选，留下 3～5 家供应商做进一步接触。

二、潜在供应商的确定

根据调查得来的供应商的信息，要进一步明确供应库中应存有的供应商名单，这就是供应库建立的第二步。潜在供应商的确定，其步骤如下：

（一）初步联系

应使用适当的联系方法去跟已经大致圈定的供应商取得联系。一般来说，第一次尽可能采用电话联系，应跟供应商的相关业务人员清楚表达跟他们联系的目的、自己的需求并初步了解该供应商的产品。如果不是特别情况，不要第一次联系就叫供应商报价，如果对一个供应商的基本情况根本不了解，得到它的报价单又有什么用呢？另外，还会让供应商产生“这个客户只关注价格”的错误印象。

跟供应商电话联系取得初步的信息后，应根据筛选出的供应商所在地的远近来采取不同的行动。可以要求距离较近的供应商来企业面谈，需要供应商带上企业简介、相关的样品以增加会谈效果，面谈时不仅要尽可能多地从供应商那里得到信息，同时也要将企业对供应商的基本要求及对欲购原材料的要求尽可能向供应商表达清楚，如果可以并必要的话，带供应商去生产现场看一看，这会增加供应商对欲购产品的进一步把握。因涉及技术与工艺保密的问题，带供应商去生产现场参观在很多企业都是被明文禁止的。

如果是远距离供应商，草率地让供应商从千里迢迢赶过来显然是不合适的，合适的做法是让供应商用快递寄些资料和样品过来，通过供应商的资料/样品，可以在一定程度上了解它的实力。另外，还有一种方式，就是通过访问供应商的网页了解供应商。

无论供应商是远是近，均需要求供应商填写一份“供应商调查问卷”。它主要用于在初步联系阶段了解供应商的一些基本情况。

（二）初步访厂

这一步骤不一定进行，如果方便且有必要的话，由采购人员在对供应商正式审厂之前去“踩踩点”还是有益的。因为越来越多企业的供应商开发工作是由一个包括工程、品管人员在内的开发团队去完成，如果采购人员不提前对供应商的工厂有一个初步了解，万一供应商的实际生产现场很差，采购人员毫无疑问会遭到开发团队内其他部门人员的抱怨甚至是责难，他们会认为采购人员在浪费他们的宝贵时间。

初步访厂主要是看一看供应商的生产区与办公区，如生产线的生产情况、生产设备、仓库、检验及测量仪器等，也可能会初步查一查供应商的财务状况。目的是要得到一个关于该供应商的初步总体印象，这种结果是不精确的，但它影响到采购人员决定对该供应商是否有必要采取下一步行动。

（三）报价

在初步掌握供应商的一些基本情况后，作为采购人员很想知道供应商能以什么样的价位提供物料，此时再要求供应商报价就比较合适，因为供应商对它的潜在客户也有了一定的了解。要求供应商报价前，最好发一份询价单给所有要报价的供应商，以便让供应商进一步得到该物料的一些基本情况，并可让供应商以相同的报价条件（币别、价格术语、交货地、付款条件等）来报价格，这样对采购人员比价非常有利，从而对采购人员的还盘提供方便。

（四）正式工厂审核

在与供应商议价后，一般可获得采购方基本满意的价格。如果购买的是关键物料，除特殊情况外都要安排正式的工厂审核，以利采购方更准确、更详细地掌握供应商的工程技术能力、品质保证能力、财务状况等基本信息。

采购方的审核人员一般由采购人员、品管人员、工程技术人员等组成，各部门人员的侧重点是不一样的，采购人员侧重于跟贸易有关的一些东西，如交货、生产能力、付款、供应商的财务状况等，品管人员关心的是供应商的品质系统、检验人员及检测器具等，而工程技术人员所关心的则是供应商的设备、加工精度、工程能力等。

毫无疑问，在开发团队中采购人员起到“火车头”的作用，整个开发过程中的进度、各方面的协调应由采购人员来掌控。在开发供应商的全过程中，有两个环节最耗费时间，第一是在工厂审核过程中，如发现有问题，则需反复整改并来回审核，这样不仅拖延进度而且会使双方相关人员感到非常疲惫，第二是如果要反复提供样品，则会弄得双方越来越没信心。对这两方面的问题双方应积极配合，用最短的时间逾越难关。

在进行工厂审核时，可采用下列三种方式：

（1）审核程序、记录、报表等；

（2）生产现场查看；

（3）对供应商相关人员提问审核。

在工厂审核中，既要做到严格把关又不能过分地吹毛求疵，应坚持实事求是的原则，不能拿放大镜去看在审核时发现的一些小问题。事实上，很少存在经严格审核却发现不了问题的企业，如果存在也只能说明审核人员审核得不够仔细。

（五）样品认证

如果供应商的产品不能满足使用要求，其他方面再好也没有用。要求供应商提供适当数量的样品供检验、装配以确定供应商的产品是否可被接受，是开发新供应商全过程中的一个重要环节。

如果采购方所需的是通用性产品，供应商一般就能很快提供出样品给采购方试用，如果采购方所需的产品是非通用性产品，则送样过程要复杂些。比如说，某 MP3 播放机生产企业要一家塑胶制品厂为其生产某款 MP3 的塑胶部件，首先采购方要设计工程图纸，塑胶厂得到图纸后要开模具，做好模具后才能生产出样品，这里面还涉及模具费如何算的问题，模具费要么由采购方单独支付，要么将模具费摊进一定数量产品的单价中，如果采购数量很大，供应商也有可能愿意承担模具费，但这种情况是较为少见的。

供应商在提供样品时，应根据产品类别提交下列全部或部分资料：①材质证明；②安全证明；③检验报告（包括：外观、尺寸、功能等项目）；④符合证明书。

采购人员收到供应商提供的样品后，一般需将供应商名称及样品的一些基本信息填入一份“样品认证表”中，随样品一起送给品管部、工程部等进行相关检测、试验及装配等评估。一些大企业中，专门设有“样品评估小组”来评审样品。采购人员应及时把样品在检测、装配过程中发现的问题反馈给供应商，以让供应商进行改善。有时需把供应商的工程技术人员和采购方的工程技术人员安排在一起，以便沟通得更直接、更有效。需对供应商改善后的样品进行再次评估。一般来说，同一产品的送样次数不宜超过三次。

（六）批量试产

样品可通过评审并不代表该供应商能批量供货，有时候，一些供应商的样品是经过“千挑万选”的，所以样品可以接受并不表示采购人员可向该供应商下订单。采购方应向供应商索要或订购适当数量的物料来进行批量试产，只有较大数量的样品能通过评估，样品评估这个环节才能算真正结束。供试产用的第一批订货的数量不宜太大，一般为3000～5000单位比较合适，不同的企业对此有不同的规定。

（七）正式接纳为合格供应商

如果对新供应商的工厂审核及样品评估均达到采购方的要求，那么该供应商便可接纳为合格供应商，它将被加入到合格供应商清单中去。

（八）订单转移

一般来说，潜在供应商确定有两个原因：

（1）现有供应商的综合服务水平不能满足企业的要求，需开发新供应商去取代现有供应商或给现有供应商施加压力；

（2）企业不断开发新产品，现有供应商不能提供新产品所需的原材料或零部件，或现有供应商的产能不够。

如果目前有供应商在供货，当新供应商开发成功后就要考虑订单如何分配的问题，一般来说，新供应商的订单以逐步增加为宜，以避免新供应商在磨合期中产生的问题影响企业的正常生产。当新供应商供货时间超过三个月，就可将新老供应商在各方面进行比较，综合服务水平高的供应商应得到较多或绝大部分订单。

潜在供应商确定这一步骤中，工厂审核和样品评估这两个环节最容易出现问题，耗费的时间也最长，采购人员应推动企业内部相关部门及供应商去及时解决这两个环节中出现的问题，以便在预定的日期之前将工作完成，成功地建立供应库。

三、供应库的优化

经过以上的操作步骤，到目前为止供应库已经基本建立完成。只是无论是在供应库的建立过程中，还是供应库建立完成在使用过程中，我们都还有一个重要的工作要完成，就是要不断监督供应库的情况，进行供应库的优化，这样才能保证供应库发挥其供应源的作用。

（一）供应库的优化定义

供应库优化是指企业应保持供应商的数量以及哪些供应商应被保留的过程。很显然这是一个连续的过程。

供应库优化的第一步就是剔除那些不重要的、业务量很少的供应商；第二步就是用更好的供应商取代较好的供应商。而要完成这两步工作，需要大力发展对供应商的评价和绩效管理工作，这是前提。

（二）优化供应库所带来的益处

供应库优化可以降低成本、改善质量和配送绩效、实现买卖双方信息共享。因为供应商优化能选出产品数量和质量方面都达到最优的供应商，因而选出的供应商能完成更多的任务，如对买卖双方关系绩效或附加值的改善等。这些供应商所能完成的其他任务还包括参与早期产品设计、供应商质量自我认证。优化供应库后，供应商通常与买方发展长期的合作关系，这将形成更进一步的改善。

1. 保证一流的供应商

因为供应商对企业的全面成功影响很大，所以可以很容易地了解为什么选择最优的供应商能够达到高绩效。不用对成百上千个供应商负责，也不用做太多工作管理它们，采购部门可以只把精力集中在与主要的优秀供应商发展密切关系上。与一流供应商合作的好处在于一流供应商质量和配送问题较少，掌握先进技术。买方可与先进供应商发展密切关系，在新产品设计初期要求供应商及早介入采购和工程，从而导致总成本降低。

2. 使用全面服务的供应商

优化后留存的供应商经常能提供一系列的服务。当买方使用全面服务的供应商时，它希望能以供应商参与技术、设计、测试、生产、服务和加工过程的方式获得收益。使用全面服务的供应商可以使供应商承担对整个系统的零部件、活动、服务进行管理以及管理它自己的供应商等工作。买方可以通过全面服务的供应商实现全部的设计和制造工作，而不是自己完成这些工作或使用多家供应商。

3. 减少供应库风险

起先，使用更少的供应商来降低供应库的风险并不明显。因为毕竟如果商品的唯一供应源中断或生产厂发生火灾怎么办？供应中断是反对削减供应商或采购来源单一化的主要理由。

现在，大多数企业认为谨慎选择供应商和与更少的供应商发展密切的工作关系更有利于降低风险。风险并不仅仅是指供应中断，也包括其他供应风险：供应商质量低下、配送绩效低或采购品的价格过高等。因此，拥有大量的供应商反而会增加风险。一些实践人员指出："供应库优化由于创造了双赢合作形式而降低了风险，我们以及我们的供应商都受益。由于更多和更长期的合同，供应商变得更强大，这也降低了对我们公司的供应风险。"

4. 降低供应库维持成本

在买卖双方进行业务交易时，买方为维持与供应商的积极关系也需要一定的资源要素。买方必须以几种方式与供应商保持联系，包括：与供应商在设计和物料规格方面进行洽谈；达成一致意见的质量和绩效要求；与供应商商谈采购合同；周期性地参观供应商设备；评价供应商绩效；如果发生绩效问题（如质量问题或延迟配送）要与供应商联系；与供应商共同合作改善供应绩效；要求供应商参与产品设计；和供应商讨论设计技术的改变；传送物料交货单等。每一项活动在时间、精力以及可能发生的错误交流方面都有一个相关的成本。显然，维持500名供应商的成本高于维持50名合格供应商的成本。此外，合格的供应商不需要买方过多地就质量问题与其接触。买卖双方的接触应该是增加价值（如信息共享）而不是解决问题。

5. 降低总产品成本

20世纪80年代，买方开始意识到为了一件产品保持多家供应商的真正成本，这包括产品质量和配送的不一致，以及由于每家供应商只提供很少量的产品而引发成本的上升。

与供应商的短期合同只适于小规模业务，这反而会增加成本。小规模合同使供应商无法进行大量生产，从而不能降低固定成本，或者不能有足够的利润投资新工厂和设备。如果一家或几家供应商接到大量的采购量，这样，由于合同量增加，工厂和设备的投资增加所导致的规模经济就可降低生产成本。供应库优化为实现向少量供应商大批量采购，从而降低成本提供了机会。

6. 实现综合采购策略的能力

实现综合采购策略要求有利于管理的供应库。由于买卖双方间双向交流和业务往来的要求增加，所以与供应商履行更复杂的业务需要一个简化的供应库。综合采购策略包括供应商发展、供应商及早参与产品设计以及与供应商采用成本定价法。

(三) 优化供应库的几种方法

在实践中，企业经常用到的供应库优化方法有以下几种：

1. 20/80 法则。这种方法认为公司采购金额的绝大多数支付给占供应商总数 20%的供应商，或供应商中的一小部分引起了大部分质量问题。采购金额和供应商质量是决定是否剔除供应商的两个标准。使用这种方法要求随时能从公司记录上获取信息。当公司需要快速减少供应库规模时，常采用这种方法。此方法的缺点是如果仅根据采购金额较少而将供应商剔除，有可能会将有竞争力的供应商排除。这种方法假设大部分采购费给予了最优供应商，这有时并不符合事实。

2. 改进的方法。即不管供应商过去的绩效如何，这种方法为供应商提供了在供应库中留存下来的机会。买方通知所有供应商，它们要在一段特定时期内进行改进，以满足新的采购绩效要求——从改善质量水平和配送绩效到缩短前置期和降低成本，或其他主要绩效指标。达不到指标的供应商很快被排除在外。这种方法不仅有改善供应库的潜力，还是选择供应商的有力手段。

3. 分类法。这种方法要求仔细评价供应商的绩效记录，并把它们分为三类。第一类是最大的一类，指那些现在或将来不能满足采购绩效要求的供应商。买方可以立即把它们排除在供应库之外。第二类为现在不能满足供应需求但将来有潜力的供应商。这些供应商中的优秀者通常能得到买方的帮助而进一步发展。第三类供应商接近完美，不需要买方帮助。这类供应商将来可以密切买卖双方的关系，包括提供长期合同，双方持续的质量改善等。供应商在这三类的分布随行业不同而变化。

第三节　供应商关系管理

在供应商管理中，必须将供应商关系分为不同的类别。目的是将企业的有限资源，发挥最高的效率，即企业要根据供应商对本企业的重要程度设定优先次序，区别对待，以利于集中精力重点改进、发展对企业最重要的供应商。所以说供应商关系管理的基础是供应商关系的分类。

而在实际上，传统企业的供应商关系更多地表现为竞争性关系，即企业之间的竞争多于合作，是非合作性竞争。供应链管理环境下的供应商关系却表现为一种战略性合作关系，提倡一种“双赢”机制。从目前的企业发展事实来看，从传统的非合作性竞争走向合作性竞争、合作与竞争并存是当今企业发展的一个趋势。

一、供应商关系分类

企业与供应商之间的关系大致可以分为五种：短期目标型、长期目标型、渗透型、联盟型、纵向集成型。

（一）短期目标型

这种类型供应商的主要特征是双方之间的关系是交易关系，他们希望彼此能保持较长时期的买卖关系，获得稳定的供应，但是双方所做的努力只停留在短期的交易合同上，各自关注的是如何谈判，如何提高自己的谈判技巧，不使自己吃亏，而不是如何改善自己的工作，使双方都获利。供应一方能够提供标准化的产品或服务，保证每一笔交易的信誉。当买卖完成时，双方关系也终止了。对于双方而言，只与业务人员和采购人员有关系，其他部门人员一般不参与双方之间的业务活动。

（二）长期目标型

与供应商保持长期的关系是十分重要的，双方有可能为了共同利益而改进各自的工作。并在此基础上建立起超越买卖关系的合作。长期目标型的特征是从长远利益出发，相互配合，不断改进产品质量与服务水平，共同降低成本，提高供应链的竞争力。同时，合作的范围遍及企业内的多个部门。例如，由于是长期合作，可以对供应商提出新的技术要求，而如果供应商目前还没有这种能力，采购方可以对供应链提供技术资金等方面的支持。供应商的技术创新和发展也会促进企业产品改进，所以这样做有利于企业长远利益。

（三）渗透型

这种形式的关系是在长期目标型基础上发展起来的。其管理思想是把对方公司看成自己公司的延伸，为了能够参与对方的业务活动，有时会在产权关系上采取适当的措施，如互相投资、参股等，以保证双方利益的一致性。在组织上也采取相应的措施，保证双方派员加入对方的有关业务活动。这样做的优点是可以更好地了解对方的情况，供应商可以了解自己的产品在对方是怎样起作用的，所以容易发现改进的方向。而采购方也可以知道供应商是如何制造的，对此可以提出相应的改进要求。

（四）联盟型

联盟型是从供应链角度提出的。它的特点是从更长的纵向链条上管理成员之间的关系。另外，由于成员增加，往往需要一个处于供应链核心地位的企业出面协调成员之间的关系，它常常被称为“盟主企业”。

（五）纵向集成型

这种形式被认为是最复杂的关系类型，即把供应链上的成员整合起来，像一个企业一样，但各成员是完全独立的企业，决策权属于自己。在这种关系中，要求每个企业充分了解供应链的目标、要求，以便在充分掌握信息的条件下，自觉地作出有利于供应链整体利益的决策。

二、传统环境与供应链管理环境下的供应商关系比较

传统环境下的供应商关系，就是传统的竞争关系，竞争关系模式是价格驱动。而供应链管理环境下的供应商关系，是双赢关系模式，是一种合作的关系。这种供需关系最先是在日本企业中采用，它强调供应商和生产商共同分享信息，互相合作，互相协调。二者的比较如表 5 - 2 所示。

表 5 - 2　　传统环境与供应链管理环境下的供应商关系特点比较

项目	传统供应商关系	供应链合作关系
相互交换的主体	物料	物料、服务
供应商选择标准	单一强调价格	多标准并行考虑（交货的质量和交货期等）
稳定性	变化频繁	长期、稳定、紧密合作
合同性质	单一	长期合同，具开放性
供应批量	小	大
供应商数量	多	少（少而精、长期紧密合作）
供应商规模	小	大
信息交流	信息专有	信息共享（电子化连接、共享各种信息）
质量控制	输入检查控制	外部资源管理
选择范围	当地投标评估	在国内外广泛评估可增值的供应商

三、供应链管理环境下供应商关系

在供应链管理环境下，买方与供应商之间的关系称为伙伴供应商关系，也称为合作伙伴关系。伙伴供应商关系的概念和实践，萌芽于 20 世纪 70 年代后期的日本汽车业，发展于 80 年代中期。

(一) 伙伴供应商定义

在供应链管理中，企业之间的战略合作非常重要。企业可以根据不同的目标选择不同类型的供应商。伙伴供应商关系是企业与供应商之间建立的最高层次的合作关系，它是在相互信任的基础上，由双方为着共同的、明确的目标而建立的一种长期的合作关系。在确保产品质量和价格的前提下，企业之间相互信任和相互帮助，供应商能保持较高的竞争力和增值率。供应商及供应商的供应商都是满足顾客需求的生存环境中的一个环节，任何一个环节的失败将使他们无法获得满意的产品。

(二) 供应链管理环境下合作关系的分类

在供应链管理环境下，供应链合作关系的运作需要减少供应源的数量（短期成本最小化的需要，但是供应链合作关系并不意味着单一的供应源），相互的连接变得更专有（紧密合作的需要），并且买方会在全球市场范围内寻找最杰出的合作伙伴，这样可以把合作

伙伴分为两个层次：重要合作伙伴和次要合作伙伴。重要合作伙伴是少而精的、与买方关系密切的合作伙伴，而次要合作伙伴是相对多的、与买方关系不很密切的合作伙伴。供应链合作关系的变化主要影响重要伙伴，而对次要合作伙伴的影响较少。

根据合作伙伴在供应链中的增值作用和他的竞争实力，合作伙伴分类矩阵如图 5－1 所示。

纵轴代表的是合作伙伴在供应链中增值的作用，对于一个合作伙伴来说，如果他不能对增值作出贡献，他对供应链的其他企业就没有吸引力。横轴代表某个合作伙伴与其他合作伙伴之间的区别，主要是设计能力、特殊工艺能力、柔性、项目管理能力等方面的竞争力的区别。

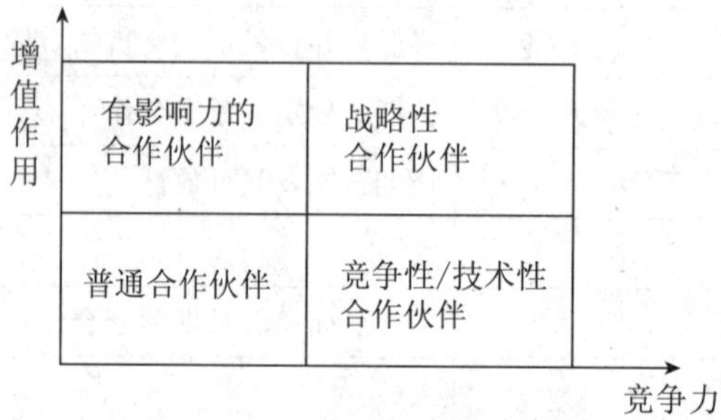

图 5－1　合作伙伴分类矩阵

在实际运作中，应根据核心企业不同的选择目标、不同的价值取向，选择不同类型的合作伙伴。对于长期合作需求而言，应选战略性合作伙伴；对于短期或某一短暂市场需求而言，只需选择普通合作伙伴满足需求则可，以保证成本最小化；对于中期需求而言，则要根据竞争力和增值作用对供应链的重要程度，相应地选择有影响力的或竞争性/技术性的合作伙伴。

（三）建立伙伴供应商关系的目的

伙伴供应商关系是一种契约式的、长期依存的合作关系，发展伙伴供应商关系的目的是因为这会给企业带来如下好处：

（1）缩短采购提前期，提高供货的柔性，获得数量折扣的利益，并根据长期积累的学习曲线效果降低生产成本；

（2）应用 JIT、VMI 和 CRP 等库存管理策略，降低库存量，加快资金周转；

（3）协助供应商贯彻落实质量标准，有效监控生产过程，提高产品质量，甚至通过给供应商提供技术支持，改善产品设计；

（4）减少供应商数目，降低询比价、议价及招标等采购订货的作业成本；

（5）向供应商提供生产计划，加强设计变更和交货日程改变的沟通工作，充分共享信息。

建立伙伴供应商关系的目的，在于提高质量、保证供应、降低成本等，在表 5－3 中描述了美国企业期望通过建立伙伴供应商关系达到的目的。

表 5-3 建立伙伴供应商关系的目的

目的	企业数量百分比（%）
降低库存	76
控制成本	75
保证供应	70
缩短交货周期	67
减少纸面工作	46
改进质量	43
取得技术支持	23

当然，不同国家的企业由于自身条件的不同，所处的市场环境不同，建立伙伴供应商关系的目的有所不同，但总体原则是一致的，只不过各种目的的先后顺序不同而已。

第四节 供应商选择与评价

一、选择与评价的步骤

供应商的评价和选择程序可以归纳为如图 5-2 所示的七个步骤。在实际操作时，企业必须确定各个步骤的开始时间。每一个步骤对企业来说都是动态的。下面我们围绕这七个步骤进行详细的探讨。

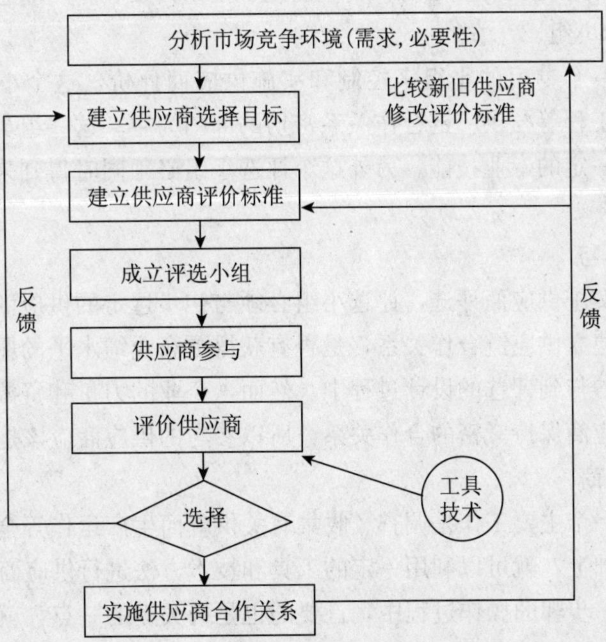

图 5-2 供应商选择与评价的步骤

（一）分析市场竞争环境

要想建立基于信任、合作、开放性交流的供应链长期合作关系，必须首先分析市场竞争环境。这样做的目的在于找到针对哪些产品市场开发供应链合作关系才有效，企业必须知道现在的产品需求是什么、产品的类型和特征是什么，以此来确认客户的需求，确认是否有建立供应链合作关系的必要。如果已建立供应链合作关系，则根据需求的变化确认供应链合作关系变化的必要性，同时了解现有供应商的现状，分析、总结企业存在的问题。

（二）建立供应商选择目标

企业必须确定供应商评价程序如何实施，而且必须建立实质性的目标。供应商评价和选择不仅仅是一个简单的过程，它本身也是企业自身的一次业务流程重构过程。如果实施得好，就可以带来一系列的利益。一般而言企业供应商评选的目标包括：

（1）获得符合企业总体质量和数量要求的产品和服务；

（2）确保供应商能够提供最优质的服务、产品和最及时的供应；

（3）力争以最低的成本获得最优的产品和服务；

（4）淘汰不合格的供应商，开发有潜质的供应商，不断推陈出新；

（5）维护和发展良好的、长期稳定的供应商合作伙伴关系。

（三）建立供应商评价标准

供应商评价指标体系（Supplier Evaluation Index System）是企业对供应商进行综合评价的依据和标准，是反映企业本身和环境所构成的复杂系统的不同属性的指标，是按隶属关系、层次结构有序地组成的集合。不同行业、企业，不同产品需求和环境下的供应商评价大致是一样的，几乎都涉及以下几个可能影响供应链合作关系的方面：供应商业绩、设备管理、人力资源开发、质量控制、成本控制、技术开发、客户满意度、交货协议等。

（四）成立评选小组

企业必须建立一个专门的小组来控制和实施供应商评价，这个小组的组员以来自采购、质量、生产、工程等与供应链合作关系密切的部门为主。这些组员必须有团队合作精神，而且还应具有一定的专业技能。另外这个评选小组必须同时得到采购企业和供应商企业最高领导人的支持。

（五）供应商参与

一旦企业决定实施供应商评选，评选小组必须与初步选定的供应商取得联系，确认他们是否愿意与企业建立供应链合作关系，是否有获得更高业绩水平的愿望。所以企业应尽可能早地让供应商参与到评选的设计过程中。然而，企业的力量和资源毕竟是有限的，只能与少数关键的供应商保持紧密的合作关系，所以参与的供应商应该是经过精选确定的。

（六）评选供应商

评选供应商的一个主要工作是调查、收集有关供应商生产运作等全方位的信息。在收集供应商信息的基础上，就可以利用一定的工具和技术方法进行供应商的评选了。

一般来说，这一步骤的操作过程中，首要的也是最关键的一点，就是将评价的绩效指标分成不同类型，并赋予不同的权重值，要求这一权重值能反映各类型的重要程度。例如，如果质量绩效是重要的，买方可能给该类型分派一个比较大的权重。分派的权重反映了每一评价类型的相对重要性，所有权重之和必须等于10。其次要确认每一个大绩效类型下的绩效子类型。例如，质量体系需要确认独立的子项目。如果是这种情况，供应商评价应该包括组成质量体系类型的子项目。同等重要的是，买方必须决定如何为大绩效评价类型下的每个子项目分配权重。再次是要确定每个绩效类型的分值。如果一个评价使用10分制来评估绩效类型的话，那么买方必须明确定义10、9、8等分值的区别。例如，一个较大的公司用10分制来评判它的供应商，那么各分值意义可以定义为：1～2为很差，3～4为差，5～6为不重要，7～8为合格，9～10为很好。最后，评选人员就可以用这些定量的分值，来表达自己的评选意愿，这是较为客观和科学的。

（七）实施供应链合作伙伴关系

在实施供应链合作伙伴关系的过程中，市场需求将不断发生变化。企业可以根据实际情况的需要及时修改供应商评选标准，或重新开始对供应商评价选择。在重新选择供应商的时候，应给予新旧供应商以足够的时间来适应变化。

二、供应商选择的方法

选择供应商，是对企业输入物资的适当品质、适当期限、适当数量与适当价格的总体进行选择的起点与归宿。选择供应商的方法有许多种，要根据供应商的数量、对供应商的了解程度、采购物品的特点、采购的规模以及采购的时间性要求等具体确定。下面介绍几种常见的选择方法。

（一）直观判断法

直观判断法（Heuristics of Judgment），是指通过调查、征询意见、综合分析和判断来选择供应商的一种方法。是一种主观性较强的判断方法，主要是倾听和采纳有经验的采购人员的意见，或者直接由采购人员凭经验作出判断。这种方法的质量取决于对供应商资料掌握的是否正确、齐全以及决策者分析判断的能力与经验。这种方法运作方式简单、快速、方便，但是缺乏科学性，受掌握信息的详尽程度限制。常用于企业进行非主要原材料的供应商的选择。

（二）综合评分法

综合评分法（Composite Grade Method），是指依据供应商评价的各项指标，按供应商的优劣档次，分别对各供应商进行评分，选得分高者为最佳供应商。

例如：某采购单位列出了对供应商评选的10个项目：①产品质量；②技术服务能力；③交货速度；④能否对用户的需求作出快速反应；⑤供应商的信誉；⑥产品价格；⑦延期付款期限；⑧销售人员的才能和品德；⑨人际关系；⑩产品说明书及使用手册的优劣。每个评分标准分为五个档次并赋予不同的分值，即极差（0分）、差（1分）、较好（2分）、良好（3分）、优秀（4分），满分40分，然后在表上为供应商评分，根据最后的评分情况，在各个供应商之间进行比较，最后确定供应单位，并据此要求选定的供应商对存在的不足之处进行改进。如表5-4所示为对某个供应商进行评分的情况。表中的供应商得分为32分，满分为40分（理想供应商），各项平均得分为3.2分，如表5-4所示。

表 5-4　　某采购单位对供应商的评分情况

序号	项目	极差	差	较好	良好	优秀
		0分	1分	2分	3分	4分
1	产品质量					√
2	技术服务能力					√
3	交货速度			√		
4	能否对用户的需求作出快速反应				√	
5	供应商的信誉				√	
6	产品价格				√	
7	延期付款期限					√
8	销售人员的才能和品德					√
9	人际关系				√	
10	产品说明书及使用手册的优劣			√		

（三）采购成本比较法

采购成本比较法（Purchasing Cost Comparison Method），是指分析不同价格和采购中各项费用的支出，以选择采购成本较低的供应商的选择方法。一般对于采购商品质量与交付时间均满足要求的供应商，通常使用此方法。采购成本一般包括售价、采购费用、交易费用、运输费用等各项支出的总和。采购成本比较法是通过计算分析针对各个不同供应商的采购成本，选择采购成本较低的供应商的一种方法。

例：某单位计划期需要采购某种物资 200 吨，甲、乙两个供应商供应的物资质量均符合企业的要求，信誉也比较好。距企业比较近的甲供应商的报价为 320 元/吨，运费为 5 元/吨,订购费用（采购中的固定费用）支出为 200 元；距企业比较远的乙供应商的报价为 300 元/吨，运费为 30 元/吨，订购费用（采购中的固定费用）支出为 500 元。

根据以上资料，可以计算得出从甲、乙两个供应商采购所需支付的成本：

甲供应商：200 吨×320 元/吨＋200 吨×5 元/吨＋200＝65 200 元

乙供应商：200 吨× 320 元/吨＋200 吨×30 元/吨＋500＝70 500 元

甲供应商的采购成本比乙供应商的采购成本低 70 500－65 200＝5 300 元，在交货时间与质量都能满足企业需求的情况下，甲供应商为合适的供应商。

（四）招标采购

招标采购（Procurement Auction），是由采购单位提出招标条件，各投标单位进行竞标，然后采购单位决标，与提出最有利条件的供应商签订协议。一般当采购物资数量大、供应市场竞争激烈的时候，采用此方法来选择供应商。招标方法可以是公开招标，也可以是选择性招标。公开招标对投资者的资格不予限制，选择性招标则由采购单位预先选择若干个供应商，再进行竞标和决标。招标方法竞争性强，采购单位能在更广泛的范围选择供应商，以获得供应条件有利的、便宜而实用的物资。但招标方法手续繁杂，时间长，不能适应紧急订购的需要；订购机动性差，有时订购者了解不够，双方未能充分协商，造成货不对路或不能按时到货。

（五）协商选择法

协商选择法（Consultative Selection Method），是指由采购单位选出供应条件较为有利的几个供应商，同他们分别进行协商，再确定合适的供应商的方法。一般在可供单位多、采购单位难以抉择时，可以采用此种方法。和招标方法比较，协商选择方法因双方能充分协商，在商品质量、交货日期和售后服务等方面较有保证；但由于选择范围有限，不一定能得到最便宜、供应条件最有利的供应商。当采购时间紧迫，投标单位少，供应商竞争不激烈，订购物资规格和技术条件比较复杂时，协商选择方法比招标方法更为合适。

（六）ABC 成本法

ABC 成本法（Activity Based Costing），是鲁德霍夫和科林斯在 1996 年提出的基于活动的成本分析法，它是通过计算合作伙伴的总成本来选择合作伙伴，其总成本模型为：

$$S_i^B = (P_i - P_{\min}) \times Q + C_j^B \times D_{ij}^B$$

式中，S_i^B—— 第 i 个合作伙伴的成本值。

P_i—— 第 i 个合作伙伴的单位销售价格。

$P_{\min}$—— 合作伙伴中单位销售价格的最小值。

Q—— 采购量。

C_j^B—— 因企业采购相关活动导致的成本因子 j 的单位成本。

D_{ij}^B—— 因合作伙伴 i 导致的在采购企业内部的成本因子 j 的单位成本。

这个成本模型用于分析企业因采购活动而产生的直接和间接的成本的大小。企业将选择 S_i^B 值最小的合作伙伴。

三、供应商选择的评价标准

在评价与选择供应商的过程中，很重要的一个环节就是要合理的选定供应商的评选标准，同时，还要根据选择供应商的不同目的，来设置评选标准的各个类型的不同权重，以保证根据目标选出最适宜的供应商。一般来说，主要的供应商评选标准指标体系包括：

1. 供应商管理能力；
2. 全体员工能力；
3. 成本结构；
4. 财务能力和稳定性；
5. 工艺和技术能力；
6. 符合环境规章；
7. 生产计划和控制体系；
8. 信息体系能力；
9. 地理位置；
10. 更长期的潜在关系。

下面详细介绍供应商评选标准指标体系的内容。

(一) 供应商管理能力

对于买方来说评价供应商管理能力是很重要的。因为管理决定了经营活动并影响供应商未来竞争力。具体的指标包括：

(1) 经营管理层是否实行长期规划；

(2) 管理层能否保证全面质量管理以及持续完善；

(3) 管理人员的变动率是否过高；

(4) 管理层是否具有职业经验；

(5) 有多少采购专业人士被授予采购经理；

(6) 公司未来方向的前景如何；

(7) 管理人员与工人的关系如何；

(8) 管理人员是否为员工提供培训和发展机会；

(9) 管理人员是否了解战略资源的重要性。

(二) 员工能力

对供应商的评价过程需要有非管理层员工参与，高素质的、稳重的和有上进心的劳动力可以为企业带来巨大的利益，特别是在劳动力短缺时期。具体的指标包括：

(1) 员工支持、保证及持续完善质量的程度；

(2) 劳动力的全面技术和能力（特别是教育和培训）；

(3) 员工和管理人员关系的状况；

(4) 劳动力弹性；

(5) 员工道德；

(6) 劳动力的人事变动率；

(7) 员工为提高供应商的业绩做贡献的机会和意愿。

(三) 成本结构

评价供应商的成本结构需要彻底了解供应商的全部成本，包括直接人工成本、间接人工成本、物料成本、制造或工艺运营成本以及总的制造费用成本。了解供应商的成本结构可以帮助买方确定供应商生产项目的效率如何。

在评价过程的初始阶段，面临的主要问题是如何才能收集到成本方面的信息。如供应商可能没有详细地了解它的成本；许多供应商没有成熟的成本核算体系，不能有效地分摊制造费用于产品或工艺中；有些供应商的成本资料属于高度机密，供应商害怕成本信息的泄露会破坏它的价格策略等。由于供应商的这些忧虑，买方经常在供应商评价的初始阶段只能对供应商成本结构进行大致估计，形成相对的定价模型。但只要双方能了解成本因素，则以成本为基础的定价方法就能够为双方带来相互的利益。但这种做法的前提是双方之间要有很高程度的相互信任和责任感。

(四) 财务能力和稳定性

对潜在供应商财务状况的评估一般发生在评估过程的最初阶段。许多买方认为，财务评估是对供应商详细评估之前的必经过程或基本条件。买方可以通过利用资金比率来分析供应商的财务状况。如果供应商是一个有公开影响的企业，其有关财务文件就很容易获得。由于在供应链管理的环境下，买方只依赖于很少的供应商来满足自己的采购需要，因此必须要通过选择那些能够长期保持业务往来的、财务状况良好的供应商来降低风险，这是非常重要的。

选择财务状况不好的供应商意味着有很多风险。首先，存在供应商破产的危险，如果没有其他容易获得的供应源，这种情况将非常严重。其次，财务状况不好的供应商可能缺乏机器设备所需的投资，也无法进行提高技术和改进其他绩效所需要的研究。再次，供应商可能在资金方面过分依赖买方，会使买方在资金方面较受束缚。最后一个风险是财务状况不良，通常是潜在问题的表现。买方必须了解为什么供应商会出现资金问题，它是不是质量不佳或绩效低下的后果？或是管理人员铺张浪费的结果？还是供应商有过多的债务？

支持选择不良财务状况的供应商的环境因素可能会存在。供应商可能正在发展壮大，但是还没有能够为买方提供具有市场优势的一流技术。抢先于对手获得新的生产和工艺技术是采购效率的一个表现。同样，供应商可能因为不能控制的或无法重复的环境因素而处于不良财务状况。

如果收集信息的采购专业人员及时提供了有价值的供应商财务状况的信息，采购经理就应该关注这些信息，以便从中寻找可能表明供应商潜在的财务困难。如果采购经理认为供应商目前正在面临某种类型的财务危机，则应该在供应商解释之后，再决定是否采取紧急行动。

下面给出主要的财务比率指标，如表 5-5 所示。

表 5-5　　主要的财务比率指标

指标	具体指标	解释
流动比率	流动比率＝流动资产/流动负债	大于 1
	速动比率＝（现金＋应收款项）/流动负债	小于等于 0.8
运营比率	存货周转率＝销货成本/平均存货	比较行业平均水平
	固定资产周转率＝销售额/平均固定资产	比较行业平均水平
	总资产周转率＝销售额/平均总资产	比较行业平均水平
	应收账款周转天数＝（应收款项×365）/销售额	比较行业平均水平
获利能力比率	销售净利润率＝税后利润/销售额	比较行业平均水平
	资产回报率＝税后利润/总资产	比较行业平均水平
	权益回报率＝税后利润/权益	越高越好
负债比率	负债权益比率＝总负债/权益	比较行业平均水平
	流动负债权益比率＝流动负债/权益	小于等于 1
	利润偿付能力比率＝（税前利润＋利息）/利息	大于 3，越高越好

（五）工艺和技术能力

供应商评价团队经常包括来自工程和技术领域的成员，以便对供应商的工艺和技术能力作出评价。工艺流程由用来生产产品或交付服务的技术、设计、方法和设备组成。供应商对生产工艺的选择有助于定义它所要求的技术、人力资源技能和资本设备要求。

对供应商技术和工艺能力的评价也应该关注未来的工艺和技术能力。这需要评估供应商的资金设备规划和战略。另外，买方应该对供应商用以研究和发展的资源进行评价。这个信息表明供应商对未来工艺和技术发展的重视。

买方也要对供应商的设计能力进行估计。一个减少开发新产品所需时间的方法是利用能够完成产品设计活动的合格供应商。

（六）符合环境规章

在20世纪90年代开始重新关注工业对环境的影响。政府对污染企业采取的措施越来越严厉。一些最常见的环境绩效标准包括：

（1）环境记录的公开；

（2）危险废弃物管理；

（3）有毒废弃物污染管理；

（4）ISO 14000认证；

（5）回收物流计划；

（6）环保产品包装；

（7）破坏臭氧层的物质；

（8）危险气体排放管理。

（七）生产计划和控制体系

生产计划包括发布、计划和控制供应商生产过程的那些体系。包括的内容是：供应商能够利用物料需求计划（MRP）体系确保所需零部件的可得性吗？供应商追踪物料和生产周期时间，并将之与绩效目标或标准相比较了吗？供应商的生产计划体系支持买方的及时需求吗？供应商的生产计划和控制体系需要多长的前置时间？供应商及时交付绩效的历史如何？评价生产计划和控制体系的背后目的是确定对供应商已经完成其计划和生产过程的控制程度。评价原则的基准点是供应商是否拥有一流的物料需求计划体系。

（八）信息体系能力

采购进行的基本条件之一就是，买卖双方要有电子交流的能力，即信息体系能力。这里需要借助的信息技术包括：EDI、UPC、ERP、CAD/CAM等。只有供应商拥有这些技术，才能够保证供应商与买方信息同步，共享，采购更有效率。

（九）地理位置

供应商的地理位置对库存量有相当大的影响，如果物品单价较高，需求量又大，距离近的供应商有利于管理。买方总是期望供应商离自己近一些，或至少要求供应商在当地建立库存。地理位置近，送货时间就短，意味着紧急缺货时，可以快速送到。

（十）长期的潜在关系

评价供应商是否适宜发展长期的伙伴合作关系，已经成为供应链管理环境的要求。因此评价供应商是否具有长期的潜在合作关系就成为必需的评选标准之一。其具体指标如下：

(1) 供应商对发展长期合作关系，表达出意愿和保证；

(2) 供应商愿意保证一些资源将不用于其他客户；

(3) 供应商愿意参加产品设计；

(4) 供应商给双方的合作关系带来了益处；

(5) 如果出现问题，供应商愿意进行谈判解决；

(6) 供应商是否真正有兴趣共同解决问题；

(7) 供应商的高级管理人员是否保证采购过程是战略关系的一部分；

(8) 买卖双方之间做到自由公开地交换信息；

(9) 供应商在多大程度上愿意共享未来规划；

(10) 供应商是否有迫切的需要信息的机密条款；

(11) 双方共同的互助水平如何；

(12) 供应商对买方的产业和业务了解程度；

(13) 买方与供应商是否共享成本资料。

四、早期供应商参与

供应链管理强调企业之间的战略伙伴关系，通过企业间的合作提升供应链的核心竞争力。对于上游企业的供应商来说，它的产品质量直接影响供应链的运行质量，关系到整个供应链的流程和结构。

英国学者乔恩·休斯等人的研究成果证明：早期供应商参与（Early Supplier Involvement，ESI）是为了满足供应商管理高级阶段的要求，是建立真正的伙伴供应商关系的必要条件，是产品设计、采购和开发之间联系的重要纽带，也是企业技术创新的成功要素。

（一）早期供应商参与概述

早期供应商参与策略，起源于20世纪40年代的日本汽车制造业。1949年，Nippondenson成为丰田汽车公司的第一层电子元件供应商。丰田的电子工程师直接加入Nippondenson公司，将第二次世界大战前的“暗箱操作”方式用于丰田汽车的零部件设计，开发了早期供应商参与的先河。在随后的近20年中，丰田公司发展了“精益生产”（Lean Production，LP）的方式，其中就包括大量的早期供应商参与的做法。这些做法逐渐成为其他的汽车厂商，如本田等的效仿。20世纪80年代初，日本汽车业开始在美国设厂，成为第一家系统开展早期供应商参与工作的企业。80年代末，美国汽车的三巨头克莱斯勒开始导入本国模式，实施早期供应商参与。进入20世纪90年代，早期供应商参与便在美国和欧洲等地各行业蓬勃发展成熟起来。

1. 早期供应商参与的含义

随着市场竞争的日益激烈，传统的产品开发方式不断受到挑战，企业为提高产品开发的竞争力，在设计阶段就开始发挥供应商的技术优势，并将产品设计纳入供应链管理体系。其中比较典型的是采用通用件和标准件，利用供应商的技术设计制造有关的模具及设备等。如今，许多企业不仅满足于此，他们在产品开发的定义阶段，甚至概念阶段就通过采购将伙伴供应商联系进来，让他们共同参与产品的设计，充分利用他们的专业知识和技术。这就是早期供应商参与。

2. 早期供应商参与的原因

早期供应商参与是采购与开发的桥梁，一方面它要求企业达到一定的管理水平，另一方面它要求企业具有一定的开发能力。早期供应商参与能够有效地协调和控制供应链网络中流动物流的数量和质量，增强整个供应链网络的核心竞争力。因此，凡是开展早期供应商参与的企业，大体上存在如下几种原因：①面临激烈的竞争；②技术进步的加速；③价格的敏感性；④技术复杂性的增加；⑤产品的扩散力度；⑥内部产能的限制；⑦致力于核心业务；⑧优秀可靠的供应商。

3. 早期供应商参与的优点

早期供应商参与不仅有利于企业，也有利于供应商，为他们建立长期稳定的合作关系创造了条件。

（1）企业的优点。从企业的角度来看，早期供应商参与至少具有如下优点：①缩短产品开发周期；②降低开发成本；③改进产品质量。

（2）供应商的优点。早期供应商参与也有利于供应商，主要表现在以下两个方面：①竞争的优越性；②研发的有效性。

4. 早期供应商参与的影响因素

影响早期供应商参与产品开发的因素，概括起来主要包括三个方面：①环境因素；②社会与行业规范；③企业的组织结构设置。

（二）早期供应商参与的策略

对于主要的供应链成员以及始于供应链的供应商来说，要在供应链中发挥作用，必须分享供应链信息。早期供应商参与产品开发是企业生命力的重要来源，有竞争力的产品是企业占领市场的基本保障，而生产开发过程中，技术创新是产品生命力的核心。

1. 早期供应商参与的层次

根据供应商参与的程度和深度的不同，可以将早期供应商参与分为五个层次：

第一层：提供信息。这是早期供应商参与顾客产品开发的最低层次。通常只是根据企业的要求提供共享的、必需的信息资料，如设备产能等信息供企业参考。

第二层：设计反馈。针对企业的产品设计和开发情况，供应商会提出有关成本、质量、规格或生产工艺方面的改进意见和建议。

第三层：零部件开发。供应商根据企业提出来的部件要求，深入参与或独自承担相关零部件的设计和开发工作。

第四层：部件或组件整体开发。在这一层次，供应商承担企业产品中较重要的部件或组件设计和开发的全部工作。

第五层：系统开发。这是早期供应商参与顾客产品开发的最高层次。供应商必须根据企业产品的整体要求，完全承担整个系统的开发工作。早期供应商必须拥有产品开发的专业技巧或技能，允许顾客独家享有并用于产品开发，并对顾客产品设计和开发过程中所涉及的问题承担责任。

统计结果表明，在发达国家有60%左右的供应商在早期供应商参与过程中停留在第一层次或第二层次，只有40%的供应商处于第三层次到第五层次。较高层次的供应商，大部分都是技术水平领先、国际合作能力强的生产制造企业。

2. 早期供应商参与产品创新的策略

早期供应商参与是一种管理模式上的创新，他们共同进行的是一种产品的创新。因此，企业在决策是否实施早期供应商参与策略时，必须全面了解企业的产品差异化、创新和成本优势，针对不同的产品实施不同的策略。

全球经济一体化、产品生命周期缩短、各国政府放松管制、资源的开发和利用出现激烈的竞争，使企业更加注重管理创新和产品创新，竞争的企业之间开始建立相互信赖的合作创新模式。特别是具有辨别能力的客户的增多，鼓励企业通过创新来获得企业增长的机遇。在新的经济环境下，更多的企业开始认识到，企业单独进行战略的改进和组织有效性的提高，不一定会提高收入、增加利润。因此，需要供应链节点企业能共同改善产品和服务，满足顾客新的、高的、差异化的需求。在产品创新模式中，主要存在三种产品创新类型：完全创新产品、模仿产品与改良产品。

其中，改良产品的这种产品创新模式，是以“越新的产品越好”为特征的。它的风险相当低，只需要少量的投资，不需要彻底地研究和开发。但需要随时、连续地增加顾客对产品的满意度。成为快速的改良者，能使企业降低成本，提高利润率。有效的产品和服务的创新模式就是创新，创造出完全的新产品。

在开发任何一种新产品或服务时，都会产生这样一个根本性的问题：企业是将资源投入到技术创新上，直至创立产品的品牌，还是将这两个过程分开。研究表明，企业拥有先进的技术未必能够将它转化为竞争优势。当竞争者不具有市场领导者的地位或者创新性的产品时，先进的技术才能转化为竞争优势。品牌能够使企业获得功能价值以外的超出价值，因而也能使企业获得竞争优势。

技术创新应该关注顾客，才会更有效地发现市场需求，不应该只注重技术和品牌。因此，向顾客传递合适的、新的产品和服务要做到如下三点：

(1) 依靠合适的技术能力进行投资，该技术能使企业的产品在功能和价格上实现完全的差异化；

(2) 进行营销策划，并全面实施，以树立和加强品牌知名度；

(3) 建立供应链体系，及时准确地以尽可能低的成本传递产品和服务。

3. 开辟盈利渠道的策略

要开辟新的盈利渠道，需要将以下四个有效的战略条件有机地联系起来：

(1) 开拓邻近的市场；

(2) 在现有的市场中良性地增长；

(3) 通过收购、战略联盟、合资等方式增长；

(4) 为开辟一个完整的、新的市场，不仅在产品和服务开发上，而且在创造更有效的分销和供应渠道上进行创新。

企业需要第三方和重要的供应商的大力支持，因为他们拥有许多至关重要的能力，能够帮助企业实现发展战略。几乎没有企业具有不依靠外部力量，就能够拥有完全创新、扩大规模、市场渗透的技术、资源和资本的能力。供应商和销售商都希望通过控制和技术能力的杠杆作用获得竞争优势。

（三）早期供应商参与的管理

早期供应商参与策略的实施，能够给企业和供应商带来双重的收益。对早期供应商参与的管理，有利于提高这种收益。

1. 早期供应商参与的过程

供应链体系中的供应商不仅要完成自己的促销策略，更要关注客户企业的各项需求，将协调与合作作为企业和供应商谋求共生和发展的重要手段，逐步形成直接面向企业的销售渠道。早期供应商参与作为采购和产品开发的一部分，大体上可以概括为如下过程：

（1）确定产品开发的方针和程序，明确开发目标与任务，包括采购部门的责任；

（2）根据产品开发计划，对企业及供应商的技术、工艺能力等进行初步评估，由采购部门参与提出产品中自制件和采购件，确定自己开发和供应商开发的方案；

（3）按照产品开发的方案，开展供应商能力考评，选择供应商，原则上应该是伙伴供应商；

（4）合作开发设计人员和供应商，就早期供应商参与的时间、程度、达到的目的和各自的职责等进行磋商，并签订双方认可的协议；

（5）定期检查工作的进度，调整相应的行动，对早期供应商参与产品开发过程中的表现进行考核；

（6）按产品开发的阶段要求定期评估工作进程，及时调整工作目标，并制定相应的应急计划；

（7）对早期供应商参与设计开发工作进行总结评估，按协议要求接收有关的设计文件及样品等。

2. 早期供应商参与的管理要点

早期供应商参与是一项高水平的管理工作，要有效地控制整个过程。在管理过程中，必须注意以下要点：

（1）企业要有充分准备，包括要有明确的产品及制造战略，要有清晰的技术开发（或核心技术）目标，要有强有力的专业人员（包括采购人员与工程技术人员）及有效的组织结构，要有必备的技术开发手段和设施；

（2）要有可靠的供应商体系，包括具有专业技术的伙伴供应商；

（3）企业的高层领导要认识到早期供应商参与的重要性，支持早期供应商参与的各项工作；

（4）企业不能完全依赖供应商，要与供应商相互信任、共担风险；

（5）选择的早期供应商必须从伙伴供应商关系开始；

（6）必须订立早期供应商参与的专门协议。

在早期供应商参与的管理实践中，必须避免两大错误观念。①不要将业务奖励给报最低价的供应商，而是要与作出开发贡献的早期参与供应商建立长期的合作关系；②不要过快地将业务转向价格低，但技术水平也低的供应商，应该以供应商综合评价体系为标准。因此，为鼓励和推动早期供应商参与，应该制定早期供应商参与纲要，在纲要中要包含如下内容：

——企业不同部门之间要达成一致，要统一认可早期供应商参与产品开发的贡献；

——要通过业务弥补早期供应商参与开发的成本，否则必须直接加以补偿；

——对早期供应商在降低成本、改进质量等方面的突出成绩，给予足够的物质和精神奖励；

——在考虑与早期供应商参与业务时要综合评价诸多因素；

——早期供应商参与工作需要采购经理和相关部门密切配合，更需要企业和供应商之间的密切合作。

五、供应商选择的评价方法

(一) 层次分析法

1. 层次分析法的概念

层次分析法（The Analytic Hierarchy Process，AHP）是一种相对比较完善、计算简便、适合于多目标、多准则的系统评价方法。层次分析法是由美国运筹学家萨帝（Saaty）在 20 世纪 80 年代初创立的一种多目标、多准则评价分析方法。它综合定量与定性分析，将人的思维条理化、层次化，对各备选方案按优劣进行排序，具有实用性、系统性、简洁性的特点。

层次分析法解决问题的基本思路是：首先将需要分析的问题层次化，根据问题的性质和要达到的总目标，将问题分解为不同的组成因素，并按因素间的相互关联影响以及隶属关系将因素按不同层次聚集组合，形成一个多层次的分析结构模型，并最终把系统分析归结为最低层相对于最高层（总目标）的相对重要性权值的确定或相对优劣次序的排序问题。它体现了决策思维的基本特征：分解、判断、综合，具有系统性、综合性与简便性的特点。层次分析法的关键环节是建立判断矩阵，判断矩阵是否科学、合理直接影响到层次分析法的效果。

2. 层次分析法工作步骤

完整的层次分析法包括三个步骤，即①根据研究对象和研究目标建立层次结构模型；②构造判断矩阵并计算指标权数；③对评价指标进行无量纲处理，计算各评价对象的综合评价结果。具体如下：

(1) 构造集成化绩效评价体系

层次分析法应用的第一步就是根据具体情况建立评价系统的层次结构图，如图 5 - 3 所示。

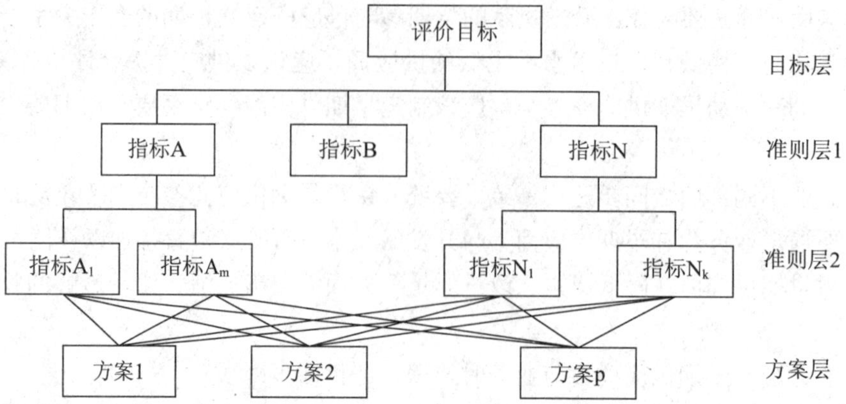

图 5-3 层次分析法中层次结构图的一般形式

（2）构造判断矩阵并计算指标权数

运用专家调查法等对如图 5-3 所示的评价指标体系中处于同一层次的各指标进行两两比较构造判断矩阵，并根据特定的算法计算各指标权数。判断矩阵的基本形式为：

$$\begin{array}{ccccc} A & A_1 & A_2 & \cdots & A_m \\ A_1 & a_{11} & a_{12} & \cdots & a_{1m} \\ A_2 & a_{21} & a_{22} & \cdots & a_{2m} \\ \vdots & \vdots & & \vdots & \\ A_m & a_{m1} & a_{m2} & \cdots & a_{mm} \end{array}$$

（3）计算评价对象的总评价结果

为了保证评价结果具有可比较性，必须对评价指标进行无量纲处理。在此基础上，综合指标权数和无量纲处理后的指标得分，可以得到每个评价对象的最终评价结果，据此作出相应的决策。

3. 评价指标的权数确定方法

在用层次分析法确定指标权数时，通常采用的方法有两种：一种是传统的“两两比较法”，另一种是“三角模糊数法”。

（1）两两比较法

两两比较法就是把处于同一节点下的不同指标两两进行比较，构造判断矩阵，然后借助一定的算法得出判断矩阵的排序向量。

①标度问题：标度就是表示两两要素之间相对重要性的数量尺度。标度的确定在层次分析法中占有重要的地位，它的选择是否恰当直接决定了最终权数的正确性和有效性。萨帝（Saaty）在提出层次分析法的同时，也给出 1～9 标度方法，这种标度方法有其合理性与科学性的方面，很多地方还继续使用，但大量实践证明存在缺陷，不少学者做了不同程度的改进，提出了各种标度方法。归纳起来大致分为两种：一种是互反性标度，如 1～9 标度，指数标度，9/9～9/1 标度，10/10～18/2 标度，$1\sim1.5^6$ 标度等；另一种是互补性标度，如 0.1～0.9 标度，0～1 标度，0～2 标度，－2～2 标度等。我们更倾向于使用互反

性标度。表 5-6 给出了几种比较典型的互反性标度方法。

表 5-6　几种比较典型的互反性标度

区分	1～9 标度	9/9～9/1 标度	10/10～18/2 标度	1～1.5 标度
相同	1	9/9 (1.00)	10/10 (1.00)	$(1.5)^0$
稍微重要	3	9/7 (1.286)	12/8 (1.50)	1.5
明显重要	5	9/5 (1.800)	14/6 (2.33)	1.5^2
强烈重要	7	9/3 (3.00)	16/4 (4.00)	1.5^4
极端重要	9	9/1 (9.00)	18/2 (9.00)	1.5^6
通式	K	$9/(10-K)$	$(9+K)(11-K)$	1.5^K
K	$K=1\sim9$	$K=1\sim9$	$K=1\sim9$	$K=0,1,2,4,6$

②构造判断矩阵

在构造判断矩阵时，可以采用专家调查的方法，通过对指标间相对重要性的两两比较，构造出判断矩阵。

设有 n 个指标，其权值分别为 $W_1,W_2,\cdots,W_n$，对其指标进行两两比较，则形成的 n_i 阶方阵为：

$$\boldsymbol{A}=\begin{bmatrix}\frac{W_1}{W_1} & \frac{W_1}{W_2} & \cdots & \frac{W_1}{W_n}\\ \frac{W_2}{W_1} & \frac{W_2}{W_2} & \cdots & \frac{W_2}{W_n}\\ \cdots & \cdots & \cdots & \cdots\\ \frac{W_n}{W_1} & \frac{W_n}{W_2} & \cdots & \frac{W_n}{W_n}\end{bmatrix}=\begin{bmatrix}a_{11} & a_{12} & \cdots & a_{1n}\\ a_{21} & a_{22} & \cdots & a_{2n}\\ \cdots & \cdots & \cdots & \cdots\\ a_{n1} & a_{n2} & \cdots & a_{nn}\end{bmatrix}$$

③层次单排序和一致性检验

由于矩阵 $\boldsymbol{A}$ 具有如下特性：$a_{kk}=1$；$a_{kj}=1/a_{jk}$；故该矩阵具有唯一的非零最大特征值 $\lambda_{\max}$。对判断矩阵 $\boldsymbol{A}$ 求其最大特征根 $\boldsymbol{AW}=\lambda_{\max}\boldsymbol{W}$，$\lambda_{\max}$ 所对应的特征向量 $\boldsymbol{W}$ 经过统一化处理后即得到同一层次相应因素对于上一层次某因素相对重要性的排序权值，这一过程称为层次单排序。对层次单排序进行一致性检验，首先计算一致性指标 $CI=\frac{\lambda_{\max}-n}{n-1}$ 为判断矩阵的阶数，再通过查表 5-7 得出对应不同 n 值的平均随机一致性指标 RI 值。

表 5-7　平均随机一致性表 (*RI*)

n	1	2	3	4	5	6	7	8	9
RI	0.00	0.00	0.58	0.90	1.12	1.24	1.32	1.41	1.45

当随机一致性比率 $CR=\frac{CI}{RI}<0.10$ 时，认为层次单排序的结果具有满意的一致性，

否则就要对判断矩阵进行调整。

④层次总排序

计算同一层次所有因素对于最高层（总目标）相对重要性的排序权值，称为层次总排序，这一过程是最高层次到最低层次逐层进行的。若上一层次 A 包含 m 个因素 $A_1, A_2, \cdots, A_m$，其层次总排序权值分别为 $a_1, a_2, \cdots, a_m$，下一层次 B 包含 n 个因素 $B_1, B_2, \cdots, B_n$，它们对于因素 A_j 的层次单排序权值分别为 $b_{1j}, b_{2j} \cdots, b_{nj}$，（当 B_k 与 A_j 无联系时，$b_{kj}=0$），此时 B 层次总排序权值由下表 5-8 给出：

表 5-8　　层次总排序权值的计算表

层次 A / 层次 B	A_1	A_2	…	A_m	B 层次总排序权值
B_1	b_{11}	b_{12}	…	b_{1m}	$\sum_{j=1}^{m} a_j b_{1j}$
B_2	b_{21}	b_{22}	…	b_{2m}	$\sum_{j=1}^{m} a_j b_{2j}$
⋮	…	…		…	
B_n	b_{n1}	b_{n2}	…	b_{nm}	$\sum_{j=1}^{m} a_j b_{nj}$

⑤层次总排序的一致性检验

这一步骤也是从高到低逐层进行的，如果 B 层某些因素对于 A_j 单排序的一致性指标为 CI_j，相应的平均随机一致性指标为 RI_j，则 B 层次总排序随机一致性比率为：

$$CR = \sum_{j=1}^{m} a_j CI_j / \sum_{j=1}^{m} a_j RI_j$$

当 $RI < 0.10$ 时，认为层次总排序结果具有满意的一致性，否则就要重新调整判断矩阵元素的取值，直到满意为止。

（2）三角模糊数法

在用两两比较法构造判断矩阵时，许多情况下，A_i 和 A_j 两个指标之间的相对重要性并不能简单地用一个数字来表示，而是有一个“置信区间”，在这种情况下，就可以采用三角模糊数的方法来构造判断矩阵。荷兰学者 Van Laarhoven 于 1983 年提出了用三角模糊数表示模糊比较判断的方法，并运用三角模糊数的运算和对数最小二乘法，求得元素的排序，从而把 AHP 拓展为能够在模糊环境下使用 FAHP。

①三角模糊数及有关运算法则

三角模糊数 M 可以通过其隶属度函数 $f_M(x): R \rightarrow [0,1]$ 定义如下：

$$f_M(x) = \begin{cases} \dfrac{1}{m-l}x - \dfrac{l}{m-l}(x \in [l,m]) \\ \dfrac{1}{m-u}x - \dfrac{u}{m-u}(x \in [m,u]) \\ 0(\text{其他}) \end{cases} \tag{5-1}$$

式中 $l \leqslant m \leqslant u$，$l$ 和 u 分别表示 M 所支撑的下界和上界，m 为 M 的中值。

一般地，三角模糊数 M 可记为 (l,m,u)，在三角模糊数中，l 和 u 表示判断的模糊程度。设 $\delta = u - l$，δ 越大表示模糊程度越高；δ 越小表示模糊程度越低；$\delta = 0$ 则表示判断是非模糊的。

设 $M_1 = (l_1, m_1, u_1)$，$M_2 = (l_2, m_2, u_2)$，$M = (l, m, u)$ 分别为三角模糊数，其运算法则为：

$$(l_1, m_1, u_1) \oplus (l_2, m_2, u_2) = (l_1 + l_2, m_1 + m_2, u_1 + u_2) \qquad (5-2)$$

$$(l_1, m_1, u_1) \otimes (l_2, m_2, u_2) \approx (l_1 l_2, m_1 m_2, u_1 u_2) \qquad (5-3)$$

$$\lambda M = (\lambda l, \lambda m, \lambda u), (\forall \lambda \in \boldsymbol{R}) \qquad (5-4)$$

$$(l, m, u)^{-1} \approx \left(\frac{1}{u}, \frac{1}{m}, \frac{1}{l}\right) \qquad (5-5)$$

$M_1 \geqslant M_2$ 的可能性程度被定义为：

$$\vee (M_1 \geqslant M_2) = \begin{cases} 1(m_1 \geqslant m_2) \\ \dfrac{l_1 - \mu_2}{(m_2 - \mu_2) - (m_1 - l_1)} \\ 0(\text{其他}) \end{cases} \qquad (5-6)$$

设 $X = \{x_1, x_2, \cdots, x_n\}$ 是一个对象集，$U = \{u_1, u_2, \cdots u_n\}$ 是目标集，则第 i 个对象满足目标的程度值分别为 $M_{E_i}^1, M_{E_i}^2 \cdots, M_{E_i}^m, i = 1, 2, \cdots, n$，这里 $M_{E_i}^j$ 均为三角模糊数。由此可定义第 i 个对象关于 m 个目标的综合程度值：

$$S_i = \sum_{j=1}^{m} M_{E_i}^{j} \otimes \left[\sum_{i=1}^{n} \sum_{j=1}^{m} M_{E_i}^{j} \right] \qquad (5-7)$$

②用三角模糊数确定 AHP 指标权数的主要步骤：

第一步：根据问题的总目标，建立系统递阶层次结构；

第二步：由专家对评价指标及对象进行两两比较，即对于 $k-1$ 层次的某一因素，与之相关的第 k 层全部 n_k 个因素进行两两比较，并用三角模糊数构造模糊判断矩阵；

记 $A = (a_{ij})_{n \times m}$，其中 $a_{ij} = [l_{ij}, m_{ij}, u_{ij}]$，且 $a_{ji} = a_{ij}^{-1} = \left[\dfrac{1}{u_{ij}}, \dfrac{1}{m_{ij}}, \dfrac{1}{l_{ij}}\right]$。当有 T 位专家进行判断时，a_{ij} 为综合三角模糊数，它是 T 位专家判断的综合，由下式得出：

$$a_{ij} = \frac{1}{T} \otimes (a_{ij}^1 + a_{ij}^2 + \cdots + a_{ij}^t + \cdots + a_{ij}^T) \qquad (5-8)$$

其中 a_{ij}^t 为第 t 个专家给出的三角模糊数。

模糊判断矩阵中三角模糊数的取值可依据 AHP 的 1—9 标度法确定，三角模糊数的下界 l 和上界 u 可根据模糊程度加以确定，$u-l$ 越大，表示判断越模糊，$u-l$ 越小，表示判断越清楚，当 $u-l=0$ 时，判断是非模糊的，这时 $u=l=m$ 与一般意义下的判断标度值相同。对于给定的准则，若第 i 个元素比第 j 个元素明显重要，则可用三角模糊数 $a_{ij} =$（4，5，6）或 $a_{ij} =$（3，5，7）表示，这里 $a_{ij} =$（3，5，7）比 $a_{ij} =$（4，5，6）表示的判断更模糊。

第三步：对于各模糊判断矩阵，根据式（5－7）计算出其中各个元素的综合重要程度值 S_i；

第四步：层次单排序；

对各模糊判断矩阵，计算其第 i 个元素 A_i 重要于其他各元素的可能性程度，

$$d^i(A_i)=\min_{j=1,2,\cdots,n,j=i}\vee(S_i\geqslant S_j)\qquad(i=1,2,\cdots,n)\tag{5-9}$$

由此得出 $\boldsymbol{W}'=(d'(A_1),d'(A_2),\cdots,d'(A_n))^T$ 然后再将其归一化，即得到权重向量

$$\boldsymbol{W}=(d(A_1),d(A_2),\cdots,d(A_n))^T$$

第五步：层次总排序。

将评价指标相对于总目标的权重向量与评价对象相对于评价指标的权重矩阵相乘，得到总排序向量，其各分量即为各评价对象在总目标下的综合得分。根据综合得分，确定各评价对象的优劣。

（二）模糊综合评价法

模糊数学方法是20世纪60年代由查德（Zadeh）首先提出来的。模糊数学理论可采用精确的数学方法来描述模糊性现象。目前模糊集合论在各个领域的应用已经十分广泛，如设计方案的模糊综合评价、用模糊综合评定方法评定企业的经济效益等。模糊综合评价（Fuzzy Comprehensive Evaluation Method）是以模糊数学为基础，将边界不清、不易定量的因素定量化，进行综合评价的一种方法。在供应商选择评价问题中，对供应商的评价指标有些可以通过统计法统计，而有些则只能用专家评价法。即既存在定量指标，也存在定性指标。模糊综合评价法有单因素的模糊评价和多层次的模糊评价。

（1）模糊综合评价的步骤

在复杂的系统中，对某一事物进行评判，需要考虑的因素很多。因素间有不同的层次，这样，对诸因素的权重分配将会出现困难。这时，我们可以使用多层次的综合评判模糊。其步骤如下：

①构造供应链系统采购绩效评价体系

在模糊综合评价的第一步就是根据具体情况建立评价体系的层次结构图，如图5-4所示。

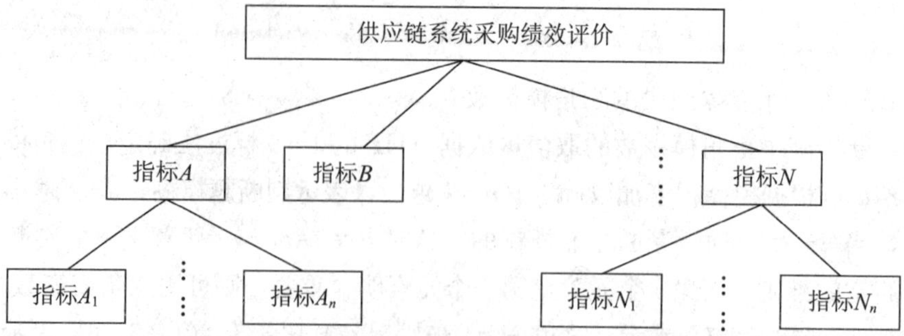

图5-4 供应链系统绩效评价层次结构

②建立模糊综合评价因素集

因为对于集成化供应链系统的绩效评价体系为多层，所以需要将因素集 U 作一种划分，因素集为各种指标的集合，即第一级指标集 $U=(U_1, U_2, \cdots, U_n)$，$n$ 为第一极指标的个数，其必须满足：$U=U_1 \cap U_2 \cap \cdots \cap U_n$，同时，对于任意的 $i \neq j$ 和 i，$j=1, 2, \cdots, n$，均有 $U_i \cap U_j = \Phi$。第二级指标对第一级指标集分别为 $U_i=(u_{i1}, u_{i2}, \cdots, u_{im})$，$i=1, 2, 3, \cdots, m$，是可变的数，其值依赖于其他下级指标的个数。

③评价指标的特征值矩阵

对于与 U_i 对应的第 i 个目标而言，m 个方案评价指标的特征值可用下列矩阵表示：

$$\boldsymbol{X}_i=\begin{bmatrix} x_{11} & x_{12} & \cdots & x_{1n} \\ x_{21} & x_{22} & \cdots & x_{2n} \\ \vdots & \ddots & & \vdots \\ x_{m1} & x_{m2} & \cdots & x_{mn} \end{bmatrix}=(x_{kj})_{n\times m} \qquad k=1, 2, \cdots, n \quad j=1, 2, \cdots, m$$

式中 x_{kj} 为第 i 个目标对应的第 j 个设计方案的第 k 个评价指标特征值，一般情况下，它同时包含定量和定性指标特征值。优化的任务在于根据指标特征值矩阵找出最优设计方案或设计方案的最优排序。

通过适当方法，可将指标特征值矩阵转变为指标隶属度矩阵。

④确定隶属关系，建立模糊评价矩阵

从最后一级指标到评价集 V 的一个模糊映射，可以确定一个模糊关系，一级指标有 n 个，可以确定 n 个模糊关系 R_i，$i=1, 2, 3, \cdots, n$，设各个第一级指标对应的最后一级指标个数为 m，那么隶属度矩阵 $\boldsymbol{R}_n=\{r_{kj} \mid k=1, 2, \cdots, n;\ j=1, 2, \cdots, m\}$可表示为：

$$\boldsymbol{R}_i=\begin{bmatrix} r_{11} & \cdots & r_{1m} \\ \vdots & \ddots & \vdots \\ r_{n1} & \cdots & r_{nm} \end{bmatrix}=(r_{kj})_{n\times m} \qquad k=1, 2, \cdots, n;\ j=1, 2, \cdots, m$$

r_{kj} 表示最后指标对评价集 V 的隶属度。

⑤给定各级指标层权重

由于评价指标体系具有明显的层次性，可采用层次分析法或由专家确定各指标层的权重。第一级指标 $U=(U_1, U_2, \cdots, U_n)$ 对应的权重为 $W=(W_1, W_2, \cdots, W_n)$；第二级指标 $U_1=(u_{i1}, u_{i2}, \cdots, u_{im})$ 对第一级指标 $U=(U_1, U_2, \cdots, U_n)$ 的权重为 $W_1=(W_{i1}, W_{i2}, \cdots, W_{im})$，$l$，$m$ 的意义同上。

⑥建立评价等级集

评价等级集是评价者对评价对象可能作出的各种评价结果所组成的集合，即 $V=(V_1, V_2, \cdots, V_k)$，$k$ 为评价等级的个数。这里，由 10 位专家组成评价小组，评价等级分为 5 级，即 $V=\{$很好，好，一般，差，很差$\}$，相当于数学定量表示 $V=\{2, 1, 0, -1, -2\}$

⑦进行模糊矩阵的运算，得出模糊综合评价结果

进行模糊矩阵的运算，得出模糊综合评价结果为：

$$\boldsymbol{W}\cdot\boldsymbol{R}=(W_1, W_2, \cdots, W_n)\begin{bmatrix} r_{11} & r_{12} & \cdots & r_{1k} \\ r_{21} & r_{22} & \cdots & r_{2k} \\ \cdots & \cdots & \cdots & \cdots \\ r_{k_i1} & r_{k_i2} & \cdots & r_{k_ik} \end{bmatrix}=(b_1, b_2, \cdots, b_n)=\boldsymbol{B}$$

（2）隶属度的确定

①定量指标的相对隶属度

在供应链各方案优选决策过程中，定量指标特征值采用相对隶属度理论计算其相对隶属度，据此计算的定量指标是最优的。

对于越小越优型（成本型）的评价因素可用下式计算隶属度

$$r=\begin{cases} 1, & f(x)\leqslant \inf(f) \\ \left[\dfrac{\sup(f)-f(x)}{\sup(f)-\inf(f)}\right], & \inf(f)<f(x)<\sup(f) \\ 0, & f(x)\geqslant \sup(f) \end{cases} \tag{5-10}$$

对于越大越优型（效益型）的评价因素可用下式计算隶属度

$$r=\begin{cases} 1, & f(x)\geqslant \inf(f) \\ \left[\dfrac{f(x)-\inf(f)}{\sup(f)-\inf(f)}\right]^a, & \inf(f)<f(x)<\sup(f) \\ 0, & f(x)\leqslant \inf(f) \end{cases} \tag{5-11}$$

在此，$f(x)$ 即为特征值，$\sup(f)$，$\inf(f)$ 分别为对应于同一个指标的所有特征值 $f(x)$ 的上下界（可分别取各个方案对应的相应指标特征值的最大值与最小值），一般取 $a=1$ 的线性型式进行计算。以上计算方法可以保证隶属度的值取为［0，1］中的值。

②定性指标的隶属度

对于绩效评价指标体系中的定性指标可以采取定量化方式。

➢简洁的方案

首先确定评语集 V 及隶属度集 R：

$V=\{V_1$（差），V_2（较差），V_3（一般），V_4（较好），V_5（好）$\}$

$R=\{0.0$（差），0.2（较差），0.5（一般），0.8（较好），1.0（好）$\}$

然后根据评语集的标准，请专家进行评判打分，进而进行定性指标隶属度的确定。

➢复杂的方案

定性指标特征值采用模糊相对比排序法进行量化并计算其相对隶属度：

数对 $[f_j(x_i), f_i(x_j)]$ 称为方案 c_i 和 c_j 分别在 x 指标上的二元相对比较级，方案综合优选中，可通过两两比较方案 c_i 和 c_j 在某项定性指标上的反映 x_i 和 x_j，用一种简便的分级量化方法，给出方案 c_i 和 c_j 的二元相对比较级 $[f_j(x_i), f_i(x_j)]$，其中：$0\leqslant f_j(x_i)\leqslant 1$，$0\leqslant f_i(x_j)\leqslant 1$。

其意义在 x_i 和 x_j 比较中，若 x_i 具有优越程度 $f_j(x_i)$ 的话，那么 x_j 具有优越程度 $f_i(x_j)$，当 $i=j$ 时，令 $f_i(x_i)=1$。称模糊矩阵。

$$\boldsymbol{\Phi}=\begin{bmatrix} 1 & f_2(x_1) & \cdots & f_m(x_1) \\ f_1(x_2) & 1 & \cdots & f_m(x_2) \\ \vdots & \ddots & & \vdots \\ f_1(x_m) & f_2(x_m) & \cdots & 1 \end{bmatrix} \tag{5-12}$$

在供应链方案综合优选中，可通过两两比较方案 C_i 与 C_j 在某项定性指标上的反映 x_i 和 x_j，进行分级量化。

在式（5-12）的基础上，考察下述方案的相对比优先度概念，选定适用于供应链方案综合优选的特点，以选定合适的相对比优先度计算指标相对隶属度。

➢M. Shimura 相对优先度

$$\rho(x_i)=\min f(x_i|x_j) \quad (i, j=1, 2, \cdots, m) \tag{5-13}$$

式中
$$f(x_i|x_j)=\frac{f_{x_j}(x_i)}{\max\{f_{x_j}(x_i), f_{x_i}(x_j)\}}=\min\left\{1, \frac{f_{x_j}(x_i)}{f_{x_i}(x_j)}\right\} \tag{5-14}$$

➢反演相对优先度

$$\sigma(x_i)=\min_{i(j\neq i)} r(x_i|x_j) \quad (i, j=1, 2, \cdots, m) \tag{5-15}$$

式中
$$r(x_i|x_j)=\frac{f_{x_j}(x_i)}{f_{x_j}(x_i)+f_{x_i}(x_j)} \tag{5-16}$$

➢综合相对优先度

$$M(x_i)=\frac{1}{m-1}\sum_{j=1 j\neq i}^{m} f_{x_j}(x_i) \quad (i, j=1, 2, \cdots, m) \tag{5-17}$$

在供应链方案综合优选中，方案在各个定性指标上的相对比较级 $f_{xj}(x_i)$（$i, j=1, 2, \cdots, m$）可以由专家小组经统计得出。利用公式（5-13）至（5-16）可以计算出各方案对应于各定性指标的相对优先度 $\rho(x_i)$（或者 $\sigma(x_i)$，$M(x_i)$），若 $\rho(x_i)>\rho(x_j)$，则认为在该因素上，方案 C_i 优越于 C_j。

在具体运用中采用上述哪种相对优先度，要根据实际情况确定。本文针对供应链方案综合优先应考虑所有信息的特点，采用综合相对优先度来计算指标相对隶属度。对于某项定性指标，可令方案 C_j 对应的第 i 个目标第 k 个指标的隶属度

$$r_{kj}^{i}=\frac{M_k(c_j)-\min M_k(c_j)}{\max M_k(c_j)-\min M_k(c_j)} \tag{5-18}$$

式中 $i=1, 2, \cdots, n$，n 为 U 的子集数目；$k=1, 2, \cdots, n_i$，n_i 为 U 的第 i 个子集 U_i 的评价指标数目；$j=1, 2, \cdots, m$，m 为待优化的方案数目。

通过上述方法，可将指标特征量矩阵转变为隶属度矩阵。

（3）权系数的确定

模糊综合评价法权系数的确定与层次分析法权系数的确定方法一致，这里不再做阐述。

第五节 供应商的控制与风险管理

在供应商的管理过程中，从始至终都贯彻着以下三方面的工作，即供应商的控制、供

应商的绩效监控、供应商的激励。

一、供应商的控制

在供应商的管理中，买方会涉及如何对供应商进行控制，以及如何防止供应商控制买方自己的问题。

（一）买方控制供应商的方法

1. 完全竞争控制

在研究如何最好地管理供应商问题上存在着两种截然不同的观点，即供应商管理的正常交易模型和供应商管理的伙伴模型。完全竞争控制是正常交易模型中的典范，它通过采购企业对其上游供应商的控制，来引起其供应商之间的竞争。通常，这种竞争近乎是完全竞争，它可以提高产品的质量并且降低购买价格。在大型工程项目外包过程中，“招标”是常见的一种做法。运用竞争来驾驭供应商的做法类似于“招标”，只不过从内容和形式上都更加灵活。因此，通过完全竞争控制来实现对供应商的管理是行之有效的，也是企业采购管理中不可忽视的。当然，完全竞争控制有其适用性要求，在卖方垄断的市场上是无法使用这种方法的；而在买方垄断的市场上，完全竞争控制是可行的。

2. 合约控制

合约控制是采购企业通过与供应商进行谈判、协商，根据双方的利益达成某种一致，并由双方签署框架协议。它的目的是使双方在今后的具体购销活动中能更好地履行各自的权利和义务，基于该合同产生的一切买卖行为都要以框架协议的规定为准。合约控制实际上是一种介于供应商正常交易管理模式和伙伴管理模式之间的供应商控制方法。这种方式的特点可以概括为：供需双方的关系比完全竞争控制密切，但又不像股权控制和管理输出控制那样紧密。因此，它更像是一种比较松散的合作。现在，很多大型企业都通过合约控制方式来进行供应商的管理。

3. 股权控制

市场竞争的激烈使得采购企业日趋与其供应商建立一种比较亲密的伙伴关系，从而达到对供应商控制的目的。同时，作为供应商也希望能够与企业进行较长期的合作，实现稳定销售及发展。在这种情况下，双方就可以通过协商的方式互相购买对方的股份进行股权交换。在此过程中，双方需要在权利和义务上相互作出承诺和保证。此后，还要在信息、技术、数据和人员等方面进行交换，以实现对对方的监督和控制。这个过程看起来比较简单，但实际操作起来是相当烦琐和复杂的。因为合作的决策需要经过长时间的论证、分析才能确定。另外，合作对象也要经过深思熟虑和长期、细致的调查研究后才能确定。因为股权交换关系到企业今后的发展，所以在实施这种方法前期、中期及晚期都必须进行严谨决策和认真的分析，保证合作的成功。

4. 管理输出控制

管理输出控制是属于伙伴型供应商管理模式的一种控制方法，它往往与股权控制并存。我们知道，在股权控制中，合作的企业之间存在着相互融合、交换和帮助，这构成了股权合作的实质。近年来，由于企业间的合作与并购的快速发展，参股日益增加，人们对于企业合作有了新的认识，开始由企业产权控制走向企业管理控制，并慢慢演变为管理输出控制。管理输出控制是在股权控制或其他形式合作的企业之间，通过向对方企业输出管理人员，进行技术和管理支持，实现对对方企业状况的掌握、信息的了解，这实际上为企业之间的实质性合作提供了一个载体或媒介。管理输出控制使得合作企业双方的关系更为密切，降低了双方的交易成本，达到对采购物流控制的目的。

5. 供应商激励机制

要保持长期的供需合作伙伴关系，对供应商的激励是非常重要的，没有有效的激励机制，就不可能维持良好的供应关系。这种供应商控制方法日益被现代企业管理者所接受，尤其是在供应链管理思想出现以后，它得到了快速的发展和广泛的应用。

（二）防止供应商控制的方法

许多企业对某些重要材料过于依赖同一家供应商。这种供应商常常能左右采购价格，对采购企业施加极大的影响。这时采购企业已落入供应商垄断供货的控制之中。企业只有唯一的一家供应商，或者该供应商受到强有力的专利保护，其他商家都不能生产同类产品；或者采购企业处在进退维谷的两难境地，因为另换供应商不划算。比如计算机系统，如要更换供应商，则使用的软件可能也要作出相应的变动。因此，防止供应商控制是在企业采购管理中的一个重要方面。

（1）全球采购。当采购企业得到许多商家的竞价时，比如有 50 家供应商，企业只要求 3 家报价，这就很有把握找到最佳供应商。全球采购往往可以打破供应商的垄断行为。

（2）扩大供应库。在实际中，经常会出现“独家供应”的情况。独家供应可细分为两种情况，一是供应商不止一家，但仅向其中一家采购；一是仅此一家。通常第一种情况是由买方造成的。比如仅向关系企业采购，或将原来许多家供应商削减到只剩下最佳的一家，第二种情况则是卖方造成的，比如独占性产品的供应者或独家代理商等。

这两种情况均会导致被选中的供应商在一定程度上控制住买方，所以要避免“独家供应”情况的出现。针对这一问题的解决策略就是：除非技术上不可能，每个产品要由两个或更多供应商供应，以规避供应风险，保持供应商之间的良性竞争。

（3）一次性采购。如果采购企业预计所采购产品的价格可能要上涨时，一次性采购的做法方可行。根据相关的支出和库存成本，权衡一下将来价格上涨的幅度，与营销部门紧密合作，获得准确的需求数量，进行一次性采购。

（4）协商长期合同。长期需要某种产品时，可以考虑订立长期合同。一定要保证持续供应和价格的控制，采取措施预先确立产品的最大需求量以及需求增加的时机。

（5）与其他用户联手。与其他具有同样产品需求的公司联合采购，由一方代表所有用户采购。垄断供应商被多家公司联合采购攻克的例子很多。只有那些产出不高、效率低下的独家供应商，才是采购方应该痛下杀手的对象。

二、供应商的风险管理

（一）供应商风险

在企业与供应商合作过程中，可能出现的风险（Risk）包括供应商信誉和道德风险、技术泄露风险、物料供应风险、突发风险等。这些风险是无法绝对避免的，但企业可以通过采取相应的预防措施和补救措施来尽量减少风险发生的概率并将风险可能带来的损失减至最小。主要的供应商风险包括以下四类。

1. 供应商信誉和道德风险

供应商的道德风险（Moral Hazard），是指当供需双方利益发生矛盾时，供应商为维护自身利益而不惜损害客户利益的行为为客户带来的风险。如供应商为了降低自己的成本，采用低劣的原材料；或者供应商宁可采取推迟交货期限也不愿意承担因加班而增加的额外成本；或者供应商不愿意为改进产品质量作出任何努力。防止供应商欺诈的有力方法是对供应商进行深入调查，尤其是要调查供应商的资信情况和生产经营状况。必要时，企业可以通过向该供应商其他客户了解供应商的信誉情况。企业可以通过与供应商建立长期、密切的合作关系，引导供应商争取长期利益，放弃短期利益。

2. 技术泄露风险

企业在与供应商合作过程中必须考虑到多数与自己合作的供应商也是自己竞争对手的合作伙伴。因此当企业将技术文件交给供应商或与供应商共同研发新产品的时候必须事先与供应商签订保密协议。在传递重要文件过程中，一定要注意文件的保密性，谨防遗失或被盗。例如，在双方通过电子邮件对技术或商务条款进行磋商时，应该对邮件进行加密处理。

3. 物料供应风险

在供应链环境下，企业的直接供应商数量大大少于传统采购模式下的供应商数量。如果企业过分地依赖于某些供应商，就有可能出现物料供应风险。例如，在通信设备行业中，手机新品能否比其竞争对手早一两个月上市对于企业来说是十分重要的。这需要企业同所有合作伙伴共同努力，发挥出整个供应链的最高效率。但是当供应商无法按期完成手机的某一关键部件时，整个企业将面临停线的灾难。企业对关键技术或零部件供应商的选择应极为慎重，制订供应商风险控制计划。企业在与该供应商合作过程中应加强双方的交流与沟通，加大合作力度。企业应要求供应商在整个生产和运作过程中必须有相关的程序来应对停产所带来的风险，做到防患于未然。

4. 突发风险

突发风险包括自然灾害、经济波动、国家政策等引起的风险。对于这类风险，企业首先要求供应商具有预防性措施。例如，要求供应商具有消防安全措施，利用烟雾报警系统、喷淋等消防系统，以及经过培训的应急反应队伍来预防火灾事故的发生。另外，企业要求供应商必须有突发事件应对计划和灾难恢复程序文件。突发事件应对计划包括突发事件发生后撤离和营救的具体计划和方法；灾难恢复程序文件列明在灾难事件发生后，保证生产的连续性和客户服务水平所要采取的程序及相关责任人。企业还应该查看供应商对定期安排演习所做的相关演习记录。

（二）减小供应商风险的策略

不同的企业会根据自己的企业性质以及实际情况制定不同的供应商风险管理策略，实践证明以下管理策略对供应商的风险管理效果显著，已得到企业的广泛应用。

1. 共同投资建立专用性的资产

对于专用性的资产，其专用性是指该项资产能够被重新配置于其他替代用途或是被他人使用时损失其生产价值的程度。因此，一项资产的专用性与其转移使用后的生产价值损失程度成正比，当这种损失程度为零时，这种资产就成为通用性资产。处于供应链上的具有合作关系的上下游企业共同投资建立双方专用的资产和设施，由专用设施为供需双方提供生产或物流等相关方面的服务，进而开展深入合作，利益共享，风险分担，使供需双方真正成为一个利益共同体。这种专用性资产可以是专用的配送中心、专用的加工企业、专用的运输公司等。从供给的角度来看，当企业需求的产品和服务具有相当定制的成分，企业不易在市场中寻找足够的相互竞争的交易对手时，企业就应该考虑与某些供应商共同投资专用性的资产，将讨价还价的刚性博弈，转换为共同投资谋求共赢的利益合作。这是一种消除博弈现象，建立长期稳定关系的有效方法。

2. 利用现代资本运作方式进行参股或控股

资本运作是现代企业管理的一个重要内容，也是企业发展和业务拓展的重要方式和手段。在现代社会资本说话的原则下，资本运作工具成为资本最大的助翼。在企业经济能力和资源状况允许的情况下，采购企业可以利用现代资本运作方式，对供应商企业进行参股，如果可能的话，甚至控股，把对方企业作为自己企业的延伸，使其成为自己的一部分，以保证双方利益的共享和一致性。

在利用资本运作时，必须明确三个资本运作的原则：第一，安全性原则，这个原则在资本运作中可以说是首要的，因为任何人都不会坐视自己资本的流失，所以安全性成为资本运作第一原则；第二，计划原则，在进行资本运作前，必须有详细的计划，计划不仅要分析资本运作的可行性，而且还要建立详细模型，对资本运作过程中可能出现的问题进行事先调整安排；第三，纪律原则，要保证资金安全性和获利，就必须有严格的纪律以及执行计划的决心和手段。

3. 有效激励

这种方法要求供应链中的核心企业能够掌控供应链，承担供应链管理的主要责任，能够设计一种供应链收益分配的合理机制，对各合作伙伴实施有效的激励。在供应链协议设计的过程中，核心企业必须贯彻激励兼容原则，即核心企业希望各合作伙伴所期望的收益只能通过使各合作伙伴利益最大化的行动来实现，使各合作伙伴有足够的激励按照核心企业的意愿去行动。这样可以弱化道德风险发生的动机，有效降低供应链上下游企业由于信息不对称导致的博弈现象的发生概率。

4. 制定长期供应契约、提出详尽行为规范

传统采购管理的过程是以企业监督、以合同为考核标准来进行控制的。这种控制过程需要在每次采购之前签订一个购销合同，此合同必须尽量考虑到过程中会发生的任何情况，这是很难做到的。供应链的采购管理中的过程控制是基于长期契约来进行的，这种长期契约与传统合同所起的那种约束功能不同，它是维持供应链的一条“纽带”，是企业与供应商合作的基础。它提供了一个详尽的行为规范，这个规范不但供应商应该遵守，企业自己也必须遵守。此外还应强调的是，契约应是合作双方共同制定的，双方在制定契约时

处于相互平等的地位、契约在实行一段时间后应考虑进行修改，因为实际环境会不断变化，而且契约在制定初期也会有需要调整的地方，一定的修改和增减是必要的。

第六节　供应商的绩效与激励

一、供应商绩效管理

我们从事任何一项工作，都要通过对该活动所产生的效果进行度量和评价，即绩效管理（Performance Management），以此判断这项工作的绩效及其存在的价值。同样，在采购管理中，为了能够使供应商关系健康发展，科学、全面地分析和评价供应商的运营绩效，就成为一个非常重要的问题。

（一）供应商绩效管理的目的

供应商绩效管理的主要目的是确保供应商供应的质量，同时在供应商之间比较，以继续同优秀的供应商进行合作，淘汰绩效差的供应商。施行供应商绩效管理也是为了了解供应存在的不足之处，将不足之处反馈给供应商，以促进供应商改善其业绩，为日后更好地完成供应活动打下良好的基础。

（二）供应商绩效管理的基本原则

（1）供应商绩效管理必须持续进行，要定期检查目标达成的程度。当供应商知道会定期地被评估时，自然就会致力于改善自身的绩效，从而提高供应商质量。

（2）要从供应商和企业自身各自的整体运作方面来进行评估，确立整体的目标。

（3）供应商绩效总会受到各种外来因素的影响，因此对供应商的绩效进行评估时，要考虑到外在因素带来的影响，不能仅仅衡量绩效。

（三）供应商绩效评价指标体系

为了科学、客观地反映供应商供应活动的运作情况，应该建立与之相适应的供应商绩效评价指标体系。在制定评价指标体系时，应该突出重点，对关键指标进行重点分析，尽可能地采用实时分析与评价的方法，要把绩效度量范围扩大到能反映供应活动时间运营的信息上去，因为这要比做事后分析有价值得多。

供应商考评指标很多，不同的公司因做法不同，所用的考评指标也各异。但概括起来有四大类：反映供应商质量、供应、价格及支持与配合等方面表现的绩效度量。

1. 质量指标

供应商质量指标是供应商考评的最基本指标，包括来料批次合格率、来料抽检缺陷率、来料在线报废率、来料免检率等。

来料批次合格率＝（合格来料批次÷来料总批次）×100％

来料抽检缺陷率＝（抽检缺陷总数÷抽检样品总数）×100％

来料在线报废率＝［来料报废总数（和在线生产时发现的）÷来料总数］×100％

来料免检率＝（来料免检的种类数÷该供应商供应的产品总种类数）×100％

此外，有的公司还将供应商体系、质量信息、供应商是否通过了 ISO 9000 认证或供应商的质量体系审核是否达到一定的水平也纳入考核的内容。还有的公司要求供应商在提供产品的同时要提供相应的质量文件如过程质量检验报告、出货质量检验报告、产品成分性能测试报告等。

2. 供应指标

供应指标是同供应商的交货表现以及供应商企业管理水平相关的考核因素，其中最主要的是准时交货率、交货周期、订单变化接受率等。

(1) 准时交货率＝(按时按量交货的实际批次÷订单确认的交货批次) ×100%

(2) 交货周期＝ 自订单开出之日到收货之时的时间长度，常以天为单位

(3) 订单变化接受率＝（订单增加或减少的交货数量÷订单原定的交货数量）×100%

这里的订单变化接受率是衡量供应商对订单变化灵活性反应的一个指标，指在双方确认的交货周期中可接受的订单增加或减少的比率。

此外，有些公司还将本公司必须保持的供应商供应原材料或零部件的最低库存量、供应商的后勤体系水平、供应商所采用的后勤系统（MRP、ERP)、供应商公司是否实施“JIT 供应”(准时供应）等纳入考核。

3. 经济指标

供应商考核的经济指标总是与采购价格和成本相联系。与质量及供应指标不同的是，质量与供应客户通常每月进行一次，而经济指标则相对稳定，多数企业是每季度考核一次，此外经济指标往往都是定性的，难以量化。具体考核要点有：

(1) 价格水平。往往同本公司所掌握的市场行情比较或根据供应商的实际成本结构及利润率进行判断。

(2) 报价是否及时、报价单是否客观、具体、透明。

(3) 降低成本的态度及行动。是否真诚地配合本公司或主动地开展降低成本活动，制订改进计划、实施改进行动，是否定期与本公司检讨价格。

(4) 分享降价成果：是否将降低成本的好处部分让渡给客户（本公司)。

(5) 付款。是否积极配合响应本公司提出的付款条件要求与办法，开出付款发票是否准确、及时、符合有关财税要求。

4. 支持、配合与服务指标

同经济指标一样，考核供应商在支持、配合与服务方面的表现通常也是定性的考核，每季度一次，相关的指标有反应与沟通、表现合作态度、参与本公司的改进与开发项目、售后服务等。

(1) 反应表现。对订单、交货、质量投诉等反应是否及时、迅速，答复是否完整，对退货、挑选等是否及时处理；

(2) 沟通手段。是否有合适的人员与本公司沟通，沟通手段是否符合本公司的要求(电话、传真、电子邮件以及书写所用软件与本公司的匹配程度等)；

(3) 合作态度。是否将本公司看成重要客户，供应商高层领导或关键人物是否重视本公司的要求，供应商内部沟通协作（如市场、生产、计划、工程、质量等部门）是否能整

体理解并满足本公司的要求；

（4）共同改进。是否积极参与或主动提出同本公司相关的质量、供应、成本等改进项目或活动，或推行新的管理做法等，是否积极组织参与本公司共同召开的供应商改进会议、配合本公司开展的质量体系审核等；

（5）售后服务。是否主动征询客户（本公司）的意见、主动访问本公司、主动解决或预防问题。参与开发：是否参与、如何参与本公司的产品或业务开发过程；

（6）其他支持。是否积极接纳本公司提出的有关参观、访问事宜，是否积极提供本公司要求的新产品报价与送样，是否妥善保存与本公司相关的文件等不予泄露，是否保证不与影响到本公司切身利益的相关公司或单位进行合作等。

二、供应商的激励机制

要保持长期的供需双赢的合作伙伴关系，对供应商的激励是非常重要的，没有有效的激励机制（Motivate Mechanism），就不可能维持良好的供应关系。在激励机制的设计上，要体现公平、一致的原则。给予供应商价格折扣和柔性合同。以及采用赠送股权等，使供应商和本企业共同分享成功，同时也使供应商从合作中体会到供需合作双赢机制的好处。一般而言，有以下几种激励模式可供参考。

（一）价格激励

价格对企业的激励是显然的。高的价格能增强企业的积极性，不合理的低价会挫伤企业的积极性。供应链利润的合理分配有利于供应链企业间合作的稳定和运行的顺畅。

但是，价格激励本身也隐含着一定风险，这就是逆向选择问题。即采购企业在挑选供应商时，由于过分强调低价格的谈判，他们往往选中了报价较低的企业，而将一些整体水平较好的企业排除在外。其结果影响了产品的质量、交货期等。当然，看重眼前的利益是导致这一现象的一个不可忽视的原因，但出现这种差供应商排挤好供应商的最为根本的原因是：在签约前对供应商不了解，没意识到报价越低，意味着违约的风险越高。因此，使用价格激励机制时要谨慎从事，不可一味强调低价策略。

（二）订单激励

供应商获得更多的订单是一种极大的激励，在供应链内的企业也需要更多的订单激励。一般地说，一个制造商拥有多个供应商。多个供应商竞争来自制造商的订单，多的订单对供应商来说是一种激励。

（三）商誉激励

商誉是一个企业的无形资产，对于企业极其重要。商誉来自供应链内其他节点企业的评价和在公众中的声誉，反映企业的社会地位（包括经济地位、政治地位和文化地位）。委托—代理理论认为：在激烈的竞争市场上，代理人的代理量（决定其收入）取决于其过去的代理质量与合作水平。从长期来看，代理人必须对自己的行为负完全的责任。因此，即使没有显性激励合同，代理人也有积极性努力工作，因为这样做可以改进自己在代理人市场上的声誉，从而提高未来收入。

(四) 信息激励

在信息时代里，信息对企业而言意味着生存。企业获得更多的信息意味着企业拥有更多的机会、更多的资源，从而获得激励。信息对供应链的激励实质属于一种间接的激励模式，但是它的激励作用不可低估。如果能够快捷地获得合作企业的需求信息，本企业能够主动采取措施提供优质服务，必然使合作方的满意度大为提高。这对在合作方建立起信任有着非常重要的作用。因此，企业在新的信息不断产生的条件下，始终保持着对了解信息的欲望，也更加关注合作双方的运行状况，不断探求解决新问题的方法，这样就达到了对供应链企业激励的目的。信息激励机制的提出，也在某种程度上克服了由于信息不对称而使供需双方企业相互猜忌的弊端，消除了由此带来的风险。

(五) 淘汰激励

淘汰激励是一种负激励。优胜劣汰是世间事物生存的自然法则，供应商管理也不例外。为了使供应链的整体竞争力保持在一个较高的水平，供应链必须建立对成员企业的淘汰机制，同时供应链自身也面临淘汰。淘汰弱者是市场规律之一，保持淘汰对企业或供应链都是一种激励。对于优秀企业或供应链来讲，淘汰弱者会使其获得更优秀的业绩；对于业绩较差者而言，为避免淘汰的危险它就需要不断进取。

淘汰激励是在供应链系统内形成一种危机激励机制，让所有合作企业都有一种危机感。这样一来，企业为了能在供应链管理体系获得群体优势的同时自己也获得发展，就必须承担一定的责任和义务，对自己承担的供货任务，从成本、质量、交货期等负有全方位的责任。这一点对防止短期行为和“一锤子买卖”给供应链群体带来的风险也起到一定的作用。危机感可以从另一个角度激发企业的发展。

(六) 新产品/新技术的共同开发

新产品/新技术的共同开发和共同投资也是一种激励机制，它可以让供应商全面掌握新产品的开发信息，有利于新技术在供应链企业中的推广和开拓供应商的市场。

传统的管理模式下，制造商独立进行产品的研究与开发，只将零部件的最后设计结果交由供应商制造。供应商没有机会参与产品的研究与开发过程，只是被动地接受来自制造商的信息。这种合作方式最理想的结果也就是供应商按期、按量、按质交货，不可能使供应商积极主动关心供应链管理。因此，供应链管理实施好的企业，都将供应商、经销商甚至用户结合到产品的研究开发工作中来，按照团队的工作方式展开全面合作。在这种环境下，合作企业也成为整个产品开发中的一分子，其成败不仅影响着制造商，而且也影响着供应商及经销商。因此，每个人都会关心产品的开发工作，这就形成了一种激励机制，构成对供应链上企业的激励作用。

(七) 组织激励

在一个较好的供应链环境下，企业之间的合作就会愉快，供应链的运作也会通畅而少有争执。也就是说，一个良好组织的供应链对供应链及供应链内的企业都是一种激励。

减少供应商的数量，并与主要的供应商保持长期稳定的合作关系是制造商采取的组织激励的主要措施。但有些企业对待供应商的态度忽冷忽热，零部件供过于求时和供不应求时对供应商的态度两个样，因此得不到供应商的信任与合作。产生这种现象的根本原因，还是由于企业管理者的头脑中没有建立与供应商长期战略合作的意识，管理者追求业绩的心理较重。

思考题

1. 供应商管理的目标有什么？
2. 供应链管理的基本工作内容是什么？
3. 结合实际，简述如何建立供应库。
4. 依据供应链的环境，如何与供应商建立联系？
5. 供应商应如何评价与选择？
6. 供应商绩效管理的目的与步骤是什么？
7. 如何加强对供应商的激励？

第六章　供应链采购的招标与投标管理

第一节　招标投标的方式

目前世界各国和有关国际组织的相关采购法律、规则都规定了公开招标、邀请招标、议标这三种招标投标方式。

一、公开招标

公开招标（Open Tendering），又叫竞争性招标，是由招标人在报刊、电子网络或其他媒体上刊登招标公告，吸引众多企业单位参加投标竞争，招标人从中择优选择中标单位的招标方式。按照竞争程度，公开招标可分为国际竞争性招标和国内竞争性招标。

（一）国际竞争性招标

这是在世界范围内进行招标，国内外合格的投标商均可以参加投标。它要求制作完整的英文标书，在国际上通过各种宣传媒介刊登招标公告。例如，世界银行对贷款项目货物及工程的采购规定了三个原则：①必须注意节约资金并提高效率，即经济有效；②要为世界银行的全部成员国提供平等的竞争机会，不歧视投标人；③有利于促进借款国本国的建筑业和制造业的发展。世界银行在确定项目的采购方式时都从这三个原则出发，其中国际竞争性招标是采用最多、占采购金额最大的一种方式。它的特点是高效、经济、公平，适用于采购合同金额较大，国外投标商感兴趣的货物和工程合同。世界银行根据不同国家和地区的情况，规定了凡采购金额在一定限额以上的货物和工程合同，都必须采用国际竞争性招标。对一般借款国来说，25 万美元以上的货物采购合同，大中型工程采购合同，都应采用国际竞争性招标。我国的贷款项目金额一般都比较大，世界银行对中国的国际竞争性招标采购限额会放宽一些，工业项目采购凡在 100 万美元以上，均应采用国际竞争性招标来进行。表 6－1 总结了这种方式的优缺点。

表 6-1 国际竞争性招标的优缺点

优　点	缺　点
由于投标竞争激烈，一般能以对买主有利的价格采购到需要的设备和工程； 可以引进先进的设备、技术和工程技术及管理经验； 可以保证所有合格的投标人都有参加投标的机会。由于国际竞争性招标对货物、设备和工程的客观的衡量标准，可促进发展中国家的制造商和承包商提高产品和工程建造质量，提高国际竞争力； 保证采购工作根据预先制定，并为大家所已知的程序和标准公开而客观地进行，因而减少了在采购中作弊的可能。	国际竞争性招标费时较多。国际竞争性招标有一套周密而比较复杂的程序，从招标公告、投标人作出反应、评标到授予合同一般都要半年到一年以上的时间； 国际竞争性招标所要准备的文件较多。招标文件要明确规范各种技术规格、评标标准，以及买卖双方的义务等内容。招标文件中任何含糊不清或未予以明确的内容都有可能导致执行合同意见不一致，甚至造成争执； 另外还要将大量文件译成国际通用文字因而增加很大工作量； 在中标的供应商和承包商中，发展中国家所占份额很少。在世界银行用于采购的货款总金额中，国际竞争性招标约占 60%，其中，发达国家如美国、日本、德国等发达国家中标额就占到 80%左右。

（二）国内竞争性招标

这是在国内进行招标，可用本国语言编写标书，只在国内的媒体上登出广告，公开出售标书，公开开标。通常适用于合同金额较小（世界银行规定一般 50 万美元以下）、采购品种比较分散、分批交货时间较长、劳动密集型、商品成本较低而运费较高、当地价格明显低于国际市场等类型的采购。而且，若从国内采购货物或者进行工程建筑可以大大节省时间。在国内竞争性招标的情况下，如果外国公司愿意参加，则应允许他们按照国内竞争性招标参加招标，不应人为设置障碍，妨碍其公平参加竞争。国内竞争性招标的程序大致与国际竞争性招标相同。由于国内竞争性招标限制了竞争范围，通常国外供应商不能得到有关投标的信息，这与招标的原则不符，所以有关国际组织对国内竞争性招标都加以限制。

二、邀请招标

邀请招标（Selected Bidding）也称有限竞争性招标或选择性招标，即由招标单位选择一定数目的企业，向其发出投标邀请书，邀请他们参加招标竞争。一般选择 3～10 个企业参加较为适宜，当然要视具体的招标项目的规模大小而定。由于被邀请参加的投标竞争者有限，不仅可以节约招标费用，而且提高了每个投标者的中标机会。然而，由于邀请招标限制了充分的竞争，因此，招标投标法规一般都规定招标人应尽量采用公开招标。邀请招标有以下特点：

（1）邀请投标不使用公开的公告形式；

（2）接受邀请的单位才是合格投标人；

（3）投标人的数量有限。

邀请招标与公开招标相比，因为不用刊登招标公告，招标文件只送几家，投标有效期大大缩短，这对采购那些价格波动较大的商品是非常必要的，可以减低投标风险和投标价格。如鱼粉是采用国际竞争性招标的典型例子。由于世界上只有少数几个国家生产这种产品，如果采用国际竞争性招标，会导致开标后无人投标的结果，这样的情况在实际业务中确有发生。许多商品常常是采用国际招标后无人投标，才改为邀请招标，这样就会影响招标的效率。例如，在欧盟的公共采购规则中，如果采购金额超过法定界限，且项目法人有权自由选择公开招标或邀请招标，而由于邀请招标有上述的优点，所以在欧盟的成员国中，邀请招标被广泛使用。

三、议标

议标（Negotiable Bidding）也称谈判招标或限制性招标，即通过谈判来确定中标者。它的主要方式有以下几种：

（一）直接邀请议标方式

选择中标单位不是通过公开或邀请招标，而是由招标人或其代理人直接邀请某一企业进行单独协商，达成协议后签订采购合同。如果与一家协商不成，可以邀请另一家，直到协议达成为止。

（二）比价议标方式

“比价”是兼有邀请招标和协商特点的一种招标方式，一般适用于规模不大、内容简单的工程和货物采购。通常的做法是由招标人将采购的有关要求送交选定的几家企业，要求他们在约定的时间提出报价，招标单位经过分析比较，选择报价合理的企业，就工期、造价、质量、付款条件等细节进行协商，从而达成协议，签订合同。

（三）方案竞赛议标方式

它是选择工程规划设计任务的常用方式。通常组织公开，也可邀请经预先选择的规划设计机构参加竞赛。一般的做法是由招标人提出规划设计的基本要求和投资控制数额，并提供可行性研究报告或设计任务书、场地平面图、有关场地条件和环境情况的说明以及规划，设计管理部门的有关规定等基础资料，参加竞争的单位据此提出自己的规划或设计的初步方案，阐述方案的优点和长处，并提出该项规划或设计任务的主要人员配置、完成任务的时间和进度安排、总投资估算和设计等，一并报送招标人。然后由招标人邀请有关专家组成的评选委员会选出优胜单位，招标人与优胜者签订合同，而对未中选的参审单位给予一定补偿。

另外在科技招标中，通常使用公开招标，但不公开开标的议标。招标单位在接到各投标单位的标书后，先就技术、设计、加工、资信能力等方面进行审查，并在取得初步认可的基础上，选择一名最理想的预中标单位并与之商谈，对标书进行调整协商，如能取得一致意见，则可定为中标单位，若不行则再找第二家预中标单位。这样逐次协商，直到双方达成一致意见为止。这种议标方式使招标单位有更多的灵活性，可以选择到比较理想的供应商和承包商。

由于议标的中标者是通过谈判产生的，不便于公众监督，容易导致非法交易，因此，我国机电设备招标规定，禁止采用这种方式。即使允许采用议标方式，也大都对议标方式做了严格限制。

《联合国贸易法委员会货物、工程和服务采购示范法》规定，经颁布国批准，招标人在下述情况下可采用议标的方法进行采购：

（1）急需获得该货物、工程或服务，采用招标程序不切实际，但条件是造成此种紧迫性的情况并非采购实体所能预见，也非采购实体办事拖拉所致。

（2）由于某一灾难性事件，急需得到该货物、工程或服务，而采用其他方式因耗时太多而不可行。

为了使得议标尽可能地体现招标的公平公正原则，《联合国贸易法委员会货物、工程和服务采购示范法》还规定，在议标过程中，招标人应与足够数目的供应商或承包商举行谈判，以确保有效竞争，如果是采用邀请报价，至少应有3家；招标人向某供应商和承包商发送的与谈判有关的任何规定、准则、文件、澄清或其他资料，应在平等基础上发送给正与该招标人举行谈判的所有其他供应商或承包商；招标人与某一供应商或承包商之间的谈判应是保密的，谈判的任何一方在未征得另一方同意的情况下，不得向另外任何人透露与谈判有关的任何技术资料、价格或其他市场信息。

第二节　招标采购的筹备

竞争性招标采购有一套完整的、统一的程序，这套程序不会因国家、地区和组织的不同而存在太大的差别。一个完整的竞争性招标过程由招标、投标、开标、评标、合同授予等阶段组成。国际限制性招标采购和国内限制性招标采购除了在招标阶段与竞争性招标采购有所不同外，其他步骤及要求和方法基本上与竞争性招标采购相同。

招标程序包括资格预审、准备招标文件、发布招标通告、发售招标文件等。招标是竞争性招标采购的第一阶段，它是竞争性招标采购工作的准备阶段。在这一阶段需要做大量的基础性工作，其具体工作可由采购单位自行办理，如果采购单位因人力或技术原因无法自行办理的，可以委托给社会中介机构。

一、发布资格预审通告

对于大型或复杂的土建工程或成套设备，在正式组织招标以前，需要对供应商的资格和能力进行预先审查，即资格预审。通过资格预审，可以缩小供应商的范围，避免不合格的供应商做无效劳动，减少他们不必要的支出，也减轻了采购单位的工作量，节省了时间，提高了办事效率。

（一）资格预审的内容

资格预审包括两大部分，即基本资格预审和专业资格预审。基本资格是指供应商的合法地位和信誉，包括是否注册、是否破产、是否存在违法违纪行为等。

专业资格是指已具备基本资格的供应商履行拟定采购项目的能力，具体包括：

（1）经验和以往承担类似合同的业绩和信誉。

（2）为履行合同所配备的人员情况。

（3）为履行合同任务而配备的机械、设备以及施工方案等情况。

（4）财务情况。

（5）售后维修服务的网点分布、人员结构等。

（二）资格预审程序

进行资格预审，首先要编制资格预审文件，邀请潜在的供应商参加资格预审，发售资格预审文件，最后进行资格评定。

（1）编制资格预审文件。一个国家或组织通常会对资格预审文件的格式和内容进行统一规定，制定标准的资格预审文件范本。资格预审文件可以由采购实体编写，也可以由采购实体委托的研究、设计或咨询机构协助编写。

（2）邀请潜在的供应商参加资格预审。邀请潜在的供应商参加资格预审，一般是通过在官方媒体上发布资格预审通告进行的。实行政府采购制度的国家、地区或国际组织，都有专门发布采购信息的媒介，如官方刊物或电子信息网络等。资格预审通告的内容一般包括：采购实体名称、采购项目名称，采购（工程）规模，主要工程量，计划采购开始（开工）日期、交货（完工）日期，发售资格预审文件的时间、地点和售价，以及提交资格预审文件的最迟日期。

（3）发售资格预审文件和提交资格预审申请。资格预审通告发布后，采购单位应立即开始发售资格预审文件，资格预审申请的提交必须按资格预审通告中规定的时间提交。

（4）资格评定，确定参加投标的供应商名单。采购单位在规定的时间内，按照资格预审文件中规定的标准和方法，对提交资格预审申请书的供应商的资格进行审查。只有经审查合格的供应商才有权继续参加投标。

二、准备招标文件

招标文件是供应商准备投标文件和参加投标的依据，同时也是评标的重要依据，因为评标是按照招标文件规定的评标标准和方法进行的。此外，招标文件是签订合同所遵循的依据，招标文件的大部分内容要列入合同之中。因此，准备招标文件是非常关键的环节，它直接影响到采购的质量和进度。招标文件除招标通告外至少应包括以下内容：

（一）投标须知

即具体制定投标的规则，使投标商在投标时有所遵循。投标须知的主要内容包括：

（1）资金来源。

（2）如果没有进行资格预审的，要提出投标商的资格要求。

（3）货物原产地要求。

（4）招标文件和投标文件的澄清程序。

（5）投标文件的内容要求。

（6）投标语言。尤其是国际性招标，由于参与竞标的供应商来自世界各地，必须对投标语言作出规定。

（7）投标价格和货币规定。对投标报价的范围作出规定，即报价应包括哪些方面，统一报价口径便于评标时计算和比较最低评标价。

（8）修改和撤销投标的规定。

（9）标书格式和投标保证金的要求。

（10）评标的标准和程序。

（11）国内优惠的规定。

（12）投标程序。

（13）投标有效期。

（14）投标截止日期。

（15）开标的时间、地点。

（二）合同条款

合同条款包括一般合同条款和特殊合同条款，具体内容如表 6－2 所示。

表 6－2　合同条款的内容

一般合同条款	特殊合同条款
买卖双方的权利和义务	交货条件
运输、保险、验收程序	履约保证金的具体金额和提交方式
价格调整程序	验收和测试的具体程序
付款条件、程序以及支付货币规定	保险的具体要求
履约保证金的数量、货币及支付方式	付款方式和货币要求
不可抗力因素	解决争端的具体规定
延误赔偿和处罚程序	零配件和售后服务的具体要求
合同中止程序	对一般合同条款的增减等
解决争端的程序和方法	
合同适用法律的规定	
有关税收的规定等	

（三）技术规格

技术规格是招标文件和合同文件的重要组成部分，它规定所购货物、设备的性能和标准。技术规格也是评标的关键依据之一，如果技术规格制定得不明确或不全面，就会增加采购风险，不仅会影响采购质量，也会增加评标难度，甚至导致废标。

货物采购技术规格一般采用国际或国内公认的标准，除不能准确或清楚地说明拟招标项目的特点外，各项技术规格均不得要求或标明某一特定的商标、名称、专利、设计、原产地或生产厂家，不得有针对某一潜在供应商或排斥某一潜在供应商的内容。

（四）投标书的编制要求

投标书是投标供应商对其投标内容的书面声明，包括投标文件构成、投标保证金、总投标价和投标书的有效期等内容。投标书中的总投标价应分别以数字和文字表示。投标书的有效期是指投标有效期，是让投标商确认在此期限内受其投标书的约束，该期限应与投标须知中规定的期限相一致。

（五）投标保证金

投标保证金是为了防止投标商在投标有效期内任意撤回其投标，或中标后不签订合同或不交纳履约保证金，而使采购实体蒙受损失。

投标保证金可采用现金、支票、不可撤销的信用证、银行保函、保险公司或证券公司出具的担保书等方式交纳。投标保证金的金额不宜过高，可以确定为投标价的一定比例，一般为投标价的1%～5%，也可以定一个固定数额。由于按比例确定投标保证金的做法很容易导致报价泄露，即通过一个投标商交纳的投标保证金的数额可以推算其投标报价，因而，确定固定投标保证金的做法较为理想，有利于保护各投标商的利益。国际性招标采购的投标保证金的有效期一般为投标有效期加上30天。

如果投标商有下列行为之一的，应没收其投标保证金：投标商在投标有效期内撤回投标；投标商在收到中标通知书后，不按规定签订合同或不交纳履约保证金；投标商在投标有效期内有违规违纪行为等。

在下列情况下投标保证金应及时退还给投标商：中标商按规定签订合同并交纳履约保证金；没有违规违纪的未中标投标商。

（六）供货一览表、报价表和工程量清单

供货一览表应包括采购商品品名、数量、交货时间和地点等。

在国境内提供的货物和在国境外提供的货物在报价时要分开填写。在报价表中，境内提供的货物要填写商品品名、商品简介、原产地、数量、出厂单价、出厂价境内增值部分占的比例、总价、中标后应缴纳的税费等。境外提供的货物要填写商品品名、商品简介、原产地、数量、离岸价单价及离岸港、到岸价单价及到岸港、到岸价总价等。

三、发布招标通告

招标通告的内容因项目而异，一般应包括：

（1）采购实体的名称和地址。

（2）资金来源。

（3）采购内容简介。包括采购货物名称、数量及交货地点，需进行的工程的性质和地点，或所需采购的服务的性质和提供地点等。

（4）希望或要求供应货物的时间或工程竣工的时间或提供服务的时间表。

（5）获取招标文件办法和地点。

（6）采购实体对招标文件收取的费用及支付方式。

（7）提交投标书的地点和截止日期。

（8）投标保证金的金额要求和支付方式。

（9）开标日期、时间和地点。

如果经过资格预审程序，招标文件可以直接发售给通过资格预审的供应商；如果没有资格预审程序，招标文件可发售给任何对招标通告作出反应的供应商。招标文件的发售，可采取邮寄的方式，也可以让供应商或其代理前来购买。如果采取邮寄方式，要求供应商在收到招标文件后要告知招标机构。

第三节　投标、开标程序与方法

招标阶段的工作完成以后，采购就进入投标、开标阶段。标书发售后至投标前，要根据实际情况合理确定投标准备时间。投标准备时间确定得是否合理，会直接影响招标的结果。尤其是土建工程投标涉及的问题很多，投标商要准备工程概算，编制施工计划，考察项目现场，寻找合作伙伴和分包单位。如果投标准备时间太短，投标商就无法完成或不能很好地完成各项准备工作，投标文件的质量就不会十分理想，直接影响到后面的评标工作。

在正式投标前，采购单位还需要做一些必要服务工作。一是对大型工程或复杂设备组织召开标前会和现场考察，二是按投标商的要求澄清招标文件，澄清答复文件要发给所有购买招标文件的供应商。

采购单位或招标单位只接受在规定的投标截止日期前由供应商提交的投标文件，截止期后送到的投标文件拒收，并取消这类供应商的资格。在收到投标文件后，要签收或通知供应商投标文件已经收到。在开标以前，所有的投标文件部必须密封，妥善保管。投标文件的内容应与招标文件的要求相一致。

一、开标

开标应按招标通告中规定的时间、地点公开进行，并邀请投标商或其委派的代表参加。开标前，应以公开的方式检查投标文件的密封情况，当众宣读供应商名称、有无撤标情况、提交投标保证金的方式是否符合要求、投标项目的主要内容、投标价格以及其他有价值的内容。开标时，对于投标文件中含义不明确的地方，允许投标商做简要解释，但所做的解释不能超过投标文件记载的范围，或实质性地改变投标文件的内容。以电传、电报方式投标的，不予开标。

开标要做开标记录，其内容包括项目名称、招标号、刊登招标通告的日期、发售招标文件的日期、购买招标文件单位的名称、投标商的名称及报价、截标后收到标书的处理情况等。

在有些情况下，可以暂缓或推迟开标时间，如招标文件发售后对原招标文件做了变更或补充；开标前，发现有足以影响采购公正性的违法或不正当行为；采购单位接到质疑或诉讼；出现突发事故；变更或取消采购计划等。

二、评标、决标程序与方法

评标的目的是根据招标文件中确定的标准和方法，对每个投标商的标书进行评价和比较，以评出最低投标价的投标商。评标必须以招标文件为依据，不得采用招标文件规定以外的标准和方法进行评标，凡是评标中需要考虑的因素都必须写入招标文件之中。

（一）评标、决标的方法

评标方法很多，具体评标方法取决于采购单位对采购对象的要求，货物采购和工程采购的评标方法有所不同。货物采购常用的评标方法有四种，即以最低评标价为基础的评标方法、综合评标法、以寿命周期成本为基础的评标方法以及打分法。

1. 以最低评标价为基础的评标方法

在采购简单的商品、半成品、原材料以及其他性能质量相同或容易进行比较的货物时，价格可以作为评标考虑的唯一因素。以价格为尺度时，不是指最低报价，而是指最低评标价。最低评标价有其价格计算标准，即成本加利润。其中，利润为合理利润，成本也有其特定的计算口径：

（1）如果采购的货物是从国外进口的，报价应以包括成本、保险、运费的到岸价（CIF）为基础。

（2）如果采购的货物是国内生产的，报价应以出厂价为基础。

出厂价应包括生产、供应货物而从国内外购买的原材料和零配件所支付的费用以及各种税款，但不包括货物售出后所征收的销售性或与其类似的税款。如果提供的货物是国内投标商早已从国外进口、现已在境内的，应报仓库交货价或展室价，该价应包括进口货物时所交付的进口关税，但不包括销售性税款。

2. 综合评标法

综合评标法是指以价格另加其他因素为基础的评标方法。在采购耐用货物如车辆、发动机以及其他设备时，可采用这种评标方法。在采用综合评标法时，评标中除考虑价格因素外，还应考虑下列因素：

（1）内陆运费和保险费。在计算内陆运费、保险费及其他费用时，可采用下列任一做法：第一，可按照铁路（公路）运输、保险公司以及其他部门发布的费用标准，来计算货物运抵最终目的地将要发生的运费、保险费以及其他费用，然后把这些费用加在投标报价上；第二，让投标商分别报出货物运抵最终目的地所要发生的运费、保险费以及其他费用，这部分费用要用当地货币来报，同时还要对所报的各种费用进行核对。

（2）交货期。在确定交货期时，可根据不同的情况采用下列办法：第一，可以按招标文件中规定的具体交货时间为基准交货时间，早于基准交货时间的，评标时也不给予优惠，若迟于基准时间，每迟交一个标准时间（1 天、1 周、10 天或 1 个月等），可按报价的一定百分比换算为成本，然后再加在报价上；第二，如果根据招标文件的规定，货物要在合同签字并开出信用证后若干日（月）内交货，对迟于规定时间、但又在可接受的时间范围内的，可按每日（月）一定的百分比乘以投标报价再乘以迟交货的日（月）数，或者按每日（月）一定金额乘以迟交货的时间来计算，评标时将这一金额加在报价上。

（3）付款条件。投标商必须按照合同条款中规定的付款条件来报价，对于不符合规定的投标，可视为非响应性投标予以拒绝。但对于采购大型成套设备可以允许投标商有不同的付款要求，提出有选择性的付款计划，这一选择性的付款计划只有在得到投标商愿意降低投标价的基础上才能考虑。如果投标商的付款要求偏离招标文件的规定不是很大，尚属可接受的范围，在这种情况下，可根据偏离条件给采购单位增加的费用，按标书中规定的贴现率算出其净现值并加在报价上，供评标时考虑。

（4）零配件的供应和售后服务情况。如果投标商已在境内建立了零配件和售后服务的供应网点，评标时可以在报价之外不另加费用。但是如果投标商没有提供上述招标文件中规定的有关服务，而需由采购单位自行安排和解决的，在评标时可考虑将所要增加的费用加在报价上。

（5）货物的性能、生产能力以及配套性和兼容性。如果投标商所投设备的性能、生产能力没有达到技术规格要求的基准参数，凡每种技术参数比基准参数降低的，将在报价基础上增加若干金额，以反映设备在寿命周期内额外增加的燃料、动力、运营的成本。

（6）技术服务和培训费用等。投标商在标书中应报出设备安装、调试等方面的技术服务费用以及有关培训费，这些费用应加在报价上一并供评标时考虑。

3. 以寿命周期成本为基础的评标方法

采购整套厂房、生产线或设备、车辆等在运行期内的各项后续费用（零配件、油料、燃料、维修等）很高的设备时，可采用以寿命周期成本为基础的评标方法。

在计算寿命周期内成本时，可以根据实际情况，评标时在标书报价的基础上加上一定运行期年限的各项费用，再减去一定年限后设备的残值，即扣除这几年折旧费后的设备剩余值。在计算各项费用或残值时，都应按标书中规定的贴现率折算成净现值。

例如，汽车按寿命周期成本评标应计算的因素如下：

（1）汽车价格。

（2）根据标书偏离招标文件的各种情况，包括零配件短缺、交货延迟、付款条件等进行调整。

（3）估算车辆行驶寿命期所需燃料费用。

（4）估算车辆行驶寿命期所需零件及维修费用。

（5）估算寿命期末的残值。

上面的后三项应按一定贴现率折算成现值。

4. 打分法

评标时通常要考虑多种因素，为了既便于综合考虑，又利于比较，可以按这些因素的重要性确定其在评标时所占的比例，对每个因素打分。打分法考虑的因素包括：

（1）投标价格。

（2）内陆运费、保险费及其他费用。

（3）交货期。

（4）偏离合同条款规定的付款条件。

（5）备件价格及售后服务。

（6）设备性能、质量、生产能力。

（7）技术服务和培训。

采用打分法评标时，首先确定每种因素所占的分值。通常来说，分值在每个因素的分配比例为：投标价 60～70 分；零配件 10 分；技术性能、维修、运行费 10 分；售后服务 5 分；标准备件等 5 分；总分 100 分。

如果采用打分法评标，考虑的因素、分值的分配以及打分标准均应在招标文件中明确规定。

打分法有利有弊。利在于综合考虑，方便易行，能从难以用金额表示的各个投标中选择最好的投标。弊在于难以合理确定不同技术性能的有关分值和每一性能应得的分数，有时会忽视一些重要的指标。

（二）评标程序

评标程序分为初评和详细评标两个阶段。

1. 初步评标

初步评标工作比较简单，但却是非常重要的一步。初步评标的内容包括供应商资格是否符合要求，投标文件是否完整，是否按规定方式提交投标保证金，投标文件是否基本上符合招标文件的要求，有无计算上的错误等。如果供应商资格不符合规定，或投标文件未作出实质性的反应，都应作为无效投标处理，不得允许投标供应商通过修改投标文件或撤销不合要求的部分而使其投标具有响应性。

经初步评标，凡是确定为基本上符合要求的投标，下一步要核定投标中有没有计算和累计方面的错误。在修改计算错误时，要遵循两条原则：如果数字表示的金额与文字表示的金额有出入，要以文字表示的金额为准；如果价格和数量的乘积与总价不一致，要以单价为准。但是如果采购单位认为有明显的小数点错误，此时要以标书的总价为准，并修改单价。如果投标商不接受根据上述修改方法而调整的投标价，可拒绝其投标并没收其投标保证金。

2. 详细评标

在完成初步评标以后，下一步就进入详细评定和比较阶段。只有在初评中确定为基本合格的投标，才有资格进入详细评定和比较阶段。具体的评标方法取决于招标文件中的规定，并按评标价的高低，由低到高，评定出各投标的排列次序。

在评标时，当出现最低评标价远远高于标底或缺乏竞争性等情况时，应废除全部投标。

3. 编写并上报评标报告

评标工作结束后，采购单位要编写评标报告，上报采购主管部门。评标报告包括以下内容：

（1）广告刊登的时间、购买招标文件的单位名称。

（2）开标日期。

（3）投标商名单。

（4）投标报价以及调整后的价格（包括重大计算错误的修改）。

（5）价格评比基础。

（6）评标的原则、标准和方法。

（7）授标建议。

4. 资格后审

如果在投标前没有进行资格预审，在评标后则需要对最低评标价的投标商进行资格后审。如果审定结果认为该投标商有资格、有能力承担合同任务，则应把合同授予该投标商；如果认为该投标商不符合要求，则应对下一个评标价最低的投标商进行类似的审查。

5. 授标与合同签订

合同授予最低评标价投标商，并要求在投标有效期内进行。决标后，在向中标投标商发中标通知书时，也要通知其他没有中标的投标商，并及时退还投标保证金。

具体的合同签订方法有两种，一是在发中标通知书的同时，将合同文本寄给中标单位，让其在规定的时间内签字退回；二是中标单位收到中标通知书后，在规定的时间内，派人前来签订合同。如果是采用第二种方法，合同签订前，允许相互澄清一些非实质性的技术性或商务性问题，但不得要求投标商承担招标文件中没有规定的义务，也不得有标后压价的行为。

合同签字并在中标供应商按要求提交了履约保证金后，合同就正式生效，采购工作进入了合同实施阶段。

三、投标须知

（一）定义

（1）项目法人：（招标设备工程项目法人名称）。

（2）招标人：在招标过程中，项目法人称为招标人。（即招标设备工程项目法人名称）。

（3）招标代理机构：具有相应的招标资质，受项目法人委托，在招标过程中负有相应责任的单位。（即招标代理机构名称）。

（4）潜在投标人：指有意参加投标的企事业单位和其他社会经济组织。

（5）投标人：经过审查符合本次招标所规定的相应资质要求，参加投标竞争的潜在投标人。

（6）预中标人：经过评标而选定的进行合同谈判的投标人。

（7）中标人：最终被授予合同的投标人。

（8）项目招标领导小组：由招标人、招标代理机构及有关单位按一定的程序和要求而组建的机构，负责领导招标工作。

（9）评标委员会：在项目招标领导小组的领导下，由聘请专家和有关单位人员组成，负责具体评标工作。

（10）需方：（招标设备工程项目法人名称）。即项目法人，在招标阶段称为招标人，在签订和执行合同阶段称为需方。为便于招标文件及附件直接转化为经济合同，在招标文件第二、第三卷中称招标人为需方。

（11）供方：在招、投标阶段称为投标人，在中标以后签订和执行合同阶段称为供方。为便于招标文件及附件直接转化为经济合同，在招标文件第二、第三卷中称投标人为供方。

（12）工程设计单位：负责本招标设备工程项目设计的单位。（即工程设计单位名称）。

（二）工程概况及招标范围

（1）工程概况（略）。

（2）招标文件由第一卷《投标须知》、第二卷《合同条款》、第三卷《技术规范》组成，招标设备的技术要求详见第三卷《技术规范》。

（三）交货期

合同生效后某月。

（四）投标与开标

（1）投标时间：××年×月×日。

（2）投标地点：×××。

（3）开标时间：××年×月×日。

（4）开标地点：×××。

投标文件保管无失密后拆封，验证投标法人委托书、投标保证金等投标文件是否齐全。

投标文件正本保存备查，评标使用副本。采用分段开标：第一步，开技术标，经过澄清后，投标人在规定的时间内可进行必要修改补充；第二步，开商务报价标。

（五）投标人资质

合格的投标人应具有圆满履行合同的能力，具体应符合下列条件：

（1）具有独立订立合同的权利。

（2）在专业技术、设备设施、人员组织、业绩经验等方面具有设计、制造、质量控制、经营管理的相应的资格和能力。

（3）具有完善的质量保证体系。

（4）业绩：具有设计、制造与招标设备相同/相近设备1到2台，2年以上良好的运行经验，在安装调试运行中未发现重大的设备质量问题，或已有有效的改进措施；或主机设备有相应业绩厂商的技术合作或技术支持。

（5）具有良好的银行资信和商业信誉，没有处于被责令停业或财产被接管、冻结、破产状态。

（六）投标文件

（1）投标资格文件。

（2）投标人承诺函。

（3）投标人法定代表人授权书。

（4）投标人资格、资信证明文件。

（5）关于投标人资格的声明函。

（6）企业法人营业执照。

（7）生产许可证、有关鉴定材料。

（8）工厂简介（包括组织机构、生产能力、设备、厂房、人员等）。

（9）质量保证体系及其质量认证证明。

（10）近三年资产负债表、损益表及经营状况（包括销售额）。

（11）银行资信证明。

（12）业绩及目前正在执行合同情况（包括完成情况和出现的重要质量问题及改进措施）。

（13）近三年经济行为受到起诉情况。

（14）其他文件和资料。

（七）合同条款

（1）定义。

（2）合同标的。

（3）供货范围。

（4）合同价格。

（5）付款。

（6）交货与运输。

（7）包装与标记。

（8）技术服务与联络。

（9）质量监造与检验。

（10）安装、调试、试运行和验收。

（11）保证与索赔。

（12）税费。

（13）配套与外购。

（14）合同的变更、修改、中止和终止。

（15）不可抗力。

（16）合同。

（17）合同的生效。

（18）其他。

（19）附件。其中：附件一，供货范围；附件二，价格表；附件三，差异表；附件四，履约保函；附件五，分包与外购。

四、技术规范

投标人所做的一切有效补充、修改文件，均被视为投标文件不可分割的部分。

（一）投标文件的编制

（1）一般要求。投标人应严格按照招标文件要求编制投标文件，逐项逐条回答招标文件，顺序和编号应与招标文件一致。可以增加说明或描述性文字。投标文件对招标文件未提出异议的条款，均被视为接受和同意。招标文件与招标文件有差异之处，无论多么微小，均应汇总说明。

（2）投标文件的语言。投标文件应用中文编写。若其中有其他语言的书面材料，则应附有中文译文，并以中文译文为准。度量衡采用国际法定单位制（即国际单位制）。

（3）投标有效期。投标有效期应为投标截止日期后180天。若遇特殊情况，招标代理机构和招标人可于投标有效期之前要求投标人同意延长有效期，但延长期一般不超过 3 个月。投标人应以书面答复表示同意，并相应延长投标保函有效期，此时投标人不能对投标文件进行任何修改；投标人若不同意延长投标有效期，则应以书面形式给予明确答复，此时投标人被视为自动退出投标，投标保证金予以全额退还。如延长期超过 3 个月，招标人应对投标人因延长投标保函有效期所发生的费用进行适当补偿。

（二）投标保证金

（1）投标保证金金额为本次投标设备总金额的 1%。投标保证金可以是投标人开户银行出具支票或银行汇票。

（2）发生以下情况之一者，投标保证金将予以没收：

——投标人在投标截止日期后、投标有效期内撤回其投标。

——投标人在投标截止日期后对投标文件作实质性修改。

——投标人被通知预中标后，拒绝按预中标状态签订合同（即不按预中标时规定的技术方案、供货范围和价格等签订合同）。

——投标人不接受招标文件的规定。

（3）落标的投标人的投标保证金，将在《落标通知书》发出后予以退还。

（4）建议投标人可提出补充建议或说明，提出比招标文件的要求更为合理的建议方案，列于附件中。同时应说明对技术条件、价格、运行、维护、检修、安装等方面的影响。

（5）如各投标人提出的问题较多，则可召开标前会。投标预备会一般在投标截止日期 7 天前完成。投标预备会上投标人需解释和澄清的问题应在招标文件发出后 5 天之内提出。

（三）投标文件的份数和签署

（1）投标文件一式 18 份（2 正 16 副），包括价格表（表中项目除价格数字外都要填写）及报价说明，一式 6 份。

（2）投标文件正本的每一页均应由投标人代表签字。报价表均由投标人代表签名并加盖公章。

（四）投标（商务）报价

（1）投标人应严格按照报价表的格式认真填写价格表和各种分项价格表。

（2）投标人的报价为闭口价。即中标后在合同有效期内价格固定不变。

（3）若单价和总价有差异，则以单价为准，并对总价进行修正；若数字和文字表示的金额之间有差异，是以文字金额为准，并对数字作相应的修正。

（4）投标报价应注明有效期，有效期应与投标有效期相一致。

（五）投标文件的递交

1. 投标文件的密封与标记

（1）投标文件的每份正本、副本均应用信封分别密封。信封上注明项目名称、投标人地址、“正本”、“副本”字样及“不准提前启封”字样。信封上应加盖投标人公章。

（2）投标保函。投标保证金应用信封单独密封，封面上注明“银行保函”、“投标保证金”和“保密”字样。

（3）在投标文件澄清后提交分项价格部分应用信封单独密封，封面上注明“分项价格”和“保密”字样。

2. 投标截止日期。投标文件应于投标截止日期（日期、时间）以前送达指定地点。一切迟到的投标文件都将被拒绝。

3. 投标文件的补充、修改和撤回

（1）投标截止日期前，投标人可以书面形式向招标代理机构对业已递交的投标文件提出补充或修改，相应部分以最后的补充和修改为准。该书面材料应密封，由投标人代表签字并加盖公章。

（2）投标人不得在投标截止日期至投标有效期满前撤回投标文件，否则其投标保证金将予以没收。

4. 无效投标。发生下列情况之一者，视为无效投标：

（1）投标文件未密封和/或技术文件未按规定加盖公章和签字。

（2）投标文件中无投标保证金。

（3）投标文件未按规定格式、内容填写和/或投标文件内容与招标文件有严重背离。

（4）在投标文件中有两个以上的报价，且未明确哪个报价有效。

（5）其他不符合招标文件要求的投标。

（六）开标

（1）从投标截止日期到授予合同时止，有关投标文件的审查、澄清、评议以及有关授予合同的意向等一切情况都不得透露给投标人或与上述工作无关的单位和个人。

（2）参与评标的人员应严格遵守国家有关保密的法律、法规和规定，严格自律，并接受上级主管部门和有关部门的审查和监督。

（3）投标人申报的关于资质、业绩等的文件和材料必须真实准确，不得弄虚作假。

（4）投标人不得串通作弊，哄抬标价，致使定标困难或无法定标。

（5）投标人不得采用不正当手段妨碍、排挤其他投标人，破坏公平竞争。

（6）投标人不得以任何形式打听和搜集评标机密，不得以任何形式干扰评标或授标工作。

（7）投标人若违反上述要求，其投标将被废除。

五、附件

（一）附件一：供货范围

（1）一般要求

①本附件规定了合同设备的供货范围。供方保证提供设备为全新的、先进的、成熟的、完整的和安全可靠的，且设备的技术经济性能符合附件一的要求。

②供方应提供详细供货清单，清单中依次说明型号、数量、产地、生产厂家等内容。对于属于整套设备运行和施工所必需的部件，即使本合同附件未列出和/或数目不足，供方仍须在执行合同时补足。

③除有特别注明外，所列数量均为1台所需。

④供方应提供所有安装和检修所需专用工具和消耗材料等，并提供详细供货清单。

⑤提供随机备品备件和年运行所需的备品备件，并在投标书中给出具体清单。

⑥提供所供设备中的进口件清单。

(2) 供货范围。供方要确认此范围并提供细化清单，包括序号、名称、规格和型号、数量、产地、生产厂家、价格、备注等。

(3) 设备范围（略）

(二) 附件二：投标（商务）报价表

1. 一般要求

(1) 本表中的设备/部套分项须与供货范围中的分项内容的序号一致。

(2) 当分项价之和与总价不符时，以分项价为准。如有优惠条件，优惠条件要在分项价中体现。

(3) 报价币种为人民币，进口部分也应以人民币报价。

(4) 运杂费要单独报价。

(5) 价格表中报价为交货固定不变价格。

(6) 报价应注明日期、有效期、交货地点和法定代表人或其授权委托人的签章。

2. 投标（商务）报价表（略）

3. 合同价格总表（略）

(三) 附件三：差异表

投标人要将投标文件和招标文件的差异之处汇集成表。技术部分和商务部分要单独列表。

(四) 附件四：履约保函（略）

(五) 附件五：分包与外购（略）

思考题

1. 招标采购的准备工作包括哪些？

2. 招标、投标的基本方法是什么？

3. 综合实际，讨论何为公开招标？它包括的类型有哪些？

4. 在实践中，投标过程应注意的问题有哪些？

5. 国际竞争性招标的优缺点有哪些？

第七章　供应链采购的价格确定与谈判技巧

在采购管理过程中，确定需方向卖方支付的价格是采购方管理者的一项重大决策。价格定得过高，对采购方损失大；价格定得太低，导致买卖无法成交，前期的调查、谈判等工作成本无法回收。因此，采购管理中要对价格的确定予以密切的关注，企业的采购人员必须要很好地掌握各种定价的方法，了解各种方法的适用时机，并且能够利用谈判技巧来取得满意的支付价格。

第一节　采购价格的确定

一、影响采购价格的因素分析

在市场环境下，采购的价格自然是受到市场的影响，具体地说就是会受到市场上购买商品的供求状况影响，同时还在很大程度上取决于该商品市场竞争程度以及其他一些相关因素。下面进行采购价格影响因素的详细阐述。

（一）市场类型

供应商的市场结构对价格有较大影响。市场结构是指一个行业中的竞争者的数量、产品的相似程度以及新的竞争者进入该行业的各种障碍等状况。各种不同的市场结构从完全竞争到完全垄断两个极端之间连续变化，处于中间阶段的是垄断竞争和寡头竞争。卖方所在行业的市场结构能够对供应商的价格决定产生直接影响。

（1）完全竞争。完全竞争（Perfect Competition）这种市场结构的特点是产品完全相同（标准的），新的竞争者进入市场的障碍非常小。价格仅仅是供给与需求的函数，单个的卖方或买方都不足以控制市场，影响市场价格。当然，卖方可能为出售更多的商品而降低价格，但长期下去会造成收入损失。

（2）垄断竞争。垄断竞争（Monopolistic Competition）的特征是众多的生产者出售相似而又有些差别的产品。理论上，众多的生产者提供如此大量的不同产品，单个生产者的行为对整个市场的影响非常有限，甚至几乎没有影响。因为单个生产者不能控制整个行业，所以买方能够依靠其采购需求的数量影响卖方。

（3）寡头竞争。寡头竞争（Oligopolistic Competition）是指仅有少数几个大型竞争者在同一行业中进行竞争。一个竞争者的市场战略与定价策略对行业中其他竞争者有直接影响。在我国，寡头竞争行业包括钢铁、汽车以及电信行业等。在寡头行业，一家企业可以作为价格领导者提高或降低价格，其余企业则可随之改变价格或保持原有价格水平。如果其余企业并不随之调价，则最初改变价格的企业很可能不得不回到原来的价格。国际贸易与竞争的加剧为许多行业创造了更多的选择机会，使市场控制力由生产者向采购者转移。

(4) 完全垄断。完全垄断（Perfect Monopoly）是市场结构体系的另一个极端。通常认为垄断者是没有竞争对手的大型生产者，但现实中并不存在纯粹的垄断。政府或准政府机构管制的现存的自然垄断（如公用事业）属于完全垄断。在历史上，进入垄断行业的障碍是巨大的，以至于新的竞争者不可能进入。然而，由于政府放松管制或替代物料、产品或服务的发明，一般被视做垄断的行业正面临着越来越多的竞争。

在完全竞争和完全垄断市场，买方对价格的影响力最小。在完全竞争市场，供给与需求的力量决定价格，而在完全垄断市场，生产者控制价格。绝大部分工商业采购市场结构处于两种极端市场结构之间，买方拥有的卖方市场竞争结构知识越多，就会在确定价格与谈判战略时做更好的准备。

(二) 经济环境

通常经济环境决定市场是有利于卖方还是有利于买方。当生产率很高（生产紧张）且产品需求旺盛的时候，供给因素与需求因素共同创造了有利于卖方的价格条件。此时，买方通常想使价格或价格的增长低于行业平均水平。当一个行业处于下降时期的时候，买方可借此机会通过谈判获得有利的供给方案。

宏观经济会影响价格。例如，利率水平会影响引起生产性投资的资本总成本，从而影响供应商的内部回报率。甚至本国货币对其他货币的汇率都会影响价格，特别是在国际采购中。劳动力市场供给紧张，使成本增加，也会导致采购价格上升。

经济环境的知识对于确认影响产品供求的市场因素很有帮助。了解当前的市场环境，预测未来市场环境不仅有助于制定采购预算与物料的预测，还能为将来制定价格谈判战略提供有益的借鉴。

(三) 卖方的定价战略

卖方采取不同的战略或方法作用于其产品或服务的定价。一些卖方依靠内部成本结构分析制定价格，而另外一些卖方则简单地把价格定在与其竞争者相当的价格水平上。卖方的定价战略直接影响报价。但是，在许多种情况下，卖方索取的价格可以和实际成本无关。这看起来很奇怪，定价策略通常以对卖方重要的其他因素为基础。卖方可以为了确保采购合同而提供异常低的价格，意在一旦消灭了市场竞争对手就提高价格。在另外一些情形下，卖方可以利用其优势地位索取超常高价，让买方“坐在枪口上”。还有一种情况，卖方可能根本不知道他自己的成本。

1. 影响定价决策的因素

一般而言，影响定价决策的因素有三个：市场因素、消费者认同、生产成本。这三个因素从不同的方面影响着定价。

(1) 供求

几乎所有类型的商业定价都会受到经济学家所说的价格机制（供求理论）的影响，这里要涉及均衡价格的概念，均衡价格意味着在均衡价或市场价上，需求的数量和供应的数量正好相等。在多数自由市场经济系统中，均衡价格的定价过程有助于决定生产什么和不生产什么。

价格机构如图 7-1 所示。

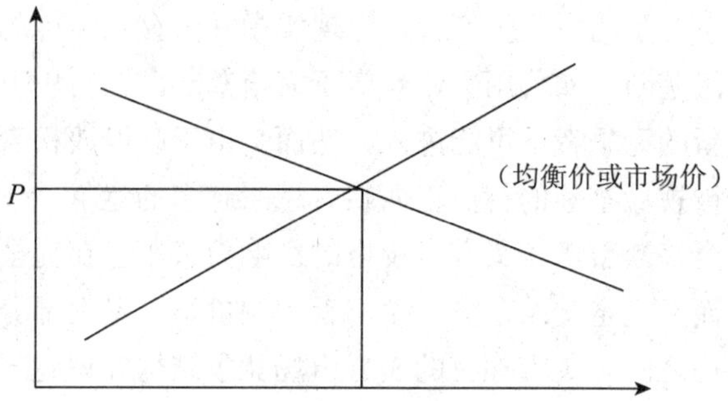

图 7-1　价格机制

（2）竞争和其他市场因素

各种组织在不同的市场条件下销售他们的产品或者服务，这些市场条件从完全竞争一直到垄断。每种市场类型的特征如表 7-1 所示。

表 7-1　竞争条件

竞争类型	竞争条件
垄断	一个供应商
双头垄断	两个供应商
垄断竞争	多个供应商，不同产品
完全竞争	多个供应商，相同产品
买方垄断	一个买方，多个供应商

很显然，竞争的范围是从垄断情况下的一个供应商变化到完全竞争情况下的多个供应商。在买方垄断的情况下，存在某种产品或服务的多个供应商，而只有一个买方。

传统的采购认为垄断是不利的，而竞争是有利的。因此政府就限制垄断，作出了许多立法规定。但与这一观点相反的意见则认为保持规模经济比补偿垄断产生的问题更为重要。在今天，许多购买者认为如果买方和供应商能够紧密合作起来一起工作的话，一些不必要的成本可以从价格中删除。如果一起工作，他们能剔除贯穿整个供应链节点企业中的不必要成本。他们采取的合作方法是：减少供应链中供应商的数量、联合开发新产品、拥有反应迅速的供应商、使用一体化的数据库、帮助主要供应商。在许多发达国家，许多购买组织越来越注重这些合作方法，他们选择奉行持续改进政策的供应商，并且更关心产品和服务价格之外的“如何除去不必要的成本”。他们认为，和合适的供应商伙伴在一段时间内紧密合作，可以通过消除不必要的成本和没有效率的行为来降低价格。这样，如果购买商和供应商一起紧密合作的话，当价格机制和市场因素一起决定总体价格的时候，他们就能减去不必要的成本，从而降低价格，增加利润。

(3) 产品的生命周期

产品就和生物一样，也要经过出生、成长、成熟、衰老、死亡的过程，我们把产品在市场上存活的这种品质称作产品的生命周期。一般这一周期包括五个阶段的发展周期。一期：开发期；二期：引进期；三期：成长期；四期：饱和期；五期：衰退期。如图 7－2 所示。

根据产品所处生命周期的不同阶段，一般所用的定价政策也会有很大的变化。在生命周期早期，通常可以采用差异化价格。销售组织可以采取撇脂定价策略，也就是说，因为产量有限，所以他们可以在有限的时期内采用高价，当产量有所增长或其他供应商提供相似产品的时候，他们可以慢慢转向采用较低的渗透定价来增加市场份额。这样，采购人员可以注意到产品价格在整个产品生命周期中表现出的巨大差异。

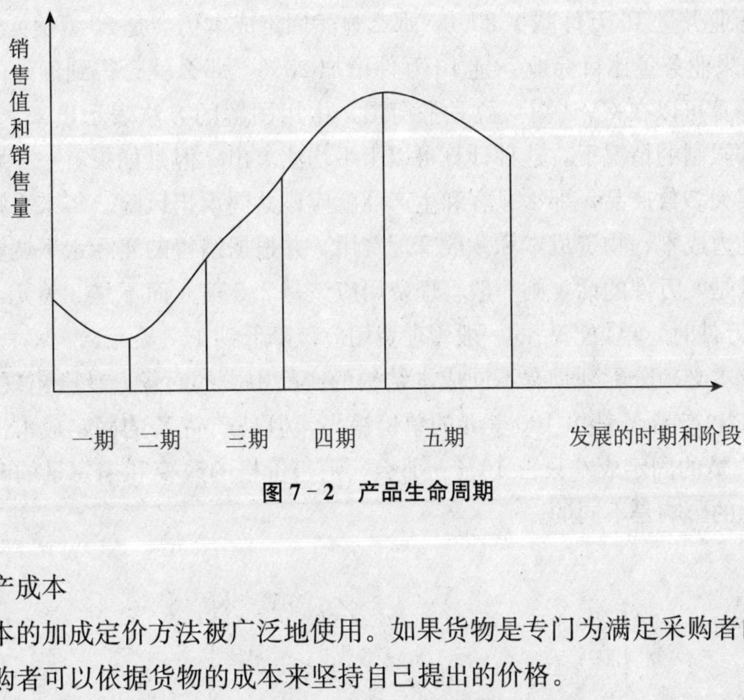

图 7－2 产品生命周期

(4) 生产成本

基于成本的加成定价方法被广泛地使用。如果货物是专门为满足采购者的需要而制造的。此时采购者可以依据货物的成本来坚持自己提出的价格。

有时在预先很难估算出成本的时候，如果涉及研发，会采用成本加成合同。在这些合同规定下的最终可支付合同价格是实际成本加上服务费，此服务费可以是达成一致的成本的某一百分比或某一数值，或者是用作激励的目标服务费。

在零售贸易中广泛采用的是成本加成定价法，将采购成本加上某一百分比确定出销售价格。不同的产品所加的百分比不同，如蔬菜、水果等流动性快的零售物品一般具有较低的边际利润，而珠宝、家具等流动性慢的物品具有较高的边际利润。

也可以采用目标定价法。其销售价格为生产成本乘以定价百分比。这个定价百分比的计算公式如下：

定价百分比＝（投入资金×目标回收率）/年度成本

这里要注意的是，在上式中年度成本会随着生产数量发生变化，生产数量取决于“受价格影响”的销售额。因此估价并不是一门准确的科学。如果一个购买者会同一位成本专家进行基于成本的价格谈判，他就会明白这一点。除了随着生产数量直接地、成比例地变化的可变成本以外，生产成本还必须包括对一般管理费用和利润的分摊部分。尽管工作量不足的公司为了节省开工成本，在短期内有可能会接受那种没有包括一般管理费用和利润分摊的价格，但是从长期看，如果销售者想要生存下去的话，那么销售收入，包括利润，必须覆盖业务中的所有成本。即价格中必须包含一般管理费用和利润。

一般管理费用是公司为保持业务而产生的固定成本，是固定的，不会随着产量的变化而直接发生变化。那么，需要解决的问题就是当产量不确定的时候，我们如何将一般管理费用分配至成本对象——企业的产品。

比如，有一个单一产品生产厂商，预计明年的业务量是 10 万件产品，固定成本是 20 万美元，包含在单位产品成本中的合理的一般管理费用分摊的数额是 2 万美元。但是如果业务量比目标业务量 10 万件减少 20%，那么显然固定成本仍会是 20 万美元，而不会减少 4 万美元；如果业务量比目标业务量 10 万件增加 20%，那么就会得到额外的 4 万美元的利润。这种计算可以在 CVP 图（盈亏平衡图）中用图解的方法表示出来，如图 7－3 所示。在有条件限制的情况下，这种计算可以由平均法求出。但是如果有一个顾客以接近成本的价格购买大多数产品，那么顾客和生产商就应该共同承担风险。年末采购者可以核查销售商的劳动力成本、物资成本和一般管理费用，并根据销售的实际水平调整价格。这样如果总业务量是 8 万件的话，则一般管理费用应该是 2.5 美元而不是 2 美元，而且如果业务量达到 12 万件时，单位产品的一般管理费用应该降低到 1.7 美元。

当固定成本必须分配到具有不同成本结构的产品中去的时候，就会出现另一个问题。比如，产品 X 和产品 Y 都以 100 美元的单价销售，但是产品 X 的固定成本占产品成本的 90%，而产品 Y 的固定成本只占 10%。那么，销售价格的改变和销售量的改变对两者的利润率所产生的影响是不同的。

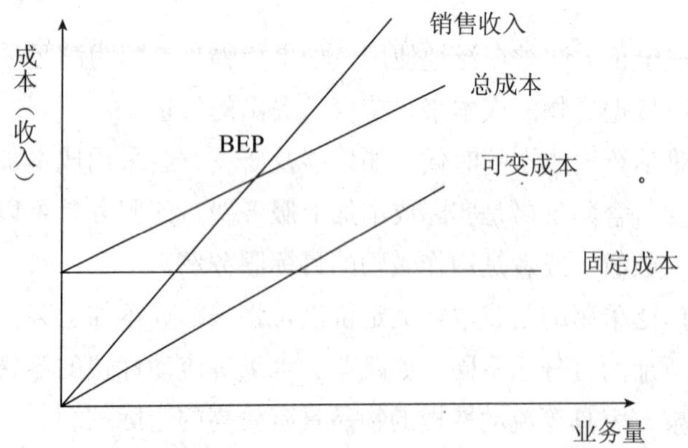

图 7－3 盈亏平衡图

产品X的价格增长10%会使一般管理费用和利润的分摊部分增加10美元，即改进了11%，但是产品Y的价格增长10%会使分摊部分从10美元达到20美元，即改进了100%，所以产品Y的利润率比产品X的利润率对价格的变化更加敏感。

对铁路、旅馆等资金密集行业，当他们以正常价格销售产品或服务的数量达到了盈亏平衡点（BEP）时，可以通过采取降价策略显著地增加他们的利润。按高于直接成本的价格进行销售时，只要价格中包含固定成本都会产生利润。这就是为什么铁路部门会对淡季的旅行进行特殊的收费，旅馆运营者会给周末使用者提供优惠或便宜的价格。

2. 定价的战略

卖方的定价战略可分为四类：需求定价法、成本加成定价法、简化定价法、买入定价法。

（1）需求定价法。这是一种“跳跃”式定价方法。采用需求定价政策的卖方试图从产品中尽快、尽多地挣钱。这种战略常见于未有激烈竞争的新上市产品，常用于产品生命周期的初始阶段。一些产品的管理者承认，在不可避免的竞争开始之前，技术革新产品的生产者必须制定能获取最大回报的价格。当卖方拥有能够产生市场垄断的专利权时，也常用这种方法。由于卖方可以实现较高回报率，需求定价会引起日益激烈的竞争，这种方法一般时间不长。目前国内的手机产品就是一类经历这种周期的产品。每当一种新款类型的手机进入市场，起初价格很高，然后随着产量的增加，价格逐渐降低。

（2）成本加成定价法。一旦产量增加，较强的竞争者进入市场，卖方一般将从需求定价战略转向成本加成定价战略。成本加成定价法就是制定的价格大于产品的可变生产成本并有助于补偿固定成本与获取利润，这种方法也称为补偿定价。因为价格是成本的直接函数，所以它是高效率生产者的掠夺性定价方法。由于卖方愿意接受较低的利润，补偿定价法能让产品比较快地在市场上得到补偿。一般来讲，卖方之所以愿意接受一个较低的利润，是因为该产品具有潜在的“大规模市场”，会带来相当高的销售量。这种定价法还能阻止未来的竞争者进入市场或消灭现存的竞争。这里需要提醒注意的是，买方应当判断一下，卖方真的是最有效率的生产者，因而愿意接受较低的利润以赢得市场份额，还是另有图谋，是想预先消灭市场竞争对手然后把价格提到非常高的水平。

（3）简化定价法。这是四种定价方法中最保守的。许多销售代理缺乏其企业产品的真实生产成本的信息，因此，在制定价格的时候，卖方常采用某种一般的简化方法。在某些情况下，卖方先通过计算与某种产品相关的直接成本确定一个报价，然后在那个数值上增加一个百分比。卖方可能把企业的直接人工成本与直接物料成本加起来，然后再额外增加40%，这40%用于补偿生产产品的间接成本与固定成本并提取利润。这种简化的方法忽略了大量信息，并且没有考虑生产该产品的真实成本。当买方面临采用这种方法的卖方时，通过有效地收集关于卖方成本的数据，获得比卖方已有的更为翔实的数据，可以取得满意的价格。

（4）买入定价法。按照这种方法确定的价格大于可变成本，而对补偿固定成本与获取利润的贡献很小。买入定价法与成本利润定价法相似，但是动机不同。在需求较低的时期取得收益，或从竞争者那里“偷取”市场份额。卖方通常在经济迟缓期采用这种方法，因此，又称为存活定价。航空公司在机票价格战时期常采用买入定价法来填满各个航线中空余的座位。

在制定价格时，卖方使用的战略方法通常是具体明确的。在评价卖方报价或直接谈判价格时，了解卖方定价方法有助于采购方作出较好的决策。

(四）产品规格

当买方对产品或服务提出特殊规格要求时，也会影响价格。选用客户提出的设计与工具要求的产品或服务会影响卖方的价格，这是买方只要有可能就尽力选用工业标准部件的原因之一。对那些非标准设计的与技术有特殊要求的产品，厂商会要求更多的价值增值，导致成本（价格）升高，对所需零部件，买方应尽可能多地选用行业认可的标准零部件；当定制产品能够提供产品竞争优势或有利于在市场上形成产品差异的时候，则选用定制产品。

(五）折扣

采购量与产品的每单位成本与价格有直接关系。把不同运营单位的采购需求结合起来能够在工具、机构组织与运营效率方面产生大量的节约。集中或单一采购的主要好处之一是价格较低，这是采购量较高的结果。对于一个数量较大的采购合同，买方很可能得到期望的有利价格，因为供应商会因此而降低每单位的成本。卖方愿意提供数量折扣，也会影响最终卖价。尽管存在许多不同的折扣，最常见的两种是数量折扣和现金折扣。

(1) 数量折扣。买方经常被鼓励大量采购。当数量折扣对采购价格有正面作用的时候，买方必须注意折扣对产品总成本的净影响。买入超常大量的商品需要额外的仓储。在大多数企业正在减少甚至取消存货的情况下，必须对照数量折扣的好处，评价由于增加存货而增加的存货持有成本。

(2) 现金折扣。大部分行业鼓励尽快支付货款，方法之一是对在一定时期内的提前支付提供现金折扣。例如，卖方对10天内收到的货款提供2%的折扣，30天内则全额支付。

与数量折扣不同，现金折扣通常很值得使用。买方几乎不能在10天内挣得与现金折扣等值的收入。放弃现金折扣的机会成本总是高于取得现金折扣的机会成本。管理良好的企业能够利用现金折扣，在指定的时间内安排支付。

二、价格的种类

(一）到厂价

到厂价是指供应商的报价是负责将物品送达买方的工厂或指定地点，其间所发生的各项费用均由卖方承担。以国际而言，即到岸价加上运费（包括在出口厂商所在地至港口的运费）和货物抵达买方之前一切运输保险费，其他有进口关税、银行费用、利息以及报关费等。这种到厂价通常由国内的代理商，以人民币方式报价（形同国内采购），向外国原厂进口货品后，售与买方，一切进口手续皆由卖方办理。

(二）出厂价

出厂价指卖方的报价中不包括运送责任，即须由买方雇用运输工具，前往卖方的制造厂提货。这种情形通常出现在买方拥有运输工具或卖方加计的运费偏高时，或当卖方市场时，供应商不再提供免费的运送服务。

（三）现金价

现金价指以现金或相等的方式支付货款，但是“一手交钱，一手交货”的方式并不多见。在企业界的习惯，月初送货、月中付款或月底送货、下月中付款，即视为现金交易，并不加计迟延付款的利息。现金价可使卖方免除交易风险，买方享受现金折扣。例如，在美国交易条件若为2/10、n/30，即表示十天内付款可享受2%的折扣，而且30天内必须付款。

（四）期票价

期票价指买方以期票或延期付款的方式来采购物品。通常卖方会加计迟延付款期间的利息于售价中。如果卖方希望取得现金周转，会将加计的利息超过银行现行利率，以使买方舍期票价取现金价。

（五）净价

净价指卖方实际收到的货款，不再支付任何交易过程中的费用。通常在卖方的报价单条款中会写明。

（六）毛价

毛价指卖方的报价，可以因为某些因素加以折让。例如，卖方会因采购金额较大，而给予买方某一百分比的折扣。如采购空调设备时，卖方的报价已包含货物税，只要买方能提供工业用途的证明，即可减免增值税50%。

（七）现货价

现货价指每次交易时，由供需双方重新议定价格，若有签订买卖合约，亦以完成交易后即告终止。在众多的采购项目中，采用现货交易的方式最频繁；买卖双方按交易当时的行情进行，不必承担预立合约后价格可能发生的巨幅波动的风险或困扰。

（八）合约价

合约价指买卖双方按照事先议定的价格进行交易，合约价格涵盖的期间依契约而定，短的几个月，长的一两年。由于价格议定在先，经常造成与时价或现货价的差异，使买卖双方经常会发生利害冲突。因此，合约价必须有客观的计价方式或定期修订，才能维持公平、长久的买卖关系。

（九）订价

订价指物品标示的价格。商场的习惯一般是不二价，自然牌价就是实际出售的价格，但有些商场还保持“讨价还价”的习惯。例如，某些老式的商场或一般工艺品店等，常使不知内情的外地人吃亏上当。当然，使用牌价在某些行业却有正当的理由。例如，钢管、水泥、铝锭等价格容易波动的物品，供应商经常提供一份牌价表给买方，表中价格均偏高且维持不变。当买方叫价时，卖方则以调整折扣率来反映时价，亦无须提供新的报价单给买方。所以牌价只是名目价格，而非真实价格。

（十）实价

实价指买方实际上所支付的价格。特别是卖方为了达到促销的目的，经常提供各种优惠的条件给买方。例如，数量折扣、免息延期付款、免费运送与安装等，这些优惠都会使买方真实的总成本降低。

三、确定价格的方法

由于市场竞争的加剧，供应链管理环境下，采购方与主要供应商建立了更密切的合作关系并且寻求持续的发展关系。这种密切的合作关系使采购双方都愿意分享价格成本方面的信息。现在，在确定价格的方法上，除了成本定价法外，还有许多企业使用目标定价法来确定产品的相应价格。而如果成本定价法与目标定价法相结合，会有助于在产品的整个生命周期内推动持续的成本降低，同时也让供应商从所建议的成本节省方法中受益，达到双赢的结局。

（一）目标定价法

1. 目标定价法含义

目标定价法是在新产品发展周期初始阶段，在买方与卖方之间建立合同价格的一种新方法。日本的制造商为了推动工程师选择生产成本低的设计而创立了目标定价法。这些制造商提出了一个简单的概念来描述成本：新产品的成本不再是产品设计过程的产出，而是这一过程的投入。但困难在于按照要求的性能与质量，以能够产生合理利润的成本设计一种产品。例如，在新型小汽车的设计中，开发团队可能和营销部门一起决定新车型在其市场细分中的目标价格。以最终价格为基础，产品被分为几个主要体系，如发动机和动力系统，每一体系有一个目标成本。在零部件层次（它是体系层次的进一步分解），目标成本就是买方想要从供应商那里获得的价格（如果该项目外包）。

如本田在美国的制造企业使用目标定价寻求成本节省的机会。该企业把产品成本分解到零部件层次，要求供应商提供其成本的详细分解表，包括物料、劳动力、工具和所要求的包装，也包括送货、经营管理和其他费用。成本分解表有助于对供应商寻求改进的方法提出建议，从而降低成本。

2. 传统的定价方法与目标定价法的比较

在目标定价法条件下，产品可接受的成本是目标市场愿意支付的价格与该产品的利润目标之差的函数。在传统定价方法下：产品成本＋利润＝销售价格。但是利用目标定价方法，销售价格－利润＝可接受的产品成本。

一般来讲，第一次谈判通常不能让供应商实现目标成本。并且，供应商提供产品或服务的当前价格可能高于买方企业设定的目标价格。这两个数字之差就是战略性的成本削减目标。这一差距必须通过双方的共同工作来弥合，如价值工程、质量功能配置、生产/装配的设计与标准化等工作。如果在产品层次设置的目标成本太具掠夺性，目标成本就不能实现。如果设置的战略性成本削减的挑战性太低，就很容易实现目标成本，但是会损害市场竞争地位。在设置目标价格与目标成本的时候，新产品开发团队应当在头脑中保持着目标成本法的基本准则：目标成本不容违背。另外，即便工程师们找到一种方法能改进产品功能，也不能做这些改进，除非它们能抵销额外成本。一旦买方与供应商就合同的第一年建立了一个目标价格，产品的生命周期之内剩下的成本削减就可以通过成本定价法来实现。

（二）成本定价法

成本定价法与传统的市场定价法在以下几个方面有所不同。第一，成本定价法需要确认生产一个项目的总成本，市场定价法不是这样。第二，利润是用于所购项目的生产性投资和供应商资产的回报（投资回报）。利润不是成本的直接函数（在市场驱动的价格下常常如此）。成本定价法推动供应商寻求持续的绩效改进，分享成本节省，促进生产领域的投资。

成本定价法的一个重要特征是，它能在财务上激励供应商改进运营绩效，达到并超过采购合同协议的绩效改进。这不同于传统的市场定价方法，后者往往是一方（通常是采购方）想办法获取供应商改进产生的全部成本节省。传统的定价方法已经成为合作改进设计产品与工序的阻碍。成本定价则法认识到了需要在财务上激励供应商，同时发展更密切的关系。

成本定价法显然对大多数采购产品都不适用。许多产品不适于这种成本分析，可以由市场决定价格。那些能从多家供应商得到的、标准化的而非客户定制的以及受市场供求力量影响很大的产品不适于成本定价法。

成本定价法这种合作性方法在什么情况下是可行的呢？当卖方通过直接或间接的劳动和专门技术产生很高的价值增值时，成本定价法是可行的。这种方法特别适用于按客户具体的要求定制的复杂产品。一些需要通过供应商价值增值设计将原材料转变成产品时，也适用这种方法。专门设计的汽车叉车系统和仪表盘就是这种产品。这些产品需要对物料做高附加值的变形而成为半成品。供应商也很可能提供设计与技术。

（三）成功的先决条件

要实施目标定价法和成本定价法，必须就供应商生产某产品的全部成本达成一致。全部成本的确认为建立共同的改进目标奠定了基础。生产产品的总成本包括劳动、物料、其他直接成本、与准备和生产相关的任何成本以及经营管理、销售和其他相关费用。

除了总成本，各方还必须确认和认同各种产品的产量、各时间点目标产品成本以及就可衡量的生产能力和质量的改进规划。供应商的资产基础及其回报要求决定了产品的利润，各方还必须对此达成一致。对于分享收益的办法以及何时共享产生的成本节省也要达成一致。达到或超过合同协议的绩效改进目标而产生的节省以及共同的绩效改进目标附带产品所产生的节省，都要共同分享。

这种方法要求高度信任、信息分享以及问题的共同解决。如果一家企业利用了另外一方或者破坏了信息共享的机密性，就会造成失败。各方还应当自愿提供必要数据信息来解决对总体成功产生影响的问题。

另一个重要的先决条件是与目标定价相关的风险管理能力。主要风险可能来自产量的变化，因为产量影响成本，双方必须仔细考虑与处理由于计划产量的改变所造成的影响。高于计划的产量将使供应商获得更大的经济性与较低的每单位成本。但是，这些较低的成本不是供应商绩效改进的结果。反之，低于计划的产量可能会提高供应商的平均成本。各方必须在合同上确定怎样处理购买计划的变化。

第二节 采购的谈判

采购员的主要工作就是要以最低的成本，为企业购得能满足需要的物资，而这一切，都必须与选定的供应商共同完成任务。在一些相对重要的采购活动实施前，采购方必须与供应商进行面对面的直接接触，进行谈判。可见谈判是采购部门最重要的活动之一。

一、谈判的含义

谈判（Negotiation）是通过面对面或电子方式进行正式沟通的过程，由两个或多个人就一个或多个问题寻求协议。谈判过程包括管理时间、信息以及相互依赖的个人和组织之间的力量。每一方都对另一方有需求，进而认识到满足这种需求往往需要妥协或让步。谈判阶段可分为两个阶段：谈判前的准备阶段以及谈判的实质性阶段。另外谈判者一定要认识到谈判过程不仅仅包括企业间的关系，还包括个体之间的关系。在谈判中处理人际关系是谈判过程的一个重要组成部分。谈判的中心内容是每一方都试图说服另一方作出最有利于自己的决策。谈判中还包含一些技巧。

在谈判中，人的因素是不可忽视的，甚至可以说，人是谈判中的关键因素。谈判的参与者除了要具备有效的谈判者所需的知识与技能之外，还应该有谈判时的团队合作精神。1978 年瑞克汉姆和查尔斯最先采用了一个分析法来研究谈判技术，认为成功的谈判者有以下三个标准：

（1）谈判的双方都认为他们的工作效率很高；

（2）他们应该有重大的成功纪录；

（3）他们的失败发生率应该很低。

成功的谈判者重视行为和交互因素：如形象、诚实、地位和自我实现。

二、谈判的原因

并非所有的采购需求都需要买卖双方进行详尽的谈判。对于许多产品，竞标过程就能满足买方的采购需求，那些价值低、容易得到或已经建立了标准的产品就属于这类产品。谈判常适用于价格等重要的问题以及仅通过竞标不能满足采购需求的问题。当然，买方仍然可以使用竞标的方式来选择潜在的供应商。通过竞标确定了可能的供应商以后，买方就可以通过谈判来讨论影响采购协议的其他问题。一般需要采用谈判的情况包括：

（1）合同金额巨大，大额合同的违约会造成极其严重的问题。为了让供应商认识到按要求运营的重要性，采购人员可以就专门的安全措施进行谈判。

（2）采购中包括复杂的技术要求，这一要求还可能不断提高。在这种情况下，双方很难就采购要求达成明确的协议。但是有些时候，即使最终的产品要求还没有建立起来，买方也想要供应商在工程期内尽早开始工作。

（3）采购物资包括资本密集型工厂和设备。供应商通常为了采购的特殊要求而定制资本密集型工厂和设备。各方必须随同支付条款说明设计责任。

(4) 协议包括关系类型的调整。在这种协议下，参与各方必须在那些传统的采购协议之上，再加以特殊的考虑。

(5) 供应商将有重要的价值增值行为。买方越来越多地要求供应商做一些如产品设计与测试的工作，供应商所做的额外工作通常需要通过谈判来确认供应商的责任以及怎样补偿。

三、谈判前的准备工作

谈判前的准备包括明确谁将参加谈判，谈判中的主要问题是什么，将在何时何地进行谈判，怎样进行谈判。特别地，计划谈判包括许多步骤。许多谈判相对简单，仅需要基本的准备与计划。另外一些谈判可能比较复杂，需要数月的准备。不管怎样，如果买方为谈判做了充分的计划与准备通常会产生较好的结果。一般认为，谈判前的准备工作包括以下几个方面：确立具体谈判目标；分析各方的优势和劣势；收集相关信息；认识对方的需要；识别客观情况和问题；为每个问题设定一个成交位置；开发谈判战略与策略；让其他人员简要了解谈判内容；谈判预演。下面进行具体的探讨。

(一) 确立具体谈判目标

准备工作的第一步是确立希望通过谈判达到的明确目标。目标是未来通过工作力图实现的愿望或图景。采购谈判的基本目标是就所要采购的产品或服务达成协议。对于稀缺资源，达成一致的希望不大，双方就不必进行谈判了。并非所有的谈判都会成功，由于主要问题的成交位置没有重叠，许多谈判最后以僵局告终。但是，在谈判真正开始之前，通常双方相信他们能够达成协议。如果双方不这样认为，他们就不会浪费时间与精力来准备谈判了。

谈判的一个重要目标是在买卖双方之间以公平合理的价格达成协议，通常还会包括前置时间的确定、质量指标、双方建立何种关系等。但这里有一点必须注意，就是尽管谈判有众多的目标，但并不是所有的目标都同等重要，因此，买方必须确认每个目标的重要程度。如有一家公司把它的谈判目标分成“必须实现”和“预备实现”两类。这就把各目标的重要性区分开了。

(二) 分析各方的优劣势

有经验的谈判者依靠调研与经历来了解对方。这意味着了解什么对另一方是最重要的。这也意味着在谈判开始前了解对方的人员与历史。当一家买方公司第一次和供应商谈判时，买方只有经过调研才能充分了解该供应商。

对各方做分析需要评价相对的优势和劣势。这个过程能够影响在谈判桌上采用的战略和策略。买方并不总是对供应商有影响力。很多时候，供应商由于财务规模或者对合同没有很大需要而处于比买方有利的位置。

了解供应商的生产体系非常重要。有了这种认识，买方就能够确认供应商是否使用经济有效的技术流程。买方可以估计供应商的成本结构，从而确认一个公平合理的价格。买方还可以确定供应商对数量、物料收益以及物料和人工成本变化的敏感性有多大。

（三）收集相关信息

要分析自己和对手的优劣势，需要收集信息。如果买方和卖方原先有过采购合同的谈判，这个过程就不那么困难。在这种情况下，买方可能已经对许多重要问题有了答案。比如，双方发生了什么？和我们谈判的是原先那些人还是其他人？对供应商来说重要的问题是什么？意见不同的领域有哪些？谈判规则里有没有我们想要改进的地方？

如果买方并不了解供应商，那么应到哪里去收集所需信息呢？公司中与该供应商打过交道的人是一个可能的信息来源。这些信息有助于识别该供应商的重要问题是什么，提供背景信息，甚至会提供参加谈判的那些人员的信息。信息可能来自公司的技术人员、销售人员、采购人员或者制造人员等。

公开发行的信息也是可以利用的。这些信息源包括行业杂志、其他商业出版物、行业协会数据、政府报告、年度报告、财务评价如D&B报告、商业数据库、直接询问供应商以及通过互联网获得的信息。在谈判前，买方也可能已经通过供应商提供的报价单而获得了信息。

（四）了解对方的需要

谈判中的买方和卖方在许多方面互为影子。各方都想达成有利于长期成功合作的协议。当买方收集供应商信息时，重要的一点是，确认这些问题对供应商是否重要。例如：供应商想在其行业内保持市场份额与数量，因而，收到一份完全的采购合同而不是一部分合同，可能是该供应商的一个重要谈判目标。

对供应商最重要的问题可能并不是对买方最重要的（反之亦然）。当一方的问题或要求对对方不重要时，双方容易达成一致。例如：一个供应商的生产进度体系要求该供应商在傍晚生产买方所需产品，夜间交货。如果买方有夜班，就很容易接受较晚交货，买方能够满足供应商较晚交货的要求，因此，双方能在此问题上达成一致。作为回报，买方现在可能希望供应商就一个或多个对买方重要的问题提供方便。给予和所得对谈判都是重要的，但每一方都不能期望自己总是占优势。

（五）识别实际情况

做谈判准备工作时要求区分实际情况和问题。谈判双方要对什么是实际情况、什么是问题较早地达成一致。实际情况是现实或真实的情况。在谈判中，这些是不必讨论的条件。实际情况可以清晰地描述，比如，买方想采购一套资本设备，就不必和供应商商谈买方是否真的需要一套设备（尽管设备的具体型号是需要讨论的未定问题）。相反，问题是要在谈判中解决的条款或主题。例如，确定价格与设备交货日期都属于问题范围。谈判问题的确认非常重要，因为正是在这些问题上，需要双方达成协议。除了价格，谈判双方还可以讨论许多问题。计划过程要确认双方想通过谈判而解决的主要问题。

（六）设定问题成交位置

谈判各方必须要为每个即将讨论的问题设定一个成交位置，这个成交位置应当具有某些弹性。因此，谈判者应当建立一系列的成交位置——通常是有最小可接受结果，最大或理想结果和最有可能的目标成交位置。如果这一问题是价格，卖方会有一个目标价格，以此价格把产品卖给买方。当然，如果买方愿意支付，卖方愿意索取更高的价格。成交位置范围的关键是卖方的最小价格，这是卖方愿意将产品卖给买方的最低价格。各方必须在谈判前仔细确定这一范围。

(七) 开发谈判战略与策略

谈判战略是在与买方持不同意见的供应商谈判时，为达成对双方有益的协议而采取的一种总体性的方法。战略着眼于长期。战略性计划过程包括策略——采用某种方法来实现一个结果、目标或战略的过程或技术，它包括用来实现谈判目标与战略的行动方案与程序。

战略性谈判问题很广泛，包括谁谈判、谈判什么、何时何地以及怎样谈判。可以认为战略和策略是谈判过程的两个方面。理想的情况是有一个设计得很好的谈判战略，辅之以谈判策略。谈判要注意那些实施战略所必需的计划与策略。

(八) 向其他人员简要介绍谈判内容

采购谈判通常会影响公司里的其他部门。进行谈判的个人或团队应当向这些部门做简要介绍，确保它们了解并赞同谈判目标。在简要介绍中也可以阐明谈判的主要问题以及对这些问题设定成交位置。在谈判前让其他人员简要了解谈判内容，可以让人们对谈判做好心理准备。

(九) 谈判预演

有经验的谈判者会在正式谈判开始之前进行排练或预演，方法之一就是模拟谈判过程。例如，采购部门以外的工作人员可以分扮成供应商。在谈判预演中，对方所提出的问题可能是买方原先没有想到的，提醒买方及早准备，这会对正式的谈判有所帮助。

四、谈判的实质性进行过程

双方面对面地坐下来，就开始了谈判的实质性进行过程。双方的工作步骤如下：

(一) 彼此熟悉阶段

开始谈判时，一般双方先彼此熟悉一下，然后就会谈的目标、计划、进度和参加人员等问题进行讨论，尽量取得一致意见以及在此基础上就本次谈判的内容分别发表陈述。它是在双方已做好充分准备的基础上进行的。通过这种商谈，可为以后具体议题的商谈奠定基础。在这一阶段，要注意营造良好的谈判气氛。并为正式谈判做好预备工作。双方应对本次谈判的议题、议程、进度和期限等进行交谈，以谋求谈判双方对谈判进程的意见一致。一方主谈人员可以以协商的口气对对方主谈人员提出有关谈判进程方面的一些问题，例如："某某先生，在正式谈判之前，我们想就时间安排问题征求您的意见。"或者"某某先生，我想先与您谈谈本次谈判的议程问题，您看如何?"等等。这里有两点是必须在这一阶段解决的问题。

(1) 谈判主题的确定。要进行一次谈判，首先就要确定谈判的主题，不能漫无边际地进行谈判。一般地说，凡是与本次谈判相关的、需要双方展开讨论的问题，都可以作为谈判的议题。可以把它们一一罗列出来，然后根据实际情况，确定应重点解决哪些问题。

对于采购谈判来讲，最重要的也就是采购物料的质量、数量、价格水平、运输等方面，所以，应把这些问题作为谈判议题的重点加以讨论。

（2）谈判时间的安排。谈判时间的安排，就是要确定谈判在何时举行，为期多久。若是一系列的谈判需要分阶段进行的话，还应对各个阶段的谈判时间作出安排。

一般来说，采购员在选择谈判时间时，要考虑下面几个方面的因素：

——准备的充分程度。要注意给谈判人员留有充分的准备时间，以防仓促上阵；

——要考虑供应商的情况，不要把谈判安排在对供应商明显不利的时间进行；

——谈判人员的身体和情绪状况，要避免在身体不适、情绪不佳时进行谈判。

（二）实质性谈判阶段

实质性谈判阶段，也就是进入正式谈判阶段，在这一阶段，双方各自提出自己的交易条件，并且尽量提出有说服性的理由，进行磋商，争取达到一致。当然，双方的意见可能会存在某些分歧和矛盾，因此，谈判可能要经过多轮。双方为了解决分歧和矛盾，就必须进行讨价还价，反复进行磋商，磋商的结果要么是企业放弃某些利益，要么就是供应商放弃某些利益，也可以是双方进行利益交换。

谈判过程中，一方面要充分阐述自己的观点，合理地坚持自己的观点，维护自己的利益；另一方面，也要认真听取对方的意见，分析人家是否真有道理，如果真有道理，就应当适当调整自己的观点立场。这时要随时比较自己调整后的方案与谈判前的预定的目标方案之间的差距是否可以接受，如果不能接受，就不要轻易调整；如果能够接受，就可以调整；如果一时没有把握，就可以暂时休会，在休会期间再好好思考一下或召集企业相关谈判人员一起仔细讨论一下，或者电话请示领导之后作出决定。把决定后的方案再进行讨论磋商。就这样，经过一系列，反反复复的磋商，而使彼此的立场和观点接近或趋于一致，从而双方达成一致的协议。

总之，在谈判过程中，双方都是力求维护本企业的利益，想方设法使对方让步。如果双方都不让步，谈判就进行不下去，就会导致谈判破裂、失败。如果双方能够逐步让步、协调，最后大体利益均等，这时谈判双方就会达成一致意见，谈判就能获得成功，谈判就可以结束了。

（三）结束阶段

谈判结束阶段是较为轻松、活跃的阶段，原先谈判桌上的对手一下变成了亲密的朋友。谈判结束阶段的主要任务是：尽快达成交易；签订书面协议或合同；谈判资料的回收和整理等。

供需双方在交易将要达成时，必然会对前几个阶段的谈判进行总体回顾，以明确还有哪些问题需要讨论，并据此对某些重要的交易条件、目标作出最后的决定，明确企业为实现本次交易所需作出的最后让步的限度，以及最后阶段所要采用的策略和技巧，开始着手安排签约的事宜。

当双方对所有的交易条件都达成共识后，双方就可将谈判结果以法律的形式确认下来，即进入签约阶段。在签约前，双方应当确认谈判过程中所作书面记录的真实性，并据此确认合同的条款。如果双方对合同条款无异议，就可以立即进行合同的签约事宜。

另外，在谈判结束后，买卖双方还可以举行一次告别酒会，借以联络感情，保持长期的合作关系。当双方回去后，需要立即做的工作是：把谈判资料回收整理入档；开始履行协议的准备；谈判小组进行经验教训的总结等。

五、谈判的策略

谈判策略是在实施战略时所采取的短期的计划和活动，有意造成对方成交位置的改变，影响其他人来实现自己谈判的目标。在谈判过程中，谈判者可以选择合理策略来努力说服对方，以保证双方在希望的特定位置成交。此外，谈判者必须了解对方采取了何种策略，即知己知彼，百战百胜，了解对方策略可以使自己在谈判中使用的无效性策略有所减少。

（一）谈判策略的原则

根据罗伯特·卡迪尼的方法，我们可以把几百种谈判策略分成六类，它们显示了指导人类行为的基本社会心理原则。

（1）交互性。实际上，地球上的每一群体都遵循交互性原则。交互性指的是，当我们从别人那里收到了什么的时候，我们会感到有义务还给他一些东西。在谈判中，当对方提供了让步的时候，这一原则迫使人们作出善意的回报。谈判高手深谙交互性对大多数人所产生的强有力的影响。

（2）一致性。这一原则指导我们要在信仰和行动上保持一致。在谈判中，如果我们让别人同意了某事，然后又没有一直坚持下去，他们就会认为我们是不一致的和非理性的。谈判老手还知道，当某人同意了某件事的时候，他会比在他同意之前更加认可那件事。此外，一旦有了一个较小的承诺，就比较容易在后来要求一个较大的承诺。

（3）社会证据。按照这一原则，我们看其他人的行为来决定什么是想要的、适当的和正确的。如果我们看着别人来决定自己的行为，就有可能阻碍我们的谈判。例如：卖方可以声称一个受尊敬的公司使用了该卖方的产品，这就为买方采购其产品提供了社会证据。

（4）喜爱。这一原则说明当我们和我们喜爱的人在一起时，会工作得更好，感到更愉悦。谈判高手知道，当存在亲密融洽的关系时更容易作出让步，因此，谈判高手会花时间来了解对手。

（5）权威。这一原则是说我们更容易接受来自权威方面的成交位置、论点和指示。在采购谈判中，高级销售人员可以影响没有经验的买方。

（6）稀缺。卖方很早就知道了稀缺对买方的影响。如果不想即刻停业，谁会因为下个月将出现供应短缺而把工厂关掉？这一观点同样应用于价格上涨。如果产品在这一价格上是稀缺的，买方最好在价格上涨以前采购。卖方知道稀缺通常会产生自身的需求。

（二）谈判的技巧

在了解了谈判心理原则的基础上，我们在实际谈判中，还可以总结出许多规律性、技巧性的经验与策略，称为谈判的技巧。谈判的技巧包括报价的技巧、还价的技巧。

1. 报价的技巧

在谈判中，报价不仅仅是在价格方面提出自己的想法，还泛指谈判双方在洽谈项目中的利益要求，也就是其想要达到的目的。谈判双方在经过摸底，明确了具体内容和范围之后，提出各自的交易条件，表明自己的立场和利益。

谈判双方通过报价来表明自己的立场和利益要求。但是，任何一方在阐述自己要求的时候，都不会一下子就把自己的底价透露给对方，而总是要打个“埋伏”，给自己留下讨论协商、讨价还价的空间。或者以优于底价的条件成交，超过既定目标完成谈判；或者以不低于底价的条件成交，完成谈判的既定目标。所以报价是有技巧性的。

（1）报价要果断

报价应该坚定、明确、完整，且不加任何解释和说明。开盘价的报价要坚定、果断，不保留任何余地，并且毫不犹豫。这样做能够给对方留下我方是认真而诚实的印象。要记住，任何欲言又止、吞吞吐吐的行为，必然会导致对方的不良感觉，甚至会产生不信任感。

开盘报价明确、清晰而完整，可以使对方能够准确地了解我方的期望。实践证明，报价时含混不清最容易使对方产生误解，从而扰乱本方所定步骤，对己不利。

报价时不要对本方所报价格做过多的说明和辩解，因为对方对我方报价的水分多少肯定会提出质疑的。如果在对方还没有提出问题之前，便主动加以说明，会提醒对方意识到我方最关心的问题，而对这种问题有可能是对方尚未考虑过的问题。因此，有时过多地说明和解释，会使对方从中找出破绽或突破口，猛烈地反击，甚至会使我方十分难堪，无法收场。

（2）“低开”策略

“低开”策略也称为“开端”法，是指采购方先提出一个低于己方实际要求的谈判起点，以让利来吸引对方、试图首先去击败参与竞争的同类对手，然后再与被引诱上钩的卖方进行真正的谈判，迫使其让步，达到自己的目的。

商业竞争从某种意义上可分为三大类：买方之间的竞争、卖方之间的竞争，以及买方与卖方之间的竞争。在买方与卖方之间的竞争中，一方如果能首先打败同类竞争对手，就会占据主动地位。当对手觉得别无所求时，就会委曲求全。

在谈判过程中应根据具体情况看能否运用“低开”策略，同时我们也要防止对手的这一策略。如果在谈判的开局阶段对方接受或提出一些违反常态的便宜要求，确认对方有“低开”的嫌疑时，就要采取一些破解方法。一般来说，破解策略主要有：

①要求对方预付定金。

②在洽谈未成正式协议之前，不要拒绝其他谈判方。

③要求速战速决。

④先草签协议，把实质性问题定好。

⑤如果对方执迷于实施“低开策略”，则可提前点破他。

最重要的是，在谈判时不要低估了对手，不要有轻易占便宜的心理，要知道占小便宜有时会吃大亏的。

（3）影子报价/要约

影子报价或影子要约是一方说谎或有意误导对方。例如，买方可以告诉卖方说，他收到了另一个供应商的报价，每单位低于5美元。如果卖方不对该价格作出相应的变动，说明他是不想和买方做生意了。卖方也可以使用这种方法。卖方可以通知买方A，说买方B

准备以更高的价格采购这些物料（这些物料是稀缺的）。显然这是一个不道德的、冒险的策略，但如果对方担心丢掉这笔生意，就会在自己期望的成交位置作出相应的让步，反之，对方如果对这种威胁性的报价没有反应，则意味着自己的这一策略失效。

（4）探知临界价格

在谈判中厂家想知道供应商的最低出让价，供应商想知道厂家的最高接受价，以便判断出一个双方都能接受的临界价格。所以要运用一些技巧从对方口中探听出来。下面一些技巧能有效地帮助厂家准确地探知临界价格：

①以假设试探。假设要购买更多或额外的东西时，价格是否能降低一些。

②低姿态试探。厂家先告诉供应商他显然没有那么多钱来购买某些贵重的物料，但出于好奇想知道，这些物料现在能值多少钱，没有防备的供应商会毫无保留地说出来。供应商可能没有想到厂家是真正存心要买这些物料的，不久就来议价了。

③派别人试探。先让另一个出低价的买主来试探供应商的反应，然后厂家才出现。

④规模购买试探。对于只卖少量物料的供应商，厂家可以提议成批购买。供应商会认为太荒谬，而说出许多不该说的话，使厂家知道供应商真正愿意接受的价格。

⑤低级购买试探。厂家先提出购买品质较差的物料，再设法以低价购买品质较好的物料。

⑥可怜试探。表现出对供应商的产品很感兴趣，但资金有限买不起，看供应商能否出个最低价。

⑦威胁试探。告诉供应商，要卖就是这个价，否则就算了。

⑧让步试探。厂家提议以让步来交换对方的让步，然后再以此为起点继续商谈。

⑨合买试探。厂家先问供应商两种物料多少钱，再问其中一种多少钱，然后以这个差价为基础确定另一种物料的价钱。

2. 还价技巧

在报价结束之后，双方就会进入讨价还价的胶着状态，开始一场价格和其他问题的拉锯战，这个过程是漫长而重要的，要求谈判者必须自始至终要保持谈判的高昂热情，冷静的头脑与灵敏的应变能力，当然还要掌握相应的还价技巧。

（1）还价要有弹性。在价格谈判中，还价要讲究弹性。对于采购人员来说，切忌不要漫天还价，胡乱还价；也不要一开始就还出了最低价。前者让人觉得是在“光天化日下抢劫”，而后者却因失去弹性而处于被动，让人觉得有欠精明，使价格谈判毫无进行的余地。

（2）化零为整。采购人员在还价时可以将价格集中开来，化零为整，这样可以在供应商心理上造成相对的价格昂贵感，以达成比用小数目进行报价更好的交易。因为从心理的角度，价格如果化零为整，化小为大，会从心理上加重商品价格的昂贵感，给供应商造成很大的诱惑力。这种报价方式的主要内容是换算成大单位的价格，加大计量单位，如：将“千克”改为“吨”，“两”改为“千克”；“月”改为“年”；“日”改为“月”；“小时”改为“天”，“秒”改为“小时”等。

（3）过关斩将。所谓“过关斩将”，即采购人员应善用上级主管的议价能力。通常供应商不会自动降价，必须采购人员据理力争，但是，供应商的降价意愿与幅度，视议价的对象而定。因此，如果采购人员对议价的结果不大满意，此时应要求上级主管来和供应商议价，当买方提高议价者的层次，卖方就会有受到敬重的感觉，可能同意提高降价的幅度。若采购金额巨大，采购人员甚至可进而请求更高层的主管（如采购经理，甚至副总经理或总经理）邀约卖方的业务主管（如业务经理等）面谈，或直接由买方的高层主管与对方的高层主管直接对话，此举通常效果不错。因为，高层主管不但议价技巧与谈判能力高超，且社会关系及地位崇高，甚至与卖方的经营者有相互投资或事业合作的关系，因此，通常只要招呼一声，就可获得令人料想不到的议价效果。

（4）压迫降价。所谓压迫降价，是买方占优势的情况下，以胁迫的方式要求供应商降低价格，并不征询供应商的意见。这通常是在卖方处于产品销路欠佳，或竞争十分激烈，以致发生亏损和利润微薄的情况下，为改善其获利能力而使出的撒手锏。由于市场不景气，故供应商亦有存货积压，急于出手产品换取周转资金。因此，这时候形成买方市场。采购人员通常遵照公司的紧急措施，通知供应商自特定日期起降价若干；若原来供应商缺乏配合意愿，即行更换供应来源。当然，此种激烈的降价手段，会破坏供需方的和谐关系；当市场好转时，原来委曲求全的供应商，不是“以牙还牙”抬高售价，就是另谋发展，供需关系难以维持良久。

（5）敲山震虎。在价格谈判中，巧妙的暗示对方存在的危机，可以迫使对方降价。通过暗示对方不利的因素，从而使对方在价格问题上处于被动；有利于自己提出的价格获得认同，这就是这种还价法的技巧所在。但必须“点到为止”，而且要给人一种“雪中送炭”的感觉，让供应商觉得并非在幸灾乐祸、趁火打劫，而是真心诚意的想合作、想给予帮助。当然这是有利于双方的帮助，那么还价也就天经地义了。

（6）欲擒故纵。由于买卖双方势力均衡，任何一方无法以力取胜，因此必须斗智。采购人员应该设法掩藏购买的意愿，不要明显表露非买不可的心态，否则若被供应商识破非买不可的处境，将使采购人员处于劣势。所以，此时采购人员应采取“若即若离”的姿态，以试探性的询价着手。若能判断供应商有强烈的销售意愿，再要求更低的价格，并作出不答应即行放弃或另行寻求其他来源的表示。

通常，若采购人员出价太低，供应商无销售之意愿，则不会要求采购人员加价；若供应商虽想销售，但利润太低、即要求采购人员酌情加价。此时，采购人员的需求若相当急迫，应可同意略加价格，迅速成交；若采购人员并非迫切需求，可表明绝不加价之意思，供应商极可能同意买方的低价要求。

（7）差额均摊。由于买卖双方议价的结果，存在着差距，若双方各不相让，则交易告吹，采购人员无法取得必需的商品，供应商也丧失了获取利润的机会，双方都是输家。因此，为了促成双方的交易，最好的方式就是采取“中庸”之道，即将双方议价的差额，各承担一半，结果双方都是赢家。

（8）釜底抽薪。为了避免供应商处于优势而攫取暴利，采购人员只好同意供应商有“合理”利润，否则胡乱杀价，仍然给予供应商可乘之机。因此；通常由采购人员要求供应商提供所有成本资料。以国外货品而言，则请总代理商提供一切进口单据，借以查核真实的成本，然后加计合理的利润作为采购的价格。

(9) 转嫁价格。在协商议价中要求供应商分担售后服务及其他费用。当供应商决定提高售价，而不愿有所变动时，采购人员不应放弃谈判，而可改变议价方针，针对其他非价格部分要求获得补偿。最明显的例子，便是要求供应商提供售后服务，如大件家电的维修、送货等。

在一般的交易中，供应商通常将维修送货成本加于售价中，因此常使采购人员忽略此项成本。所以在供应商执意提高售价时，采购人员可要求供应商负担所有维修送货成本，而不将此项成本进行转嫁，如此也间接达到议价作用。

(10) 妥协技巧。在供应商价格居高不下时，采购人员若坚持继续协商，往往不能达到效果，此时可采用妥协技巧，在一些不重要的细节上，可做让步，再从妥协中要求对方回馈。但妥协技巧的使用须注意下列几点：

①一次只能做一点点的妥协，如此才能留有再妥协的余地。

②妥协时马上要求对方给予回馈补偿。

③即使赞同对方所提的意见，亦不要太快答应。

④记录每次妥协的地方，以供参考。

⑤利用专注的倾听和温和的态度，博得对方好感。

在议价协商的过程中，威胁吼叫，咄咄逼人并非制胜的武器。因为即使取得了这次的合作，也难保下次合作如愿。因此采购人员在协商过程中，应仔细地倾听对方诉说，在争取己方权益时，可利用所获对方资料，或依据法规章程，合理地进行谈判。

六、谈判的发展

在经济一体化风靡全球，跨国公司队伍日益壮大，市场经济日渐成熟的今天，谈判能力正逐渐成为企业的市场竞争力之一，同时谈判的环境也由简单的国内环境转变为复杂的国际环境，这些都使得谈判具有了新的发展。

(一) 双赢谈判

1. 传统的谈判观念

所谓传统的谈判观念，就是许多谈判者相信谈判的基本目标是牺牲对方，取得胜利。我们称为赢—输谈判竞争性议价。

赢—输谈判意味着一方或多方就一个固定的价值展开竞争，赢者取得较大利益。赢—输谈判的特征包括谈判成交位置固定，就固定价值展开辩论，一方对另一方使用力量，在谈判桌上展开了对抗性竞争。它也是一种零和博弈，即一方所得是另一方之所失。采购价格的每一分增长仅利于卖方，价格的每一分降低仅利于买方。赢—输采购谈判的竞争很少让卖方渴望与买方合作，并为其提供其他客户不能得到的优势。当各方没能从适当的收入中获利并且签订了非最优协议的时候就会产生另一种谈判类型，输—输谈判。在输—输谈判中任何一方的需要都没有得到满足。

2. 现代的谈判观念

现代的谈判观念是双赢性质的，称为赢—赢谈判，也可称为整合性议价，通过合作性谈判寻求扩大参与者可能得到的价值与资源。各方仍然要通过谈判来决定如何分配更大的价值馅饼。增加的价值对买方意味着得到一个优于竞争者的采购价格，供应商提供了较短的物料订购前置时间，共同努力降低双方的浪费，或者得到开发新技术或产品设计的帮助。在供应商一方，增长的价值意味着买方提供了额外的采购量，买方准备在将来继续采购该供应商的产品，或者买方提供技术帮助来降低成本（这会让供应商对所有客户都更具竞争力）。

双赢谈判最适合的是对买方产品或业务重要的项目或服务，包括高价值产品或服务，进行成本控制以保持竞争力，这是非常关键的。还包括供应商增加价值的产品或服务。当技术、周期时间、质量和价格/成本等变量对谈判很重要的时候，双赢谈判是最好的方法。

3. 传统与现代谈判观念的特征

通过前面的讨论，我们看到传统与现代谈判观念是不同的，二者有各自不同的特征表现，下面通过表 7－2 来总结说明：传统的赢—输谈判和现代的双赢谈判的特点。

表 7－2　　赢—输谈判/双赢谈判的特点

赢—输谈判的特点（分配性谈判）	双赢谈判的特点（整合议价）
固定的谈判成交位置	理解双方的需要
在固定的价值上展开竞争	集中于共同的而不是自己的利益
一方对另一方强加力量	共同努力解决问题，开发能提供额外价值的创造性的解决方法
在谈判桌上展开对抗性竞争	致力于公开分享信息

4. 双赢谈判的成功必须具备特定的条件

双赢谈判并不是在任何情况下都适用的，它的成功适用要求谈判双方必须具有一定的先决条件：

（1）共同或联合的目的和目标；

（2）相信各方自己解决问题的能力；

（3）合作的动机与承诺；

（4）相互信任；

（5）公开和精确的信息沟通；

（6）相信对方谈判位置的有效性。

谈判双方很少声明它们采取双赢谈判方式，而是通过行动表明了寻求合作性谈判的愿望。一方可以在谈判开局的时候弄清楚每一方关心的目标和主要问题。传达出一种意愿，即愿意在谈判中合作并且认识到了另一方的需要。当买卖双方产生分歧的时候，双赢谈判的解决方式对双方都有利。

5. 双赢谈判实现的方法

研究表明，实现整合性（双赢）协议的方法有以下四种：

（1）把饼做大。各方通过谈判议定协议，一起工作，确定扩大资源或取得价值的方法。例如，卖方让买方接触新技术，使之运用在新产品中，就能够扩大价值馅饼。如果市场认可了这种新产品，销售量很可能会增长，而供应商可能会接到更大的采购订单，双方都实现了较高的产量并有希望获得较高的利润。

(2) 协作互利。成功的协作互利要求各方确认存在分歧的诸多问题。双方同意“协商”这些问题，这样双方最主要的问题都得到了解决。(在赢—输谈判中，各方不关心对方的需要)

(3) 成本削减。双方努力削减卖方的生产成本和经营成本（交易费用），这种成本削减能让一方（通常是买方）得到较低的价格。这是双赢的，因为买方的目标得到满足（有竞争力的价格），卖方也由于降低了成本结构而在市场上更具竞争力。

(4) 提供不确定的补偿。这种方法是一方在一个问题上达到了它的目标，另一方得到某种价值作为相应的“回报。”

(二) 国际谈判

随着国际采购的发展，跨文化的谈判大幅度增加。各方具有不同的语言、习俗、法律和文化，增加了谈判的复杂性。准备国际谈判的时候，必须为翻译、旅行和国外业务的其他需要额外制订计划。按照重要性的顺序，有效的国际谈判的障碍是：

(1) 语言造成的沟通障碍；

(2) 时间期限；

(3) 文化差异；

(4) 国际谈判者的权力有限。

语言是影响国际谈判的重要因素，显然如果语言不通，就很有可能产生误解与被误解。同时文化也在很大程度上影响着国际谈判。例如，在国际谈判中，翻译可以沟通文字信息，但是可能不能传达“非语言”的行为、手势和习俗的意义。国际谈判要想成功需要额外的计划与准备。采购人员不仅要做一般的供应商分析与事实调研，还必须理解对方的习俗和传统。明显地随着国家间贸易的增加，对国际谈判技术的需要也将增加。所以国际性谈判高手应具备如下特征：①耐心；②合同协议的知识；③诚实、礼貌的态度；④熟悉外国文化与习俗。

下面我们简单地介绍在与一些国家进行国际谈判时应了解的知识内容。

——英国。英国人看起来礼貌、保守和友好，但是，当需要的时候，他们也是固执的谈判者。英国人在谈判中显得从容谨慎且准备较少，但是，他们在谈判中既开放又直接；他们不在谈判桌前“公平游戏”。英国人通常厌恶风险，容易集中于谈论小的合同条款，特别是交易条件。

——德国。德国人认为“专家”的头衔很重要，因此，让那些有良好的技能与证书的人参与谈判是很重要的。他们具有创业精神，但是有点厌恶风险。德国人更愿意寻求折中，而不愿意面对风险或争论。由于等级性以及想要彻底分析形势，他们显得有点优柔寡断。事实上，委员会常需要在所有文件上签字作出决策。由于德国人在工程技术上的传统优势，他们通常不接受外部的技术建议。德国谈判者的其他特性包括对法国和英国的妥协很敏感，对逻辑反应良好，关心书面文字或合同的精确性，对幽默没有反应。

——法国。法国文化或生活方式中包含牺牲，对他们来说，国际竞争不一定就是个重要的动力。由于法国人既友善又幽默，他们显得与众不同。实际上，他们经常发现比共同点更有趣的差异。他们通过与其他人相对的思考与行动赢得了声誉。他们知道有些成交位置是不可协调的，并且人们必须学会处理这些差异。

法国人不那么遵守工作规范，他们喜欢长时间的午餐与休息。法国人对工作非常自豪，在工作上直接投资，对品质非常关心，并把它作为个人骄傲。由于集中了太多的决策，做决策的时间比平时长。

与法国人谈判可能非常难，因为他们在许多种情况下不接受事实，不论这些事实多么有说服力。他们有身份意识，所以和法国人谈判应该具有和他或她的对手相同的身份。它们共同的谈判策略包括感化和威胁。

他们在谈判中守口如瓶。对手很难从他们那里得到关于他们的数据与信息。法国人赞赏“精致的生活”，因此，做生意最有效的方法可能是一顿很好的晚餐和一瓶陈年葡萄酒。

——日本。日本企业是可靠、忠诚的供应商。他们会像对待家人那样对待客户。娱乐是建立个人亲密关系的重要过程。做生意前，送小礼物是显示诚意的好主意。但是，个人关系却不能带进谈判室。

日本人是团队选手，他们关心自己国家和公司的利益而不是个人的利益。礼貌高于一切。日本人不说不，而总是说是。实际上，这仅表示他们在听而不表示赞同。日本人能相当长时间地隐藏感情，并且当其他人失去控制或显出生气的时候，会很不舒服。

与日本人谈判的时候，要很长时间才能达成协议。委员会的建议被所有相关人员传阅，达成一致意见后，才作出决定。谈判的时候，要在头脑中保持如下观念，即必须说服整个群体而不是某一个人。避免让日本人落入失败或“丢脸”的境地。日本人不愿意显示出被迫让步的样子。把差异分解通常是达成妥协的好办法。

在复杂的谈判中，当日本的一个成员反对某个建议的时候，可能会产生危机。这时候，保持沟通渠道开放对另一方至关重要。对此，一种战略是与那些建议的支持者保持联系，寻找使谈判回到原有轨道的方法。

思考题

1. 与实际相结合，采购价格的影响因素有哪些？
2. 传统与现代谈判观念有何差别？
3. 根据谈判的过程环节，你认为最为关键的环节何在？
4. 结合实际，谈判中可运用的谈判技巧有哪些？
5. 如何才能实现双赢的谈判结果？

第八章　供应链采购的绩效评价管理

第一节　采购绩效评估概述

任何企业，在经营运作的过程中，需要耗费大量的人力、物力和财力，承受来自管理、组织和产品的风险，因此必须进行严格的核算和绩效评价，才能实现企业资源和社会资源的最大化应用。只有知道某一战略的成本和实施效果，才能使管理者作出有效决策，绩效评价机制作为保持企业战略层和执行层迈向共同目标的黏合剂，具有不容忽视的价值。

一、采购绩效评估定义

(一) 绩效评估施行的好处

绩效评估（Performance Appraisal）是企业管理者对企业经营运作情况的一个判断过程。这一过程是管理过程中不可缺少的，只有进行科学、合理的绩效评估工作，才能保证企业的经营运作按既定的要求进行，才能保证企业未来的发展方向。具体地说，绩效评估的施行，有以下四方面的好处：

1. 支持更好的决策制定

绩效衡量活动使得绩效和成果更具可见性，公司能够据此制定更好的决策。如果不清楚哪些领域的绩效达不到标准，开发绩效改善计划将是十分困难的。衡量标准提供了一定时间内采购绩效的追踪记录并直接支持管理层的决策制定。

2. 支持更好的沟通

绩效衡量活动可使供应链成员间更好地进行沟通，包括在采购部门内部、在部门之间、与供应商，以及与行政管理层之间。例如：一个采购员必须与供应商清楚地沟通绩效期望。衡量供应商绩效质量的标准反映了采购员的期望。

3. 提供绩效反馈

绩效衡量活动提供了绩效反馈的机会，可以在绩效衡量过程中防止或改正可能出现的问题。反馈也可提供买方、部门、团队或者是供应商在一段时间内为满足绩效目标所进行的努力。

4. 激励和指导行为

绩效衡量活动激励和引导行为向所要求的结果方向发展。一个衡量体系将以多种方式完成这一任务。首先，绩效种类和目标的选择暗示管理人员哪些活动是公司看重的；其次，管理层通过将绩效目标的完成与公司的奖励（如工资的增长）相联系来激励和影响员工行为。

正是由于上述的原因，人们正逐步开始关注采购功能活动的绩效评价问题，希望通过这项工作来发现采购中存在的问题，不断反馈，不断改进，努力提高采购的绩效水平。

（二）采购绩效评估定义

商品采购工作在一系列的作业程序完成之后，是否达到了预期的目标，企业对采购的商品是否满意，是需要经过考核评估之后才能下结论的。商品采购绩效评估就是建立一套科学的评估指标体系，用来全面反映和检查采购部门工作实绩、工作效率和效益。

对商品采购绩效的评估可以分为对整个采购部门的评估和对采购人员个人的评估。对采购部门绩效的评估可以由企业高层管理者来进行，也可以由外部客户来进行；而对采购人员的评估常由采购部门的负责人来操作。

对商品采购绩效的评估是围绕采购的基本功能来进行的。采购的基本功能可以从两方面进行描述：第一可以把所需的商品及时买回来，保证销售或生产的持续进行；第二可以开发更优秀的供应源，降低采购成本，实现最佳采购。

二、采购绩效评估目的

通过商品采购绩效评估不仅可以清楚采购部门及个人的工作表现，从而找到现状与预设目标的差距，还可奖勤罚懒，提升工作效率以促进目标的早日实现。实际上，若能对采购工作做好绩效评估，通常可以达到下列目的：

（一）确保采购目标的实现

各个企业采购目标各有不同，例如，国有企业的采购除注重降低采购成本外，还偏重于“防弊”，采购作业以如期、如质、如量为目标；而民营企业的采购单位则注重兴利，采购工作除了维持正常的产销活动外，非常注重产销成本。因此，各个企业需要针对采购单位所追求的主要目标加以评价，并督促目标的实现。

（二）提供改进绩效的依据

企业实行的绩效评估制度，可以提供客观的标准来衡量采购目标是否达成，也可以确定采购部门目前的工作绩效如何。正确的绩效评估，有助于指出采购作业的缺陷所在，从而据以拟订改善措施，起到惩前毖后的作用。

（三）奖惩的参考依据

良好的绩效评估方法，能将采购部门的绩效独立于其他部门而显示出来，并反映采购人员的个人表现，成为各种人事考核的参考资料。依据客观的绩效评估，达成公正的奖惩，可以激励采购人员不断前进，发挥团队合作精神，使整个部门发挥整体效能。

（四）协助甄选人员与训练

根据绩效评估结果，可以针对现有采购人员的工作能力缺陷，拟定改进计划，例如，安排参加专业性的教育训练，如果在评估中发现整个部门缺乏某种特殊人才，可以由公司另行内部甄选或向外招募，例如，成本分析员或专业营销人员等。

（五）促进部门关系

采购部门的绩效，受其他部门配合程度的影响非常大。因此采购部门的职责是否明确，单证、流程是否简单、合理，付款条件及交货方式是否符合公司管理规章制度，各部门的目标是否一致等，都可以通过绩效评估予以判定，并可以改善部门之间的合作关系，提高企业整体运作效率。

（六）提高人员的士气

有效而且公平的绩效评估制度，可以使采购人员的努力成果获得适当的回报和认定，采购人员通过绩效评估，可以与业务人员或财务人员一样，对公司的利润贡献有客观的衡量尺度，成为受到肯定的工作伙伴，对采购人员和采购部门士气的提升大有帮助。

三、采购绩效评估内容

为了进行采购绩效评估，首先应决定评估的内容。采购绩效的评估内容是与采购目标相关的。采购目标是指从最合适的地方，采购最好的、价格最合理的材料，并以最优质的服务及时地运送到最佳的地点；同时采购业务要有助于产品和生产过程的革新，减少企业整体采购风险。

因此，采购绩效评估的内容应包括以下四个方面：价格/成本；产品/质量；采购物流；采购组织。

（一）采购价格/成本

1. 概念

采购价格/成本主要是指支付材料和服务的实际价格和标准价格之间的关系。在这里必须区别“价格/成本控制”与“价格/成本减少”这两个概念：

（1）价格/成本控制。它是指连续不断地监控和评估供应商分布的价格以及价格增长情况。使用的方法和参数主要有材料预算、通货膨胀报告以及差异报告等。主要目的是监控采购价格、防止价格失控。

（2）价格/成本减少。它是指通过结构化的方式，对与采购材料和服务相关的活动进行连续不断的监控，减少成本支出。主要措施有寻找新的供应商和替代材料、价值分析、在企业之间协调采购需求等，主要目的是监控那些减少材料成本的活动。

2. 控制手段

对与价格/成本尺度有关的采购行为进行计划和监控，预算是一种很重要的手段。为了控制采购成本，许多企业都要进行预算。目前主要有两种预算方式，即目的在于控制材料成本的预算和目的在于控制采购部门成本的预算。其中目的在于控制材料成本的预算方式主要有下面一些类型：

（1）采购材料预算。采购材料预算是指每一类型的产品在下一个计划期（通常是一年）内需要的数量以及特定产品的期望价格水平。需求总量是从生产计划中估算出来的，而需支付的价格是根据客户来估算的。最终的估算结果一般要通过同资深的客户或采购部经理进行详细讨论后才能决定，以保证价格目标确立在一个合理的水平上。

（2）工具预算。这种预算是指制造商生产某种商品所需要的与特定工具有关的耗费（如铸造模子）。大型公司为了维持某种设备的合法所有权，通常要购买各种特定工具。在一些公司中，客户们必须指明他们需要什么样的工具预算，哪些产品或供应商需要这样的预算；这些预算不能超支。

（二）采购产品/质量

过去，企业对与采购物资的质量有关或无关的采购责任的定义太过于狭隘。采购在发展新产品中所扮演的角色和采购在整个质量控制中所扮演的角色是有区别的。采购在于使供应商能够遵从企业的产品清单和质量要求，及时可靠地运送货物。

（1）采购活动涉及新产品的发展。这主要是指采购活动有利于产品的革新，很明显这在所有的控制活动中（包括供应和采购），根据成本目标和销售时间来研发新产品项目是很重要的。使用的评估参数主要有：革新项目中采购活动耗费的劳动时间、供应商耗费的工程设计时间以及项目的生产准备时间。特殊的评估参数是技术规范的变化程度（指必须同供应商交流的工程技术的变化量）和初始样本废品率（如工程项目需要供应商必须提供样品的次数）。依据成本和销售时间对这些参数进行评估，可以使企业了解新产品发展项目为什么会失控。

（2）采购活动对整个质量控制的贡献。根据工程设计要求发出产品清单后，采购工作就要保证订购的货物能按照企业的要求及时到达。这时使用的评估参数主要有：即将到运货物的废品率、一线拒收率、认可的供应商数量、合格的供应商数量、处理的废品报告的数量等。这些参数可以表明企业能够从供应商处获得无缺陷物资的程度。

（三）采购物流

采购绩效评估的第三个内容是采购所扮演的角色对采购的材料和服务进行有效的流动所起到的作用，即采购物流。这一领域包括以下主要活动：

（1）对需求物料进行及时、准确处理和控制。需要使用的评估参数是采购管理的平均订货时间、订货数量、订购累计未交付额。改善这一领域绩效的重要方法是使用电子订货系统，包括对国内客户和供应商引入的电子商务解决方案和 EDI。

（2）供应商及时供货控制。这里需要使用的评估参数是供应商供货的可靠性、物资短缺数量、已交货数量/尚未交货数量、JIT 交货的数量。对这些参数进行评估可以使企业了解到物资的流动控制水平。

（3）交货数量控制。在某些情况下，采购活动对决定和控制有效的存货水平所需要的费用负责。此时使用的企业参数为：存货周转率、已交货/未交货数量、平均订货规模、在途存货总量等。

依据材料的质量和交货的可靠程度，可以使用对供应商和卖方评级的方法来监控和改善供应商活动。上面提到的许多采购绩效将成为企业对供应商评估系统的一部分。

（四）采购的组织

采购的组织包括了完成采购业务目标所要使用的一切资源，即：

（1）采购人员。主要指采购人员的背景、培训、发展程度以及积极性。

（2）采购管理。主要指采购部门的管理方式，包括采购策略的质量和有效性、行动计划、报告程序等，还涉及管理风格和交流体系。

（3）采购程序和指导方针。主要是指采购程序和采购人员、供应商的工作指令的有效性，目的是保证采购工作以最有效的方式进行。

（4）采购信息系统。这一主题与改善信息系统绩效所付出的各种努力活动有关。这些活动应该支持采购人员和其他部门人员的日常工作，并且能够产生与采购活动和绩效有关的管理信息。

四、采购绩效评估遵循的原则、条件与标准

（一）采购绩效评估遵循的原则

（1）绩效评估必须持续进行，要定期审视目标达成程度；

（2）必须从企业整体目标的观点出发来进行绩效评估；

（3）持续与长期化，评价必须持续不断而且长期进行；

（4）评估时，可以使用过去的绩效为尺度，也可以作为评估的基础，更可以用与其他企业的采购绩效比较的方式来进行评估。

（二）采购绩效评估制度的条件

（1）公开化。企业应该以公正无私的立场来制定采购绩效评估制度，避免评估结果成为采购部门本位主义的产物。

（2）个性化。必须带有企业个性色彩，切实符合企业特性。尤其是对于供应链上的节点企业，在进行采购绩效评估时，应比传统采购绩效评价有所改进，应符合供应链整体同步协调的特性要求。

（3）评估的目的必须明确化。评估的目的要简明、准确，要符合管理策略制定的要求。

（三）采购绩效评估标准

采购绩效评估一定要能够说明评估时段的工作是好还是坏，这就需要有一定的可比参照物，即采购绩效评估标准。所以企业必须考虑将何种标准设为与目前实际绩效相比较的基础，才更能客观地说明评估时段工作的好坏，更好地对采购工作起到激励作用。一般常见的标准有以下几种。

（1）历史绩效。选择企业历史绩效作为评估目前绩效的基础，是相当可行、有效的做法。但是只有当企业的采购部门的组织、职责或人员等，均没有重大变动的情况下，才适合使用此项标准。

（2）预算或标准绩效。如果历史绩效难以取得或采购业务变化比较大，我们可以使用预算标准绩效作为衡量的基础。标准绩效的设定，要符合下列三种原则：

①固定标准。预算或标准绩效一旦建立，就不能随意变动。

②挑战标准。挑战标准是指标准的实现具有一定的难度，采购部门和人员必须经过努力才能完成。

③可实现标准。可实现标准是指在现有内外环境和条件下经过努力，确实应该可以达到的水平，通常依据当前的绩效加以衡量设定。

（3）行业平均绩效标准。如果其他同行业公司在采购组织、职责以及人员等方面与本企业相似，则可与其绩效进行比较，以辨别彼此在采购工作成就上的优劣。数据资料既可以使用个别公司的相关采购结果，也可以使用整个行业绩效的平均水准。

（4）目标绩效标准。预算或标准绩效是代表在现况下，应该可以达成的工作绩效；而目标绩效则是在现况下，非经过一番特别的努力，否则无法完成的较高境界。目标绩效代表公司管理当局对工作人员追求最佳绩效的期望值。

五、评估人员及评估方式

（一）采购绩效评估人员

这里的评估人员，是指能够完成采购绩效评估任务的工作人员，一般包括采购部门主管、财务部门、供应商以及外界的专家或管理顾问。

（1）采购部门主管。由于采购主管对所管辖的采购人员最为熟悉，且所有工作任务的指派，或工作绩效的优劣，均在其直接督导之下，因此由采购主管负责评估，可注意到采购人员的各种表现，并兼收监督与训练的效果。

（2）财务部门。采购金额占企业支出的比例非常大，采购成本的节约，对于企业利润的贡献相当大；尤其在经济不景气时，对资金周转的影响也很大。财务部门不但掌握企业产销成本数据，对资金的取得与付出亦做全盘管制，故对采购部门的工作绩效，可以让财务部门参与评估。

（3）供应商。有些企业透过正式或非正式渠道，向供应商探询其对于采购部门或人员的意见，以间接了解采购作业的绩效和采购人员的素质。

（4）外界的专家或管理顾问。为避免企业各部门之间的本位主义或门户之见，可以特别聘请外界的采购专家或管理顾问，针对全盘的采购制度、组织、人员及工作绩效，做客观的分析与建议。

（二）采购绩效评估方式

采购绩效的评估方式，可分为定期方式和不定期方式。定期的评估是配合企业年度人事考核制度进行的，有时难免落入俗套。一般而言，以“人”的表现，如工作态度、学习能力、协调精神、忠诚程度等为考核内容，对采购人员的激励及工作绩效之提升，并无太大作用。若能以目标管理的方式，即从各种工作绩效指标当中，选择当年度重要性比较高的项目为目标，年终按实际达成程度加以考核，则必能提升个人或部门的采购绩效；并且因为摒除了“人”的抽象因素，以“事”的具体成就为考核重点，也比较客观、公正。

至于不定期的绩效评估，则以专家方式进行。例如企业要求某项特定产品的采购成本降低10%。当设定期限一到，即评估实际的成果是否高于或低于10%，并就此成果给予采购人员适当的奖惩。此种评估方式对采购人员的士气，有相当大的提升作用。此种不定期的绩效评估方式，特别适用于新商品开发计划、资本性采购支出预算、成本降低专案等。

第二节　采购绩效评估的指标体系

采购作业必须达成适时、适量、适质、适价及适地等基本任务，因此，采购绩效评估一般均以“5R（质量、数量、时间、价格、效果）”为中心，并以数量化的指标作为衡量采购绩效的指标。

具体地，商品采购绩效的衡量可根据采购工作范围、采购能力与采购结果等概括成采购效率指标和采购效果指标两大类。商品采购效率指标是与采购能力相关的衡量采购人员行政机构、方针目标、程序规章等指标，具体地包括质量、数量、时间及价格四大类绩效指标；而采购效果指标是指与采购结果，如采购成本、原材料质量、交货等相关的指标，这一类的指标称为采购效率指标。

一、数量绩效指标

当采购人员为争取数量折扣，以达到降低价格的目的时，可能导致存货过多，甚至发生呆料、废料的情况。

(一) 储存费用指标

储存费用是指存货利息及保管费用之和。企业应当经常将现有存货利息及保管费用与正常存货水准利息及保管费用之差额进行考核。

(二) 呆料、废料处理损失指标

呆料、废料处理损失是指处理呆料、废料的收入与其取得成本的差额。存货积压的利息及保管的费用愈大，呆料、废料处理的损失越高，显示采购人员的数量绩效越差。不过此项数量绩效，有时受到公司营业状况、物料管理绩效、生产技术变更或投机采购的影响，并不一定完全归咎于采购人员。

二、质量绩效指标

质量绩效指标是指供应商的质量水平以及供应商所提供的产品或服务的质量表现，它包括供应商质量体系、来料质量水平等方面，主要有：

(一) 来料质量

包括批次质量合格率、来料抽检缺陷率、来料在线报废率、来料免检率、来料返工率、退货率、对供应投诉率及处理时间等。

(二) 质量体系

质量体系包括通过 ISO 9000 的供应商比例、实行来料质量免检的供应商比例、来料免检的价值比例、开展专项质量改进（围绕本公司的产品或服务）的供应商数目及比例、参与本公司质量改进小组的供应商人数及供应商比例等。同时，采购的质量绩效可由验收记录及生产记录来判断。验收记录指供应商交货时，为公司所接受（或拒收）的采购项目数量或百分比；生产记录是指交货后，在生产过程中发现质量不合格的项目数量或百分比。

进料验收指标＝合格（或拒收）数量/检验数量

若以进料质量控制抽样检验的方式进行考核，拒收或拒用比率越高，显示采购人员的质量绩效越差。

三、时间绩效指标

这项指标是用以衡量采购人员处理订单的效率，及对于供应商交货时间的控制。延迟交货，固然可能形成缺货现象，但是提早交货，也可能导致买方发生不必要的存货储存费用或提前付款的利息费用。

(一) 紧急采购费用指标

紧急运输方式（如空运）的费用是指因紧急情况采用紧急运输方式的费用。将紧急采购费用与正常运输方式的差额进行考核。

(二) 停工待料损失指标

停工生产车间作业人员工资及有关费用的损失。除了前述指标所显示的直接费用或损失外，还有许多间接损失。例如，经常停工待料，造成顾客订单流失、员工离职，以及恢复正常作业的机器必须做的各项调整（包括温度、压力等）；紧急采购会使购入的价格偏高，质量欠佳，连带也会产生赶工时间，必须支付额外的加班费用。这些费用与损失，通常都没有估算在此项指标内。

四、价格绩效指标

价格绩效是企业最重视及最常见的衡量标准。透过价格指标，可以衡量采购人员议价能力以及供需双方势力的消长情形。采购价差的指标，通常有下列几种：

（1）实际价格与标准成本的差额。该项差额是指企业采购商品的实际价格与企业事先确定的商品采购标准成本的差额，它反映企业在采购商品过程中实际采购成本与采购标准成本的超出或节约额。

（2）实际价格与过去移动平均价格的差额。该项差额是指企业采购商品的实际价格与已经发生的商品采购移动平均价格的差额，它反映企业在采购过程中实际采购成本与过去采购成本的超出或节约额。

（3）使用时的价格与采购时的价格之间的差额。该项差额是指企业在使用材料时的价格与采购时的价格的差额。它反映企业采购材料物资时是否考虑市场价格的走势，如果企业预测未来市场的价格走势是上涨的，企业应该在前期多储存材料物资；如果企业预测未来市场的价格走势是下跌的，企业不应该多储存材料物资。

（4）将当期采购价格与基期采购价格之比率与当期物价指数与基期物价指数之比率相互比较。该指标是动态指标，主要反映企业材料物资价格的变化趋势。

五、采购效率指标

以上质量、数量、时间及价格绩效是就采购人员的工作效果来衡量，还可就采购效率来衡量。

（1）年采购金额。年采购金额是企业一个年度商品或物资的采购总金额，包括生产性原材料与零部件采购总额、非生产采购总额（包括设备、备件、生产辅料、软件、服务等）、原材料采购总额占总成本的比例等。

（2）年采购金额占销售收入的百分比。该百分比是指企业在一个年度里商品或物资采购总额占年销售收入的比例，它反映企业采购资金的合理性。

（3）订购单的件数。订购单的件数是指企业在一定时期内采购商品的数量，主要是按ABC管理法，对A类商品的数量进行反映。

（4）采购人员的人数。采购人员的人数是指反映企业专门从事采购业务的人数，它是反映企业劳动效率指标的重要因素。

（5）采购部门的费用。采购部门的费用是指一定时期采购部门的经费支出，它反映采购部门的经济效益指标。

（6）新供应商开发个数。新供应商开发个数是指企业在一定期间采购部门与新的供应商的合作数量，它反映企业采购部门工作效率。

（7）采购计划完成率。采购计划完成率是指一定期间内企业商品实际采购额与计划采购额的比率，它反映企业采购部门采购计划的完成情况。

（8）错误采购次数。错误采购次数是指一定时期内企业采购部门因工作失职等原因造成错误采购的数量，它反映企业采购部门工作质量的好坏。

（9）订单处理的时间。订单处理的时间是指企业在处理采购订单的过程中所需要的平均时间，它反映企业采购部门的工作效率。

第三节　供应链管理环境下的采购绩效评估指标体系

供应链管理是通过前馈的信息流和反馈的物料流及信息流将供应商、制造商、分销商直到最终用户联系起来的一个整体的管理模式，因此它与现行企业管理模式有着较大区别，在对企业运行绩效的评价上也有许多不同，显然供应链管理环境下的采购绩效评估也与传统的采购绩效评估是不同的。

一、传统的采购绩效评估指标的特点

前面讨论的采购绩效评估指标体系，其评估前提是将企业作为一个独立的市场主体，即传统采购绩效评价指标侧重于单个企业，评价的对象是某个具体企业的采购部门或者采购人员，其评价指标在设计上有如下一些特点：

（1）现行采购绩效评价指标的数据来源于财务结果，在时间上略为滞后，不能反映供应链动态运营情况。

（2）现行企业绩效评价主要评价企业职能部门工作的完成情况，不能对企业业务流程进行评价，更不能科学、客观地评价整个供应链的运营情况。

（3）现行企业绩效评价指标不能对供应链的业务流程进行实时评价和分析，而是侧重于事后分析。因此，当发现偏差时，偏差已成为事实，其危害和损失已经造成，并且往往很难补偿。

显然，在供应链管理的环境下，采购企业已经不再是一个独立的市场主体，而是供应链上众多节点企业之一，它要保证自己所有的功能活动都与供应链上其他的节点企业同

步、协调，当然采购活动也不例外。这样在供应链管理环境下的评估企业的采购活动的绩效，仍采用传统的采购绩效评估指标体系就显得不太适合了，因此，为衡量供应链管理环境下的企业采购绩效，以便决策者能够及时了解供应链采购状况，应该设计出更适合度量供应链企业采购绩效的指标和评价方法。

二、供应链采购绩效评估应遵循的原则

随着供应链管理理论的不断发展和供应链实践的不断深入，为了科学、客观地反映供应链的采购情况，应该考虑建立与之相适应的供应链采购绩效评价方法，并确定相应的采购绩效评价指标体系。供应链采购绩效的评价指标有其自身的特点，其内容比现行的企业采购绩效评价指标更为广泛，它不仅仅代替会计数据，同时还提出一些方法来测定供应链的上游企业是否有能力及时满足下游企业或市场的需求。在实际操作上，为了建立能有效评价供应链采购绩效的指标体系，应遵循如下原则：

（1）应突出重点，要对关键采购绩效指标进行重点分析。

（2）应采用能反映供应链采购业务流程的绩效指标体系。

（3）采购评价指标要能反映整个供应链的采购情况，而不是仅仅反映单个节点企业的采购情况。

（4）应尽可能采用实时分析与评价的方法，要把绩效度量范围扩大到能反映供应链实时运营的信息上去，因为这比做事后分析更有价值。

（5）在衡量供应链绩效时，要采用能反映供应商、制造商及用户之间关系的绩效评价指标，把评价的对象扩大到供应链上的相关企业。

（6）能够全方位、多角度地反映供应链的竞争优势和竞争能力。

三、供应链采购绩效评估的特点

根据供应链管理运行机制的基本特征和目标，供应链采购绩效评价指标应该能够恰当地反映供应链整体运营状况以及上下节点企业之间的运营关系，而不是孤独地评价某一供应商的运营情况。

例如，对于供应链上的某一供应商来说，该供应商所提供的某种原材料采购价格很低，如果孤立地对这一供应商进行评价，就会认为该供应商的运行绩效较好，是采购工作的首选供应商。若其下游节点企业仅仅考虑原材料价格这一指标，而不考虑原材料的加工性能，就会选择该供应商所提供的原材料，而该供应商提供的这种价格较低的原材料，其加工性能不能满足该节点企业生产工艺要求，势必增加生产成本，从而使这种低价格原材料所节约的成本被增加的生产成本所抵消。所以，评价供应链运行绩效的指标，不仅要评价该节点企业（或供应商）的运营绩效，而且还要考虑该节点企业（或供应商）的运营绩效对其上层节点企业或整个供应链的影响。

现行的企业采购绩效评价指标主要是基于采购功能的绩效评价指标，不适用于对供应链运营，尤其是采购方面运营的绩效评价（见图 8－1）。一般认为，供应链绩效评价指标是基于业务流程的绩效评价指标（见图 8－2），这当然也包括供应链采购绩效评价指标。

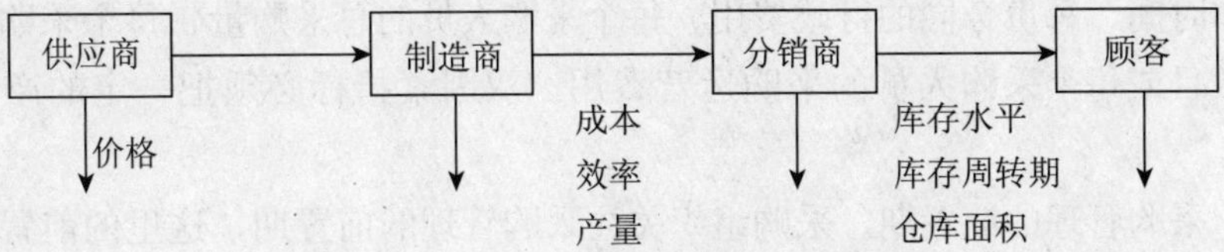

图 8-1 基于功能的绩效评价指标

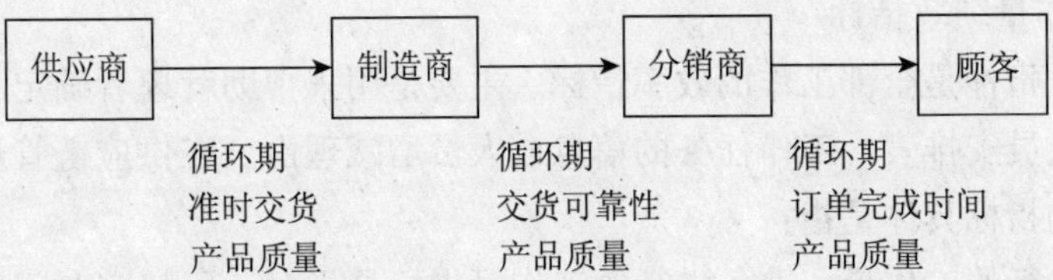

图 8-2 基于供应链业务流程的绩效评价指标

四、供应链采购绩效评估指标

供应链采购绩效评估指标体系可以从两个层面来表述，一个层面是反映整个供应链采购业务流程的绩效评价指标；另一个层面是反映供应链上、下节点企业之间采购关系的绩效评价指标。

（一）整个供应链采购业务流程的绩效评价指标

这一类供应链内部的绩效评价指标，与传统的采购绩效评价指标相比，包括了传统的采购绩效评价指标，同时又增加了一些新的指标，下面对这些新指标进行介绍。

1. 价格绩效指标

这里的价格绩效指标主要是用来衡量采购的有效程度。在供应链管理的环境下，价格绩效的新增指标具体是指：

（1）不同运营单位之间采购价格的比较。生产相同产品项目的工厂、部门或企业单位之间也可以进行实际价格的比较。这些比较提供了确定企业内采购价格差异的机会，说明了哪个单位获得了最优价格。比较活动也能帮助确定各单位间最经常进行的采购项目。

（2）达成的目标价格。目标价格是确定外部客户愿意购买何种产品或服务，然后为组成产品和服务的零部件、装配件和系统分配特定的目标成本的过程。目标价格用下面等式确定允许的成本：

目标价格－目标利润＝允许成本

2. 采购效率绩效指标

这里的效率绩效指标主要是用来衡量采购投入和采购产出的相关性，能帮助管理者确定资源消耗水平或确定完成采购任务的所需资源。在供应链管理的环境下，采购效率绩效的新增指标具体是指：

（1）双因素指标。这种类型的指标包括一些联系采购部门的产出与资源投入的衡量指标。这些指标是产出对投入的比例或平均数。如每条项目生产线的工作时间、每份采购订单的工作时间、每份合同的行政费用、每个采购人员的总采购量、每个采购人员所保持的供应商数目或每个采购人员的采购运营费用。双因素指标必须把一定的产出与投入联系起来。

（2）采购管理的前置期。采购组织关注采购管理的前置期，这里的前置期是指从得到采购需求到向供应商发出采购订单的时间。提供满足内部客户要求的服务是采购部门的职责。追踪前置期的效率是衡量采购部门服务水平的一种方法。

3. 采购工作量绩效指标

工作量绩效指标是全部工作的效率指标。主要是用来帮助管理者确定采购部门的工作量水平和提供人员安排表，工作任务的信息或人员增减理由。在供应链管理的环境下，采购工作量绩效的指标具体是指：

（1）准备进行的工作量。准备进行的工作量指标是指对一段特定时间内接受，但还没有进行或安排的工作进行简单计量。这些指标确定在一段时期内需要接受的新采购工作。具体地包括接到的采购要求、接到的采购或工程变化的清单和接到的项目价格要求。

（2）过程中的工作量。这是指确定采购中正在进行的工作的数量。所有还没有完成的工作都属于过程中的工作。这一类指标具体包括公开已有的采购要求、等待采购的项目以及公开采购的订单。这些指标有助于管理者了解目前大致的工作量水平。

（3）已完成的工作量。这是指一段时间内采购部门完成的工作数量。包括已订购的采购订单、已采购的项目、已经订购的数额、已签订的合同以及已经做的价格建议。这一指标有助于提供不同时点上采购活动的比较。

（二）供应链上下节点企业之间关系的绩效评价指标

供应链上、下节点企业之间，实质上是一种相邻的关系，这种相邻关系的紧密程度，可以通过相邻层供应商评价法来予以说明。相邻层供应商评价法的基本原则是通过上层供应商来评价下层供应商。由于上层供应商可以看成是下层供应商的用户，因此通过上层供应商来评价和选择与其业务相关的下层供应商更直接、更客观，如此递推，即可对整个供应链的绩效进行有效的评价。具体的指标可以采用满意度指标。

1. 满意度指标表达式

满意度指标（Satisfaction Index）是反映供应链上、下节点企业之间关系的绩效评价指标，即在一定时间内上层供应商对其相邻下层供应商的综合满意程度 C_{ij}。其表达式如下所示：

满意度 $C_{ij}=\alpha_j\times$供应商 j 准时交货率$+\beta_j\times$供应商 j 成本利润率$+\lambda_j\times$供应商 j 产品质量合格率

式中，α_j、β_j、λ_j 为权数，且 $(\alpha_j+\beta_j+\lambda_j)/3=1$

这里值得注意的是，如果是供应链最后一层的最终用户计算满意度，则最终用户对供应链产品的满意度指标是供应链绩效评价的一个最终标准。其计算公式为：

满意度$=\alpha\times$零售商准时交货率$+\beta\times$产品质量合格率$+\lambda\times$（实际的产品价格/用户期望的产品价格）

2. 满意度指标的几点说明

在满意度指标中，有几点是要说明的：

（1）准时交货率，是指下层供应商在一定时间内准时交货的次数占其总交货次数的百分比。供应商准时交货率低，说明其协作配套的生产能力达不到要求，或者是对生产过程的组织管理跟不上供应链运行的要求；供应商准时交货率高，说明其生产能力强，生产管理水平高。

（2）成本利润率，是指单位产品净利润占单位产品总成本的百分比。在市场经济条件下，产品价格是由市场决定的。因此，在市场供需关系基本平衡的情况下，供应商生产的产品价格可以看成是一个不变的量。按成本加成定价的基本思想，产品价格等于成本加利润，因此产品成本利润率越高，说明供应商的盈利能力越强，企业的综合管理水平越高。在这种情况下，由于供应商在市场价格水平下能获得较大利润，其合作积极性必然增强，必然对企业的有关设施和/或设备选择投资和改造，以提高生产效率。

（3）产品质量合格率，是指质量合格的产品数量占产品总产量的百分比，它反映了供应商提供货物的质量水平。质量不合格的产品数量越多，则产品质量合格率就降低，说明供应商提供产品的质量不稳定或质量差，供应商必须承担对不合格的产品进行返修或报废的损失，这样就增加了供应商的总成本，降低了其成本利润率。因此，产品质量合格率指标与产品成本利润率指标密切相关。同样，产品质量合格率指标也与准时交货率密切相关，因为产品质量合格率降低，就会使得产品的返修工作量加大，必然会延长产品的交货期，使得准时交货率降低。

（4）权数的变化。在满意度指标中，权数的取值可随着上层供应商的不同而不同。但是对于同一个上层供应商，在计算与其相邻的所有下层供应商的满意度指标时，其权数均取相同值，这样，通过满意度指标就能评价不同供应商的运营绩效以及这些不同的运营绩效对其上层供应商的影响。

3. 满意度指标的意义

满意度指标值低，说明该供应商运营绩效差，生产能力和管理水平都比较低，并且影响了其上层供应商的正常运营，从而影响整个供应链的正常运营，因此对满意度指标值较低的供应商的管理应作为管理的重点，要么进行全面整改，要么重新选择供应商。在整个供应链中，若每层供应商满意度指标的权数都取相同值，则得出的满意度指标可以反映整个上层供应商对其相邻的整个下层供应商的满意程度。同样的，对于满意度指标值低的供应商就应当进行整改或更换。

第四节 绩效标杆的建立

所谓的绩效标杆，就是拿自己去与最好的相比较。而标杆管理就是一种建立绩效标准、过程、测量方法和目标的方法。标杆管理本身并不是一种专门用于采购或者是供应链管理的方法，而是企业和部门的管理者使用的一种方法。当建立采购和供应链管理的绩效目标和行动计划时，标杆管理会相应地确定所应用的流程。在这里我们首先探讨标杆管理的过程。

一、标杆管理概述

标杆管理（Benchmarking）是一种通过和该企业最大的竞争者或者行业领导型企业进行比较，对产品、服务、流程、行动和方法进行连续评价的方法。一般来说，标杆管理过程要求通过和最好的公司比较获得测量绩效，发现最好的企业是如何实现它们的绩效水平，并且把这些信息作为建立企业绩效目标、行动和战略计划的基础。

（一）标杆管理的类型

标杆管理包括战略标杆管理、运营标杆管理以及支持性活动的标杆管理三种类型。

（1）战略标杆管理。它要求将自己企业的市场战略和其他企业的市场战略进行比较。战略标杆管理通常包括和领先的竞争者进行比较，并且要求企业对领先的市场竞争者的战略有一个深刻的理解。利用这些知识，企业可以建立战略和计划以便对抗和预测竞争者的情况。

（2）运营标杆管理。它是指采购部门进行标杆管理比较后，所应采取的活动。运营标杆管理注重职能活动的不同方面，并且需要发现取得最佳绩效的方法。选择建立标杆的部门和活动是运营标杆管理成功的关键。企业应该选择获得最高收益率的职能活动作为标杆。

（3）支持性活动的标杆管理。在这个过程中，企业内部的支持性部门可以通过与外部供应商提供同样的支持性活动或者是服务的比较，表明自己活动的成本效用。企业正在越来越重视使用支持性活动的标杆管理，这可以成为控制内部一般管理费用和越来越高的成本的一种方法。

（二）标杆管理的益处

（1）积极使用标杆管理的企业希望从一系列的过程中获益。标杆管理过程帮助企业识别最好的企业或者职能部门所采用的方法，并且应用在自己的商业计划中，这可以直接导致绩效的提升。

（2）标杆管理也能打破因循守旧的状况。管理者开始关注企业外部的情况，考虑到底是什么让企业保持领先地位。标杆管理也可以用于获取市场信息。例如：竞争性的标杆管理可以发现一些最初未被认同的技术革新。

（3）有价值的企业间的专业接触也来自于标杆管理过程。

（三）标杆管理成功的影响因素

在实施过程中，有一些因素对标杆管理的成功起了重要的作用。绩效标杆管理必须成为一种被企业或者是部门接受的过程，而不仅仅是一种时尚。员工必须把绩效目标管理看做是企业建立目标和竞争战略的一个永久部分，管理层支持绩效管理很重要。

企业必须愿意做一些收集数据信息的必要工作，找出对于某一项活动哪个企业做得最好，发现为什么该企业做得最好，并且量化标杆管理的绩效考核方法。标杆管理过程的成功依赖于详细而准确的标杆管理数据和信息，它们转而成为企业活动计划和绩效目标的一部分。

管理者必须把标杆管理看做是向外部公司学习和持续提高企业内部运营水平的有效途径。有人抵制标杆管理，因为他们不愿意承认这种方式的价值。针对这种错误的方法就是尽可能地学习非竞争者的活动和绩效。显而易见，战略标杆管理需要企业与竞争者进行直接比较。对于基础的活动，企业可以学习非竞争者的绩效和方法。

（四）信息和数字资源

一个固定的标杆管理的数据来源包括商业杂志、其他商业图书资源和互联网。商业杂志和其他的产业出版物经常把企业按照某种方式予以分类。如果这些资料还不足够，企业可以与一个标杆管理目标企业进行接触，直接获取更多的信息。

行业内的咨询和专家座谈也是一个好的信息来源。在这些会议上经常就不同的问题交换想法。供应商是另外一个信息来源。买方经常会要求供应商识别出在某一领域中他们认为最好的标杆企业。企业也可以依靠专家来识别作为标杆的候选人。

二、标杆管理的实施过程

（一）标杆管理的实施阶段

罗伯特·坎普（Robert Camp）提出了标杆管理实施的5个阶段（见表8－1）。

表8－1　　标杆管理实施阶段

过程	阶段名称	工作内容
阶段1	计划阶段	确定哪些产品、过程或者职能部门要实施标杆管理
		确定实施标杆管理的目标
		确定需要的数据和信息资源
阶段2	分析阶段	确定为何标杆目标企业会更成功
		怎样把标杆企业的做法引进到本企业中
		确定未来的趋势和绩效水平
阶段3	整合阶段	和企业的主要负责人沟通标杆实施中的新情况
		建立运作层的工作目标和具体的职能目标
阶段4	实施阶段	确定具体行动的负责人员
		制定一套对标杆计划和目标进行评审和修改的程序
		建立标杆管理的沟通机制
阶段5	成熟阶段	在企业的各个层次继续坚持标杆活动
		在标杆管理过程中不断提高绩效的水平

（1）计划阶段。计划是首要的，也是最关键的一个阶段。在此阶段中，企业要提出哪些产品或者职能需要实施标杆法，选择将哪一企业作为标杆目标，需要什么样的数据和信

息来源等。标杆计划应该集中精力解决标杆实施的过程和方法问题，而不是追求某些数据指标。

（2）分析阶段。本阶段的主要工作是数据和信息的收集与分析。企业必须分析为什么被定为标杆的企业更好一些，它在哪些方面真正是优秀的，标杆企业与本企业的差距到底有多大，怎样把标杆企业的成功经验用于本企业的改进上来等问题。这一阶段是很关键的，因为若目标定位不准，将导致后续工作偏离预定目标。

（3）整合阶段。整合是一个沟通的过程，是标杆管理在整个企业内得到认可的过程，具体地讲也就是将标杆实施中的新发现，在组织内进行沟通，使有关人员了解和接受这些新的发现。然后基于新发现建立企业的运作目标和操作目标。

（4）实施阶段。实施阶段需要把标杆管理的发现落实为具体的实施计划。这个阶段中的重要问题包括确定实施项目、子项目的负责人，具体落实绩效标杆计划和目标，建立一个时间表及时更正计划和目标，以及建立一套报告系统，能够对计划和目标进行修改和更新。

（5）成熟阶段。当标杆管理在建立绩效计划和目标的过程中达到了被广泛接受的程度时，企业就到了成熟阶段。企业标杆管理达到成熟阶段的另一个特征是企业意识到绩效的不断提高是标杆管理的直接结果。

（二）标杆管理的实施方法

根据标杆管理的特征，赫格斯等人总结出了一套标杆管理实施的程序，如图 8-3 所示。将坎普的 5 个实施步骤与赫格斯的实施程序相结合，可以构成一个体系相对完整的标杆管理实施方法。

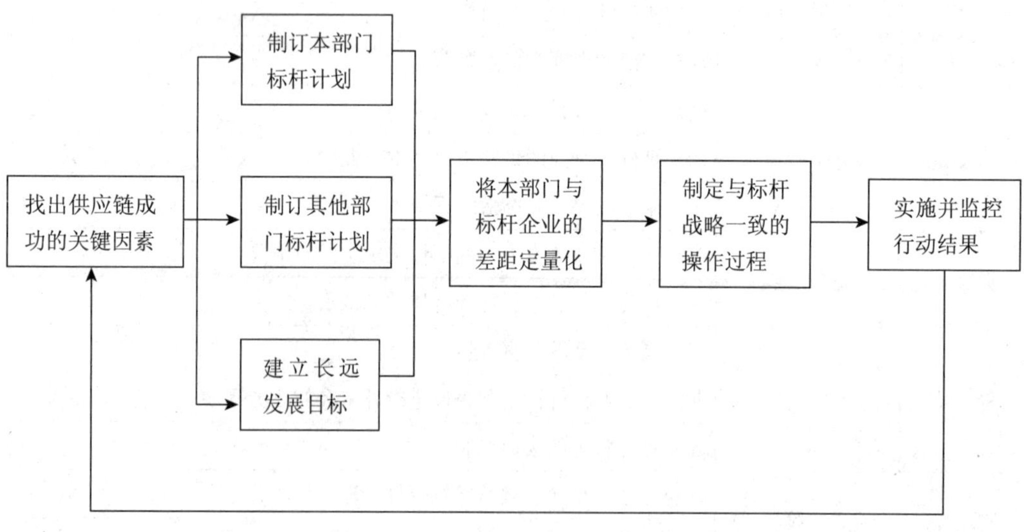

图 8-3　标杆管理实施过程示意

思考题

1. 采购绩效评估有哪些目的？

2. 采购绩效评估的工作内容包括哪些？

3. 采购绩效管理评估指标体系的构架内容包括哪些？

4. 与传统的采购绩效管理评估指标体系相比较，供应链环境下的采购绩效管理评估指标体系有什么特点？

5. 标杆管理包括哪些内容？

第九章　供应链采购的技术方法

伴随着市场竞争的加剧，供应链的出现，人们对高采购成本的认识，现代人对采购投以越来越多关注的目光，采购的技术方法也正在经历着由传统向现代的转变，越来越多的企业改变以往的传统采购模式，取而代之的是现代采购模式。所谓现代采购模式就是融入了现代的管理思想，充分利用现代的信息科技、工程技术等工具，以更低廉的成本、更高的工作效率、更快的响应市场速度而进行的采购工作。这是采购技术发展的必然趋势，目前比较常见的、发展的相对成熟的采购技术主要有 JIT 采购、MRP 采购、ERP 采购、VMI 采购等。

第一节　JIT 采购技术

JIT 采购，也称准时化采购（JIT purchasing），是一种完全以满足需求为依据的采购方法。需求方根据自己的需要，对供应商下达订货指令，要求供应商在指定的时间，将指定的品种、指定的数量送到指定的地点。

一、JIT 采购的产生

JIT 采购是 JIT 思想在采购领域的应用，而 JIT 思想追本溯源是由准时化生产管理演变而来的。

（一）JIT 生产方式的产生

准时化生产方式（Just In Time，JIT）是起源于日本丰田汽车公司的一种生产管理方法。丰田汽车公司的创始人丰田喜一郎最早在汽车生产中提倡“非常准时”的管理方法。具体实现这种想法，是经过长期反复多次试验的。最后具体建立起这种体系的人，是大野耐一。他于 1943 年到丰田公司工作，担任丰田公司的副总经理，为实现丰田喜一郎的“非常准时”的想法曾下了苦心。1947 年以后，他分阶段地进行探索试验，逐步形成一套完整的体系，就是人们常说的“丰田生产方式”。按大野耐一的说法，就是“简单贯穿这种生产体系的中心思想，是彻底杜绝浪费的思想”。

丰田汽车的零组件管理方式叫作及时化，又叫作“看板方式”，就是把制造一部车所需的两万个零组件浓缩为最小极限的构想。把当前所需装配的必要量视为一个单位，从而在盛装这个单位的箱子上面贴以明信片大小的传票，传票上记载何时生产、生产多少、运往何处等作业指示。装配工厂在将零组件用尽时，空箱送往零组件工厂。零组件工厂则根据看板上的指示，生产和装配指定的品种、指定的数量、在指定的时间送到指定的地点。丰田汽车工厂采用这种作业方式，使库存下降到通常的 1/5。

实施看板方式最关键的是要使生产有秩序、不零乱。从协助工厂运来的零组件材料，由丰田的各个制造工厂予以加工，最后用来装配汽车。因此要求装配生产线作业平稳化，新产品要川流不息地领走，否则协助工厂的生产计划无法进行。看板方式的经营，不是尽可能多地生产，而是按计划生产所需要的东西，各现场自我约束，要什么东西自动索取。这是一种逆管理。即丰田汽车的装配工作，不是一种预测生产，而是由销售公司订货多少，就生产多少。以这个为前提，每一个工序按照看板的指示向先行工序依次索取零组件，然后向后续工序传送。

显然 JIT 的基本思想是以“彻底杜绝浪费”、“只在需要的时候，按需要的量，生产所需要的产品”。这就是 JIT 的基本含义。这种生产方式的核心，是追求一种无库存生产系统，或是库存量达到最小的生产系统。

JIT 是日本工业竞争战略的重要组成部分，它代表着日本在重复性生产过程中的管理思想。通过 JIT 思想的运用，日本企业管理者将精力集中于生产过程本身，通过生产过程整体优化、改进技术、理顺物流、杜绝过量生产、消除无效劳动和浪费、有效利用资源、降低成本、完善质量，达到以最少的投入实现最大产出的目的。

日本企业在国际市场的崛起，引起西方企业界的普遍关注。追本溯源，西方企业家认为，日本企业在生产中采用 JIT 管理思想，是其在国际市场上竞争取胜的基础。因此，20 世纪 80 年代以来，西方经济发达国家十分重视对 JIT 的研究，并将它运用于生产管理。据有关资料，1987 年已有 25％的美国企业应用 JIT，到现在，绝大多数的美国企业已在应用 JIT。

(二) JIT 采购的产生

根据 JIT 的产生背景，我们知道在最初的时候，JIT 只是作为一种减少库存水平的生产方法，而今，它已逐渐演变成为一种管理哲理。这种管理哲理的精髓，就在于它的“非常准时化”、“最大限度地消除浪费”的思想。现在越来越多的人，把这种管理思想运用到各个领域，形成各个领域的准时化管理方法。因此，现在除了 JIT 生产之外，又逐渐出现 JIT 采购、JIT 运输、JIT 储存等新的应用领域。实际上，现在 JIT 应用已经形成了一个庞大的应用体系。

JIT 采购不但能够最好地满足用户的需要，而且可以最大限度地消除库存、消除浪费。要进行准时化生产必须有准时化的供应，因此，准时化采购是准时化生产管理模式的必然要求。也只有施行 JIT 采购、JIT 生产、JIT 运输、JIT 储存等准时化操作，才能保证供应链的低成本、高效率、快速响应市场的管理目标的实现。

二、JIT 采购的原理

JIT 采购的原理可以简略地用图 9－1 表示。采购商经过选择、考核确定了 JIT 采购供应商以后，签订合作合同，实施采购供应运作。采购商根据自己生产线需求的节拍，向供应商发出看板指令，要求供应商根据看板指令的需求品种、需求数量、在指定的时间送到指定的需求地点。这样连续地多频次小批量地送货，采购商不设库存，实现零库存生产；供应商也可以不设库存，与采购商实行同步生产，按照采购商生产线的节拍进行生产和送货。

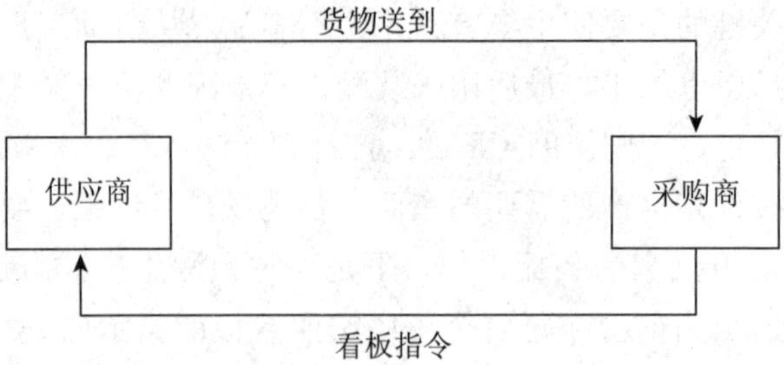

图 9-1　JIT 的采购原理

JIT 采购的原理具体地表现在以下几个方面：

（1）与传统面向库存采购不同，准时化采购是一种直接面向需求的采购模式。它的采购送货是直接送到需求点上。

（2）用户需要什么，就送什么，品种规格符合客户需要。

（3）用户需要什么质量，就送什么质量，品种质量符合客户需要。

（4）用户需要多少，就送多少，不少送，也不多送；拒绝次品和废品。

（5）用户什么时候需要，就什么时候送货，不晚送，也不早送，非常准时。

（6）用户在什么地点需要，就送到什么地点。

三、JIT 采购的特点

这里谈到的 JIT 采购的特点，主要是与传统的采购模式相比较而言的。

（一）JIT 采购与传统采购的比较

传统上，企业物资采购的目的是以最低的成本费用来获取所需要的原材料和外购件的。而在 JIT 环境下，采购功能发生了深刻的变化，二者的比较结果如表 9-1 所示。

表 9-1　JIT 采购与传统采购的比较

项　目	传统采购	JIT 采购
供应商选择	多源供应，短期合作关系	单源供应，长期合作关系
采购批量	大批量，送货频率低	小批量，送货频率高
供应商评价	价格、质量等	质量、价格等
双方磋商重点	获取最低的价格	长期合作关系、质量和合理的价格
运　输	较低的成本，供应商负责计划安排	准时送货，采购者负责计划安排
包　装	常规包装	特定要求
检　验	收货、点数统计、品质鉴定	开始时检验，逐步减少，最终取消
信息交换	一般要求	快速、可靠
产品说明	买方关心设计、供应商没有创新	供应商革新、强调性能宽松要求

（二）JIT 采购模式的特点

从上面的讨论可以看出，JIT 采购模式主要有以下特点：

1. 单源供应

单源供应指的是对某一种原材料或外购件只从一个供应商那里采购；或者说，制造商的某一种原材料或外购件，仅由一个供应商供货。JIT 采购认为，最理想的供应商的数目是：对每一种原材料或外购件，只有一个供应商。因此，单源供应是 JIT 采购的基本特征之一。

实行单源供应的优点在于，它可以使制造商成为供应商一个非常重要的客户，因而加强了制造商与供应商之间的相互依赖关系；另外，单源供应使供应商获得内部规模效益和长期订货，从而又可使购买的原材料和外购件的价格降低。

当然，单源供应也会给企业带来一些问题，比如说，可能存在供应中断的风险；不能得到竞争性的采购价格；对供应商的依赖性过大等。因此，必须与供应商建立长期互利合作的新型伙伴关系。日本有 98％的 JIT 企业采用单源供应。但在实际操作时，一些企业常采用同一原材料或外购件由两个供应商供货的方法，其中一个供应商为主，另一个供应商为辅。

2. 小批量采购

小批量采购是 JIT 采购的又一基本特征。由于企业生产对原材料和外购件的需求是不确定的，而 JIT 采购又旨在消除原材料和外购件库存，为了保证准时、按质按量供应所需的原材料和外购件，采购必然是小批量的。

诚然，小批量采购必然引起送货频率的增加，因而运输成本将会提高。可以通过以下四种方法来解决这一问题：

（1）使供应商在地理位置上靠近制造商；

（2）供应商在制造商附近建立临时仓库，实质上，这只是将负担转嫁给了供应商，而未从根本上解决问题；

（3）由一个专门的承包运输商负责送货，按照事先达成的协议，搜集分布在不同地方的供应商的小批量物资，准时按量送到制造商的生产线上；

（4）让一个供应商负责供应多种原材料和外购件。

3. 合理选择供应商

由于 JIT 采购采用单源供应，因而对供应商的合理选择就显得尤其重要。可以说，选择合格的供应商是 JIT 采购能否成功实施的关键。合格的供应商具有较好的技术、设备条件和较高的管理水平，可以保障采购的原材料和外购件的质量，保证准时按量供货。

在选择供应商时，必须依据一定的标准对供应商进行评价。这些标准包括产品质量、交货期、价格、技术能力、应变能力、批量柔性、交货期与价格的均衡、价格与批量的均衡、地理位置等，而不像传统采购那样主要依靠价格标准。在大多数情形下，其他标准较好的供应商，其价格可能也是较低的；即使不是这样，双方建立起互利合作关系后，企业可以帮助供应商找出减少成本的方法，从而使价格降低。进一步地，当双方建立了良好的合作关系后，很多工作可以简化以至消除，如订货、修改订货、点数统计、品质检验等，从而减少浪费。

4. 从根源上保障采购质量

实施 JIT 采购后，企业的原材料和外购件的库存很少以至为零。因此，为了保障企业生产经营的顺利进行，采购物资的质量必须从根源上抓起。也就是说，购买的原材料和外购件的质量，应由供应商负责，而不是企业的物资采购部门。JIT 采购就是要把质量责任返回到供应商，以从根源上保障采购质量。为此，供应商必须参与制造商的产品设计过程，制造商也应帮助供应商提高技术能力和管理水平。

在现阶段，我国主要是由制造商来负责监督购买物资的质量；验收部门负责购买物资的接收、确认、点数统计，并将不合格的物资退回给供应商，因而增加了采购成本。实施 JIT 采购后，从根源上保证了采购质量，购买的原材料和外购件就能够实行免检，直接由供应商送货到生产线，从而大大减少了购货环节，降低了采购成本。

5. 可靠的送货和特定的包装要求

由于 JIT 采购消除了原材料和外购件的缓冲库存，供应商交货的失误和送货的延迟必将导致企业生产线的停工待料。因此，可靠的送货是实施 JIT 采购的前提条件。而送货的可靠性，常取决于供应商的生产能力和运输条件，一些不可预料的因素，如恶劣的气候条件、交通堵塞、运输工具的故障等，都可能引起送货迟延。当然，最理想的送货是直接将货送到生产线上。

JIT 采购对原材料和外购件的包装提出了特定的要求。良好的包装不仅可以减少装货、卸货对人力的需求，而且使原材料和外购件的运输和接收更为便利。最理想的情况是，对每一种原材料和外购件，采用标准规格且可重复使用的容器包装，既可提高运输效率，又能保证交货的准确性。

6. 有效的信息交换

只有供需双方进行可靠而快速的双向信息交流，才能保证所需的原材料和外购件准时按量供应；同时，充分的信息交换可以增强供应商的应变能力。所以，实施 JIT 采购，就要求供应商和制造商之间进行有效的信息交换。信息交换的内容包括生产作业计划、产品设计、工程数据、质量、成本、交货期等。信息交换的手段包括电报、电传、电话、信函、卫星通信等。现代信息技术的发展，如 EDI、E-mail 等，为有效的信息交换提供了强有力的支持。

7. 交货准时性的严格要求

JIT 采购的一个重要特点是要求交货准时，这是实施 JIT 生产的前提条件。交货准时取决于供应商的生产与运输条件。作为供应商来说，要使交货准时，可从以下两个方面着手：

(1) 不断改进企业的生产条件，提高生产可靠性和稳定性，减少延迟交货或误点现象。作为准时化供应链管理的一部分，供应商同样应该采用准时化的生产管理模式，以提高生产过程的准时性；

(2) 为了提高交货准时性，运输问题不可忽视。因为运输问题决定了准时交货的可能性。特别是全球的供应链系统，运输过程长，而且可能要先后经过不同运输工具，需要中转运输等，因此要进行有效的运输计划与管理，使运输过程准确无误。

四、实施 JIT 采购的意义

自从 JIT 采购思想出现以来，在全球范围内掀起了采购模式变革的新浪潮，国际上很多知名企业都纷纷从日本引进 JIT 管理思想，并结合本土的实际情况进行 JIT 采购的实施。许多管理学者认为 JIT 采购是关于物资采购的有别于传统采购模式的一种全新的采购模式，企业实施 JIT 采购具有重要的意义。

(一) JIT 采购意义的实践分析

为了说明 JIT 采购的意义，美国加利福尼亚州立大学的研究生做了一次对汽车、电子、机械等企业的经营者关于准时化采购效果的问卷调查，共调查了 67 家美国公司。这些公司有大有小，其中包括著名的惠普公司、苹果计算机公司等。在关于“JIT 采购解决的问题”方面，得到了如表 9－2 所示的结果。

表 9－2　JIT 采购解决的问题

问　题	肯定回答（%）
空间减少	44.8
成本减少	34.5
改进用户服务	34.5
及时交货	34.5
缺货问题	17.2
改进资金流	17.2
减短提前期	10.3

(二) JIT 采购的意义

通过上面的实践分析，我们可以总结性地得出 JIT 采购的意义：

(1) 大幅度减少原材料和外购件的库存。根据国外实施 JIT 采购策略的一些企业的资料统计，JIT 采购可以使原材料和外购件的库存降低 40%～85%。原材料和外购件库存的降低，有利于减少流动资金的占用，加速流动资金的周转，同时也有利于节省原材料和外购件库存占用的空间，从而降低库存成本。

(2) 提高采购物资的质量。一般说来，实施 JIT 采购，可以使购买的原材料和外购件的质量提高。而且，原材料和外购件质量的提高，又能降低质量成本。据估计，推行 JIT 采购可使质量成本减少 26%～63%。

(3) 降低原材料和外购件的采购价格。由于供应商和制造商的密切合作以及内部规模效益与长期订货，再加上消除了采购过程中的一些浪费（如订货手续、装卸环节、检验手续等），就使得购买的原材料和外购件的价格得以降低。例如，生产复印机的美国施乐（Xerox）公司，通过实施 JIT 采购策略，使其采购物资的价格下降了 40%～50%。

此外，推行JIT采购策略，不仅缩短了交货时间，节约了采购过程中所需资源（包括人力、资金、设备等），而且提高了企业的劳动生产率，增强了企业的适应能力。

（4）保证了供应链的协同性运作。供应链环境下的采购模式和传统的采购模式的不同之处，在于前者采用订单驱动的方式。订单驱动使供应与需求双方都围绕订单运作，也就实现了准时化、同步化运作。要实现同步化运作，采购模式就必须是并行的，当采购部门产生一个订单时，供应商即开始着手物资的准备工作。与此同时，采购部门编制详细采购计划，制造部门也进行生产的准备工作，当采购部门把详细的采购单提供给供应商时，供应商就能很快地将物资在较短的时间内交给用户。当用户需求发生改变时，制造订单又驱动采购订单发生改变，这样一种快速的改变过程，如果没有准时的采购方法，供应链的节点企业就很难适应这种多变的市场需求，因此JIT采购增加了供应链的柔性和敏捷性。

JIT采购模式体现了供应链管理的协调性、同步性和集成性，供应链管理需要JIT采购来保证供应链的整体同步化运作。JIT采购对于供应链管理思想的贯彻实施有着重要的意义。

五、JIT采购的实施

成功实施JIT采购策略，既需要具备一定的前提条件，同时又要遵循科学的实施步骤。

（一）JIT采购实施的条件

（1）制造商和供应商建立互利合作的战略伙伴关系。JIT采购策略的推行，有赖于制造商和供应商之间建立起长期的、互利合作的新型关系，相互信任、相互支持、共同获益。

（2）注重基础设施的建设。良好的交通运输和通信条件是实施JIT采购策略的重要保证，企业间通用标准的采用对JIT采购的推行也至关重要。所以，要想成功实施JIT采购策略，制造商和供应商都应注重基础设施的建设。诚然，这些条件的改善，不仅仅取决于制造商和供应商的努力，各级政府也须加大投入。

（3）强调供应商的参与。JIT采购不只是企业物资采购部门的事，它离不开供应商的积极参与。供应商的参与，不仅体现在准时、按质按量供应制造商所需的原材料和外购件上，而且体现在积极参与制造商的产品开发设计过程中。与此同时，制造商有义务帮助供应商改善产品质量，提高劳动生产率，降低供货成本。

（4）建立实施JIT采购策略的组织。企业领导必须从战略高度来认识JIT采购的意义，并建立相应的企业组织来保证该采购策略的成功实施。这一组织的构成，不仅应有企业的物资采购部门，还应包括产品设计部门、生产部门、质量部门、财务部门等。其任务是，提出实施方案，具体组织实施，对实施效果进行评价，并进行连续不断的改进。

（5）制造商向供应商提供综合的、稳定的生产计划和作业数据。综合的、稳定的生产计划和作业数据可以使供应商及早准备，精心安排其生产，确保准时、按质按量交货。否则，供应商就不得不求助于缓冲库存，从而增加其供货成本。有些供应商在制造商工厂附近建立仓库以满足制造商的JIT采购要求，实质上这不是真正的JIT采购，而只是负担的转移。

（6）着重教育与培训。通过教育和培训，使制造商和供应商充分认识到实施 JIT 采购的意义，并使他们掌握 JIT 采购的技术和标准，以便对 JIT 采购进行不断的改进。

（7）加强信息技术的应用。JIT 采购是建立在有效信息交换的基础上的，信息技术的应用可以保证制造商和供应商之间的信息交换。因此，制造商和供应商都必须加强对信息技术，特别是电子数据交换（EDI）技术的应用投资，以更加有效地推行 JIT 采购策略。

（二）JIT 采购实施的步骤

（1）建立 JIT 采购班组。为了对原材料和外购件的来源以及采购事宜作出正确的决策，需要得到公司内部许多职能部门的支持。因此，应该成立 JIT 采购班组，由购货者和计划制订者或由采购专家领导，成员包括产品技术人员、生产人员、质量人员、物资处理人员、成本会计人员等。而且，应对这些人员进行有关 JIT 采购策略的教育培训，使他们熟知 JIT 对物资采购的要求，理解 JIT 的思想同样适用于采购过程，形成一个关于未来采购职能的清晰前景。

（2）制订采购实施计划。采购班组要制订出实施计划，明确规定未来的采购策略和具体的实施步骤。采购策略除了包括改进当前采购方式的措施外，还应包括减少基本供应商的数量、供应商的评估标准、向供应商核发证件、原材料和外购件的库存管理、对生产线的持续性支持等内容。

（3）精选少数几家供应商建立伙伴关系。供应商和制造商之间互利的伙伴关系，意味着双方之间充满了一种紧密合作、主动交流、相互信赖的和谐气氛，共同承担长期协作的义务。在这种关系的基础上，发展共同的目标，分享共同的利益。

（4）选择试点。JIT 采购是一项规模宏大的工作。为了顺利开展这样大规模的工作，必须进行试点，逐步摸索经验。而且，应该围绕某条生产线来选择作为试点的供应商或零配件，并将采购改革试点与生产改革试点结合起来，以起到相互支持的作用。

（5）搞好供应商的培训，明确共同努力目标。应该对已选定作为试点的供应商进行 JIT 管理原则的培训，使他们理解制造商的改革措施以及将来可能对他们提出的要求。为了满足这些要求，供应商在自己的企业里，也可能需要实施 JIT 管理原则。对供应商的教育培训，应与制造商在公司内部开展的同类活动没有什么两样，需要强调同样的观念，同样的原则。

（6）给供应商颁发产品免检证书。在实施 JIT 采购策略时，核发免检证书是非常关键的一步。颁发免检证书的前提是供应商的产品是百分之百合格。为此，核发免检证书时，要求供应商提供最新的、正确的、完整的产品质量文件，包括设计蓝图、规格、检验程序以及其他必要的内容。

（7）实现配合生产进度的交货方式。向供应商采购的原材料和外购件，其目标是要实现这样的交货方式：当制造商需要某物资时，该物资就运抵卸货站，并随之直接运至生产线，生产线拉走它所需的物资，并在制造产品时使用该物资。

（8）继续改进，扩大成果。实施 JIT 采购策略是一个持续进行的过程，不同的供应商处于不同的实施阶段，即使所有的基本要求都达到了，也应继续不断地予以改进。而且，应该尽快地推广 JIT 采购策略，以确保整个公司实施 JIT 的成功。

做到了以上的步骤，就做到了灵敏地响应和满足用户的需求，同时又使得用户的库存量最小。由于用户不需要设库存，所以实现了零库存生产。这是一种比较科学、比较理想的采购模式。

（三）JIT 采购实施的影响因素

1. JIT 采购实施影响因素的实践分析

美国加利福尼亚州立大学的研究生，对“准时化采购成功实施的关键因素”以及“实施准时采购困难的因素”这类 JIT 采购实施的影响因素问题进行了实际调查。调查结果如表 9－3、表 9－4 所示。

表 9－3　准时化采购成功实施的关键因素

问　题	肯定回答（%）
和供应商的相互关系	51.5
管理的措施	31.8
适当的计划	30.3
部门协调	25.8
进货质量	19.7
长期的合同协议	16.7
采购的物品类型	13.6
特殊的政策与惯例	10.6

表 9－4　实施准时采购困难的因素

问　题	肯定回答（%）
缺乏供应商的支持	23.6
部门之间协调性差	20.0
缺乏对供应商的激励	18.2
采购物品的类型	16.4
进货物品质量差	12.7
特殊政策与惯例	7.1

2. JIT 采购实施的影响因素

通过以上的实际调查结果，我们可以得出以下几方面的影响因素：

（1）准时化采购成功的关键是与供应商的关系，而最困难的问题也是缺乏供应商的合作。供应链管理所倡导的战略伙伴关系为实施准时化采购提供了基础性条件，因此在供应链环境下实施准时化采购比传统管理模式下实施准时化采购更具有现实意义和可能性。

(2) 难找到“好”的合作伙伴是影响准时化采购的第二个重要因素。如何选择合适的供应商、选择得是否合适就成了影响准时化采购的重要因素，在传统的采购模式下，企业之间的关系不稳定，具有风险性，影响了合作目标的实现。供应链管理模式下的企业是协作性战略伙伴，因此为准时化采购奠定了基础。

(3) 缺乏对供应商的激励是准时化采购的另外一个影响因素。要成功地实施准时化采购，必须建立一套有效的供应商激励机制，使供应商和用户一起分享准时化采购的好处。

(4) 准时化采购不单是采购部门的事情，企业的各部门都应为实施准时化采购创造有利的条件，为实施准时化采购共同努力。

第二节　MRP 采购技术

物料需求计划（Material Requirement Planning，MRP）采购，主要应用于生产企业。它是由企业采购人员采用 MRP 应用软件制订采购计划，进行采购的。MRP 采购是在相关需求的基础上提出的，是现代采购模式之一，也是被我国企业所广泛采用的采购模式。

一、MRP 的产生背景

(一) 生产企业人工采购计划系统

企业生产系统是一个复杂系统。一个产品由多个零部件构成，每个零部件又由多道加工工序生产出来，不同的零部件和工序又构成了不同的生产车间。一个完整的产品，有成千上万个零部件。这些不同的生产车间、不同的生产工序生产出来的零部件又要按一定的时间进度、一定的比例关系统一装配成一个一个完整的产品。装配生产线一旦开始运转起来，各个零部件只要有一个不到位，产品就装配不成。因此，从产品、到零部件、再到原材料，从总装车间到各个分装车间、再到各个仓库，整个企业的生产需要有一个庞大、精确的计划，包括生产计划和采购计划，才能把不同空间、不同时间的零部件有条不紊地进行生产和装配，按时按量地组织到总装配线上来，最后装配成合格的产品。

装配所需要的零部件，以及生产过程中所需要的零件、部件不一定都是自己生产的，有相当一部分是要从外面企业采购进来。由于品种多而杂，靠人工制订采购计划，一是工作量大，需要许多人参与做计划；即使这样，也常常是顾此失彼，常常是采购了这个，忘了那个。而且由于计划人员多，相互之间协调难度大，有的产品重复采购，有的产品没人采购。造成有的产品库存严重积压、有的产品却缺货，一方面花费很高的库存成本，另一方面又影响装配线的正常运转。

(二) 生产企业订货点采购

1. 订货点采购含义

订货点采购，是指由采购人员根据各个品种需求量和订货提前期的大小，确定每个品种的订货点、订货批量或订货周期、最高库存水准等，然后建立起一种库存检查机制，当发现到达订货点，就检查库存、发出订货，订货批量的大小由规定的标准确定。

订货点采购包括两大类采购方法，一类是定量订货法采购，另一类是定期订货法采购。

（1）定量订货法采购，是预先确定一个订货点和一个订货批量，然后随时检查库存，当库存下降到订货点时，就发出订货，订货批量的大小每次都相同，都等于规定的订货批量。这样程序化地自动启动订货、反复运行。

（2）定期订货法采购，是预先确定一个订货周期和一个最高库存水准，然后以规定的订货周期为周期，周期性地检查库存，发出订货，订货批量的大小每次都不一定相同，订货量的大小都等于当时的实际库存量与规定的最高库存水准的差额。这样也是程序化地自动启动订货、反复运行。

2. 订货点采购存在的问题

这种采购模式是以需求分析为依据，以填充库存为目的，采用一些科学方法、兼顾满足需求和库存成本控制，原理比较科学，操作比较简单。但是由于市场的随机因素多，使得该方法在实践中的实行存在着以下几方面的缺点：（为了叙述的方便，下面用“组件”来代表零件、部件、毛坯和原材料）

（1）盲目性。对需求的情况不了解，盲目地维持一定量的库存会造成资金积压。例如，对某种零件需求可能出现三种情况，如表 9－5 所示。

表 9－5　某零件的三种需求情况

周次	1	2	3	4	5	6	7	8	9	10
情况 1	20	0	0	20	0	0	0	20	0	0
情况 2	20	0	40	0	0	0	0	0	0	0
情况 3	20	0	0	0	0	0	0	0	0	40

按经济订货批量（Economic Order Quantity，EOQ）公式，可以计算出经济订货批量，比如说为 50 件。这样，对于情况 1，第一周仅需 20 件，若一次订 50 件，则余下 30 件还需存放 3 周，到第 4 周再消耗 20 件，余下的 10 件还需存放 4 周，而且还满足不了第 8 周的需要。因此，在第 8 周前又要提出数量为 50 件的订货。

对于情况 2，订货量不足以满足前三周的需要。对于情况 3，剩余的 30 件无缘无故地存放了 9 周，而且还不满足第 10 周的需要。靠经常维持库存来保证需要，是由于对需求的数量及时间不了解所致。盲目性造成浪费。

（2）高库存与低服务水平。用订货点方法会造成高库存与低服务水平。由于对需求的情况不了解，只有靠维持高库存来提高服务水平，这样会造成很大浪费。传统的订货点方法使得低库存与高服务水平两者不可兼得，服务水平越高则库存也越高。而且服务水平达到 95%以上时，再要提高服务水平，库存量上升很快。从理论上讲，服务水平接近 100%，则库存量必然趋于无穷大。如果装配一个部件，需要五种零件，当以 95%的服务水平供给每种零件时，每种零件的库存水平会很高。即使如此，装配这个部件时，五种零件都不发生缺货的概率仅为 $0.95^5=0.774$，即装配这种部件时，几乎四次中就有一次碰到零件配不齐的情况。一台产品常常包含上千种零部件，装配产品时不发生缺件的概率就很低了。这就是采用订货点方法造成零件积压与短缺共存局面的原因。

(3) 形成“块状”需求。采用订货点方法的条件是需求均匀。但是，在制造过程中形成的需求一般都是非均匀的：不需要的时候为零，一旦需要就是一批。采用订货点方法加剧了这种需求的不均匀性，如图 9－2 所示。

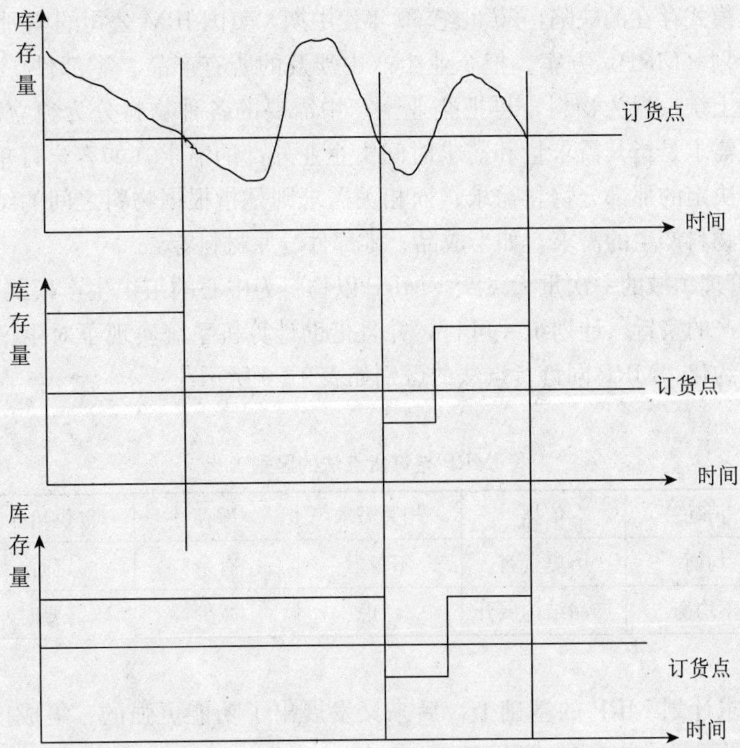

图 9－2　订货点方法与块状需求

在这个例子中，产品、零件和原材料的库存都采用订货点方法控制。对产品的需求由企业外部多个用户的需求所决定。由于每个用户的需求相差不大，综合起来，对产品的需求比较均匀，库存水平变化的总轮廓呈锯齿状。当产品的库存量下降到订货点以下时，要组织该产品的装配。于是，要从零件库中取出各种零件。这样，零件的库存水平陡然下降一块。而在此之前，尽管产品库存水平在不断下降，由于没有到订货点，不必提出订货，因而零件的库存水平维持不变。类似的，当零件的库存水平未降到订货点以下时，也不必提出订货，于是，原材料的库存水平维持不变。随着时间的推移，产品的库存逐渐消耗，当库存水平再降到订货点以下时，再次组织产品装配，这时又消耗一部分零件库存。如果这时零件的库存水平降到零件的订货点以下，就要组织零件加工。这样，就要消耗一部分原材料库存。

由此可以看出，在产品的需求率为均匀的条件下，由于采用订货点方法，造成对零件和原材料的需求率不均匀，呈“块状”。“块状”需求与“锯齿状”需求相比，平均库存水平几乎提高一倍，因而占用更多的资金。

订货点方法是用于处理独立需求问题的，它不能令人满意地解决生产系统内发生的相关需求问题，而且，订货点方法不适于订货型生产企业。于是人们提出了 MRP，它可以精确地确定对组件的需求数量与时间，消除了盲目性，实现了低库存与高服务水平的并存。

（三）MRP 的产生

鉴于以上模式存在的缺陷，20 世纪 60 年代中期，美国 IBM 公司的奥列基博士首先提出物料需求计划（MRP）方案。把企业生产中涉及的所有产品、零部件、原材料、中间件等，在逻辑上统一视为物料，再把企业生产中需要的各种物料分为独立需求和相关需求，其中独立需求是指其需求量和需求时间由企业外部的需求（如客户订单、市场预测、促销展示等）决定的那部分物料需求；而相关需求则是指根据物料之间的结构组成关系，由独立需求的物料产生的需求，如半成品、零部件、原材料等。

MRP 是管理领域的一次重大飞跃。MRP 以物料为中心的组织生产模式体现了为顾客服务、按需定产的宗旨，计划统一可行，并且借助计算机系统实现了对生产的闭环控制，比较经济和集约化。MRP 同订货点法的区别如表 9－6 所示：

表 9－6　MRP 与订货点法的区别

	消耗	依据	相关需求	库存	供给	优先级
订货点法	均衡	历史资料	不考虑	有余	定时	不考虑
MRP	不均衡	产品结构展开	考虑	减少	需要时	考虑

在物料需求计划 MRP 的基础上，后来又发展出了功能更强的、集成度更大的闭环 MRP 和 MRPⅡ。

二、MRP 的基本原理

MRP 的原理是，由主生产进度计划（MPS）和主产品的层次结构逐层逐个地求出主产品所有零部件的出产时间、出产数量，把这个计划叫做物料需求计划。其中，如果零部件靠企业内部生产的，需要根据各自的生产时间长短来提前安排投产时间，形成零部件投产计划；如果零部件需要从企业外部采购的，则要根据各自的订货提前期来确定提前发出各自订货的时间、采购的数量，形成采购计划。确实按照这些投产计划进行生产和按照采购计划进行采购，就可以实现所有零部件的出产计划，从而不仅能够保证产品的交货期，而且还能够降低原材料的库存，减少流动资金的占用。MRP 的逻辑原理如图 9－3 所示。

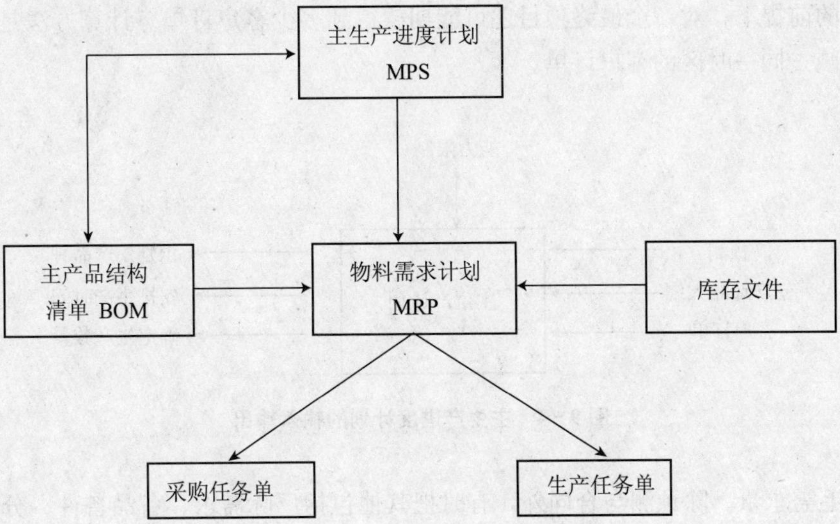

图 9-3　MRP 逻辑原理

三、MRP 系统的组成

MRP 系统由输入和输出两部分组成。其中输入部分包括主生产进度计划、主产品结构清单、库存文件；输出部分包括净需求量、计划订货接受文件、计划订货发出文件。下面详细介绍 MRP 系统各组成部分。

(一) 主生产进度计划

1. 主生产进度计划的含义

主生产进度计划（Master Production Schedule，MPS）是对企业生产计划大纲的细化，一般是主产品的一个产出时间进度表。这里的主产品是指企业生产的用以满足市场需要的最终产品，是整机或具有独立使用价值的零件、部件、配件等。它们一般是独立需求产品，靠市场的订货合同、订货单或市场预测来确定其未来一段时间（通常是一年）的总需求量，包括需求数量、需求时间等。这些资料再根据企业生产能力状况经过综合调配平衡，把它们具体分配到各个时间单位中去，这就是主产品生产进度计划。这是 MRP 系统最主要的输入信息，也是 MRP 系统运行的主要依据。

主生产进度计划的输入输出如图 9-4 所示，它是由预测、订单和生产计划所驱动，根据能力和产品提前期的限制，来识别生产产品品种，安排生产时间和确定生产数量。从较短的时间来看，主生产计划可以作为物料需求计划、组件的生产、订单优先计划、短期资源计划的基础。从较长的时间看，主生产计划可以作为各项资源长期计划的基础。

2. 主生产进度计划编制用语

在介绍主生产进度计划编制之前，首先要了解一些名词的内容。

(1) 生产预测。它是某类产品的生产规划在总生产量中预期分配给该项产品的部分，其计算通常是使用百分比计划清单来分解生产规划。

(2) 未兑现的预测。这是在一个时区内尚未由实际客户订单兑现的预测，它指出在不超过预测的前提下，对一个最终项目还可能期望得到多少客户订单。计算方法是以某时区的预测值减去同一时区的客户订单。

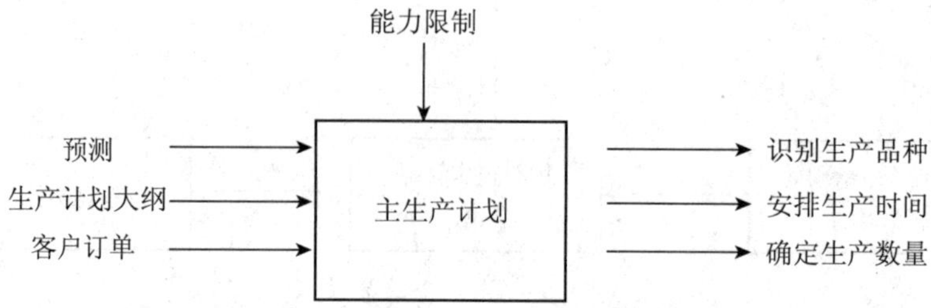

图 9－4　主生产进度计划的输入输出

（3）毛需求量。除预测与合同外，有时把其他包括厂际需求、备品备件、分销量等单独列出合并称为"其他需求"。可以采取不同的方式，把预测值和实际的合同值组合得出毛需求。

（4）计划接收量。主要指正在执行中的订单上的数量。计划产出量若经确认，根据软件的设置也可以显示在计划接收量项中，最初显示的数量往往是在计划日期前已在执行的将在计划日期之后到达的下达订单数量。

（5）净需求量（NR）。满足毛需求和安全库存量的目标数量。

净需求量＝毛需求量－计划接收量－可利用库存量

＝毛需求量－计划接收量－（现有库存－安全库存－已分配量）

其中，可利用库存量是现有库存扣除安全库存和已分配量后的可参与分配的库存部分。粗略地说，当现有库存量足够满足毛需求和安全库存的需求时，净需求量为零。

（6）预计可用库存量（PAB）。可用库存量是现有库存中，扣除了预留给其他用途的已分配量，可以用于需求计算的那部分库存。

预计可用库存量＝前一时段末的可用库存量＋本时段计划接收量－本时段毛需求＋本时段计划产出量

上式中若等号右侧前 3 项计算的结果为负值，说明如果不给予补充，将出现短缺，因此在本时段需要有一个计划产出量予以补充，从而推算出 MPS 的生产量和生产时间。

（7）可供销售量（ATP）。也称可签约量、待分配库存。可供销售量等于主生产计划量减去实际需求量。计算方法如下：

可供销售量（ATP）＝本时段计划产出量＋本时段计划接收量－下一次出现计划产出量之前各时段合同量之和

如果在某一个时区内需求量大于计划量（即出现负的 ATP），超出的需求可从早先时区的可供销售量中预留出来，这种调整是从计划展望期的最远时区由远及近逐个时区进行的。

（8）累计可供销售量。从最早的时区开始，将各个时区的可供销售量累加到所考虑的时区即是这个时区的累计可供销售量。它指在不改变主生产计划的前提下，积累到目前所考虑的时区为止，关于此最终项目还可向客户作出多大数量的供货承诺。软件应有累计可供销售量的功能，把早期未销出的可供销售量自动转入以后各期。

3. 主生产进度计划编制步骤

编制主生产计划一般要经过以下步骤。

(1) 预测需求：根据生产规划和计划清单确定对每个最终项目的生产预测。

(2) 计算毛需求：根据生产预测、已收到的客户订单、配件预测以及该最终项目作为非独立需求项的需求数量，计算毛需求。通常可设定需求时界以内各时段的毛需求，以合同为准，需求时界以外的时段以预测值或合同值中较大的数值为准。

在需求时间区内，订单已经确定，客户需求便取代了预测值，此区间内的产品数量和交货期一般是不能变动的；在计划时区内，需要将预测需求和实际需求加以合并，通常采用实际需求或预测数值中较大者。计划时区表示企业已安排生产，或已确认的计划，不能由 MPS 自动改变，需要变动时应由高层领导人员批准；在预测时区内，由于对客户的需求知道得很少，只好利用预测，预测时区内的产品数量和交货期可由系统自动进行变更。

(3) 推算 MPS 报表：根据毛需求量和事先确定好的订货策略和批量，以及安全库存量和期初库存量，计算各时段的主生产计划接收量和预计可用库存量。并根据预计可用库存量情况选择批量生产，形成一份主生产计划报表。主生产计划报表的全部推算过程如下：

第 1 步推算毛需求。毛需求由预测值和实际的合同值组合得出。

第 2 步计算当期预计可用库存量。考虑已分配量计算计划初始时刻当期预计库存。

当期预计可用库存量＝现有库存量－已分配量

第 3 步推算 PAB 初值。考虑毛需求推算特定时段的预计库存量。

PAB 初值＝上期末预计可用库存量＋计划接收量－毛需求量

第 4 步推算净需求。考虑安全库存推算特定时段的净需求。

当 PAB 初值≥安全库存，净需求＝0；

当 PAB 初值＜安全库存，净需求＝安全库存－PAB 初值。

第 5 步推算计划产出量。考虑批量推算特定时段的计划产出量。

当净需求＞0，计划产出量＝ N ×批量，

满足：计划产出量≥净需求＞（N－1）×批量。

第 6 步推算预计可用库存量。推算特定时段的预计库存量。

预计可用库存量＝计划产出量＋PAB 初值

第 7 步递增一个时段，分别重复进行第 3 到第 6 步，循环计算至计划期终止。

第 8 步推算计划投入量。考虑提前期推算计划期全部的计划投入量。

第 9 步推算可供销售量。在有计划产出量时往后倒推到上一个计划产出量位置进行计算。

(二) 主产品的结构文件

主产品的结构文件，主要反映主产品的层次结构、所有零部件的结构关系和数量组成。根据这个文件，可以确定主产品及其各个零部件的需要数量、需要时间和它们相互间

的装配关系。物料清单（Bill of Materials，BOM），是指产品所需零部件明细表及其结构，为了便于计算机识别，把用图示表达的产品结构转化成某种数据格式，用这种数据格式来描述产品结构的文件就是物料清单，即 BOM。它是定义产品结构的技术文件，因此它又称为产品结构树、产品结构表或 BOM 表。

产品结构树反映的产品结构比较直观，它形如一棵倒长的树，根在上面，树杈在下面。自上而下的，每一层都对应一定的级别，最上层是 0 级，即主产品级；0 级的下一层是 1 级，对应主产品的一级零部件，这样一级一级往下分解，一直分解到最末一级 n 级，一般是最初的原材料或者外购零配件。每一层各个方框都标有三个参数：

（1）组成零部件名；

（2）组成零部件的数量；

（3）相应的提前期。这里的提前期包括生产提前期和订货提前期。生产提前期是指从发出投产任务单到产品生产出来所花的时间；而订货提前期是指从发出订货到所订货物采购回来入库所花的时间。提前期的时间单位要和系统的时间单位一致，也以“周”为单位。有了这个提前期，就可以由零部件的需要时间而推算出投产时间或采购时间。

（三）库存文件

它包含各个品种在系统运行前期库存量的静态资料，但它主要提供并记录 MRP 运行过程中实际库存量的动态变化过程。由于库存量的变化是与系统的需求量、到货量、订货量等各种资料变化相联系的，所以，库存文件实际上提供和记录各种物料的各种参数随时间而变化的情况。这些参数有：

（1）总需要量。是指主产品及其零部件在每一周的需要量。其中主产品的总需要量与主生产进度计划一致，而主产品的零部件的总需要量，是根据主产品生产进度计划和主产品的结构文件推算而得出的。

总需要量中，除了以上生产装配需要用品以外，还可以包括一些维护用品，如润滑油、油漆等。既可以是相关需求，也可以是独立需求，合起来记录在总需要量中。

（2）计划到货量。是指已经确定要在指定时间到达的货物数量。它们可以用来满足生产和装配的需求，并且会在指定时间到货入库。它们一般是以临时订货、计划外订货或者物资调剂等得到的货物，但不包括根据这次 MRP 运行结果产生的生产任务单生产出来的产品或根据采购订货单采购回来的外购品。这些产品由下面的“计划接受订货”来记录。

（3）库存量。是指每个周库存物资的数量。由于在一周中，随着到货和物资供应的进行，库存量是变化的，所以周初库存量和周末库存量是不同的。因此，规定这里记录的库存量都是周末库存量。它在数值上等于：

库存量＝本周周初库存量＋本周到货量－本周需求量

　　　＝上周周末库存量＋本周计划到货量－本周需求量

另外在开始运行 MRP 以前，仓库中可能还有库存量，叫做期初库存量。MRP 运行是在期初库存量的基础上进行的，所以各个品种的期初库存量作为系统运行的重要参数必须作为系统的初始输入，要输入到系统之中。

库存量是满足各周需求量的物资资源。在有些情况下，为了防止意外情况造成的延误，还对某些关键物资设立了安全库存量，以减少因紧急情况而造成的缺货。在考虑安全库存的情况下，库存量中还应包含安全库存量。

（四）净需求量

净需求量是指系统需要外界在给定的时间提供的给定物料的数量。这是物资资源配置最需要回答的主要问题，即到底生产系统需要什么物资，需要多少，什么时候需要。净需求量文件很好地回答了这些问题。不是所有零部件每一周都有净需求的，只有发生缺货的一周才发生净需求量，也就是说某个品种某个时间的净需求量就是这个品种在这一个时间的缺货量。所谓缺货，就是上一周的期末库存量加上本期的计划到货量小于本期的总需求量。

净需求量的计算方法是：

本周净需求量＝本周总需求量－本周计划到货量－本周周初库存量

＝本周总需求量－本周计划到货量－上周周末库存量

MRP 在实际运行中，不是所有的负库存量都有净需求量的。求净需求量可以这样简单地确定：在现有库存量一栏中第一个出现的负库存量的周，其净需求量就等于其负库存量的绝对值。在其后连续出现的负库存量各周中，各周的净需求量等于其本周的负库存量减去前一周的负库存量的差的绝对值。

（五）计划接受订货量

它是指为满足净需求量的需求，应该计划从外界接受订货的数量和时间。它告诉人们，为了保证某种物资在某个时间的净需求量得到满足，人们提供的供应物资最迟应当在什么时候到达，到达多少。这个参数的用处，除了用于记录满足净需求量的数量和时间之外，还成为它后面的参数“计划发出订货量”的参照点（两者数量完全相同，时间上相差一个提前期）。计划接受订货的时间和数量与净需求量完全相同。

计划接受订货量＝净需求量

（六）计划发出订货量

计划发出订货量是指发出采购订货单进行采购或发出生产任务单进行生产的数量和时间。其中发出订货的数量，等于“计划接受订货”的数量，也等于同周的“净需求量”的数量。计划发出订货的时间是考虑生产或订货提前期，为了保证“计划接受订货量”或者“净需求量”在需要的时刻及时得到供应，而提前一个提前期所得到的一个时间。

四、MRP 采购计划制订过程

下面我们通过一个示范例子来说明 MRP 采购计划制订的全过程。

已知：一个主产品 A 的生产计划表，如表 9－7 所示，表中给出了各周的出产量。

表 9－7　　主产品 A 的生产计划表

时期（周）	1	2	3	4	5	6	7	8
产量（件/周）	25	15	20		60		15	

下面开始 MRP 采购计划的制订。步骤如下：

（一）主产品结构文件 BOM

首先是确定主产品结构文件 BOM。在这里它不仅仅简单地是一个物料清单，它还要提供主产品的结构层次、所有各层零部件的品种数量和装配关系。一般可以用一个自上而下的结构树表示。如图 9－5 所示。

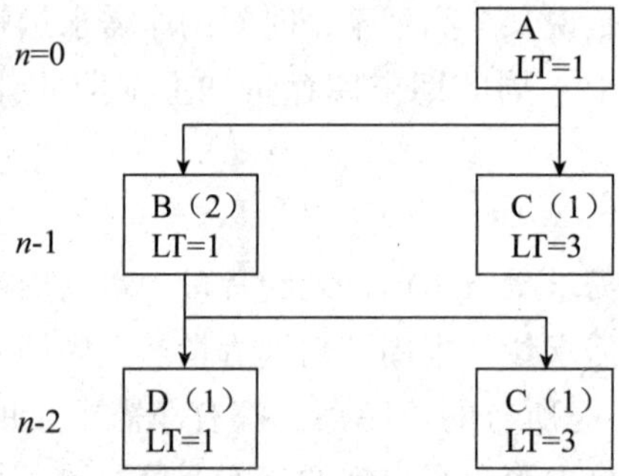

图 9－5　主产品 A 的结构树

结构树表达的意思是，主产品 A 由两个部件 B 和一个零件 C 装配而成，而部件 B 又由一个外购件 D 和一个零件 C 装配而成。A、B、C、D 的提前期分别是 1、1、3、1 周，也就是说，装配一个 A 要 1 周时间（装配任务要提前 1 周下达），装配一个 B 要提前 1 周下达任务单，生产一个 C 要提前 3 周下达任务单，而采购一个 D 要提前 1 周发出订货单。A 产品结构分成 3 层，A 为 0 层（$n=0$），B、C 为 1 层（$n=1$），D、C 为 2 层（$n=2$）。

图 9－5 所画的结构树虽然没有错，而且可以直观地看出主产品的结构层次。但是根据这个结构树，同样的零件 C 在不同的层次上要分别计算一次，容易造成混乱和重复计算，给计算机运行带来麻烦。所以为了计算机计算的方便，常常把在几个层次上都有的同样的零部件，都统一取其最低的层次号，画到它所在的最低层上。如图 9－6 所示。

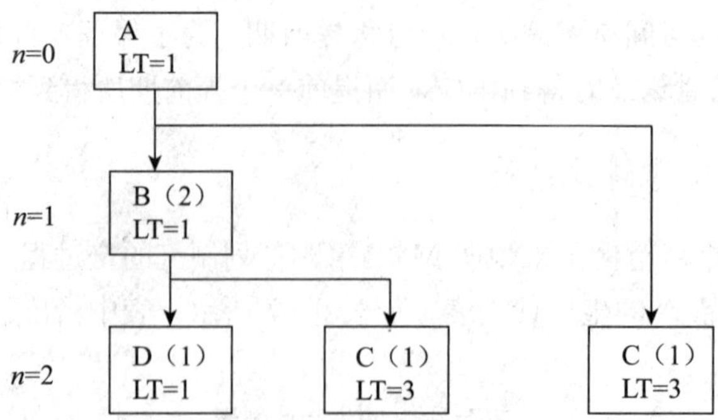

图 9－6　A 产品结构树调整

（二）库存文件

其次是确定库存文件。库存文件包含两个参数：

（1）主产品及其各个零部件的现有库存量。这是在 MRP 处理开始时的起初库存量，它们应当参与本期 MRP 的计划处理。

（2）主产品及其各个零部件的本期计划到货量。这是指在 MRP 处理开始前就已经采购的在途或者自制生产过程中的物资，预计在本期计划期间某周要到货填充库存。它们当然也应当参与本期 MRP 计划处理。

主产品 A 的库存文件如表 9-8 所示。

表 9-8　　主产品 A 的库存文件

品名	现有库存量	各周计划到货量							
		1	2	3	4	5	6	7	8
A	20	10		15		40		50	
B	10	10							
C	0	70							
D	5	10							

已知以上资料后，就可以进行 MRP 处理，求出自制生产计划和外购采购计划了。

（三）MRP 处理的过程

1. 求各周的计划库存量

各周的计划库存量就是各周的周末库存量。它在数值上等于：

本周计划库存量＝本周周初库存量＋本周计划到货量－本周需求量

＝上周周末库存量＋本周计划到货量－本周需求量

2. 求各周的净需求量

各周的净需求量就是为满足需求需要补充物资的数量。它在不同的情况下有不同的计算方法。它可以如下进行计算：

本周净需求量＝0（本周计划库存量≥0）；

本周净需求量＝本周计划库存量（本周计划库存量＜0，而上周计划库存量≥0）；

本周净需求量＝本周计划库存量－上周计划库存量（本周和上周计划库存量都＜0）。

3. 求各周的计划接受订货量

计划接受订货量是指为满足净需求量的需求，应该计划从外界接受订货的数量和时间。它可以进行如下计算：

计划接受订货量＝净需求量

4. 求各周的计划发出订货量

计划发出订货量是指为满足计划接受订货量而提前发出采购订货单进行采购或发出生产任务单进行生产的数量和时间。它可以进行如下计算：

计划发出订货时间＝计划接受订货时间－生产（或采购）提前期（而数量不变）

5. 求出各产品的处理表

A 产品的 MRP 处理表如表 9－9 所示。

表 9－9　　A 产品的 MRP 处理表

项目：A（0 级）提前期：1	周次							
	1	2	3	4	5	6	7	8
总需求量	25	15	20		60		15	
计划到货量		10		15		40		50
现有库存量 20	5	－10	－15	－15	－35	－35	0	0
净需求量	0	10	5	0	20	0	0	0
计划接受订货量		10	5		20			
计划发出订货量	10	5		20				

零部件 B 的 MRP 处理表如表 9－10 所示。

表 9－10　　零部件 B 的 MRP 处理表

项目：B（1 级）提前期：1	周次							
	1	2	3	4	5	6	7	8
总需求量	20	10		40				
计划到货量	10							
现有库存量 10	0	－10	－10	－50				
净需求量		10		40				
计划接受订货量		10		40				
计划发出订货量	10		40					

零部件 C 的 MRP 处理表如表 9－11 所示。

表 9－11　　零部件 C 的 MRP 处理表

项目：C（1 级）提前期：3	周次							
	1	2	3	4	5	6	7	8
总需求量	20	5	40	20				
计划到货量	70							
现有库存量 0	50	45	5	－15	－15	－15	－15	－15

续　表

项目：C（1级）提前期：3	周次							
	1	2	3	4	5	6	7	8
净需求量				15				
计划接受订货量				15				
计划发出订货量	15							

零部件D的MRP处理表如表9－12所示。

表9－12　　零部件D的MRP处理表

项目：D（2级）提前期：1	周次							
	1	2	3	4	5	6	7	8
总需求量	10		40					
计划到货量	10							
现有库存量	5	5	－35	－35	－35	－35	－35	－35
净需求量			35					
计划接受订货量			35					
计划发出订货量		35						

最后的结果表示于表9－13中。B、C是自制，D是外购。D的采购计划是第二周就要出发去采购，采购量是35，第三周采购回来入库填充库存、满足需要。

表9－13　　最后的MRP处理结果

物　料	周次							
	1	2	3	4	5	6	7	8
B（自制）	10		40					
C（自制）	15							
D（采购）		35						

这样的MRP采购，也是以需求分析为依据、以满足库存为目的。由于计划比较精细、严格，所以它的市场响应灵敏度及库存水平都比以前的方法有所进步。库存水平可以达到最低，需要多少进货多少，采购回来的都是用于填充需求的。

五、MRP采购的特点

通过前面对MRP采购的介绍，我们不难发现MRP采购有以下几方面的特点：

（1）需求的相关性。同订货点方法不同，MRP 采购是针对具有相关性需求物资的采购方法，不但需求本身之间相关，需求和资源也相关，需求的品种数量也相关，需求时间也相关。

（2）需求的确定性。MRP 采购计划是根据主产品生产进度计划、主产品的结构文件、库存文件和各种零部件的生产时间或订货进货时间精确计算出来的，其需要的时间、数量都是确切规定好了的，而且不能够改变。

（3）计划的精细性。MRP 采购计划有充分的根据，从主产品到零部件，从需求数量到需求时间，从生产先后到装配关系都作了明确的规定，无一遗漏或偏差。不折不扣地按照这个计划进行，能够保证主产品生产计划的如期实现。

（4）计算的复杂性。MRP 采购计划要根据主产品生产计划、主产品结构文件、库存文件、生产时间和采购时间把主产品的所有零部件的需要数量、需要时间、先后关系等准确计算出来，其计算量是非常庞大的。特别是当主产品复杂、零部件数量特别多时，如果用人工计算，简直望尘莫及。借助计算机，使得这个工作才有了进行的可能性。

（5）采购的优越性。MRP 采购的优越性是很明显的，由于进行了精确的计划和计算，使得所有需要采购的物资能够按时按量到达需要它的地方，一般不会产生超量的原材料库存。事实上对于采购品，从经济订货批量考虑，没有必要一定要追求零库存，这样可以大大节约订货费用和各种手续费用，从而降低生产成本。通过对使用 MRP 的企业调查显示，这些企业库存水平平均降低 20%～40%，与此同时减少零部件缺货 80%；改进了对用户的服务，服务水平可以达到 95%。这就很好地解决了库存量与服务水平这两者之间的矛盾，改变了以往那种两者不可兼得的局面。

MRP 采购除了能经济有效地采购企业所需的物料外，还有利于促进企业提高管理水平。因为实行 MRP 采购，必然是企业采用了 MRP 系统，而 MRP 系统输入的信息多、操作规范、时间观念强，这些都要求企业加强系统化、信息化、规范化管理，提高企业素质和管理水平。也正因为如此，加大了 MRP 采购管理工作的复杂程度，不但包括工作量的加大，更重要的是工作要求也更为精细。

第三节　ERP 采购技术

一、ERP 的提出

企业资源计划（Enterprise Resource Planning，ERP）是 1990 年美国 Gartner 公司在其发表的研究报告《ERP：A Vision of the Next－Generation MRPⅡ》中首次提出的概念，之后在 1993 年，Gartner 公司又在以《ERP：Quantifying the Vision》为题发表的会议报告中详细阐述了 ERP 的理念和实质，其定义可概括为：ERP 是 MRPⅡ的下一代，它的内涵主要是“打破企业的四壁，把信息集成的范围扩展到企业的上下游，管理整个供应链，实现供应链制造”。从软件产品角度来讲，可以认为 ERP 是综合应用了 B/S（Browser/Server）或 C/S（Client/Server）体系、关系数据库结构、面向对象技术、图形用户界面、第四代语言（4GL）、网络通信等信息产业的成果，以ERP管理思想为灵魂的应用软件。从管理信息系统方面来理解的ERP则是集企业管理理念、业务流程、基础数据、人力物力、计算机硬件和软件于一体的企业资源管理系统。

作为一种先进的现代化企业管理方法，ERP系统的发展大致经历了4个大的阶段：MRP、闭环MRP、MRPⅡ和ERP系统，这些阶段是伴随生产发展和管理水平的不断提高而产生的科学的管理模式。

20世纪70年代初，MRP发展为闭环的MRP，它是一个结构完整的生产资源计划及执行控制系统。基本MRP考虑了产品结构相关信息和库存相关信息，它所生成的计划的可行性建立在如下假设上，首先主生产计划必须是可行的，即有足够的生产设备和人力来保证生产计划的实现。其次物料采购计划是可行的，即有足够的供货能力和运输能力保证完成物料的采购计划。再次生产执行机构是可胜任加工计划的，即有足够的能力来满足主生产计划制定的目标。实际生产中的各种条件是变化的，如企业的制造工艺、生产设备及生产规模的变化，能源供应的变化等都会导致MRP所生成的计划无法完成。闭环MRP理论考虑能力约束，或者对能力提出需求计划，在满足能力需求的前提下，才能保证物料需求计划的执行和实现。在这种思想要求下，企业必须对投入与产出进行控制，即对企业的能力进行校验和执行控制（图9-7）。

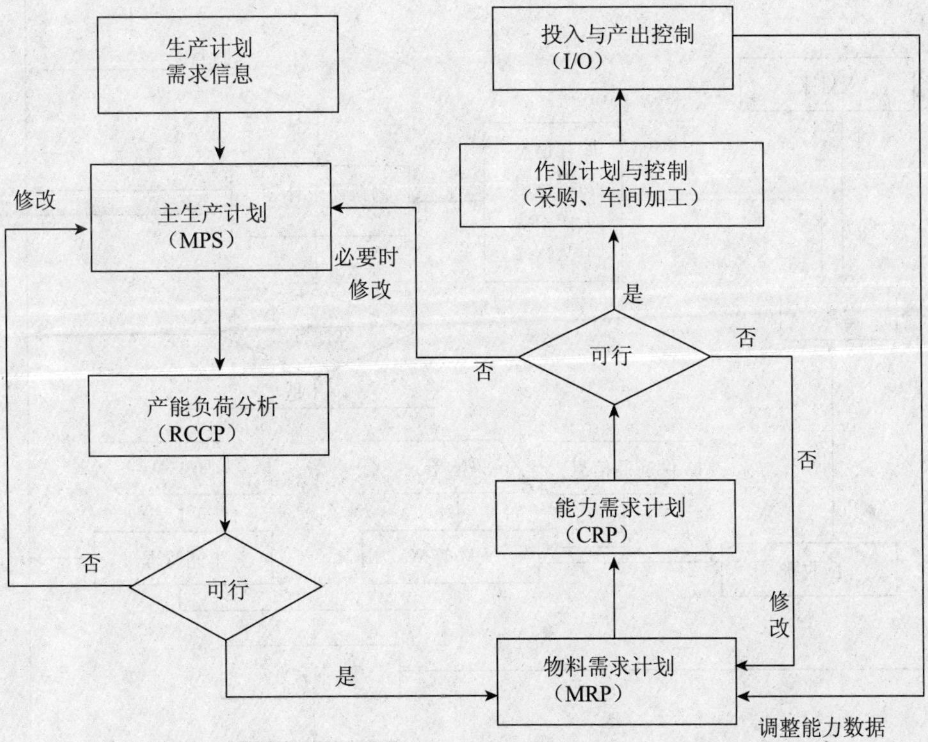

图9-7　闭环MRP流程

1977年9月，美国著名生产管理专家奥列弗·怀特提出了一个新的概念——制造资源计划（Manufacturing Resources Planning，MRP II），为与传统的 MRP 相区别，改名称为 MRP II。它把产品销售计划用金额表示，说明销售收入；对物料赋予货币属性来计算成本和报价；用金额来表达采购和外协计划以编制预算；用金额表示库存量以反映资金占用。从而形成了一个以企业经营计划为基本目标，以生产计划为主线，对企业制造所涉及的各种资源进行统一计划和控制的系统，一定程度上实现了物流、信息流与资金流在企业管理方面的集成（图 9－8）。

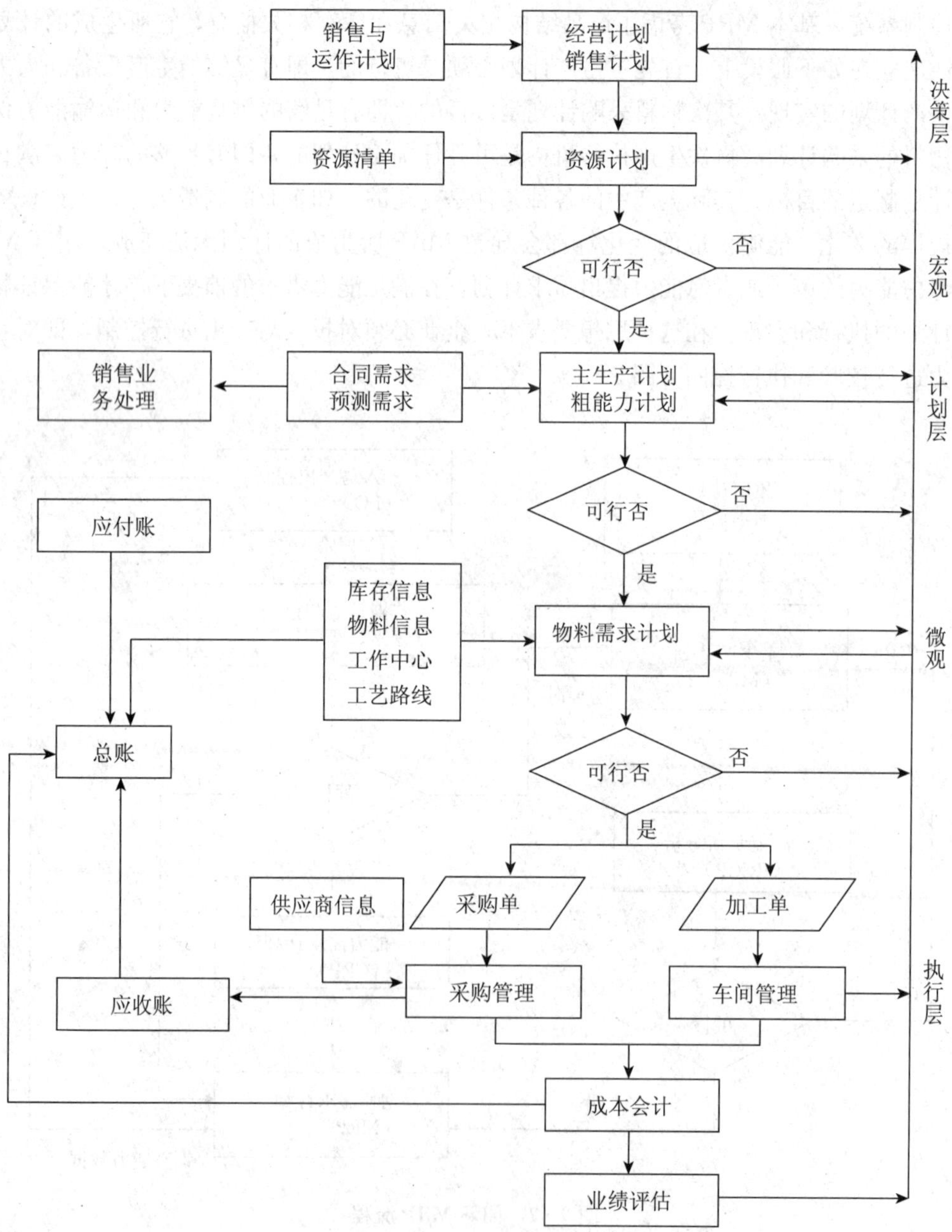

图 9－8　MRP Ⅱ 逻辑流程

随着市场竞争的日趋激烈、客户要求的提高以及企业所处内外部环境的变化使得MRPⅡ的思想显示出了局限性，主要表现在以下几方面：

(1) 企业竞争范围扩大要求更高程度的信息集成，要求对企业整体资源进行集成管理。

(2) 企业规模的扩大要求多集团、多工厂协同作战，统一部署。

(3) 信息全球化趋势的发展要求企业之间加强信息交流与共享，处于同一供应链上的企业将不再是竞争关系而是合作伙伴关系。

同时一些先进管理思想的成熟与发展，如准时生产（Just In Time，JIT）、全面质量管理（Total Quality Control，TQC）、优化生产技术（Optimized Production Technology，OPT）、分销资源计划（Distribution Resource Planning，DPR）、制造执行系统（Manufacturing Execute System，MES）、敏捷制造（Agile Manufacturing，AM），以及互联网的普及使得MRPⅡ在20世纪90年代发展到了一个新的阶段：ERP。

ERP除继承了MRPⅡ的基本思想外，还大大扩展了管理的模块，如多工厂管理、质量管理、设备管理、运输管理、分销资源管理、过程控制接口、数据采集接口、电子通信等模块。融合了离散型和流程型生产的特点，扩大了管理的范围，更加灵活地开展业务活动，可以实时地响应市场需求，其管理范围涉及企业的所有供需过程，是对供应链的全面管理。

二、ERP系统常见模块及总流程图

ERP系统是由各个分别完成不同功能的模块构成，模块之间通过有机的信息集成共同行使企业的日常管理活动。通常ERP系统包含如下模块：销售管理、采购管理、库存管理、制造标准、主生产计划、物料需求计划、能力需求计划、车间管理、JIT管理、质量管理、成本管理、应收账管理、应付账管理、总账管理、固定资产管理、工资管理、人力资源管理、分销资源管理、设备管理、工作流管理、系统管理等，各具体的软件产品可根据需求增加或去除不同的模块。ERP系统总流程如图9－9所示。

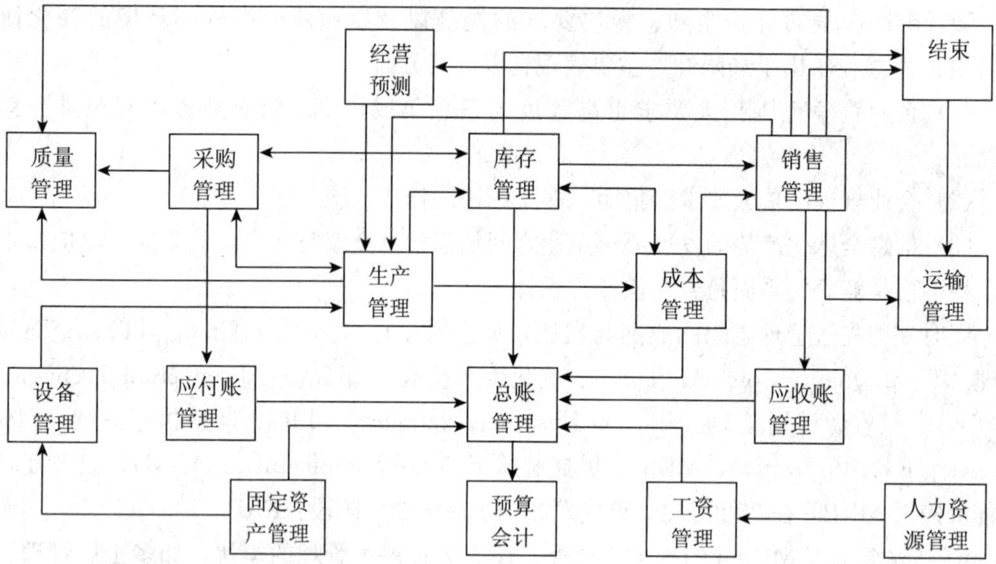

图 9-9　ERP 系统总流程

三、ERP 采购的实施

（一）采购的基本环节

在任何一个采购管理中都应该包括如下最基本的四个方面的内容：第一，供应商的选择；第二，请购的选择；第三，订货及订货跟踪；第四，检验货物。ERP 管理系统也不例外。为了最终实现企业利润最大化的目标，在市场经济的运作机制中，不仅要管理好本企业的采购，而且还要与供应商之间建立起互惠共赢的协作关系，以达到信息共享，共同保证和提高市场竞争能力。ERP 系统还可以帮助企业实现随时给企业提供订购验收的信息，对外购或委外加工的材料进行跟催，并整合各方面采购信息，降低交易双方的信息成本。如图 9-10 和图 9-11 所示。

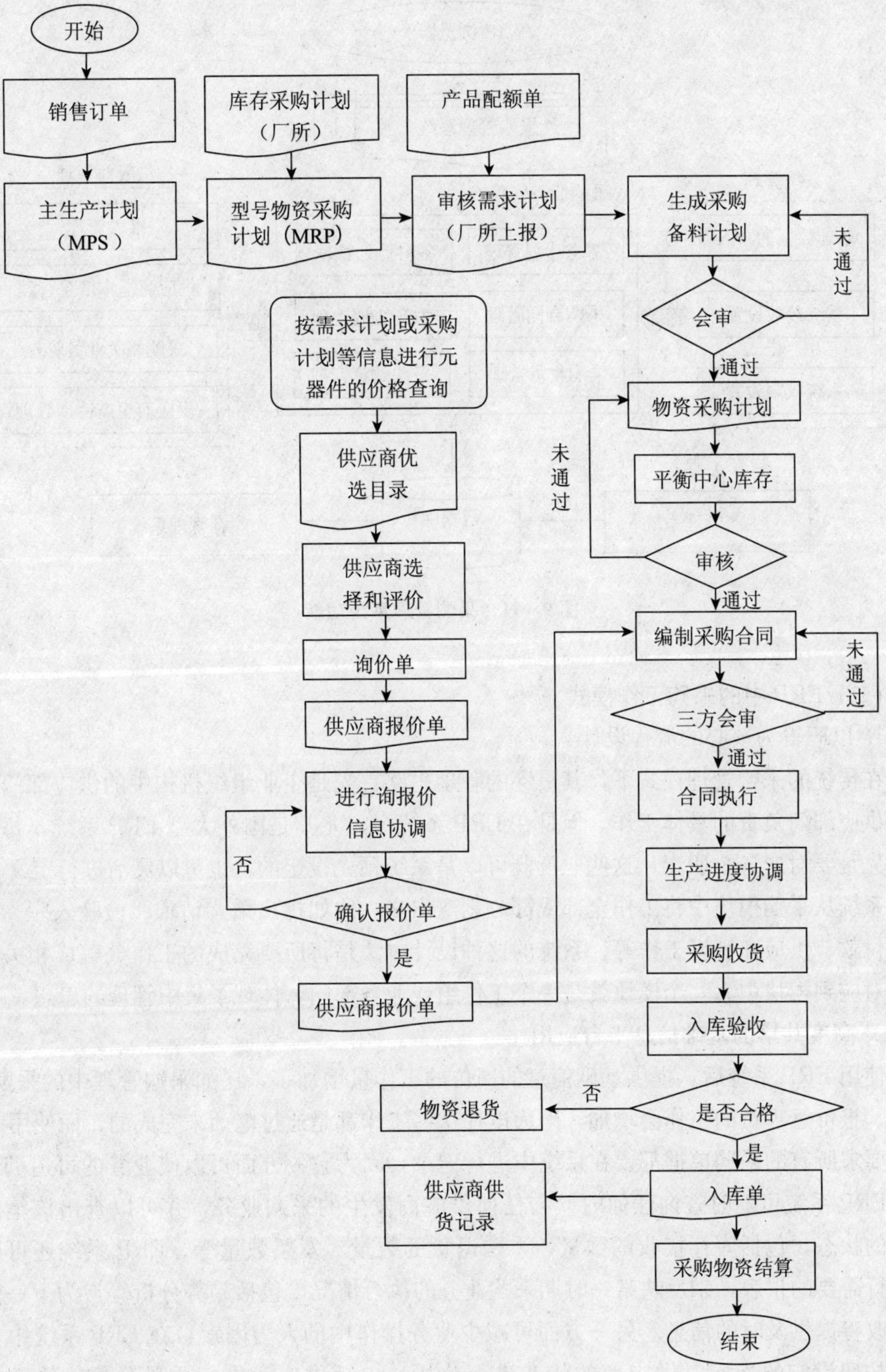

图 9-10　采购管理系统业务流程

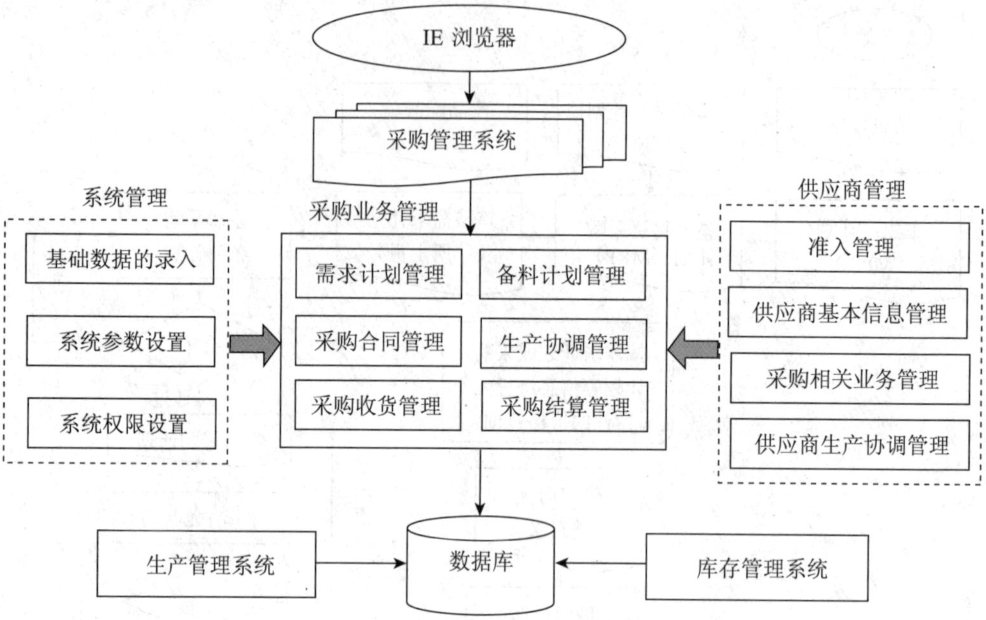

图 9－11 采购管理系统功能

（二）ERP 中的采购工作模式

1. 以职责为核心的流程设计

在传统的采购管理模式下，其贯穿的管理思路首先是企业组织机构中的供应部门，然后是供应部门负责的具体工作。但是在 ERP 系统中，尤其是国外大型 ERP 系统，每名员工首先是要对应各个职责，这些职责既可以是系统预先设定的，也可以灵活进行定义。

系统从采购模块中将工作全部或部分剥离出来。比如提出采购请求、检验入库、通知财务付款、供应商管理工作等。系统的这种设计方法是将所要完成的工作分解成相关的职责并对应到模块中。一个模块就是一个工作组或业务部门，体现了集中管理的思想。

2. 高度共享的基础信息平台应用

使用 ERP 系统后，提供基础信息的岗位的工作量增加了，比如采购管理中的采购员、询价、报价管理员的工作会增加，因为以往这些工作都是通过电话来完成的，而使用 ERP 系统要求所有的采购单据都要在系统中进行记录，因为它一方面可以使业务的可追溯性增强，ERP 系统可随时查询任何时候与任何供应商发生的采购业务，并可以查出该笔业务进行的状态，包括库存接收的数量、采购退货的数量、发票数量等。ERP 系统还可以随时运行需要的报表，来反映某一时期采购业务的执行情况，包括趋势分析等，为下一阶段工作改善提供及时的信息。另一方面可减少业务操作中的人为因素，在 ERP 系统中，系统将按照设定的指标对供应商的状态进行分析，包括供应商供货质量分析、数量分析等，并从中总结规律，制定相应的供应商管理策略，如设定相应的配额和询价优先级等。这样将业务人员的调动对工作的影响尽可能地减少，新来的业务人员可以通过系统方便地查询某一类供应商的名单、联系方式、历史供货记录，并按照设定的供应策略进行采购业务。

3. 完备的控制体系

ERP 系统与传统信息系统最明显的区别在于它的“事前控制、事中监督、事后分析”这一管理思想。

因此 ERP 系统中的采购工作程序如下：

（1）流程有序。在 ERP 系统中可以设定哪些物料必须经过采购申请，哪些物料必须首先制订总的采购计划等，以便对采购工作流程进行控制，细化采购部门的日常管理，加大管理幅度。

（2）审批严格。通过 ERP 系统建立采购单据的审批控制流程，可以控制不同职责的员工能够采购哪种物料，其采购金额上限是多少，超过一定的金额必须经主管领导审批，否则 ERP 系统中将无法继续处理该单据，包括接收相应的货物、进行付款等。

（3）监督有方。在采购业务处理过程中，监督人员若通过查询发现业务处理有问题，则可以终止或暂停业务处理，直到问题解决为止。若发现某订单属于重复订单，可以将其暂停，查明原因，或取消该订单。

ERP 系统实施对采购管理的改善不仅局限于上述三个方面，更重要的是它为业务人员带来了一种体验，让业务人员认识到优化业务流程是怎样改变信息技术的。整合后的 ERP 系统可以实现企业与供应商和客户的信息自动交互，从而提高整个采购环节和客户关系管理的效率。

第四节　VMI 采购技术

VMI（Vendor Managed Inventory）采购，准确地说，是一种供应链机制下的采购模式。在供应链机制下，采购不再由采购者操作，而是由供应商操作，叫做供应商管理用户库存。

VMI 采购的原理，是用户只需要把自己的需求信息向供应商连续及时传递，由供应商根据用户的需求信息，预测用户未来的需求量，并根据这个预测需求量制订自己的生产计划和送货计划，主动小批量多频次向用户补充货物库存，用户的库存量的大小由供应商自主决策：既保证满足用户需要又使货品库存量最小、浪费最少。

VMI 采购，最大的受益者是用户，它可以摆脱烦琐的采购事务，甚至连库存、运输进货等负担都已经由供应商承担，而服务效率还特别高。供应商则能够及时掌握市场需求信息、更灵敏地响应市场需求变化、减少生产和库存浪费、减少库存风险，提高经济效益。但是供应链采购对企业信息系统、供应商的业务运作要求都比较高。它也是一种科学的、理想的采购模式。

一、VMI 产生的背景

供应链上存在的不确定性，导致利用传统的采购模式会增加供应链体系中的整体库存，给供应链节点企业带来不必要的成本负担。因此，为了避免需求与供给不确定性造成的"长鞭效应"，应该改进传统的采购模式，利用信息共享、契约机制和业务集成等策略改善供应链模式下的库存水平，增强供应链体系的竞争力。这就是 VMI 采购诞生的基础与解决目标。

（一）供应链管理中的"长鞭效应"

供应链上存在着需求与供给的不确定性，即向供应商订货量的方差会大于向其顾客销售量的方差。并且这种波动会沿着供应链向上游不断地扩大，这种现象称为"长鞭效应"(Bullwhip Effect)。美国斯坦福大学著名的供应链管理专家 Hau Lee 又将这种现象称为"需求变异加速放大原理"。这是 Lee 教授对需求信息扭曲在供应链中传递的一种形象描述。可以用图 9－12 来表示。

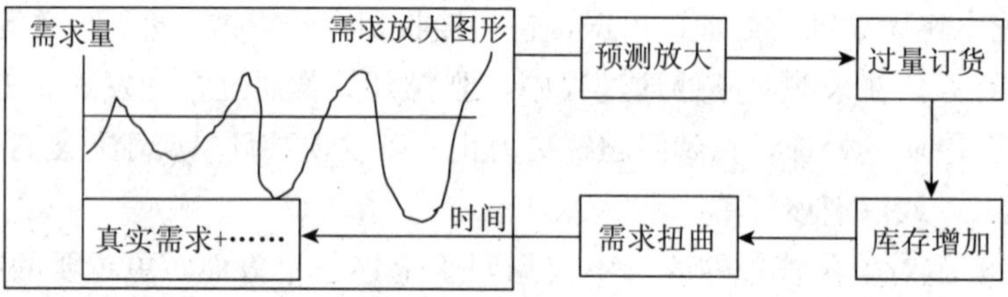

图 9－12　长鞭效应

事实上需求放大效应最先由宝洁公司（P&G）发现。宝洁公司在一次考察该公司最畅销的产品——一次性尿布的订货规律时，发现零售商销售的波动性并不大。但当他们考察分销中心向宝洁公司的订货时，吃惊地发现波动性明显增大了，有趣的是，他们进一步考察宝洁公司向其供应商，如 3M 公司的订货时，发现其订货的变化更大。除了宝洁公司，其他公司如惠普公司在考察其打印机的销售状况时也曾发现这一现象。

长鞭效应的基本思想是：当供应链的各节点企业只根据来自其相邻的下级企业的需求信息进行生产或供应决策时，需求信息的不真实性会沿着供应链逆流而上，产生逐级放大的现象，达到最源头的供应商时，其获得的需求信息和实际消费市场中的顾客需求信息发生了很大的偏差，需求变异系数比分销商和零售商的需求变异系数大得多。由于这种需求放大效应的影响，上游供应商往往维持比下游供应商更高的库存水平。这种现象反映出供应链上需求的不同步现象，它说明供应链管理中的一个普遍现象："看到的并非实际的"。图 9－13 显示了"需求放大效应"的原理。

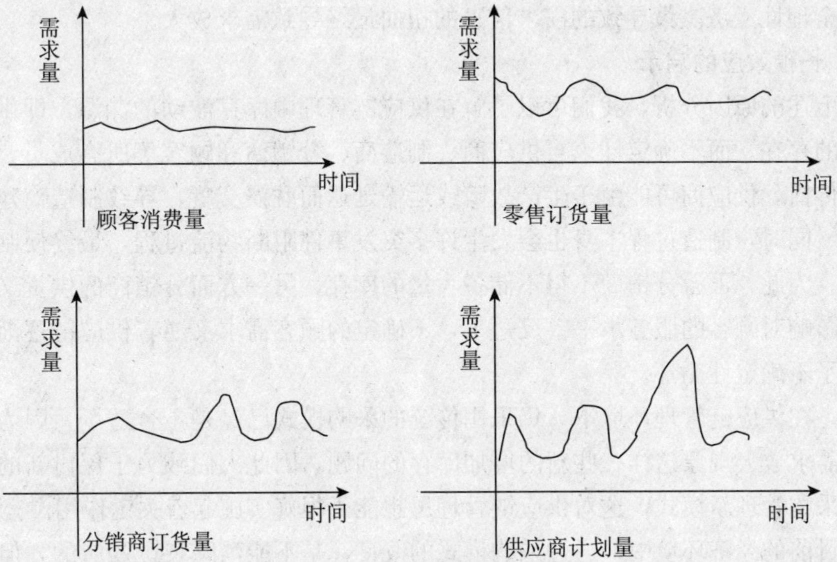

图 9-13　供应链的需求放大原理

（二）供应链管理中的“长鞭效应”产生原因分析

美国斯坦福大学的李教授（Hau Lee）对需求放大现象进行了深入的研究，把其产生的原因归纳为四个方面：需求预测修正、订货决策、价格波动、短缺博弈。

（1）需求预测修正。需求预测修正是指当供应链的成员直接采用其下游订货数据作为市场需求信号时，即可能产生需求放大。例如，当你作为库存管理人员，需要决定向供应商订货时，你可以采用一些简单的需求预测方法，如指数平滑法。在指数平滑法中，未来的需求被连续修正，这样，送到供应商的需求订单反映的是经过修正的未来库存补给量，安全库存也是这样。

（2）订货决策。订货决策指两种现象，一种是周期性订货决策，另一种是订单推动。周期性订货是指当公司向供应商订货时，不是来一个需求下一个订单，而是考虑库存的因素采用周期性分批订货，比如一周、一月订一次。分批订货在企业中普遍存在，MRP 系统是分批订货，DRP 也是如此。用 MRP 批量订货出现的需求放大现象，称为“MRP 紧张”。

（3）价格波动。价格波动反映了一种商业行为：“预先购买”，价格波动是由于一些促销手段造成的，如价格折扣、数量折扣、赠票等。这种商业促销行为使许多推销人员预先采购的订货量大于实际的需求量。因为如果库存成本小于由于价格折扣所获得的利益，销售人员当然愿意预先多买，这样订货就没有真实反映需求的变化，从而产生需求放大现象。

（4）短缺博弈。短缺博弈是指这样一种现象：当需求大于供应量时，理性的决策是按照用户的订货量比例分配现有的库存供应量，比如，总的供应量只有订货量的 50%，合理的配给办法是所有的用户获得其订货的 50%。此时，用户就会为了获得更大份额的配给量，故意地夸大其订货需求，当需求降温时，订货又突然消失。这种由于个体参与而扰乱组织的完全理性经济决策导致的需求信息的扭曲最终导致需求放大。

（三）长鞭效应的启示

通过上述的原因分析，我们可以了解在供应链管理中库存波动的渊源，即供应链中的不确定性的存在。而不确定性来自供应商、制造商、分销商和顾客等所有成员，并沿着供应链逐级传播。供应商可能由于生产故障或运输延迟而耽误交货，导致制造商建立一定的安全库存。同时，制造过程本身也会发生许多突发事件阻断物流过程，最终使制造商不能按时供货。为此，下游分销商不得不储备大量的库存。另一方面分销商的供货又是不确定的，直接影响对顾客的服务水平。反过来，不确定的顾客需求又逆着供应链逐渐向上游传播，形成了不确定性循环。

显然，在供应链管理环境下，仍采用传统的采购模式已经是不合适了，因为它不可能解决诸如需求放大现象这样一些新的增加库存的问题。因此人们致力于探讨新的适应供应链管理的采购管理新模式，这对供应链管理思想能否很好实施起着关键作用。

而在目前的经济环境中，通过采购模式的改良，是不能消除长鞭效应的，但可以借助供应商或制造商和零售商之间的信息共享，来减轻长鞭效应带来的负面影响。信息共享能给供应商带来减轻长鞭效应、减少现有平均库存以及降低成本等好处，使供应商在采购、库存决策方面更为主动，降低由于过高的库存量而造成的风险。另一方面还可协调供应链节点企业的行为。供应链管理研究和实践表明，增加供应链节点企业间的联系与合作，提高信息共享程度，用覆盖整个供应链的决策系统代替缺乏柔性和集成度差的决策体系，可以使供应链各个节点企业都能清晰地观察到物流、资金流和信息流，以达到更好地协调各个节点企业，降低供应链成本，降低各个环节的延迟时间，消除信息扭曲的“长鞭效应”的目的。

所以人们提出了采购模式的新主张：供应链采购，即供应商管理用户库存。这种模式也被认为是供应链上的库存管理策略，因为在实践活动中，采购是库存发生的前提，而库存是采购的制约。

二、VMI 的定义

供应商管理库存（Vendor Management Inventory，VMI）是一种战略贸易伙伴之间的合作性策略，它以系统的、集成的管理思想进行采购与库存管理，使供应链系统能够同步优化运行。在这种采购与库存控制策略下，允许上游组织对下游组织的库存策略、订货策略进行计划和管理。在已经达成一致的目标框架下由供应商来管理采购与库存。而且，在一种持续改进的环境中，目标框架也会经常性地被修改。供应商与客户企业之间实现信息交换、信息共享后，信息便代替了库存，拥有最佳的信息就可以达到最小的库存，大大降低缺货的概率，更好地改善客户满意度和销售状况。

供应商管理库存的思想打破了传统的各自为政的采购与库存管理模式，体现了供应链的集成化管理思想。作为供应链上第一个环节的生产商，可以利用 EDI 和电子商务技术，从他们的零售商那里实时获得销售端点的数据，并调取零售商的库存文档，及时补充存货，并按市场需求安排生产和财务计划。生产制造商与零售商的紧密合作大大地改善了整个流程，减少了不必要的系统成本、库存和固定资产，共同着眼于最终消费者的需求，制造商不再依赖零售商的订货而组织生产和采购，从而降低了整个供应链的库存。

三、VMI 实施的原则要求

（一）合作性原则

合作性原则就是指施行 VMI 的节点企业无论是在本企业内部，还是在供应链的节点企业之间，都要有合作精神。在实施 VMI 时，相互信任与信息透明是很重要的，供应商、制造商、分销商和顾客之间只有具备合作精神，才能建立起战略合作伙伴关系，减少产品的阶段性库存。尤其供应商、制造商、分销商和顾客要进行最有效的信息交换，保证传递真实信息，这是供应链节点企业合作的关键。为了使供应链网络的物流和信息流畅通，供应链网络的信息系统必须实现集成化管理。一方面对于制造商内部的订货预测信息、库存水平、订货余额的生产计划、交货计划和供应链库存等关键数据进行集中管理；另一方面供应商与制造商之间实现信息系统的集成，共享信息。企业间建立稳固的合作伙伴关系，将有助于在更广义的供应链网络内进行数据库集成。

（二）互惠原则

互惠原则是指通过 VMI 的施行，使双方成本最小，具体就是说 VMI 不是解决关于成本如何分配或谁来支付的问题，而是解决关于减少成本的问题。通过 VMI 应使双方的成本都获得减少。

（三）目标一致性原则

目标一致性原则就是说参与 VMI 的双方都明白各自的责任，观念上达成一致的目标。如库存放在哪里，什么时候支付，是否要管理费，要花费多少等问题都要回答，并且要体现在框架协议中。这里的框架协议是企业双方签订的协议。根据协议，供应商被授权负责对零售商分销网络中的库存点进行监视，并制订计划和直接补充库存。

（四）连续改进原则

供应链上的节点企业所面临的市场环境是变化的，签订的框架协议随时都面临着改进或增加条款的情况。所以必须在框架协议中事先说明，该协议是动态的，需要随市场变化而变化，并约定如何变化，有无限度等问题，以使供需双方能在动态的市场中保持共享利益和消除浪费。

四、VMI 的实施方法

VMI 可以分如下几个步骤实施。

（一）建立顾客情报信息系统

要有效地管理采购与销售库存，供应商必须能够获得顾客的有关信息。通过建立顾客的信息库，供应商能够掌握需求变化的有关情况，把由批发商（分销商）进行的需求预测与分析功能集成到供应商的系统中来。

（二）建立销售网络管理系统

供应商要很好地管理采购与库存，必须建立起完善的销售网络管理系统，保证自己的产品需求信息和物流畅通。为此，必须做到：①保证自己产品条码的可读性和唯一性；②解决产品分类、编码的标准化问题；③解决商品存储运输过程中的识别问题。

目前已有许多企业开始采用 MRPⅡ或 ERP 企业资源计划系统，这些软件系统都集成了销售管理的功能。通过对这些功能的扩展，可以建立完善的销售网络管理系统。

（三）建立供应商与分销商（批发商）的合作框架协议

供应商和销售商（批发商）一起通过协商，确定处理订单的业务流程以及控制库存的有关参数（如再订货点、最低库存水平等）、库存信息的传递方式（如 EDI 或 Internet）等。

（四）组织机构的变革

这一点也很重要，因为 VMI 策略改变了供应商的组织模式。过去一般由会计经理处理与用户有关的事情，引入 VMI 策略后，在订货部门产生了一个新的职能，负责用户库存的控制、库存补给和服务水平。

一般来说，在以下的情况下适合实施 VMI 策略：零售商或批发商没有 IT 系统或基础设施来有效管理他们的库存；制造商实力雄厚并且比零售商市场信息量大；有较高的直接存储交货水平，因而制造商能够有效规划运输。

五、VMI 的支持技术

VMI 的支持技术主要包括：EDI/Internet、ID 代码、条码、条码应用标识符、连续补给程序等。

（一）EDI/Internet

电子数据交换（Electronic Data Interchange，EDI）是一种在处理商业或行政事务时，按照一个公认的标准，形成结构化的事务处理或信息数据格式，完成计算机到计算机的数据传输。在 VMI 中 EDI 要应用到 VMI 方法体系中，以实现供应商对用户的库存管理。

在 VMI 管理系统中，供应商一方有关装运与发票等工作都不需要特殊的安排，主要的数据是顾客需求的物料信息记录、订货点水平和最小交货量等，需求一方（分销商、批发商）唯一需要做的是能够接受 EDI 订单确认和（或）配送建议，以及利用该系统发放采购订单。

（二）ID 代码

供应商要有效地管理用户的库存，必须对用户的商品进行正确识别，为此对供应链商品进行编码，通过获得商品的标志（ID）代码并与供应商的产品数据库相连，以实现对用户商品的正确识别。目前国外企业已建立了应用于供应链的 ID 代码的分类标准系统，如 EAN－13（UPC－12）、EAN－14（SCC－14）、SSCC－18 以及位置码等，我国也建有关于物资分类编码的国家标准，企业可参考使用。

（三）条码

条码是 ID 代码的一种符号，是对 ID 代码进行自动识别且将数据自动输入计算机的方法和手段，条码技术的应用解决了数据录入与数据采集的“瓶颈”，为供应商管理用户库存提供了有力支持。

条码是目前国际上供应链管理中普遍采用的一种技术手段。为有效实施 VMI 管理系统，应该尽可能地使供应商的产品条码化。条码技术对提高库存管理效率是非常显著的，是实现库存管理电子化的重要工具和手段，它使供应商对产品的库存控制一直可以延伸到与销售商的 POS 系统进行连接，实现用户库存的供应链网络化控制。

（四）连续补给程序

连续补给程序策略（Continuous Replenishment Program，CRP）将零售商向供应商发出订单的传统订货方法，变为供应商根据用户库存和销售信息决定商品的补给数量。这是一种实现 VMI 管理策略的有力工具和手段。为了快速响应用户“降低库存”的要求，供应商通过和用户（分销商、批发商或零售商）建立合作伙伴关系，主动提高向用户交货的频率，使供应商从过去单纯地执行用户的采购订单变为主动为用户分担补充库存的责任，在加快供应商响应用户需求速度的同时，也使用户方减少了库存水平。

六、VMI 采购的实例介绍

沃尔玛公司是美国最大、最著名的零售公司，在全世界各国开设了 4000 多家连锁店，包括美国、加拿大、中国、德国、英国、韩国、墨西哥等国。

沃尔玛公司从 20 世纪 80 年代中期开始进行供应链采购管理。他们的做法是这样的：

（一）首先进行信息系统建设，为供应链采购管理做一些基础工作

为了开展供应链采购，沃尔玛进行了一系列的信息系统建设，为实现信息传输、信息共享做准备：

（1）沃尔玛 1983 年开发 POS 系统，把销售信息用计算机管理起来。销售时点系统（Point of Sale，POS）是在超级市场出口处设立的用读卡方式或者条码识别的方式输入销售信息记录的系统，每个顾客的购买时间、购买品种、购买数量、购买金额一瞬间就能很顺利地输入计算机，并且所有的销售记录都存储在计算机磁盘中。

（2）沃尔玛 1985 年开始建立 EDI 系统，实现销售数据等信息的传递。电子数据交换 EDI，是一种早期的电子商务形式。这个系统可以把电子数据或电子票据变成标准格式的数据，通过点对点方式或通过专用计算机网络传输到对方。

（3）为了实现用 EDI 系统传输商品信息，需要为每种商品编制标准化的识别码，同时还要编制各种商品数据的 EDI 传输数据格式。沃尔玛与行业内的其他商家一起成立 VICS 委员会（Voluntary Inter－Industry Communications Standards Committee）来协商确定行业统一的 EDI 标准和商品识别标准。VICS 委员会制定了行业统一的 EDI 标准，并确定商品识别标准采用 UPC 商品识别码。

（二）向供应商传送销售时点信息，实现销售信息共享

在信息系统建立起来以后，沃尔玛公司就利用基于行业统一标准设计出来的 POS 数据的输送格式，通过已经建立的 EDI 系统开始向供应商传送 POS 数据，让供应商随时掌握沃尔玛的销售情况。供应商根据沃尔玛传送来的 POS 信息，可及时了解沃尔玛的商品销售状况、商品的需求动向，因而可以及时调整自己的生产计划和材料采购计划。当销售情况呈增长趋势时，他们就增加生产；当商品销售呈下降趋势时，他们就减少生产。这

样，真正做到了需要多少就生产多少，不少生产也不多生产，既满足了销售的需要，也最大限度地消除了浪费。不但在沃尔玛没有多的库存，供应商也没有多的库存。

沃尔玛把销售信息毫无保留地传送给供应商，实现信息透明、数据共享，也说明了沃尔玛与供应商建立起一种互相信任、互相依赖的特殊关系，无论在形式上，还是内容上，已经把供应商与沃尔玛联结形成了供应链系统。供应商关注沃尔玛的销售，形成了一种利益共同体的关系。

（三）供应商管理库存 VMI

为了进一步加强供应链关系，实现资源优化配置、加强相互间权利和责任、合理分配利润，沃尔玛又实行让供应商管理库存的 VMI 制度。沃尔玛决定把商场里的库存，包括货架上所有没有卖出的商品都归供应商所有。这样如果库存积压或者缺货，都由供应商承担损失。而只把销售出去的商品作为沃尔玛的销售收入，实行利润分成。这样，沃尔玛就完全不用管理库存，也不用为每一种货物的采购订货操心，实行一种无采购操作的采购方式。供应商主动、自觉、适时适量地补充库存，而且精心操作、主动实行库存控制。因为无论库存积压，还是缺货都会使供应商遭受损失。所以供应商为了避免损失、增加利润，精心地根据销售时点数据 POS 信息，认真研究销售变化动向，组织适时适量生产和供货，不少也不多，刚好满足销售，没有过多地积压库存。

（四）供应商主动实行的连续补充货物的 CRP 供货方式

连续补充货物程序（Continuous Replenishment Program，CRP）是指供应商为了实现自己的利润最大化、最大限度地消除浪费，实行小批量多频次地连续补充货物的供货方式。销售一点就补充一点。既满足需要，又库存最小，既降低了成本，又提高了效益。当然多频次地送货，可能增加送货费用，这时可以采取联合送货方式降低送货成本。

（五）快速响应 QR

所谓快速响应（Quick Response，QR），它是一种灵敏地响应市场需求变化的管理技术。它与 JIT 技术的原理差不多，也是将需要的时间、需要的品种、按所需要的数量、送到需要的地点，恰好满足用户的需要。基本上实现零库存，最大限度地消除了浪费。这种连续补充货物的方式的另一个好处，就是能够灵敏地适应市场需求的变化。因为零售市场，市场需求变化非常迅速。今日好销的商品，说不定明天就销不动了。实行小批量连续补充货物，由于基本上当天的货物当天销完，没有多的库存，所以明天市场需求变化，就不会给自己造成损失。如果明天需求增加，由于连续补充货物，供应商又可增加补充货物的数量和频次，使得用户需求能够得到快速满足。

沃尔玛与某休闲裤供应商的供应商——某面料公司建立 QR 系统，实行供应链采购。供应商利用 EDI 系统在发货之前向沃尔玛传送预先发货清单（Advanced Shipping Notice，ASN），预告即将发货的品种数量。这样，沃尔玛在收到这个发货清单后，事前可以做好进货准备工作，同时可以省去货物数据的输入作业，使商品检验作业效率化。沃尔玛在接收货物时，用扫描读取机器读取包装箱上的物流条码（Shipping Cart on Marking，SCM），把扫描读取机器读取的信息与预先储存在计算机内的进货清单进行核对，判断到货和发货清单是否一致，从而简化了检验作业。在此基础上，利用电子支付系统（Electronic

Funds Transfer，EFT）向供应方支付货款。同时只要把 ASN 数据和 POS 数据进行比较，就能迅速知道商品库存的信息。这样做的结果使沃尔玛不仅节约了大量事务性作业成本，而且还能压缩库存，提高商品周转率。所以，沃尔玛通过实行这样的采购方式，大大减少了作业环节和工作量，降低了运营成本，提高了经济效益。据统计，光休闲裤这一项，销售额就增加 31%，商品周转率提高 30%。

在此基础上，沃尔玛公司开始把 QR 的应用范围扩大至其他商品和供应商，在各个供应商中全面推广供应链采购。

根据 Blackburn 的研究结果，零售商在应用 QR 系统后，销售额大幅度增加，商品周转率大幅度提高，需求预测误差大幅度下降。应用 QR 系统后之所以有这样的效果，其原因是：

（1）销售额的大幅度增加。应用 QR 系统之后，可以起到以下作用：

①可以降低经营成本，从而能降低销售价格，增加销售；

②伴随着商品库存风险的减少，商品以低价位定价，增加销售；

③能避免缺货现象，从而避免销售的机会丧失；

④易于确定畅销商品，能保证畅销品的品种齐全，连续供应，增加销售。

（2）商品周转率的大幅度提高。应用 QR 系统可以减少商品库存量，并保证畅销商品的正常库存量，加快商品周转。

（3）需求预测误差大幅度减少。根据库存周期长短和预测误差的关系可以看出，如果在季节开始之前的 26 周进货（即基于预测提前 26 周进货），则需求预测误差（缺货或积压）达 40%左右。如果在季节开始之前的 16 周进货，则需求预测误差为 20%左右。如果在很靠近季节开始的时候进货，需求预测误差只有 10%左右。应用 QR 系统可以及时获得销售信息，把握畅销商品和滞销商品，同时通过多频度小数量送货方式，实现实需型进货（零售店需要的时候才进货），这样使需求预测误差可减少到 10%左右。

随着竞争的全球化和企业经营的全球化，QR 系统管理迅速在各国企业界扩展。航空运输为国际间的快速供应提供了保证。现在，QR 方法成为零售商实现竞争优势的工具。同时随着零售商和供应商结成战略联盟，竞争方式也从企业与企业间的竞争转变为战略联盟与战略联盟之间的竞争。

沃尔玛的供应链采购操作，给自己带来显著的效益，也给我们提供了很多启发，供应链采购是大有可为的。

思考题

1. JIT 采购的原理是什么？

2. 从实际出发，JIT 采购与传统采购相比具有哪些特点？

3. MRP 的基本原理是什么？

4. 何为“长鞭效应”？

5. VMI 采购的原理与实施方法是什么？

第十章　国际采购管理

第一节　国际采购概述

一、国际市场采购的原因

国际市场采购就是在全球范围内选择和管理供应商的过程。企业采购商品的时候如果国内市场的商品在性能或质量上不能满足要求，或者相同的商品在国外购买时价格更便宜，这时就要进行国际采购。

国际市场采购商品或服务的原因有很多，当然，国际采购的要求也随着特定商品需求而发生变化。但是选取国际供应商的最基本、最简单的原因是从国外购买商品或服务可以获得更多的利益。具体而言，对国际市场采购的选择可能是出于以下几方面的考虑：

（一）价格

进行国际市场采购的主要原因，是国外供应商提供产品的总成本比国内供应商低。一般而言，价格优势主要由以下几方面组成：

（1）较高的生产效率。发达国家具有技术领先的优势，因此生产的商品在性能、所采用的设备、生产工艺上一般会高于发展中国家。

（2）低廉的劳动力成本。低廉的劳动力成本是许多发达国家进行国际市场采购的原因。根据比较优势理论，企业寻求低劳动力成本，工厂往往会迁到工资比较低的地方。韩国、马来西亚等国家曾经就是劳动力成本很低的地方，而如今随着经济的发展，这些国家的劳动力成本不再具有吸引力。跨国公司现在又开始将工厂迁至印度尼西亚、泰国、中国大陆、菲律宾等地。随着发展中国家的发展，劳动力成本也有逐渐升高的趋势。但是，由于现代化装备的使用和自动化的实现减少了工人的数量，所以劳动力成本带来的差异也正在逐渐减小。

（3）有利的汇率变动。由于汇率变动的影响，许多公司购买国外产品更为有利。汇率对国际市场采购的影响很大，如美元不断升值时就会对美国轿车等产品的出口带来很大影响。如果一国本币不断升值，从国外购买同样价格的产品会因为汇率的上升而得益。

（二）国内物资的匮乏

某些原材料，特别是自然资源，国内没有储备或者国内的资源很缺乏，所以只能大量从国外进口，此时采购者只有到其他国家才能采购到所需要的货物。

（三）质量

在质量方面，采购者选择国际市场的原因，一方面是某些国外产品的性能是国内生产的同类型的产品所达不到的；另一方面，某些国外供应商的产品质量的稳定性以及技术革新的力量要强。

(四) 连续供应和快速交货

有时国外的大型供应商交货速度要比国内的快，他们甚至可能在世界各地持有产品库存，一旦需要就可以立即发运，而且能够保持供应的连续性，即使遇到一些特殊情况也不会影响采购方的生产。

(五) 战略考虑

战略考虑主要从两方面考虑。一方面，有时采购方为了向国内供应商施加压力而引进国外供应商来参与竞争，这样做可以使国内供应商为了自身能够长期发展下去而不断地提高自己的生产效率，或者向国内供应商施加压力以获得价格或其他方面的让步。另一方面，采购方也可能是出于企业发展及参与国际竞争的需要。

(六) 完善的技术服务

由于国际化分工的不断发展，特定专业的专有技术在不断变化，领先的国家也不断交替。为了能在适当的地点采购到适当的技术，在最好的地方采购到最好的服务，这样就需要在全球范围内选择供应商。

(七) 国际市场采购环境

国际市场采购环境促进了国际市场采购的发展。这些变化主要有以下几个方面：

(1) 质量得到改进。采用 ISO 9000 标准后，有了统一的国际质量标准，甚至连公司的兼并和收购也建立了标准化的细则。

(2) 现代技术的发展降低了电子通信的成本，特别是近几年来因特网的迅速发展，更加使通信成为一件简单而又低廉的工作。

(3) 关税在不断降低。虽然大规模的地区贸易壁垒还存在，但在局部范围内降低关税和放宽政府管制已经成为可能。

(4) 随着政府管制的解除，现代物流技术的发展，所有运输方式（海洋、航空和陆地）的运输成本也在不断降低。

二、国际市场采购的特点

与国内市场采购相比，国际采购具有特殊性，国际市场采购的特点主要有以下几个方面：

1. 采购地距离较远

由于国际市场采购一般距离比较远，所以对货源地市场情况不易了解清楚，给选择供应商造成一定困难，并且供应物流的过程也比较复杂。

2. 采购的程序比较复杂

国际采购从采购前的准备，采购合同磋商、签订和履行，以及处理争议的各个环节等都较国内采购复杂得多，所以要想顺利完成采购任务就需要了解许多国际贸易的专业知识。

3. 国际采购的风险比较大

由于国际采购时间长、距离远，又涉及外汇汇率的变化，所以国际采购在运输、收货和结算等方面都面临着很大的风险。

三、国际采购的程序

国际采购的程序如图 10－1 所示。

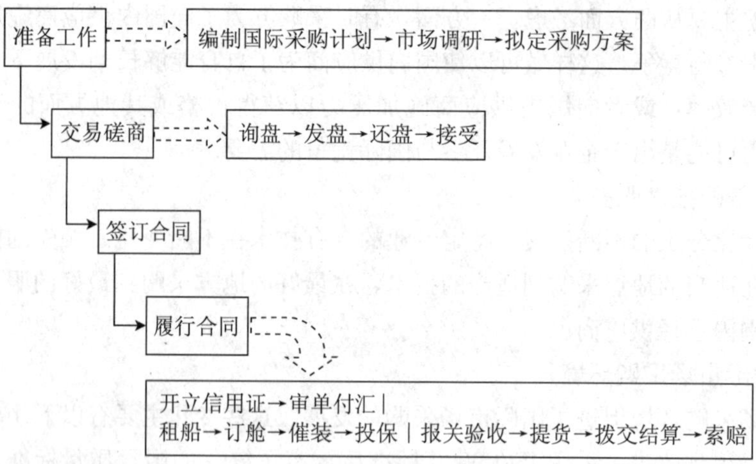

图 10－1　国际采购程序

（一）国际采购准备工作

1. 国际采购计划的编制

国际采购计划规定了国际采购业务的基本要求，国际采购计划的内容会随着国际采购商品的种类、用途不同而不同。主要包括采购单位名称、采购目的、采购商品名称、品质、数量、单价、总价、采购国别、贸易方式、到货口岸以及经济效益分析等。

2. 市场调研

市场调研包括对采购商品的调研和对出口商资信的调研。对采购商品的调研要根据商品特点有重点地进行，比如对一般商品来说，主要调查商品的适用性、可靠性，以及价格、质量、成分、货源等内容，并予以全面分析和综合考虑。对大型机器设备及高新技术商品，则要注意调查其技术的先进性。对出口商资信的调查包括：出口商对我国政府的态度，目前的经营状况，以往交往中的信用、生产能力、技术水平等。

3. 拟定国际采购方案

国际采购的方案，是采购公司在国外市场调研和价格成本的基础上，为采购业务制定的具体经营措施安排。其内容包括：采购交易对象的选择和安排，采购的时间和数量，采购成交的价格以及采购方式和条件的掌握。

（二）交易磋商

国际采购交易磋商是国际采购业务的重要阶段，在此过程中，采购商与数家交易对象分别进行洽购磋商。通过比价、选择和讨价还价，议定价格。磋商的形式大体分为三种：一是书面磋商，比如往来函件、电报、电传、传真等；二是口头洽商，比如参加各种博览会、交易会、洽谈会以及出访，进行面对面的洽谈；三是行为表示，比如在拍卖行、交易所等场所进行的货物买卖。不管磋商的形式如何，从程序上看，一般都要经过四个环节：询盘、发盘、还盘和接受。

1. 询盘

询盘是指交易的一方向另一方询问购买或出售某几种货物的各项交易条件的表示。在业务中，多数询盘只是询问价格，因此也称为询价。询盘在法律上没有约束力，它是询盘一方愿意进行交易的一种表示，在实际采购中，常常由买方发出询盘。

2. 发盘

发盘是指交易的一方向另一方提出购买或出售某种货物的各项交易条件，并愿按这些条件达成交易并且签订合同的一种肯定的表示。发盘具有法律效用，发盘构成有四项必要条件：首先，向一个或一个以上特定的人提出。其次，表明发盘人订约意图。再次，内容必须十分确定。最后，送达受盘人。发盘一般都规定有效期，只有在有效期内受盘人接受才有效。发盘在送达受盘人之前，可以撤回或撤销。

3. 还盘

还盘指受盘人收到发盘后，对发盘的内容不同意或不完全同意，而提出修改建议或新的限制性条件的表示。一笔交易，有时要经过多次的发盘、还盘才能敲定。值得注意的是，还盘实际是对原发盘的拒绝表示，原发盘便告失败；此时还盘就成为一项新发盘。因此，交易的一方在收到对方的还盘或再还盘后，要将还盘或再还盘同原发盘的内容认真进行核对，找出其异同，仔细商讨，不宜急于求成。

4. 接受

接受是指受盘人无条件地同意发盘人在发盘中提出的交易条件，并同意按照这些条件订立合同的一种肯定的表示。一项有效的接受应具有以下四项条件：首先，接受必须由特定的受盘人作出。其次，接受必须用一定的方式表示出来，可以是口头或书面的声明，也可以是某种行为。再次，接受通知必须在发盘的有效期内送达发盘人。最后，接受必须与发盘相符，对于某些非实质性变更仍构成有效接受。

（三）签订并履行合同

经过采购商与供应商的交易磋商，双方达成一致，签订合同并履行合同。国际采购商履行合同的主要内容有：申请开证、租船订舱、催装、办理保险、审单与付汇、接货报关、报验等，如出现损失还须办理索赔。

1. 开立信用证

按照合同的规定时间开立信用证是买方履行国际采购合同的第一项程序。具体手续是：买方按合同规定的内容，填写开具信用证申请书，连同国际采购合同副本或复印件交送中国银行；中国银行根据国际采购合同的规定，审查开证申请书，无误后便开立信用证寄发国外。对此，要注意以下几点：

（1）开证内容必须与国际采购合同一致。

（2）开证时间要严格按合同规定的时间办理。若是推迟了，不仅要承担违约责任，还会推迟到货时间；若是提早办理，供应商固然欢迎，但采购方会增加费用支出。

（3）如果开证以对方提供出口许可证或履约担保书为条件，则必须在收到对方已确实领到许可证或担保书的正式通知后方可开证；在某些特殊情况下，必须先开证的，也可先行开证，但要在证内附列该证必须在受益人交验许可证或交付保证金后才能生效的限制性条件。

（4）信用证开出后，若需要修改，无论由买卖双方中的哪一方提出，均应经双方协商后方可办理。

2. 租船订舱与催装

在开出信用证后，买方应及时委托外运公司办理租船订舱手续。手续办妥后，要迅速将船名、船期通知卖方，以便卖方备货装船，做好船货衔接工作。同时，买方还应了解和掌握卖方备货和装船前的准备工作情况并且做好催装工作。必要时，还可委托我驻外机构或派员就近了解、检查、督促买方按时履行交货义务。

卖方应按合同规定在货物装船后及时向买方发出装船通知，以便买方提前办理保险和接货等各项手续。如果卖方未发出或未及时发出装船通知，同样要承担违约责任。

3. 办理货运保险

如果办理货运保险，应当首先注意使用何种价格术语。例如按 FOB 条件成交的国际采购合同，办理货运保险是买方的责任。具体手续由买方委托外运公司办理。因此，每批国际采购货物，买方或外运公司在收到国外装船通知后，应将船名、提单号、开船日期、货物名称、数量、装运港、目的港等项内容通知保险公司，办理货运保险手续。

4. 审单与付汇

卖方在货物装运后便将汇票和货运单据交送出口地银行议付，议付行随即将汇票和货运单据转寄中国银行；中国银行在买方的配合下对单据进行审核，如果符合信用证规定，便向国外卖方付款；如有不符合信用证的规定，应立即要求国外议付行改正，或暂停对外付款。按惯例，如果银行付款后才发现有误，则不能对外国银行行使追索权。所以，审单工作一定要认真细致。同时，买方应立即按国家外汇牌价向中国银行购买外汇，赎取单据，以便报关、接货。

5. 报关与接货

国际采购货物抵达目的港后，买方应及时办理报关、接货手续。海关凭进口许可证或报关单，查验货物与许可证，无误后放行，买方接货。国际采购货物的报关、接货等工作一般由采购方企业委托外运公司代办。

6. 验收与拨交

国际采购货物在卸船时，港务局要核对卸货。如果港务局发现货物缺少，应填制“短卸报告”交船方签认，作为索赔的依据；如果港务局发现货物残损，应将货物存于海关指定的仓库，由保险公司会同商检机构检验，作出处理。国际采购货物经过检验后，由买方委托外运公司提取货物并转交给订货单位。

7. 索赔

国际采购货物都要进行检验，如果发现其品质、数量、包装等方面有不符合合同规定的，应当进行鉴定，以便提出索赔。

四、国际贸易术语

国际贸易较国内贸易复杂，从一国出口到另一国进口往往要经过诸多环节，如货物的交接，风险的划分，进出口手续的办理，费用的承担和有关单据的处理等。如果交易双方对每一环节进行详细磋商，这样做将耗费大量的时间和费用，从而影响交易的进程。因此国际贸易术语的出现就非常必要了，它是国际贸易发展到一定阶段的必然产物。

(一) 国际贸易术语的含义

国际贸易术语（Trade Terms)，是在长期的国际贸易实践中产生的，用来表明商品的价格构成，交易双方就交货地点、方式、费用、风险等有明确责任划分内容的专门贸易用语。由于贸易术语可以在一定程度上反映出商品的价格构成，因此也称价格术语。

贸易术语各国虽然没有统一的解释，但它的出现的确给国际贸易带来了很大的便利。为了推进国际贸易的发展，某些国际组织和工商团体曾制定了有关国际贸易术语方面的规则、条例，这些规则和条例虽然无强制性，但得到世界许多国家的认可，并在其国际贸易实践中加以运用，逐渐成为国际性的贸易惯例。

(二) 国际贸易惯例

国际贸易惯例是在国际贸易的长期实践中，逐渐形成和不断完善的一些较为明确、具有普遍指导作用和实际意义的贸易习惯和解释。国际贸易惯例的法律地位主要表现在以下三个方面：

第一，国际贸易惯例一般对买卖双方没有必然的法律约束力。因为国际贸易惯例本身不是某一个国家的法律，也不是各国的共同立法。因此对使用国际贸易惯例的当事人都不具有法律约束力。

第二，如果买卖双方在合同中明确说明法律，则双方在履行合同中一旦发生争议，法庭或仲裁庭往往会援引一些国际上公认的和影响较大的惯例来解决争议。

第三，如果双方在合同中明确表示使用某一方面的国际贸易惯例，那么这一惯例将对双方都有法律约束力，合同双方必须遵守。

目前国际上关于贸易术语方面的惯例主要是：《2000 年国际贸易术语解释通则》（简称《2000 通则》)，其宗旨是“为国际贸易中最普遍使用的贸易术语提供一套解释的国际规则，以避免因各国解释不同出现的不确定性，或至少在相当的程度上减少这种不确定性”。这项贸易术语惯例是由国际商会在《1990 年国际贸易术语解释通则》的基础上进行修订，并于 1999 年 9 月公布，2000 年 1 月 1 日正式生效的。

《2000 通则》中有 13 种贸易术语，将这些术语分成 4 组，分别是 E、F、C、D 组。

E 组：卖方在自己的交货地点将货物交给买方（发货)

EXW（工厂交货)，适合于各种运输方式。

F 组：卖方将货物交至买方指定的承运人（主要运费已付)

FCA（货交承运人），适合于各种运输方式；

FAS（装运港船边交货），只适用于海运及内河运输；

FOB（装运港船上交货），只适用于海运及内河运输。

C组：卖方必须签订运输契约，但货物灭失或损坏的风险及发运后产生的费用卖方不负责（主要运费已付）

CFR（成本，运费付至指定目的港），只适用于海运及内河运输；

CIF（成本，运费加保险付至指定目的港），只适用于海运及内河运输；

CPT（成本，运费付至指定目的地），适合于各种运输方式；

CIP（成本，运费加保险付至指定目的港），适合于各种运输方式。

D组：卖方必须承担货物交至目的地所需费用和风险（到达）

DAF（边境交货），适合于各种运输方式；

DES（目的港船上交货），只适用于海运及内河运输；

DEQ（目的港码头交货），只适用于海运及内河运输；

DDU（未完税交货），适合于各种运输方式；

DDP（完税后交货），适合于各种运输方式。

下面介绍三种较为常见的贸易术语。

1. FOB（装运港船上交货）

装运港船上交货（指定装运港），即 Free On Board（... named port of shipment），是指卖方负责在合同规定的日期或期间内，在指定的装运港把货物装到买方指定的船上，并负担货物装上船为止的一切费用和风险。它是以船舷为分界线的。

采用 FOB 价格术语进行交易，买卖双方的主要责任如下：

（1）供应方主要责任

①在合同规定的装运港和日期或期间内，将采购方所订购的货物交到采购方指定的船上，并将相关信息通知采购方；

②若采购方有投保要求时，供应方应提供这方面的信息；

③负担货物在越过装运港船舷前的一切费用与风险；

④负责办理货物出口手续，取得出口许可证或其他核准证书；

⑤向采购方提供发票和证明货物已交至船上的单据。

（2）采购方主要责任

①负责按合同规定支付货款；

②负责安排船只、支付运费，并提前将关于船名、装船地点和要求交货时间等信息通知卖方；

③负担货物越过装运港船舷后的一切风险与费用，负责取得进口许可证或其他核准证书，并负责办理货物进口以及必要时经由另一国家过境运输的一切海关手续。

由于 FOB 价格术语对租船费用由谁来承担没有界定，故需要买卖双方洽商解决并在合同中注明，或者使用带有附加条件的 FOB 变形术语来解决。

2. CFR 成本加运费

成本加运费（指定目的港），即 Cost and Freight（…named port of destination），是指供应方负责安排船只，在合同规定的装运日期或期间内将货物装上船运往指定目的港，负担货物装上船为止的一切费用和风险，并支付货物装至目的港的运费。采用 CFR 价格术语进行交易，买卖双方的主要责任如下：

（1）采购方主要责任

①负责按合同规定支付货款；

②负责办理货物进口手续，取得进口许可证或其他核准证书；

③负责货物在装运港越过船舷后除正常运费之外的一切费用和风险；

④按合同规定接收货物，接受运输单据。

（2）供应方主要责任

①负责在合同规定的日期或期间内，在装运港将采购方所订购的货物移交至船上，运往指定目的港，并将相关信息通知采购方；

②负责安排船只，并支付至目的港的正常运输费用；

③负责办理货物的出口手续，取得出口许可证或其他核准证书；负责货物在装运港越过船舷为止的一切费用和风险；

④负责向采购方提供商业发票及货物运往指定目的港的运输单据；

⑤若采购方有投保要求时，供应方应提供这方面的信息。

CFR 对采取租船方式运输时在目的港的卸货费用由谁承担没有明确界定，这需要买卖双方协商解决并在合同中注明，或采用带有附加条件的 CFR 变形术语来解决。

3. CIF 成本加保险费和运费

成本加保险费和运费（指定目的港），即 Cost，Insurance and Freight（…named port of destination），是指供应方负责安排船只，在合同规定的装运日期或期间内，将货物装上运往指定目的港的船只，负担货物装上船前的一切费用和风险，支付正常运输费用，并办理保险和支付保险费用。采用 CIF 价格术语进行交易，买卖双方的主要责任如下：

（1）采购方主要责任

与 CFR 的采购方责任类似，不同的是 CIF 的采购方无须办理投保手续和支付保险费用。

（2）供应方主要责任

除了承担 CFR 价格术语中供应方的责任外，还必须为货物在运输途中取得海上保险，办理投保手续并支付保险费。

CIF 与 CFR 一样，也没有对在目的港的卸货费用由谁来承担进行界定，这也需要买卖双方协商解决并写入合同，或使用带有附加条件的 CIF 变形术语来解决。

五、国际市场采购应注意的问题

进行国际市场采购时，可能会遇到许多潜在的问题。我们必须认识这种风险，从而采取措施将这些问题的影响减小到最低。国际市场采购可能遇到下述几方面的问题：

（一）供应商的选择

选择高效、负责的供应商是进行采购的关键。获得国际供应商的方法基本上和选择国内供应商的方法相同。获得国际供应商最好的办法就是，在供应商所在地进行实地调查。但是对国外的供应商进行这种评估既耗时又耗力，采购方在异地由于对当地很不熟悉，因此很容易上当受骗。比如通常一个公司如果拟购买价值几百万美元的汽车生产设备，负责采购的主管就会花上其工作时间的30%以上去供应商所在地进行调查，并与潜在的和正在供货的供应商进行磋商。

（二）隐含成本过高

在将国内采购和国际市场采购作比较时，往往会忽略国际市场采购中的某些成本计算，或者有时也会出现一些突发事件使国际采购的成本增加，这些都是国际市场采购的隐含成本。影响国际采购的隐含成本的可能因素包括：采购方所在国货币表示的价格、支付给报关行的佣金、支付方式费用及财务费用、供应商所在国征收的税金、额外存货及其储存成本、额外的劳动力和货运单据带来的费用、商务考察费用、包装和集装箱的费用、咨询费用、检验费用、保险费用、报关费用、进口税率、应对突发事件设立的风险费用等。

（三）交货时间

由于运输和通信的发展，全球采购中的交货时间得以缩短，但是还有一些因素会引起国际采购的交货时间延长：

(1) 采购者在首次进行全球采购时，通常需要开立信用证，这一般需要几个星期的时间。

(2) 虽然交通运输有了很大发展，但货物在国外运输的过程，还是难免会延误几天。

(3) 货物在港口存放的时间取决于在港口等待卸载的船只的数量，船只的卸载只有在规定工作时间内才可进行。

(4) 各国各地区的通关时间不一，也会造成一定的延误。

（四）汇率的波动

采购方必须对于货币的种类进行选择。如果交款时间比较短，就不会出现汇率波动问题。但是如果交款时间比较长，汇率就会产生比较大的变动，交货结算时的价格相对合同签订时就会有很大的出入。

（五）政治问题

供应商所在国的政治问题可能使供应产生中断。比如供应商所在国发生战乱或暴动等。采购者必须对这些风险作出估计。如果风险过高，购买者必须采取一些措施监视事态的发展，以便及时对不利事态作出反应并寻找替代办法。

（六）文本工作费用

文本工作费用是国际市场采购中的一个主要问题，在国际原材料采购中最困难的工作就是简化办理国际运输的手续。这项工作各国都在努力，但目前仍有待改善。

（七）付款方式

与国内采购相比，国际市场采购在付款方式上有很大差异。资金的国际转账有一定的困难，也会产生一定的费用。某些时候，国际供应商往往要求采购方在订货时或发货前支付货款。和购买者已经建立长期合作关系的供应商可能同意提前发货，但供货方一般不会在货款未付前转让货物的所有权。

（八）法律问题

当进行国际市场采购时，要确定出口国、进口国的法庭以及第三方的法庭在发生争执时是否有法律权限。国际市场采购引起的起诉费用昂贵并且浪费时间，越来越多的合同纠纷倾向于由国际仲裁机构来解决。

（九）语言

在不同的语言环境下，相同的词会有不同的含义，同一个英语单词在美国、英国或者南非的意思会大相径庭。正是因为语言方面的问题，很多公司让经常和非本语种国家的供应商打交道的采购管理人员进行语言培训，以便和国外供应商进行商务谈判。

第二节 国际采购合同标的与价格

一、国际采购合同标的

（一）商品的品名

商品品名（Commodity/Article/Item）必须具体、明确，能反映商品的用途、性能和特点，利于合同的履行，应避免空泛、笼统或含糊的规定。尽可能使用国际通用的名称。条款中约定的品名，必须是卖方能够供应同时是买方所需要的商品，凡不能做到或不必要的描述词句都不应列入，以免给履行合同带来困难。不同的商品可能存在同一商品因名称不同而支付的关税和运费不同，所受到的进出口限制也可能不同，为节省开支，应选用对自身有利的名称。

（二）商品的品质

商品品质（Quality of Goods）是商品的内在质量与外观形态的综合。内在质量包括商品的物理性能、化学成分、生物特性等自然属性；外观形态包括商品的外形、色泽、款式、透明度等。商品品质的表示方法可以用样品表示和用文字表示。

1. 用样品表示

用样品表示又称“凭样品买卖”，分：①凭卖方样品买卖；②凭买方样品买卖；③对等回样（Confirming Sample）。

2. 用文字说明

（1）规格：合同中规定商品的品质指标。如化学成分、含量等；如东北大豆：水分≤15%，含油量≥17%，杂质<1%等。

（2）等级：例如特级、一级、二级。

（3）标准：标准化的规格和等级，如GB、部颁标准、ISO 9000等。

（4）商标和牌名：品质优良、知名度高、品种单一的商品，如可口可乐、海尔等。

（5）产地名称：如四川涪陵榨菜、景德镇瓷器等。

（6）说明书和图样。

（7）良好平均品质（Fair Average Quality，F. A. Q）：指一定时期内某地出口货物的平均品质水平。主要用于品质变化较大而难以统一规格的农副产品。

（三）商品的数量

标的物的数量是确定采购合同标的物的具体条件之一，标的物的数量属于采购合同成立应当具备的必要条款。采购的标的物不仅数量要确切，而且要选择双方都接受的计量单位，要确定双方都认可的计量方法。常见的度量衡制度有公制（The Metric System）、英制（The British System）、美制（The U. S. System）、国际单位制（The International System of Units SI）。

常见的计量单位有：

按重量计：如吨、公斤、克、盎司、克拉等。大多数工业制成品、农副产品、矿产品等采用此法。

按数量计：如件、双、套、打、袋、罗、令等。日用消费品、轻工制品、部分土特产品等采用此法。

按长度计：如米、英尺、码等。丝绸、布匹、金属绳索等采用此法。

按面积计：如平方米、平方尺等。玻璃、皮革、木板、地毯等采用此法。

按体积计：如立方米、立方尺等。木材、天然气、化学气体等采用此法。

按容积计：如升、加仑、蒲式耳等。部分谷物和流体货物采用此法。

（四）商品的包装

在国际货物买卖中，包装（Packing Package）条件是买卖合同中的一项主要交易条件，提供符合合同规定的或通用的商品包装，是卖方的主要义务之一。卖方如果违反包装规定，就构成违约。包装的类型有运输包装（又称外包装、大包装）和销售包装（又称内包装、小包装）。

运输包装的标志分三部分：运输标志、指示性标志和警告性标志。运输标志又称唛头，是一种识别标志，按照规定，运输标志由四个要素构成，如：

ABCCO　　收货人名称

LS2007　　合同号码

LONDON　　目的港

No. 8—21　　件号（顺序号和总件数）

二、国际采购商品的价格

（一）进出口商品计价原则和方法

（1）按国际市场价格水平作价。如：集散地市场价格、出口国市场价格、进口国市场价格。

（2）按购销意图作价。如品质好坏、数量多少、季节变换、国际市场价格动态、支付条件和汇率变动等。

（3）结合国别、地区政策作价。

（二）出口商品定价方法

（1）成本导向定价法。企业在定价时主要以成本为依据。最常用的方法是成本加成，即：

生产成本＋履约成本＋合理利润＝产品报价

成本导向定价法主要适用以下情况：企业库存过剩，国内市场一时无法消化；企业对市场需求及竞争等信息了解不多；目标市场的状况和国内相似；特殊的订单；国内市场足以消化固定成本；与客户的长期合作关系。

（2）需求导向定价法。根据买方对商品价值的理解和需求强度来定价，而不是根据卖方的成本来定价。需求导向定价法基于买方对产品的"认识价值"或"感受价值"来判断，即买方在观念上所理解的价值。

（3）竞争导向定价法。企业在定价时参照竞争对手的价格水平。只要竞争者的价格不动，即使成本或需求变动，价格也不动，相反，只要竞争者调整价格，企业也应及时调整，即使成本或需求没有变动。

竞争导向定价法主要适用以下情况：企业在某一时期的经营目标是击败某个或某些竞争对手；企业刚进入某一市场，对如何定价尚无主见；企业经营的是大宗商品，定价时只需要随行就市。

（三）几种常用价格的换算

同一种商品，采购方若要求供应商以不同的价格术语报价就会得到不同的价格，为评判这些价格的高低，就必须懂得价格术语之间的换算。采购方如果是向中间商购买商品，则中间商的报价常会涉及佣金，在进行不同价格之间换算前应将含佣价换算成净价，以下公式均为净价之间的换算。

FOB 价换算成 CFR 价：CFR＝FOB＋运费；

FOB 价换算成 CIF 价：CIF＝FOB＋运费＋保险费；

CFR 价换算成 CIF 价：CIF＝CFR＋保险费；

CFR 价换算成 FOB 价：FOB＝CFR－运费；

CIF 价换算成 FOB 价：FOB＝CIF－运费－保险费；

CIF 价换算成 CFR 价：CFR＝CIF－保险费。

第三节　国际采购货物的运输与保险

一、国际采购货物的运输

（一）国际采购运输方式的选择

运输（Shipping）是国际采购业务的重要组成部分。运费是国际采购货物抵岸总费用的一个重要的组成部分，如果国际采购的货物要取得预期的效益，买方就必须将其运输费用降至最低水平。除去商品本身的因素外，其他影响国际运输费用的两个主要因素是运输的距离和运输方式。一般来说，货物供应地的距离越远，运输费用越大；决定运费的关键在于运输方式的选择。

国际货物运输方式的种类很多，包括海洋运输、铁路运输、航空运输、公路运输、邮包运输、内河运输、管道运输以及由各种运输方式组合而成的多式联运。

(1) 海洋运输，是国际运输方式中最重要的一种。根据统计，国际贸易货物运输数量的80%～90%是通过海上运输实现的。海洋运输本身具有以下特点：

①运输量大：随着科学技术的日益发展，海洋运输的运输能力不断增强。一般万吨级海轮的载重量相当于250～300个车皮的载重量。海洋运输在运输散装货物、油轮货物和液化气方面占有明显优势。

②运输费用低：海洋运输可以利用天然航道，通过能力大，运行航程远，分摊到每吨货物上的运输成本就会比较低。

③适应性强：海洋运输不像公路或铁路那样受道路或轨道的限制，而且船舶的容量大，用途多，对多种货物包括超长、超重的货物都有较强的适应性。

当然海洋运输也有缺点，比如航行速度慢、运输时间长、易受气候和自然条件影响等，甚至平均每年有200～300艘各国货轮遭受损失。但是比较起来，在各种运输方式中海洋运输仍然使用得最为广泛。

(2) 铁路运输，是仅次于海洋运输的主要运输方式。这种运输方式有自己的优点。比如：速度比较快，运量也比较大，而且具有高度的连续性。它不容易受气候和自然条件的影响，几乎全年均可正常运行，而且办理铁路货运手续比海洋运输简便得多。但是铁路运输也有很多缺点：在轨道、机车、车厢、调车等方面要花费高额固定成本。此外还包括两项巨大的、与行程有关的成本：劳动力和燃料。它们与车厢的数量无关，而只随运距和运输时间变化。一旦车辆启动，任何时间上的闲置都将造成昂贵的成本支出，因为即使车辆原地不动，仍有劳动力、燃料成本发生。闲置时间主要会发生在以下两种情况中：列车交换驶往不同目的地的车厢；交通堵塞。因为劳动力成本和燃料耗费占据铁路运营成本的60%以上，所以从经营的角度考虑，如何充分利用机车、合理安排车组人员，就成了至关重要的问题。因此，铁路优化，其目的就是使机车和车组人员都能够得到很好的利用。

(3) 公路运输，也是比较常用的运输方式。公路运输的交通工具一般是汽车，汽车运输的运费一般比铁路的运费高一些。但它拥有自身的优点：提供门对门的运输，节约运输时间，而且在送货和提货之间无须转运。但是，汽车运输受气候影响比较大，安全性与航空运输和铁路运输相比要相对差些。

(4) 航空运输，目前随着航空工业技术的迅速发展，航空运输在国际货物运输中的地位变得越来越重要，而且航空运输具有安全迅速、交货及时、损失率低、节省包装、保险和储存费用低的特点，更使其得到快速的发展。尤其是运送易腐、鲜活、精密、贵重和急救物资，飞机比起其他运载工具更有优势。

(5) 管道运输，主要用于运送原油、提炼的石油制品及天然气。这种运输方式必不可少的一项重要成本支出是：搭建管道及相关设备的费用，以及与管道直径关系不大的相关基础设施的建设费用。管道的利用率非常高，大概占到整个管道容积的80%～90%。考虑到管道运输成本支出的特性，这种运输方式适用于相对稳定的、大流量物体。将原油运送至港口或炼油厂，管道运输也许是最有效的方式。但应当注意的是，管道运输只适合于单向物品的运输。

（6）邮包运输，主要用于承运小到信件、大到数千克的货物。邮包承运人利用航空、汽车、铁路等运输方式运送要求快速送达的小件货物。邮包的承运价格很昂贵，它们提供给托运人的主要优点是快速、可靠的递送，所以托运人常常使用邮包运输运送小件的、对时间敏感的物品。邮包承运人还提供其他增值服务，以加速库存流通及追踪订货状况。通过追踪订货状况，托运人可以将货物状况提前通知客户。邮包承运人也可以将货物从发货处直接运到目的地。随着人们对快递需求的增加以及对库存减少的关注，邮包承运已经得到了很大的发展。

（二）多种方式联合运输

多种方式联合运输简称多式联运，多式联运就是采用两种或两种以上的运输方式将同一批货物运抵目的地的运输形式。多式联运的运输方式很多，多数情况下是铁路和公路联运。

随着国际贸易的发展及集装箱在运输中的使用，多式联运业获得了极大的发展，这是因为集装箱很容易在不同运输方式中进行转移，从而为多式联运提供了便利的条件。集装箱运输通常使用汽车、水运、铁路三者相结合的联运方式，在国际运输中尤其如此。对于国际贸易来说，因为工厂和市场很可能并不靠近港口，多式联运常常是唯一选择。现在，越来越多的货物采用集装箱运输，从而使得汽车、水运、铁路相结合的多式联运方式得到了发展。

多式联运应注意的主要问题是为使货物在两种运输方式之间顺利转移，不同承运商之间必须进行信息交流，原因在于货物在不同承运商之间的转移会导致大量的延迟，从而极大地影响运输性能。

多式联运是国际货物运输中的一个全新的概念。过去人们把此种方式的运输看做把货物从一个国家运到另一个国家，而现在人们把它看作把货物从一个国家的供应商处运到另一个国家的采购商处。这些不同阶段的运输现在不再被人们看做是独立和分散的运输业务，反之，人们把它们看做是一根链条连接在一起的许多部分。

多式联运具有以下特点：

（1）货物的运输至少包括两种不同方式的运输，比如公铁联运、公铁水联运等。

（2）多式联运承运人承担一切责任，承运人可能是船主，也可能不是船主。

（3）多式联运还增加了在各停靠港的转运服务，因此，它不仅提供港至港的运输，而且还提供仓至仓以及门至门的运输。

（4）托运人和多式联运承运人之间只签订一份合同，内容涉及所有方式的运输。

二、国际运输货物的保险

在国际货物交接过程中，可能会遇到各种自然灾害和意外事故，这些事故会使货物遭受部分或全部灭失，这样会给买方或卖方带来不利的经济后果。为了补偿货物在运输过程中可能遭遇的意外损失，货物的买方或卖方便需要按合同规定向保险公司办理保险手续。

投保人同保险公司订立保险契约，被保险人向保险人按一定的金额投保一定的险别，交付一定的保险费，从而将货运过程中可能遭遇的风险转移给保险公司承担。

国际货物运输保险的种类很多，包括海上货物运输保险、陆地货物运输保险（包括铁路货运和公路货运保险）、航空货物运输保险、邮包货物运输保险等多种形式。

（一）海上运输保险

1. 海损

海损（Average）是指船只与货物在航行中由于自然灾害和海上意外事故所引起的各种损失。根据这些损失的程度，海损可分为全部损失（Total Loss）和部分损失（Partial Loss）；根据损失的性质，海损又可分为共同海损（General Average）和单独海损（Particular Average）。共同海损和单独海损均属于部分海损之列。

2. 海上运输保险的险别

在海运保险中，保险公司承保的风险分为两大类：海上风险和外来风险。

海上风险分自然灾害和意外事故。自然灾害：指不以人们意志为转移的自然界力量所引起的灾害。如恶劣气候、雷电、海啸、地震、洪水、火山爆发等；意外事故：指由于偶然的、非意料中的原因所造成的事故。如船只搁浅、触礁、沉没、碰撞、失踪等。

外来风险：分一般外来风险、特殊外来风险。一般外来风险：指偷窃、破碎、渗漏、玷污、受潮受热、串味、生锈、钩损、短量、淡水雨淋等；特殊外来风险：指由于军事、政治及行政法令等原因造成的风险，如战争、罢工、交货不到、拒收等。

（1）平安险（Free from Particular Average，FPA）

平安险责任范围主要包括：

①在运输工具已经发生搁浅、触礁等意外事故的情况下，货物在此前后又在海上遭受恶劣天气状况、海啸等自然灾害所造成的部分损失。

②被保险货物：在海上包括陆上运输过程中，由于恶劣天气状况、地震、洪水等自然灾害造成整批货物的全部损失或部分损失；由于运输工具搁浅、触礁、沉没、互撞、与流冰或与其他物体碰撞以及失火、爆炸等意外事故，造成的货物全部损失或部分损失。

③在装卸或转运过程中由于一件或数件货物落海造成的全部或部分损失。

④被保险人对遭受承保责任内危险的货物采取抢救，防止或减少货损的措施而支付的合理费用，但以不超过该批被救货物的保险金额为限。

⑤运输工具遭遇海难后，在避难港由于卸货所引起的损失以及在中途港、避难港由于卸货、存仓以及运送货物所产生的特殊费用。

由于上述事故引起的共同海损的牺牲、分摊和救助费用。运输契约订有“船舶互撞责任”条款，根据该条款应由贷方偿还船方的损失。

（2）水渍险（With Particular Average，WPA）

水渍险的责任范围除包括上述平安险的各项责任外，还负责被保险货物由于恶劣气候、雷电、海啸、地震、洪水自然灾害所造成的部分损失。

（3）一切险（All Risks，AR）

一切险的责任范围除包括上述平安险和水渍险的各种责任外，还负责被保险货物在运输途中由于外来原因所致的全部或部分损失。一切险实际上是平安险、水渍险与偷窃、提货不着、淡水雨淋、短量、混杂、沾污、渗漏、碰损、破碎、串味、受潮受热、包装破裂和锈损等附加险责任的总和。

(4) 一般附加险 (General Additional Risk)

一般附加险所承保的是由于一般外来风险所造成的全部或部分损失,其险别共有下列十一种:偷窃、提货不着险;淡水雨淋险;短量险;混杂、沾污险;渗漏险;碰损、破碎险;串味险;受热受潮险;钩损险;包装破裂险;锈损险。

(5) 特殊附加险 (Special Additional Risk)

特殊附加险是承保由于特殊外来风险所造成的全部或部分损失。中国人民保险公司承保的特殊附加险共有八种:战争险;罢工险;交货不到险;拒收险;舱面险;黄曲霉素险;货物出口到香港(包括九龙)或澳门存仓火险责任扩展条款。

(二) 国际采购的保险程序

1. 国际货物采购的投保

我国的国际货物采购大多是以 CIF 或 FOB 价格成交,在国内由各进口公司负责向中国人民保险公司办理保险。各进口企业须在获悉每批货物启运时,将保险所要求的内容书面通知保险公司办理投保手续。

2. 批单手续

在保险公司出立保险单后,被保险人如果想要修改运输工具名称、变更险别、修改航程、扩展保险期限或保险金额等项目时,可向保险公司提出申请并说明修改内容。保险公司如果接受这项申请,将出立批单,并对批改后的内容负责。

3. 保险索赔

保险索赔是指被保险货物遭受承保责任的风险损失,被保险人向保险人提出补偿要求。如果保险人在索赔时未按条款规定的手续提供证明,就可能不能及时得到应有的赔偿或得不到补偿。

如果中国人民保险公司承保的国际采购货物遭受损失,收货人或其代理人一般都按保险单规定委请指定的检验人检验货损,出立检验报告,收货人凭报告连同有关权益证明书、保险单正本,直接向出单的保险公司索赔。被保险人应该在一定期限内向保险人提出索赔。根据国际上保险惯例,索赔期限一般为 2 年。超过索赔时效,保险人不再受理索赔。

第四节 国际采购货物的结算与检验

一、国际采购货物的结算

支付是任何国际采购业务都必须具备的过程。对于采购方来说,了解各种各样的支付方式及相关的银行业务对于采购方而言都是至关重要的,因为支付方式不仅可以减少立即付现的问题,而且还可以为买方提供最大限度的保障。买方可以把支付方式当作一种担保的工具来使用，但买方特别需要注意的是：在没有收到采购货物或代表货物的单据前不予支付；支付只在装船日、交单日或其他双方约定的日期开始，并在规定的期限内进行；累计式支付方式应与交货过程中一些重要步骤联系。与国内采购业务不同的是，国际采购一般有 3 种支付方式，即预付、跟单汇票和信用证。

（一）预付

从采购方立场来看，预付是最不理想的支付方式。因为采购方要承担未交货的风险。因此，采购方除非万不得已，一般情况下应该拒绝这种方式。比如：货物需按合同规定制造，如不预付货款，卖方拒绝提前生产；卖方的财政状况较差。因此急需缺乏的资金，否则将没有能力履行合同。

预付不需要一次性付清全部的货款，一般采用逐步递增的分期付款方式。

（二）跟单汇票

汇票（Bill of Exchange，Draft）是出票人签发的，委托付款人在见票时或者在指定日期无条件支付确定金额给收款人或者持票人的票据。

跟单汇票支付是大量的国际采购所采用的支付方式。一般出口商不愿意在未收到货款前交货，采购商则不愿意在未收到货物前支付货款，跟单汇票（Documentary Bill）成了两者之间的桥梁，通过跟单汇票的方式，银行向双方提供保证。这种支付方式又可分为两种：

（1）付款交单（Documents against Payment，D/P）。出口商所在地银行在付款交单的方式下，将单据寄交给采购商所在地的代理行，再由采购方代理行向买方出示单据，买方凭单据付款以获得货物的所有权。如图 10－2 所示。出口商必须提交给银行的单据，将由采购商鉴别，并且要与买卖合同的有关条款完全相符，通常包括：①包装说明或重量表；②发票；③如果是以 CIF 或其他条件由卖方支付保险的贸易术语成交，则需保险单据或保险凭证；④提单或其他运输单据，包括多种方式的联运单据；⑤原产地证明书。

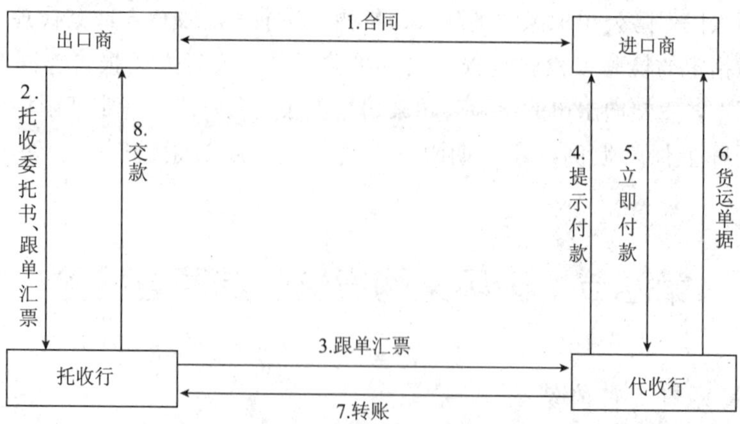

图 10－2　付款交单（D/P）

（2）承兑交单（Documents against Acceptance，D/A）。在承兑交单的情况下，代理

行将向买方出示汇票，由买方签字以表示其承担付款的责任。承兑后，单据被交给买方，使其获得了货物的所有权。在付款到期日银行将再次向买方出示票据，这时买方付款。如图 10 - 3 所示。

跟单汇票的方式对采购商更为有利，因为只有在收到了代表货物所有权的单据后才付款。而出口商则面临着买方可能拒收单据或在承兑交单的情况下承兑后拒付这些问题。从采购方立场看，凭单支付还具有另一方面的优点，即银行的手续费低廉。

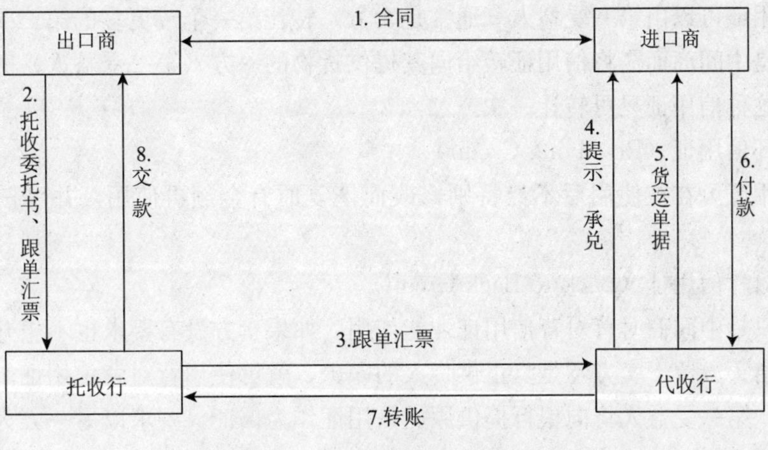

图 10 - 3 承兑交单（D/A）

(三) 信用证

信用证（Letter of Credit，L/C）是银行作出的有条件的付款承诺，即银行根据开证申请人的请求和指示，向受益人开具的有一定金额、并在一定期限内凭规定的单据承诺付款的书面文件；信用证也可以是银行在规定金额、日期和单据的条件下，愿代开证申请人承购受益人汇票的保证书。国际采购业务中，信用证是最普遍使用的一种支付方式。信用证之所以这样普及是因为它向双方提供了可靠的保证，并且使出口商更加容易得到资金的保障。

1. 信用证的种类

(1) 不可撤销信用证（Irrevocable Letter of Credit）

如果所有当事人都同意了，不可撤销信用证才可以撤销或修改。因为这种信用证使卖方获得了更多的保障。但是买方失去了灵活变通，因为一旦开出不可撤销信用证，买方就必须得付款。

(2) 可撤销信用证（Revocable Letter of Credit）

使用可撤销信用证，开证行可不必通知卖方，在买方的指示下，可随时修改或撤销。因此，与不可撤销信用证相比，可撤销信用证为买方提供了很大的灵活性，但是却未给卖方带来任何安全感。因此，由于可撤销信用证的这种局限性，在国际贸易中，这种可撤销信用证几乎是不用的。

(3) 保兑信用证（Confirmed Letter of Credit）

如果使用保兑信用证，买方有一定的风险。比如，由于承诺是由国外的开证行作出的，这样就会引起转付款项问题。为了减少买方的风险，卖方就要求一家当地银行对不可撤销信用证加以保兑。银行对信用证经保兑后，只要单证相符，卖方可向当地保兑行交单收汇而免受追索。如果从卖方的立场看，使用保兑信用证是最好的。但这种信用证对买方来说却是最不好，因为保兑而增加的费用与开立信用证的费用一样高。因此，买方应拒绝为卖方开立这种信用证的要求。买方可以强调开证行是某著名的银行，无须第三方保兑。买方还可表示只要卖方承担因保兑而引起的费用，不反对对信用证进行保兑。

（4）可转让信用证（Transferable Credit）

这种信用证可以由第一受益人（通常是卖方）转让给一个或更多的第二受益人。当第一受益人只是中间商而需将信用证转给向其提供货物的一方（第二受益人）时，才使用此种信用证，这种信用证只可转让一次。

（5）循环信用证（Revolving Credit）

循环信用证可在被使用后不经特别修改而恢复原有金额再使用，并可按时间或金额循环。

（6）背对背信用证（Back to Back Credit）

当卖方只是中间商时背对背信用证才能使用。如果卖方没有要求也不想开立可转让信用证，也不给买方留下卖方不是真正供货人的印象，就可使用背对背信用证。背对背信用证的程序是：第一受益人将向银行提供原始信用证作为保证，要求以另一方为受益人开立第二份信用证。

（7）红条款信用证（Red Clause L/C）

红条款信用证有一条特殊的条款，就是授权通知银行或保兑行在交单前预付给受益人（卖方）信用证金额的部分或全部。当经销商、代理商或任何其他卖方要求预付而买方又愿意向卖方提供资金融通时，就可使用红条款信用证。

买方开立红条款信用证必须非常谨慎，因为如果卖方不能装运或交单清算就已收到预付，银行就会向买方追索，买方必须连同利息向银行偿还预付金额。

2. 信用证的开立

信用证是由买方的申请开立的，买方必须给银行以详细的指示才能把所有必要的条件列入信用证条款。买方在作这样的指示时应该非常谨慎。因为一旦信用证开立，单方面就不能撤销。买方向银行所作出的指示大致包括以下内容。

（1）信用证金额，信用证的类型以及信用证是否可用于付款、承兑及议付。

（2）正确、完整的受益人名称和地址以及付款行及其付款程序。

（3）对货物的简要说明，包括详细数量和单价。装运地、交货地或接管地及目的地。如果有装运期或交货期，是否允许分批装运，信用证都应当给予指示。

（4）所需单据细目。

（5）运费是否预付。

（6）信用证到期地点和日期。信用证如何通知、邮寄、电报或电传。信用证是否可转让。

（7）货物的运输是否允许转船或转换运输方式或绕道运输。

(8) 开出提单或其他运输单据后必须交单付款、承兑或议付。

3. 跟单信用证的支付

这种支付方式是以提交信用证中规定的单据为基础的。因此使用跟单信用证时必须非常仔细地审查单据以保证所需单据都已提交、各单据相互之间不矛盾、不存在单据不符现象。由于信用证受到法律上“严格符合的原则”的制约，银行可以因单据上极小的误差而拒付。这一原则实际上是对买方利益的一种保障。单据中最常见的不符现象有以下数种：

(1) 有附注的不清洁提单。

(2) 货物放置于甲板上。

(3) 没有货物实际已装船的证据。

(4) 装船港与信用证规定不符。

(5) 包租船提单与信用证的规定不符。

(6) 投保的风险责任范围与信用证规定不符。

(7) 所提交的保险单类型与信用证要求不符。

(8) 投保金额低于规定的金额。

(9) 保险不是从装船单据日生效。

(10) 发票中对货物的说明与信用证不符。

(11) 商标、数量和单据不一致。

(12) 单据间不一致。

(13) 超出信用证金额。

(14) 信用证已过期。

(15) 提交单据不及时。

(16) 延期装运或少装。

(17) 缺少信用证所需单据。

(18) 汇票的受票人错写。

(19) 汇票的到期日不明确。

(20) 提单、保险单或汇票背书不正确。

(21) 所提交的单据上没有按所要求的背书。

(22) 提单未注明运费是否已付。

如果买方是非常有诚意的，并确信卖方已经履行了买卖合同，已经按合同规定的数量、质量要求将货物装船，就算单据中有细小的不符，也可指示银行付款。

二、国际采购货物的检验

(一) 货物检验的含义

货物检验（Inspection of the Goods），是指在国际货物买卖过程中，对卖方交付给买方货物的品质、数量和包装进行检验，以确定合同的标的是否符合买卖合同的规定，有时还对装运技术条件或货物在装卸运输过程中发生的残损、短缺进行检验或鉴定，以明确事故的起因和责任的归属，货物的检验还包括根据一国的法律或行政法规对某些进出口货物进行品质、数量、包装、卫生、安全等方面的强制性检验或检疫。

国际采购货物检验的主体是货物的供货方、购货方或者第三方。采购货物的检验对象是采购货物的各种特性，如货物的质量、规格、重量、数量以及包装方面。国际采购货物检验的依据是合同、标准或国际、国家有关法律、法规、惯例等对商品的要求。国际货物检验的目的是在一定条件下，借助科学的手段和方法，对货物进行检验后，作出合格与否或通过验收与否的判定；或为维护买卖双方合法权益，避免或解决各种风险损失和责任划分的争议，便利商品交接结算而出具各种有关证书。

（二）国际采购货物进出口商品检验

随着全球经济的一体化，国际采购成为采购工作中的重要部分。我国进出口商品检验工作由国家商检总局及所属各地商检局负责统一管理，专业性的检验机构负责有关专业产品的检验工作。比如中华人民共和国动植物检验所、药品检验所、船舶检验局、卫生检疫所等，都是我国专业性的检验机构。根据国家有关规定，国家商检总局及所属各地商检局的主要任务是：对进出口货物施行品质管制，管理进出口采购货物的检验工作，办理与对外贸易有关的各项公证鉴定（包括法定检验、监督管理和公证鉴定）工作。进出口国际采购货物品质管制范围内的商品，即法定检验的货物，不经检验既不能进口，也不能出口。

国际采购货物检验大多无须或不能逐件或逐个（全检）检验，除一些价值昂贵的商品，如钻石、艺术品、古董等，现代商品一般按标准要求及选定的抽样方案，抽取规定的样本，再按合同或标准要求进行检验，最后以样本的质量情况推断整批商品的质量情况。商品质量检验工作程序通常包括：定标、抽样、检查、比较、判定、处理。主要操作内容如下：

（1）定标

定标是指检验前应根据合同或标准，明确技术要求，掌握检验手段和方法以及商品合格判定原则，制订商品检验计划，并确定检验批。检验批是指一次检验的所有商品构成的整体。正确确定检验批对于简化检验结果的处理工作，确切反映商品的质量有着重要的意义。确定检验批必须遵循如下准则：

①同一检验批的商品必须是同品种、同规格、同进货批次。

②标有质量等级的商品，必须是同一质量等级。

（2）抽样

采购货物抽样就是在检验整批货物质量时，按合同或标准规定的抽样方案（全数检验不存在抽样问题），用科学的概率理论适用的随机抽取方法，从中抽取具有代表性的一定数量的样品，作为评定该批采购货物质量的依据。

（3）检查

检查是在规定的环境条件下，用规定的试验设备和试验方法检测采购货物样品的质量特性。根据检查的结果所得数据的处理是商品检验过程中的一项重要工作。一般对非直观数据，均规定用算术平均值或其他特定数据计算值表示。

（4）比较

比较是通过将检查数据分析结果同技术要求比较，衡量其结果是否符合质量要求并根据判定原则判定商品是否合格，并作出是否接收的结论。

（5）处理

处理是对检验结果出具检验报告，反馈质量信息，并对不合格品及不合格批分别作出处理。

（三）国际采购货物验收中发现问题的处理

国际采购货物验收中可能会发现一些问题，比如证件不齐、数量短缺、质量不符合要求等问题，应区别不同情况给予及时处理。

（1）数量短缺规定在磅差范围内的，可按原数入账，凡超过规定磅差范围的，应查对核实并做成验收记录和磅码单交主管部门会同货主向供货单位办理交涉。如果实际数量多于应发数量，可由主管部门向供货单位补发货款或退回多发数。如果采购货物入库验收过程中发生的数量与入库单情况不符，其原因可能是发货方在发货过程中误发了货物，出现了差错，或者是在运输过程中漏装或丢失了商品等。在国际采购货物验收过程中，如果对数量不进行严格的检验，放过了货物数量的短缺，对货物的检验放宽标准，就会给仓库造成经济损失。

（2）凡验收中发现问题等待处理的采购货物，应该单独存放，妥善保管，防止混杂、损坏、丢失。

（3）凡采购货物质量不符合规定时，应及时向供货单位办理退货、换货交涉，在不影响使用前提下降价处理或征得供货单位同意代为修理。

商品规格不符或错发时，应先将规格对的予以入库，规格不对的做成验收记录交给主管部门办理换货。

（4）凡国际采购货物价格不符，供方多收部分应该拒付，少收部分经过检查核对后，应主动联系，及时更正。

（5）当证件未到或证件不齐的情况发生时，应及时向供货单位索取，到库商品应作为待检验商品堆放在待验区，待证件到齐后再进行验收；证件未到之前，国际采购货物不能验收，也不能入库，更不能发料。

（6）凡属承运部门造成的商品数量短少或外观包装严重残损等，应凭接运提货时索取的“货运记录”向承运部门索赔。

（7）凡“入库通知单”或其他证件已到，在规定的时间未见商品到库时，应及时向主管部门反映，以便查询处理。

在商品验收过程中，如果发现商品数量或质量的问题，应该严格按照有关制度进行处理。验收过程中发现的数量和质量问题可能发生在各个流通环节。例如由于供货方或交通运输部门或收货方本身的工作造成的失误。按照有关规章制度对问题进行处理，有利于分清各方的责任，并促使有关责任部门吸取教训，改进今后的工作。

（四）国际采购货物的检验证书

商检证书（Inspection Certificate）是进口国际采购的货物经过商检机构检验后，都要由检验机构发给一定的证明书，以证明商品品质和数量是否符合合同的规定。目前，在国际贸易中常见的国际货物商检证书主要有以下几种：品质证明书；检验证明书；价值证明书；重量证明书；卫生证明书；兽医证明书；植物检疫证明书；产地证明书。

除了上述各种检验证书之外，还有其他检验证书、货载衡量证书等。在国际采购货物业务中，卖方究竟应提供何种证书，视法律和贸易习惯及政府的涉外经济政策而定。鉴定工作的“检验证书”，如验舱证要根据成交货物的种类、性质、有关法律和贸易习惯及政府的涉外经济政策而定。

第五节　国际采购问题的处理

一、索赔

索赔（Claim）是采购实施过程中，合同当事人的一方，由于非自身负责的原因而造成合同义务外的额外费用支出，从而通过一定的合法途径和程序，向合同当事人另一方要求予以某种形式的补偿活动。索赔在采购合同履行的任何一个阶段都可发生，索赔管理已逐渐成为采购合同双方维护其经济利益的最基本管理行为。

索赔的提出一般都会在合同当事人之间产生不同看法，要想索赔成功，提出索赔的一方必须遵守索赔程序。一般进行索赔要按以下几个步骤进行：

（一）提出索赔要求

提出索赔的一方在索赔事项发生的 28 天内，用书面信件正式向另一方发出索赔通知书。索赔通知书主要说明：索赔事项的名称，引证索赔依据的合同条款及自己的索赔要求。按照国际惯例，如果在提出索赔的一方发出索赔通知 30 天内，另一方未作答复，上述索赔应视为已被另一方接受。例如在货物采购中，如果供应方未能在采购方发出索赔通知后 30 天内或采购方同意的延长期限内，按照采购方同意的合同中规定的任何一种方法解决索赔事宜，采购方将从议付货款或从供应方开具的履约保证金中扣回索赔金额。

（二）保存好同期记录

索赔事项发生后，提出索赔的一方要保存好当时有关记录，以便作为证实材料。

（三）提供索赔证明

在索赔通知发出后的 28 天内，提出索赔的一方要提交一份说明索赔依据和索赔款项的详细报告。如果该索赔事件有连续性的影响，事态还在发展时，按照对方合理要求，则每隔一定时间，提交一次列有累计索赔款额和进一步说明索赔依据、理由的补充材料，说明事态发展情况，直至导致索赔事件终止后 28 天内送出一份最终详细报告，附上最终账目和全部证据资料，提出具体的索赔额或工期延长天数。

（四）索赔支付

当提出索赔的一方提供的详细报告使另一方确认应偿付索赔款额时，另一方应在合同规定的支付期，向对方索赔款额。如果提出索赔的一方所提供的详细报告不足以证实全部索赔，另一方可按照已证实并令人信服的那部分索赔的详细资料，给予提出索赔一方部分索赔的款额。

二、不可抗力

不可抗力（Force Majeure）又称人力不可抗拒，是指在货物买卖合同签订以后，不是由于签约者任何一方的过失或疏忽，而是由于发生了当事人不能预见和预防，又无法避免和克服的意外事故，以致不能履行或不能如期履行合同，遭受意外事故的一方，可以免除履行合同的责任或延期履行合同。

不可抗力通常包括两种情况：由于自然原因引起或社会原因引起。不可抗力事件的处理：可以采取三种方式：解除合同、延期履行合同和部分履行合同。

三、仲裁

仲裁（Arbitration）又称公断，是指买卖双方在争议发生之前或发生之后，签订书面协议，自愿将争议提交双方都同意的第三方予以裁决，以解决争议的一种方式。由于仲裁是依照法律允许的仲裁程度裁定争端，因而裁决具有法律约束力，当事人双方必须遵照执行。

仲裁的特点：仲裁以当事人的意思自治为前提；仲裁具有专业性的特点；仲裁具有保密性的特点；管辖权的确定性；仲裁功能的实现必须由法律上的强制执行效力为后盾。

仲裁程序：提出仲裁申请→受理案件→组成仲裁庭→审理→仲裁裁决。

思考题

1. 国际采购中，运输、价格、结算的注意问题有哪些？
2. 国际采购中，如何解决买卖双方发生的纠纷问题？
3. 国际采购的过程与国内采购的过程有什么区别？
4. 简述国际市场采购的原因、特点及采购程序。
5. 解释国际贸易常用术语及基本含义。
6. 在国际采购中，怎样合理经济地选用货物的运输？
7. 在国际采购中，如何对货物进行检验？
8. 简述国际货物运输的保险险别。
9. 什么是信用证？信用证有哪几种类型？
10. 在采购过程中，若提出索赔应该有哪些步骤？

参考文献

[1] 现代物流管理课题组．供应链管理［M］．广州：广东经济出版社，2002.

[2] ARJAN JVAN WEELE. 采购与供应链管理［M］．梅绍祖，阮笑雷，等，译．北京：清华大学出版社，2002.

[3] 阎子刚，吕亚君．供应链管理［M］．北京：机械工业出版社，2003.

[4] 王增东，杨磊．采购原理与管理［M］．北京：电子工业出版社，2003.

[5] 森尼尔·乔普瑞，彼得·梅因德尔，供应链管理［M］．2 版．李丽萍，等，译．北京：社会科学文献出版社，2003.

[6] 赵林度．供应链与物流管理理论与实务［M］．北京：机械工业出版社，2003.

[7] 陈荣秋，马士华．生产与运作管理［M］．北京：高等教育出版社，2002.

[8] 阙祖平，魏国辰．商品采购管理［M］．大连：东北财经大学出版社，2004.

[9] 杜文，任民，叶怀珍．第三方物流［M］．北京：机械工业出版社，2004.

[10] 詹姆斯·L. 博萨特．供应商管理手册［M］．王剑，译．北京：中国城市出版社，2004.

[11] 李琦业．货物采购与检验［M］．北京：中国物资出版社，2004.

[12] 王忠宗．采购管理实务［M］．广州：广东经济出版社，2004.

[13] 徐哲一，武一川．采购管理 10 堂课［M］．广州：广东经济出版社 ，2004.

[14] 杨东龙．客户关系管理［M］．北京：中国经济出版社，2002.

[15] 王槐林．采购管理与库存控制［M］．4 版．北京：中国财富出版社，2013.

[16] 马克·戴．采购管理手册［M］．许春燕，等，译．北京：电子工业出版社，2004.

[17] 华蕊，张松涛．供应链管理［M］．北京：化学工业出版社，2010.

[18] 兰洪杰，施先亮．供应链与企业物流管理［M］．北京：清华大学出版社，2004.

[19] 鞠颂东，徐杰．采购管理［M］．北京：机械工业出版社，2005.

[20] 张存禄，黄培清．供应链风险管理［M］．北京：清华大学出版社，2007.

[21] 邹辉霞．供应链协同管理理论与方法［M］．北京：北京大学出版社，2007.

[22] 霍佳震，马秀波．集成化供应链绩效评价体系及应用［M］．北京：清华大学出版社，2005.

[23] 苏尼尔·乔普拉，彼得·迈因德尔．供应链管理［M］．3 版．陈荣秋，等，译．北京：中国人民大学出版社，2010.

[24] 大卫·辛奇-利维，菲利普·卡明斯基，伊迪斯·辛奇-利维．供应链设计与管

理［M］. 季建华，邵晓峰，译. 北京：中国人民大学出版社，2010.

［25］马士华，林勇，供应链管理［M］. 3版. 北京：高等教育出版社，2011.

［26］刘秉镰，李莉，刘洋. 采购与供应链管理［M］. 北京：中信出版社，2004.

［27］白世贞，张玉斌，华蕊. 采购与供应链管理系统［M］. 北京：中国物资出版社，2008.